JN235475

NEW LIFE SCIENCE SERIES

© 1997

DOBUNSHOIN

Printed in Japan

イラストでわかる基本調理

川端晶子
［監修・著］

阿久澤さゆり・阿部芳子・猪俣美知子
大迫早苗・太田信子・高橋淳子
津田淑江・名倉秀子・茂木美智子
［著］

同文書院

■執筆者紹介（五十音順）

監修・著 川端　晶子
　　　　　　　東京農業大学名誉教授
　　　　　　　食学研究所主宰

著 阿久澤さゆり
　　　東京農業大学応用生物学部講師

　　　阿部　芳子
　　　相模女子大学
　　　学芸学部食物学科教授

　　　猪俣　美知子
　　　東京家政大学栄養学科助教授

　　　大迫　早苗
　　　相模女子大学短期大学部
　　　生活科学科講師

　　　太田　信子
　　　駒沢女子短期大学生活科助教授

　　　高橋　淳子
　　　大和学園聖セシリア女子短期大学
　　　幼児教育学科助教授

　　　津田　淑江
　　　共立女子短期大学生活科学科教授

　　　名倉　秀子
　　　十文字学園女子大学
　　　人間生活学部助教授

　　　茂木　美智子
　　　東横学園女子短期大学
　　　生活科学科教授

本文イラスト 宮寺　里香

はじめに

調理は食文化の原点

　現代の私たちの前に「食」の問題は、かつてないほどの広がりを見せています。

　食の営みのターゲットは、"おいしく食べて健康でありたい"、特に女性にとっては"おいしく食べて美しくありたい"ということであり、日常茶飯時の食行動はこうした願いを秘めた、楽しみの時間でもあります。「食」をテーマにした出版物、グルメ番組、料理店情報、また食と健康に関する情報は巷にあふれ、今や「食」は、大きな関心事となっております。

　火の発見とともに食品を加熱して食べることを経験した人類は、おいしさの追求に努力を重ねてきました。各地域の歴史と文化に培われながら"食べ方"に傾向を作り、それらを伝承し、また変容を加えながら今日に至っています。調理はその食文化の原点なのです。そして調理学実習は、「どのような食べ方をしたらよいか」を、実技を通して学ぶことを目的としています。

　包容力の豊かな日本人は、世界のさまざまな地域の食文化を取捨選択し、同化しながら日常食の中に取り入れて来ました。伝統的な調理文化に、他民族、特に欧米や中国系の調理文化が渾然一体となって融和し、今までにない新しい食文化が築かれつつあるように思われます。

　現代の食生活は、嗜好の多様化、食品材料や加工食品の種類の増大、コンビニエンス化など、大きな変化を余儀なくされていますが、自らの食生活は、自らが責任をもって運営したいものです。

　大学における調理実習は、限られた時間に限られた料理を対象としての実習ではありますが、少しでも"コツを科学する"態度で、法則性を見い出し、日常生活にすぐに役立つ応用自在な展開ができる知識と技術を身に付けたいものです。

本書の構成

本書は「基礎編」と「実践編」の2部から構成されています。

Part1の「基礎編」では、調理の意義、目的を明確にして、より味わい深く栄養のバランスを考慮した料理を作るために有効な、調理操作についての解説です。Part2の「実践編」では、調理のプロセスをイラストで図解し、親しみやすく具体的に理解を深められるよう配慮いたしました。

採用した調理内容は、著者の先生方が長年、大学の現場で調理実習された経験をもとに、ウエイトの高い料理を、素材、調理操作などを考慮しつつ、和洋中のバランスを考え、合議の上で精選したものです。

献立作成の上からも、主食、主菜、副菜、さらに前菜、デザート的位置付けの料理も考慮して選択し、最近特に大切にされている感性の問題も念頭において、すぐに役立つ基本的な料理が選ばれております。

本書が、調理学実習のテキスト、副教材として、また広く一般の家庭料理の基礎実用書として活用されるよう、さらには豊かな食文化創造の一助となるように願ってやみません。

終わりに、執筆を分担して頂いた諸先生方に感謝申し上げるとともに、出版に当り、献身的なご尽力、ご配慮頂いた同文書院社長並びに編集部の方々に厚くお礼申し上げます。

　　　　　　　　　　　1997年　4月

この度の改定では、基礎編にいくつかの新しい情報を加えると共に、「第6次改定日本人の栄養所要量」に基づき、栄養価及び1日の栄養所要量に占める割合のデータを刷新しました。

　　　　　　　　　　　2002年　8月

　　　　　　　　　　　　　　　　　編著者　川端　晶子

目次

本書の使い方　　　10

PART 1　基礎編
1. はかる　　　12
2. 洗う　　　14
3. 浸す　　　15
4. 切る　　　16
5. 混合・撹拌　　　17
6. 磨砕・粉砕　　　18
7. 圧搾・ろ過　　　19
8. 冷却・凍結　　　20
9. 茹でる　　　21
10. だしを取る　　　22
11. 煮る　　　23
12. 炊く　　　24
13. 蒸す　　　25
14. 焼く　　　26
15. 炒める　　　27
16. 揚げる　　　28
17. 食卓の演出法－①　　　29
18. 食卓の演出法－②　　　30
19. 食卓の演出法－③　　　31

PART 2　実践編

chapter 1　米(うるち米)
1. 白飯　　　34
   白粥　　　35
2. 味付けご飯①
   豆ご飯（ピースご飯）　　　36
   栗ご飯（栗飯）　　　37
3. 味付けご飯②
   たけのこご飯　　　38
   しめじご飯　　　39
4. 太巻き寿司　　　40
   稲荷寿司（信田寿司）　　　41
5. 散らし寿司　　　42
6. 什錦炒飯（五目焼き飯）　　　44

chapter 2　米（もち米）
1. 粽子（中国風ちまき）　　　46
2. 炊きおこわ　　　48

chapter 3　米（インディカ米）
1. ピラフ　　　50

チキンカレー　　　51
2. パエリャ　　　52

chapter 4　米（加工品）
1. 草もち　　　54
2. 白玉みつまめ　　　55
3. 炒米粉（焼きビーフン）　　　56
4. 鶏蛋糕（中国風蒸しカステラ）　　　58

chapter 5　小麦・パン・麺
1. バターロール　　　60
2. サンドイッチ
   クローズドサンドイッチ　　　62
   ロールサンドイッチ　　　63
3. ピッツァ・マリナーラ　　　64
4. ラヴィオリ　　　66
5. 我が家風手打ちうどん　　　68
6. てんぷら　　　70
   かき揚げ　　　71
7. 湯麺　　　72
8. 鍋貼餃子（焼きギョーザ）　　　74
   焼売（シューマイ）　　　75
9. 肉包子（中国風肉まんじゅう）　　　76
10. クレープ　　　78
    アプリコットソース　　　79
    オレンジソース　　　79
11. ロールスポンジケーキ　　　80
12. レモンパイ　　　82
13. シュー・ア・ラ・クレーム　　　84
14. クッキー
    ハードクッキー　　　86
    ロイヤルアイシング　　　87
    ソフトクッキー　　　87

chapter 6　いも・澱粉
1. さといものそぼろあんかけ　　　88
2. 栗きんとん　　　90
3. 付け合わせのじゃがいも料理　　　92
   （フライドポテト6種）
4. マッシュドポテト　　　94
5. ブラマンジェ
   イギリス風ブラマンジェ　　　96

フランス風ブラマンジェ　　　97

chapter 7　豆・豆製品
1. 高野豆腐　　　98
2. 揚げ出し豆腐　　　99
3. 黒豆の甘露煮　　　100
4. 五目豆　　　101
5. 白和え　　　102
6. 麻婆豆腐(マアボオドウフウ)（挽き肉と豆腐のとうがらし炒め）　　　104

chapter 8　魚介類
1. あじの塩焼き　　　106
　　あゆの塩焼き　　　107
2. ぶりの照り焼き　　　108
3. さばの味噌煮　　　110
4. かますの幽庵焼き　　　111
5. かつおのたたき　　　112
6. ひらめの昆布じめ　　　113
7. さけの冷製　　　114
8. したびらめのムニエル　　　116
9. たいのパピヨット　　　118
10. わかさぎのエスカベーシュ　　　120
11. 清蒸魚(チンジョンユイ)（魚の姿蒸し）　　　122
12. 糖醋青花魚(タンツウチンホワユイ)（さばの甘酢あんかけ）　　　124
13. 乾焼大蝦(ガンシャオダシャ)（四川風殻付き大正えびの辛み煮込み）　　　126

chapter 9　獣鳥肉
牛肉
1. ビーフステーキ　　　128
　　牛肉の部位　　　129
2. ビーフシチュー　　　130
3. ビーフストロガノフ　　　132
4. ミートローフ　　　134
5. 八幡巻　　　136

豚肉
6. 豚肉のアップルソース添え　　　138
　　豚肉の部位　　　139
7. 豚肉のコトレット　　　140
8. 腰果肉丁(ヤオグオロウディン)（豚肉さいの目切りとカシューナッツの味噌炒め）　　　142

9. 叉焼肉(チャアシャオロウ)（焼き豚）　　　144

鶏肉
10. 乾炸鶏塊(ガンチャアジイコワイ)（鶏肉の空揚げ）　　　146
　　レモンソース／甘酢あん　　　147
　　鶏肉の部位　　　147
11. ローストチキン　　　148
12. 若鶏のソテー・シャスール　　　150
13. 鶏肉の松風焼　　　152
14. いりどり　　　154
15. 棒棒鶏(バンバンジイ)（鶏肉のとうがらしごま和え）　　　156
　　くらげの酢の物　　　157

chapter 10　鶏卵
1. 茹で卵
　　半熟卵　　　158
　　温泉卵　　　158
　　瓢亭卵　　　159
　　落とし卵　　　159
2. 卵焼き
　　厚焼き卵（だし巻卵）　　　160
　　薄焼き卵（錦糸卵）　　　161
3. 伊達巻　　　162
4. プレーンオムレツ　　　164
　　イタリア風トマトソース　　　165
5. スクランブルドエッグ　　　166
　　煎り卵　　　167
6. 芙蓉蟹(フウロンシェ)（かに玉）　　　168
7. 卵豆腐　　　170
8. 茶碗蒸し　　　171
9. カスタードプディング　　　172

chapter 11　牛乳・乳製品
1. コーンクリームスープ　　　174
2. 肉団子のクリーム煮　　　176
3. マカロニグラタン　　　178
4. かにクリームコロッケ　　　180
5. クラムチャウダー　　　182
6. レアチーズケーキ　　　184
　　ローカロリー　レアチーズケーキ　　　185
7. プレーンババロア　　　186
　　カスタードソース　　　187
　　チョコレートソース　　　187

8. 奶豆腐（牛乳かん） 188

chapter 12 野菜・果物
1. 野菜の炊き合わせ 190
2. かぼちゃのそぼろ煮 192
   さやいんげんの青煮 193
   うどの白煮 193
3. かぶら蒸し 194
4. ロールキャベツ 196
5. 炒鮮鮑（あわびと青菜の炒め物） 198
6. 奶油白菜（はくさいのミルク入り煮込み） 199
7. カリフラワーポロネーズ 200
8. 野菜のグラッセ
   にんじんのグラッセ 201
   小玉ねぎのグラッセ 202
   かぶのグラッセ 203
   きゅうりのグラッセ 203
9. マセドアンサラダ 204
   マヨネーズ・シャンティイー 205
10. トマトサラダ（生）
    スタッフドトマト 206
    アコーディオンサラダ 207
11. トマトサラダ（加熱）
    トマトファルシー 208
12. コールスロー 209
13. ドレッシングのいろいろ
    ソース・ヴィネグレット(フレンチドレッシング) 210
    ソース・マヨネーズ（マヨネーズソース） 211
14. 青菜（ほうれん草）のお浸し 212
15. 青菜（ほうれん草）のごま和え 213
16. 赤貝とわけぎのぬた 214
17. いかの木の芽和え 215

chapter 13 寒天・ゼラチン
1. 白身魚の寄せ物 216
2. 二色かん 217
3. 涼拌三絲（三種冷製中国風和え物） 218
4. 水ようかん 219
5. ゼリー二種
   ペパーミントゼリー 220

レモンスノー（レモン淡雪） 221

chapter 14 汁物
1. 和風の汁物とだし 222
2. しめ卵の清汁 224
3. 味噌汁／すり流し汁
   豆腐となめこの味噌汁 226
   かつおのすり流し汁 227
4. はまぐりの潮汁 228
5. 雑煮四種
   関東風（東京風）雑煮 229
   北海道風雑煮 231
   関西風（京都風）雑煮 232
   長崎風雑煮 233
6. コンソメジュリエンヌ 234
7. じゃがいもの冷スープ 236
8. オニオングラタンスープ 238
9. 清湯（中国風澄んだスープストック） 240
10. 酸辣湯（四川風酸味入り五目スープ） 241
11. 蘿葡酥肉湯（だいこんと豚肉の中国風スープ） 242

chapter 15 飲物
1. 茶 244
   緑茶の入れ方 246
   紅茶の入れ方 246
   ティーパンチの作り方 247
2. コーヒー 248
   コーヒーの入れ方 248

索引 250

本書の使い方

1 調理手順
　調理の成り立ちが理解できるように、作り方を内容ごとにまとめています。実際の手順とは、多少前後する部分もありますので、まず全体を読み、段取りを考えてから調理を始めて下さい。

2 料理名の表記
　①西洋料理の読み方
　　西洋料理はタイトルの下に、スペルとフリガナを付けていますが、英語、およびタイトルと同じ読み方の場合は、フリガナを省略しました。
　②中国料理の読み方
　　中国料理の読み方は、中山時子・監修「中国食文化事典」（角川書店）に準拠しています。

3 調理のポイント・用語
　調理中に使われている用語、調理のポイントを、ページの最後にまとめています。

4 イラストの記号について
　①火加減
　　　　　強火　　　　中火　　　　弱火

　②概量
　　　　　大さじ　　　小さじ

　＊材料表に表記されている大さじ、小さじの重量、体積はp12、Part 1「1.はかる」の表を基準にしています。

5 材料表のだし
　和洋中のだしを区別するため、以下の3種類の呼び方で統一しています。
　①だし：和風だしの総称。取り方はp223「和風だしの取り方」参照。
　②ブイヨン：スープ、スープストック、コンソメ、フォン、フュメなど、洋風だしの総称。取り方はp234「コンソメジュリアン」参照。
　③湯（タン）：中国風だし、スープの総称。取り方はp240「清湯」参照。
　いずれもインスタントだしを利用する場合を含む。

6 栄養科データ
　各メニューごとに，その料理の栄養価を示し，その栄養価が「20代女性の1日の栄養所要量に占める割合」を%で表しました（一部除く）。
　「20代女性の1日の栄養所要量に占める割合」は下の数値を基準としました（小数点以下は基準値の位まで四捨五入して記述，基準値の位より低い値はφで表記）。

20代女性の1日の栄養所要量	
エネルギー	2,050 kcal
たんぱく質	55.0 g
脂質	57.0 g
カルシウム	600 mg
鉄	12.0 mg
ビタミンA	540 μgRE
ビタミンB1	0.8 mg
ビタミンB2	1.0 mg
ビタミンC	100 mg
食物繊維	25.0 mg

注：1．ビタミンAはレチノール当量値（μgRE）を用いた。
　　2．エネルギー値は生活活動強度III（適度）を基準とした。
　　3．脂質は最大値を用い，小数点第1位を四捨五入して算出した。
　　4．食物繊維は最大値を用いた。
資料：厚生労働省「第6次改定日本人の栄養所要量」

PART.1
基礎編

1. はかる

1) はかるとは
食品の重量、容量、体積および調理過程における温度や時間などをはかることである。

2) 計測用機器
(1) 計測用機器
調理では、液体、粉体、粒体の計量に、体積をはかる簡便法が多く用いられている。
① 計量スプーン：小さじ1(5ml)、大さじ1(15ml)
② 計量カップ　：カップ1(200ml)
③ はかり　　　：キッチンスケール、台ばかり

(2) 温度測定用機器
① 棒温度計　　　　：アルコール温度計は100℃以下の測定、100℃以上には水銀温度計を用いる。測定温度が−20〜−50℃の冷蔵庫用のものもある。
② バイメタル温度計：バイメタル利用の平板型で、揚げ物や天火用、冷蔵庫用のものもある。
③ 熱電対温度計　　：熱電対を利用した温度計で実験に用いられる。

(3) 時間測定用機器
① タイマー　　　：ゼンマイ式で指定の時間にベルが鳴る60分計単独型や機器に組み入れたものがある。
② タイムスイッチ：電気時計の原理で指定時刻に機器をon-offの2動作か、offに作動させる。単独か機器組み込みで、24時間用が多い。

3) 計量の実際
(1) 計量の精度
調理実習における計量は、化学実験ほどの精度は要求されないが、計量する食品材料の精度要求に応じて、計量スプーン、計量カップ、はかりなどを使い分ける必要がある。使用する鍋やボール類の重さを、あらかじめ知っておくと便利である。

(2) 分量の表記の例
① gまたはml：大2、小1・5または2/3、C3(カップ3)など
② ％の表記　：醤油30ml (塩分は水の1％)
③ その他　　：少量、適量

(3) 食品材料・調味料および香辛料の容積と重量
計量カップやスプーンを使って食品材料を計量する場合、材料の性状によって見かけの容積と重量は、同じ数値を示さないものがある。水5mlはほぼ5gであるが、油は比重が小さいので4gである。

計量器1杯の重量表 (単位 g)

食品名	小さじ	大さじ	カップ	食品名	小さじ	大さじ	カップ
水、食酢、酒	5	15	200	ウスターソース	5	16	220
味噌、醤油、みりん	6	18	230	マヨネーズ	5	14	190
食塩	5	15	210	ごま	3	9	120
上白糖	3	9	110	油、バター、ラード	4	13	180
グラニュー糖、ざらめ	4	13	170	インスタントコーヒー	1	3	36
小麦粉（薄力粉）	3	8	100	紅茶、抹茶	1.5	5	60
小麦粉（強力粉）	3	8	105	ココア	2	6	80
片栗粉	3	9	110	ドライイースト	4	12	−
コーンスターチ	2	7	90	重曹	3	9	120
生パン粉	1	3	40	脱脂粉乳	2	6	80
パン粉	1	4	45	粉チーズ	2	6	80
きな粉	2	6	−	生クリーム	5	15	200
ベーキングパウダー	3	10	135	ジャム、マーマレード	7	22	270
カレー粉	2	7	85	番茶	1	3	40
こしょう	3	8	100	ひき茶	2	5	−
からし粉、わさび粉	2	6	80	白米	−	−	160
粉ゼラチン	3	10	130	小豆	−	−	150
トマトケチャップ	6	18	240	大豆	−	−	130

調理と温度

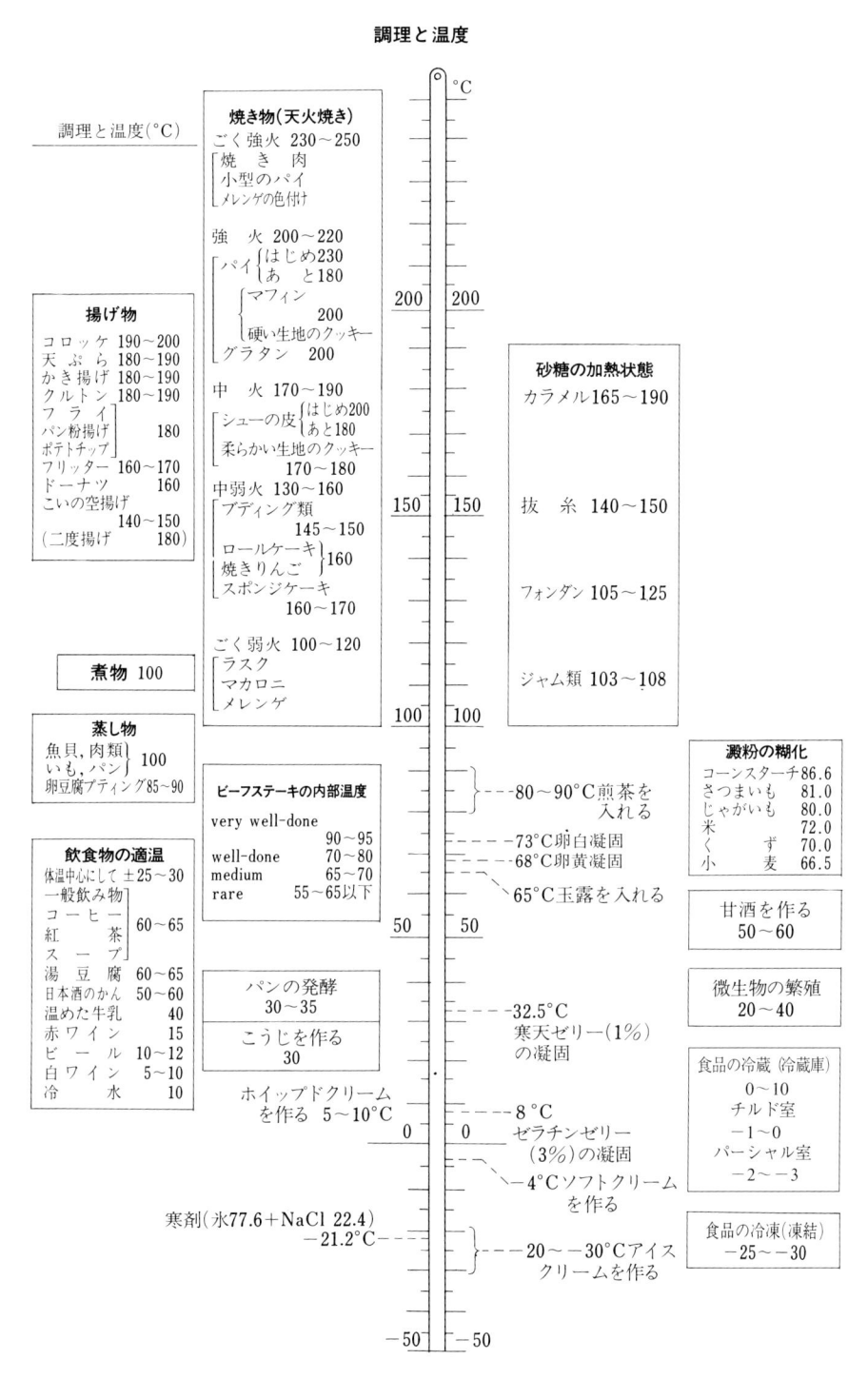

調理と温度(°C)

焼き物(天火焼き)
ごく強火 230〜250
- 焼き肉
- 小型のパイ
- メレンゲの色付け

強　火 200〜220
- パイ { はじめ230 / あ　と180 }
- マフィン 200
- 硬い生地のクッキー
- グラタン 200

揚げ物
- コロッケ 190〜200
- 天ぷら 180〜190
- かき揚げ 180〜190
- クルトン 180〜190
- フライ
- パン粉揚げ 180
- ポテトチップ
- フリッター 160〜170
- ドーナツ 160
- こいの空揚げ 140〜150
- (二度揚げ 180)

中　火 170〜190
- シューの皮 { はじめ200 / あと180 }
- 柔らかい生地のクッキー 170〜180

中弱火 130〜160
- プディング類 145〜150
- ロールケーキ 160
- 焼きりんご
- スポンジケーキ 160〜170

ごく弱火 100〜120
- ラスク
- マカロニ
- メレンゲ

煮物 100

蒸し物
- 魚貝, 肉類
- いも, パン 100
- 卵豆腐プディング 85〜90

飲食物の適温
体温中心にして ±25〜30
一般飲み物
- コーヒー
- 紅茶 60〜65
- スープ
- 湯豆腐 60〜65
- 日本酒のかん 50〜60
- 温めた牛乳 40
- 赤ワイン 15
- ビール 10〜12
- 白ワイン 5〜10
- 冷水 10

ビーフステーキの内部温度
- very well-done 90〜95
- well-done 70〜80
- medium 65〜70
- rare 55〜65以下

パンの発酵 30〜35
こうじを作る 30

ホイップドクリームを作る 5〜10°C

寒剤(氷77.6＋NaCl 22.4) −21.2°C

- 80〜90°C 煎茶を入れる
- 73°C 卵白凝固
- 68°C 卵黄凝固
- 65°C 玉露を入れる

- 32.5°C 寒天ゼリー(1%)の凝固
- 8°C ゼラチンゼリー(3%)の凝固
- −4°C ソフトクリームを作る
- −20〜−30°C アイスクリームを作る

砂糖の加熱状態
- カラメル 165〜190
- 抜糸 140〜150
- フォンダン 105〜125
- ジャム類 103〜108

澱粉の糊化
- コーンスターチ 86.6
- さつまいも 81.0
- じゃがいも 80.0
- 米 72.0
- くず 70.0
- 小麦 66.5

甘酒を作る 50〜60

微生物の繁殖 20〜40

食品の冷蔵(冷蔵庫) 0〜10
チルド室 −1〜0
パーシャル室 −2〜−3

食品の冷凍(凍結) −25〜−30

川端晶子「最新調理学実験」p.20(学建書院)

2．洗う

1) 洗うとは
　洗う操作は、一般に前処理段階で行われるが、生食する食品では、この操作が最終仕上げとなる。食品に付着している有害物、汚れなどの好ましくないものを除き、食品を衛生的で安全な状態にすることを目的として、段階で行われる操作である。食品によっては、塩水、酢水を用いる場合もある。
　洗うことによって、栄養成分（特に水溶性ビタミン、ミネラルなど）の損失、うま味成分の溶失や吸水、膨潤、組織の破壊なども起こるので、食品に適した洗い方を選んで、合理的に洗うことが大切である。

2) 洗う方法
　基本的な洗い方は水洗いであるが、調理の目的によっては塩水(1～3％)、酢水(5～10％)を用いることがある。洗う時の水の状態には、流水、ため水、オーバーフロー式がある。洗うために用いる器具として、洗い桶、水切りかご、ざる、たわし、ブラシ、布巾などがある。

3) 主な食品の洗い方

食品名	洗い方
魚類	魚に付着する好塩菌、魚臭、血液、その他の汚れを除く。丸のまま、流水でよく洗い、うろこ、えら、内蔵を除いてから血液を丁寧に洗う。水温は低い方がよい。手早く洗い、また、切り身にした後は洗わない。洗い（あらい）は身を引き締めるために、氷水を用いる。
貝類	あさり、はまぐりは海水（約3％）とほぼ等しい食塩水に漬け、しばらく放置し、砂を吐かせた後で洗う。しじみはボールまたは目の粗いざるに入れ、流水で貝と貝をこすり洗いする。むき身は塩をまぶして、こすり洗いする。
獣鳥肉類	獣鳥肉類はほとんど洗わないが、特別に、内蔵類は血抜き、臭み抜きのために流水で洗うか、水に漬けてさらす。
穀類	穀類は水中で撹拌しながら、または、比重を利用して不要なものを浮上、あるいは沈殿させて除去して、洗う。
野菜類	野菜類はまず、土砂を落とした後に洗う。根菜類や茎菜類、果菜類は手やブラシなどで組織を破壊しない程度に摩擦を加えて洗う。葉菜類は葉折れしたり、組織細胞を壊さないように注意しながら、できるだけ葉をほぐし、摩擦を避けて水中で振り洗いする。水を数回換えて、すすぎを丁寧に繰り返す。
乾物類	乾物類は水で洗うことによって、不純物を取り除くだけでなく、水に浸しながら柔らかくする目的を持つ。
海草類	昆布は水洗いせず、布巾で表面の砂を落として用いる。わかめは手早く冷水で洗い、食塩、汚れ、アクを除く。ひじきは水に漬けて吸水させる。

3. 浸す

1) 浸すとは
浸す操作は食品を水や調味液に浸すことで、多様な目的を持っている。

2) 調理における浸漬の目的とその例

目的	調理の例
もどす (吸水、膨潤、軟化)	植物性乾燥食品 　干しぜんまい、干しわらび、切り干しだいこん、 　豆類、ゆば、凍り豆腐、干ししいたけ、かんぴょう、 　海藻類 動物性乾燥食品 　干したら、身欠きにしん、貝柱、干しえび、くらげ、 　干しなまこ、ふかのひれ
アクを抜く	ほうれんそう、ふき、わらび、ぜんまい、たけのこ、 だいこん、なす、れんこん、さつまいも、さといも
渋みを抜く	干しにしん、かずのこ、柿、栗
褐変の防止	じゃがいも、ごぼう、もも、りんご、びわ、バナナ
塩抜き	塩蔵食品、塩干魚
血を出す	臓もつ類
砂を吐かせる	貝類（水または食塩水）
歯切れをよくする	切った生野菜（野菜の浸透圧を利用してパリッとした食感を与える）、茹でた麺類
うま味成分の浸出	昆布（水だしは、煮だしに比べて浸出時間は長いが、不味成分、不快臭を伴う成分の浸出が抑えられる）
調味液の浸透	魚類、肉類、野菜類などを各種調味液、油、ワイン類に浸す。

生野菜における浸透の模式図

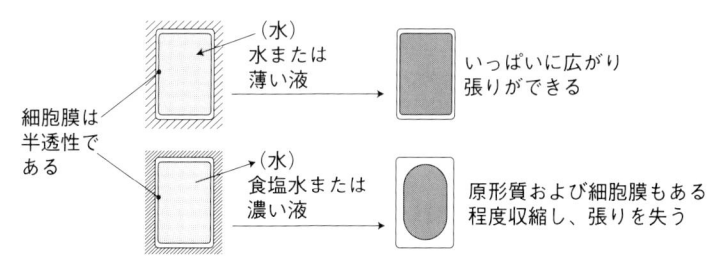

細胞膜は半透性である

（水）水または薄い液 → いっぱいに広がり張りができる

（水）食塩水または濃い液 → 原形質および細胞膜もある程度収縮し、張りを失う

　一般に、野菜の細胞内液の浸透圧は、約0.85%食塩溶液、10%しょ糖溶液、あるいは0.2%酢酸溶液の浸透圧とほぼ等しい。キャベツやだいこんのせん切りなどを冷水に浸すのはこのためで、前述のことから新鮮野菜より低い浸透圧の溶液中では、野菜の細胞内に吸収されて細胞の膨圧が高まり、歯触りがよくなる。

4．切る

1) 切るとは

食品を切る目的は、① 食品の不可食部を取り除く ② 形や大小を整え、食べやすく、または外観をよくする ③ 食品の表面積を広げ、加熱の時の熱伝導をよくし、また、調味料などの浸透をよくする、などである。

2) 包丁の種類と用途

種 類	形	刃 型	サイズ(刃渡り)	用 途
菜切り包丁		両 刃	12～16.5cm	菜を刻むのに適する。
薄刃包丁		片 刃	15～17	太く硬いものを切るのに適する。
出刃包丁		片 刃	10.5～15	骨付きの大きな魚の身おろし、骨付き切り身を作る。
刺し身（柳刃）		片 刃	21～27	作り身・二枚おろし・三枚おろし。
刺し身（たこ引き）		片刃・両刃		作り身・すじ切り・皮ひき・桂むき。
洋包丁（牛刀）		両刃・片刃	18～21	肉の塊を切る、その他用途が広い。
ペティナイフ		両刃・片刃	10.5～12	果物の皮むきなど。

3) 包丁の扱い方

包丁の各部名称

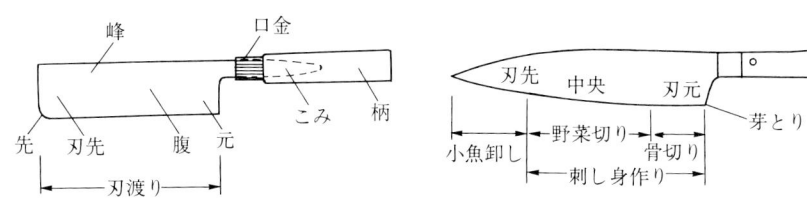

峰、口金、こみ、柄、先、刃先、腹、元、刃渡り

牛刀1本の使い分け

刃先、中央、刃元、芽とり、小魚卸し、野菜切り、骨切り、刺し身作り

包丁の持ち方の基本

包丁の持ち方（包丁の支点と力点）	作 用
作用点A　支点B　力点C	人差し指を刃先の方につき出して切ると、刃先の方で軽く切れる。
A　B　C	刃元に近い方で切れる。
A　B　C	硬いものを力を入れて押し切ったり、たたき切ったりできる。

5．混合・撹拌（かくはん）（混ぜる、かき回す、和える、こねる、泡立てる）

1) 混合・撹拌とは

混ぜる、かき回す、和える、こねる、泡立てるなどの操作の目的は、① 材料を均質にする ② 加熱の際、材料に平均して熱が伝わる ③ 調味料が材料にむらなく浸透する ④ 放熱、放湿が均一に行われる ⑤ 乳化、泡立てを行う ⑥ 粘弾性を増強させるなどの物理的性質を望ましい状態にする、などである。

2) 混合・撹拌に用いる器具

道具：へら、泡立て器
機器：ジューサー、ミキサー、フードミキサー、擂潰機（らいかい）、混捏機（こんねつ）

3) 混合・撹拌操作の目的とその例

目的	調理の例
容器内の材料分布の均一化	寿司飯（飯、具、合わせ酢） 炊き込みご飯（米、具、調味料） 肉だんご、ハンバーグ（挽き肉、副材料、調味料） 和え物（具、和え衣） てんぷらの衣（小麦粉、卵、水）
調味料の浸透の均一化と促進	和え物（材料、和え衣） 塩もみ（材料、食塩）
温度分布の均質化	ルー（油脂、小麦粉、だし汁） 煎り卵（全卵、油脂、調味料） 炒め料理（材料、油脂、調味料）
物理的性状の変化	ゼリー類（フルーツゼリー、泡雪（あわゆき）かん、 　　　　　水ようかん：寒天、カラギーナン、ゼラチン） 寄せ物（アスピックサラダ 　　　　白身魚の寄せ物：寒天、カラギーナン、ゼラチン）
乳化	マヨネーズ（卵黄、油脂、食酢、食塩、からし）
ドウの形成	パン（小麦粉、イースト、砂糖、油脂、ミルク、卵） うどん（小麦粉、食塩、水）
気泡の抱き込み	メレンゲ（卵白） ホイップドクリーム（生クリーム）

エマルションの模式図

乳化剤　　　O/Wエマルション　　　W/Oエマルション

親水基
親油基
油
水
油
水

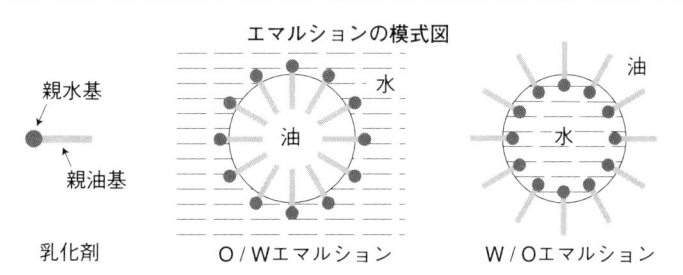

①乳化剤は、1分子の水に溶ける親水基と油に溶ける親油基をもっており、油と水を同時に引きつけることができる。
②油が粒子（分散相）になって水のなか（連続相）に存在する乳濁液を水中油滴型（oil in water）エマルションという。
③分散水が水で、連続相が油のものを油中水滴型（water in oil）エマルションという。

6．磨砕・粉砕（おろす、する、つぶす）

1) 磨砕・粉砕とは

おろす、する、つぶすなどの操作は、食品に外力を加えて組織を砕き、粉末状、パルプ状、ペースト状などにすることであるが、次のような目的を持つ。

① 材料の組織や材料分布の均一化により、味や成分を混ぜやすくする ② 食品の口当たりや、消化吸収をよくする ③ 外観や組織の改善を行い、嗜好性を向上させる ④ 食品中の酵素を活性化させる。

2) 磨砕・粉砕に用いる器具

道具：おろし金、すり鉢、ポテトマッシャー
機器：ジューサー、ミキサー、フードカッター、フードミキサー

3) 調理における磨砕・粉砕の目的とその例

	目的	調理の例
磨砕	食品の組織の破壊	水分の多い食品をすりつぶしたりする場合で、酵素の破壊によって褐変が生じやすい食品では、空気中の酵素の取り込みを少なくするよう心がける。 りんごのおろし、だいこんおろし、もみじおろし、たたきごぼう
	食品の粘着力の増加	細菌汚染に気を付ける。 挽き肉、魚肉のすり身
	風味の増加	あたりごま、ピーナッツペースト、くるみ
	辛味の増加	わさびおろし
	物性の改良	味噌、豆腐、マッシュドポテト
粉砕	組織の細分	コーヒー
	消化率の増加	きな粉
	利用率の拡大	そば粉
	物性、風味の向上	こしょう、とうがらし、さんしょう

ワサビのおろし方

① まず、ワサビの茎を外側から1本ずつ取り除く。

② 細かいおろし金で、軽く輪を描くように茎のついていたほうからおろす。

③ 包丁の瀬で軽くたたくと、粘りが出て風味が増す。

7. 圧搾・ろ過 (絞る、漉す、振るう、握る、押す、のす)

1) 圧搾・ろ過とは

絞る、漉す、振るうなどの操作はの目的は、①固形物と汁液、すなわち、調理操作に必要な部分と不必要な部分とを分離する ②食品を細かく均一にし、口ざわりや味の浸透をよくするなどである。また、握る、押す、のすなどの操作の目的は、食品に形を与えたり、形を整えて成形する、などである。

2) 圧搾・ろ過に用いる器具

道具：絞り出し布、のし棒、ライス型、菓子型、漉し器、粉ふるい、のし板、麺棒、重石、簡易漬物器
機器：ジューサー

3) 調理における圧搾・ろ過の目的とその例

目的	調理の例
絞る ① 組織を磨砕し、汁液をしぼる ② 茹でた葉菜類の水気を切る ③ 食塩を振りかけてしんなりとさせ、調味料を吸いやすくする	果汁（ジュース） 浸し物 だいこん、にんじん、きゅうりの酢の物
漉す ① 不溶部分の除去 ② 材料の均質化・細分化	だし汁、コーヒー、茶 卵液、茹で卵、豆腐、あん
振るう 粉の粒子間に空気を抱き込ませる	小麦粉
握る（成形）	寿司、いも・かぼちゃの茶巾しぼり
包む（手で成形）	餃子、焼売
のす（力を加えてのばす）	麺、パイ皮、餃子、焼売の皮
結ぶ	結びきす(椀種)、結び昆布(福茶)
巻く	巻き寿司
丸める	だんご、あん
押す ① 重石をして脱水・浸透 ② 型に入れて押す	漬物 押し寿司

8．冷却・凍結 （冷やす、冷ます、凍らせる）

1) 冷却・凍結とは

　冷やす（冷たくする）、冷ます（熱がさめるようにする）などの操作は、冷たい食感を得るために、また、物性を変化させたり、色彩を美しくするために行われる。
　食品の冷却を継続することを冷蔵というが、冷蔵庫に保存することによって酵素活性や微生物の繁殖を抑制して、品質の低下を防ぐ。しかし、野菜や果物の中には低温で生理障害を起こすものもあるので、適切な保存温度を選択することが大切である。
　調理後の食品を冷蔵庫で冷却する時は、あらかじめ食品の粗熱を取ってから入れることが大切である。
　凍らせる操作は、食品の水分を氷点下の温度に低下させて氷結させることである。ホームフリージングは緩慢凍結なので、氷結晶が大きくなり、凍結時に組織の破壊が起こしやすい。そこで、無定形で組織破壊のおそれのないもの、直接加熱するもの、解凍した時にドリップを生じないものなどが適する。

2) 調理における冷却・凍結の目的とその例

	目的	調理の例
冷却	嗜好性の向上	白ワイン、果実、サラダ、和え物、麺類、
	色彩（緑色を鮮明にする）	えんどう、さやいんげんの青煮、青菜の茹でもの
	ゲル化（寒天：30～35℃で凝固）	寒天ゼリー、寄せ物
	ゲル化（ゼラチン：3～15℃で凝固）	ゼラチンゼリー、にこごり
	魚肉の収縮・硬化（氷水）	たい、すずき、こいなどの洗い
凍結	凍結させて新しい食品を作る	アイスクリーム、シャーベット
	調理済み食品の鮮度保持 ① 無定形で組織が壊れるおそれのないもの ② 直接加熱するもの ③ ドリップを生じない食品	ブイヨン 半調理品 パン、もち

アイスクリームが凍る原理の模式図

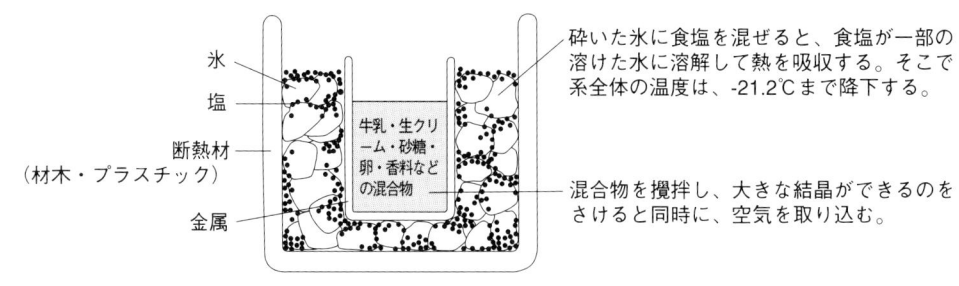

氷
塩
断熱材
（材木・プラスチック）
金属

砕いた氷に食塩を混ぜると、食塩が一部の溶けた水に溶解して熱を吸収する。そこで系全体の温度は、-21.2℃まで降下する。

牛乳・生クリーム・砂糖・卵・香料などの混合物

混合物を攪拌し、大きな結晶ができるのをさけると同時に、空気を取り込む。

【参考】「手回し式アイスクリームフリーザー」が発明されたのは、1846年、アメリカの無名の主婦、ナンシー・ジョンソンによってであり、その後爆発的な勢いで普及した。

9. 茹でる

1) 茹でるとは
　茹でるとは、多量の水の中で食品を加熱する操作で、個々の食品の持つ風味ある特性を生かすように配慮する。
　茹でてそのまま食べるものと、調理の下ごしらえとして行われるものがある。

2) 茹でる目的
① 材料に含まれている不味成分や不快臭を除き、風味を向上させる。
② 加熱によって衛生的に安全なものにする。
③ 色彩を鮮やかにする（野菜は熱湯に入れると鮮やかな緑色となる）。
④ 酵素の活性を抑制する（例　褐変現象を防ぐ）。
⑤ 吸水、脱水、油抜きなどを行う。
⑥ 組織を軟化する。柔らかく、食べやすくする。
⑦ 澱粉を糊化し、食べやすくし、また、消化をよくする。
⑧ たんぱく質の熱凝固を行う一方、柔らかくする。

3) 茹で方
　水に入れて茹でる場合と、湯または、沸騰水に入れて茹でる場合がある。また、茹でる目的の効果を上げるために、食塩、食酢、重曹（炭酸水素ナトリウム）、澱粉、酒、香味野菜、香辛料、牛乳などを加えて茹でる場合がある。

4) 茹で方の違いとその例

媒体	材料の種類	調理法とその理由
水から茹でる	根茎菜類	長時間を要する加熱やアク抜きには、常温から茹でるのがよい。澱粉を多く含むものは、均一糊化をはかる。
	乾物類	温度上昇に伴う十分な吸水が行えるとともに、加熱ができる。
	卵（殻付き）	熱湯に入れると、殻割れを起こしやすいので水から入れて、徐々に殻の内部温度を高める。
	獣鳥魚介類	水から入れて加熱するのは、うま味成分を抽出したり、アクの成分を除く場合。
湯または沸騰水で茹でる	葉菜類	色彩の保持には短時間が望ましい。沸騰水に入れ、軟化しすぎないためにも短時間加熱がよい。
	麺類	沸騰水に入れ、表面の糊化をはかり、形を保つことを心がける。
	獣鳥魚介類	表面の蛋白質の熱凝固により、うま味成分の溶出を防ぐ。
	卵（殻なし）	速く加熱凝固させる(例　ポーチドエッグ、かきたま汁)。

10. だしを取る

1) だしを取るとは

だしを取るとは、うま味成分を多く含む食品を、常温または加熱した水の中で、うま味成分を抽出することで、その抽出液を"だし"という。だしの取り方は用いる材料によって異なるが、うま味成分のみをなるべく効率よく抽出し、不味成分が抽出されないように工夫することが、大切である。

2) 料理様式による"だし"の呼び名と材料

	和風	中国風	洋風
呼び名	だし	湯（タン）	スープストック（英） ブイヨン、フォン、フュメ（仏）
だしの材料	かつおぶし 昆布 煮干し	鶏がら、肉、 豚骨、肉＋野菜、 干しえび	牛すね肉、鶏がら、 肉＋野菜、 魚のアラ

3) だしの材料と取り方のポイント

	材料	抽出成分	取り方
和風	かつおぶし	イノシン酸を主体とする核酸関連物質、各種遊離アミノ酸、有機酸、有機塩基、糖類など。	水が沸騰したら、薄く削ったかつおぶしを入れ、約1分加熱後火を止めて、上澄み液を用いる。
和風	昆布	グルタミン酸ナトリウムを主体とするアミノ酸類、マンニットなどの糖アルコール類。	水だし法は、水に昆布を入れて、30～60分浸す。加熱法は、水から入れて沸騰直前に取り出す。
中国風	豚肉、鶏がら、ねぎ、しょうが、酒	各種遊離アミノ酸、ヌクレオチド、有機塩基、有機酸、ほかに溶出ゼラチン、溶出脂肪など。	でき上がり水量の2倍の水に豚肉、鶏がら、ねぎ、しょうがなどを入れ、火にかけて沸騰前に弱火にし、酒を入れ、1～2時間加熱し、アクや脂肪を除く。
洋風	牛すね肉、鶏がら、玉ねぎ、にんじん、香草、食塩	各種遊離アミノ酸、ヌクレオチド、有機塩基、有機酸、ほかに溶出脂肪など。	すね肉、骨などは冷水にさらして、血や汚れを除く。野菜は1cmぐらいの厚さに切る。でき上がり水量の2倍の水を加えて強火で加熱する。アクを取りながら弱火で1～2時間加熱し、漉す。

11. 煮る

1) 煮るとは

煮るとは、一般に調味料の入った煮汁の中で加熱と調味を目的とする操作である。煮汁中の熱移動は対流によって行われ、食品は煮汁の熱を、電動によって外部から内部へと伝達しながら加熱される。加熱中、食品を完全におおうだけの煮汁の量がない場合には、沸騰によって断続的にかぶる煮汁と、煮汁から発生する蒸気の熱によって加熱される。

2) 煮物の種類とその調理法の例

煮物の種類（例）		調理法
煮汁を適量に残すように煮る	含め煮	煮くずれやすい材料の形、色を保ちながら、薄味の汁の中でゆっくりと味を含ませる（例　さといもの含め煮）。
	煮込み	比較的大切りにしてたっぷりとした煮汁で、ゆっくりと煮込む（例　おでん）。
	煮浸し	さっと煮た材料に改めて煮汁を張り、浸す（例　青菜の煮浸し）。
	くず煮	煮汁に澱粉を加え、熱処理して材料にからめる（例　吉野煮）。
	青煮	緑色を美しく仕上げるために、一度煮立った汁と食品を別々に冷まし、冷めたら再び煮汁に漬けて味を含ませる(例　さやえんどうの青煮)。
	甘煮	甘味を主体にした煮物で、照りよく煮上げる(例　しいたけの甘煮)。
	煮こごり	魚の煮汁を冷やし固める。
	その他	スープ煮、トマト煮、クリーム煮など、煮汁に加えた材料で特徴付けた煮物もある。
煮汁をほとんど残さないようにする	煮付け	主に魚で、調味液を煮立てた中でさっと煮る(例　かさごの煮付け)。
	うま煮	野菜、魚介類、肉などの材料に甘辛く濃い味に仕上げた料理（例　鶏肉のうま煮）。
	煎り煮	材料に調味料を加えて、熱処理しつつ撹拌し、水分の蒸発を促し、ほぐす（例　うの花の煎り煮）。
	炒め煮	材料をあらかじめ油で炒めてから、調味料を加えて短時間に煮る（例　炒り鶏）。
	揚げ煮	材料を油で揚げてから煮る（例　なすの揚げ煮）。

3) 蒸し煮

蒸し煮とは、食品に液汁（水、だし汁、ワインまたは薄いソース）を加えて、蓋を密閉して弱火でゆっくり煮上げる方法で、食品のうま味を封じ込め、おいしく、柔らかく仕上げることができる。蒸し煮の模式図を示したが、鶏の蒸し煮、魚の蒸し煮などがある。

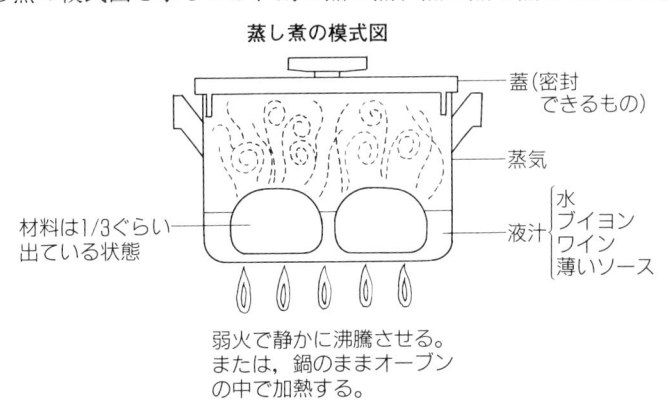

蒸し煮の模式図

- 蓋(密閉できるもの)
- 蒸気
- 液汁：水／ブイヨン／ワイン／薄いソース
- 材料は1/3ぐらい出ている状態
- 弱火で静かに沸騰させる。または、鍋のままオーブンの中で加熱する。

12. 炊く

1) 炊くとは

炊くとは、一般に米に水を加えて吸水させたのち、加熱しながら、さらに吸水を続け、組織の軟化、澱粉の糊化を行い、煮上がった時に流動する煮汁はなく、完全に吸収された糊化状態になることである。

一方、炊くという言葉は、米以外の食品を水または調味料の中で加熱する場合にも用いられ、豆を炊く、鶏の水炊き、野菜の炊き合わせなどということもある。これらは、火と水による調理法を称しての"焚く"からの言葉であり、地域によっては現在も使われている。

2) 米の種類とおいしさ

稲はその形態、生態、遺伝などの性質によって、ジャポニカ種（日本型）とインディカ種（インド型）の二種類に大別されているが、この二種の中間型としてジャバニカ種（ジャワ型）がある。日本で栽培されている稲のほとんどがジャポニカ種であるが、世界的にはインディカ種が圧倒的に多い。

ご飯のおいしさについては、絶対的な物差しはなく、米と人をめぐる自然と社会を背景として、各人各様である。日本人はジャポニカ種の粘りのあるご飯を好む。多くの研究の積み重ねから、日本人は右表のような米の成分とおいしさの関係が考えられている。

米の成分と食味の関係

成分	関係
蛋白質	少なめの方がおいしい
アミロース	少なめの方がおいしい
マグネシウム／カリウム・窒素	高めの方がおいしい
炊飯米の光沢	光る方がおいしい
炊飯液のヨウ素呈色度	低い方がおいしい
水分	高めの方がおいしい

3) おいしいご飯の炊き方

炊飯法は、大別して「炊き干し法」と「湯取り法」があるが、日本では前者が広く利用されている。この炊飯条件では、米の洗い方、水加減と浸漬時間、火加減と加熱時間、蒸し加減などが、ご飯の出来具合を左右する。熱効率がよく、熱応答性も高い電熱誘導加熱（IH）方式の炊飯器が開発され、広く利用されている。下図にIHジャー炊飯器の炊飯の原理を示した。

IHジャー炊飯器の炊飯の原理

	はじめチョロチョロ	中パッパ	ブツブツいう頃火をひいて	（ひと握りの）（ワラ燃やし）	赤子泣くともフタとるな	
	前炊き	炊き上げ	沸騰維持	余分な水分をとばす	むらし	保温
時間	約18分	—	—	約15分		約12時間まで
炊飯の原理	・弱火でお米に充分吸水	・炊飯量を判定して、それに合った強火で加熱	・中火で沸騰を維持・お米の糊化を促進する	・ご飯の表面についた余分な水をとばす・おこげをつくる	・余熱を利用してむらす・さらに糊化促進	・一度ほぐしてから、あとは約70℃で保温

（グラフ内注記：炊飯スイッチON／この間に炊飯量を判定／炊き上げ自動OFF／ブザーでお知らせ、縦軸：センサー温度（℃））

資料：平田孝一「炊飯技術の完全マニュアル」2002

13. 蒸す

1) 蒸すとは

　蒸すとは、蒸気の中で食品を加熱する操作である。水蒸気が食品に触れると食品の表面で液化し、このとき熱を放出し、食品は加熱される。水滴となった水は元へ戻り、再び気化する。これを繰り返して加熱状態が続けられる。

　水滴は穀類のように水分の少ないものには吸収されて、食品の水分は増加するが、魚介類や葉菜類のように水分の多い食品では、脂肪や水分、その他の水溶性物質は溶出する。

2) 加熱温度による蒸し方の種類

加熱温度	方法	調理の例
高温持続 (100℃)	火力は強く、沸騰したら中火または強火持続。密閉して蒸気がもれにくくする。	いも類、まんじゅう、魚介類、肉類、スープ蒸し
高温持続 (100℃) 補水	上記同様高温持続。最初に霧を吹いたり、途中で打ち水を2～3回行う。	おこわ、冷や飯、もち類
低温持続 (80～90℃)	火力を極力弱め、沸騰直前くらいの温度を持続、または、わずかに蓋をずらす。	卵豆腐、茶碗蒸し、山かけ、真薯(しんじょ)蒸し

3) 蒸し方の実際

　蒸す調理は、他の調理法に比べて材料の持ち味や香りを保つ利点とともに、好ましくないにおいを残すので、使用材料は比較的淡泊な白身魚、鶏肉、卵、穀類、いも類などに適する。

	方法	食品	調理の例
直接蒸し	材料を原形のまま、または大切り、あるいは成形し、中敷きを通して直接蒸気をあてる。	米類 粉類 いも 魚介類	赤飯、こわ飯 かしわ餅、だんご ふかしいも かまぼこ
間接蒸し	材料を調味したり、他の材料と混ぜ、器に入れて容器ごと蒸す（例　型蒸し、器蒸し）。	米 卵 魚介類 肉類 野菜類	蒸し寿司 茶碗蒸し、卵豆腐、 けんちん蒸し、酒蒸し 蒸し鶏、薯蕷(じょうよ)蒸し かぼちゃ蒸し
汁蒸し	くせのない材料を、調味しただし汁と共に、器蒸しにする。汁も賞味する。	魚介類 肉類 野菜類	骨つき鶏肉と白菜の蒸し煮、まつたけと白身魚の土瓶(どびん)蒸し

14. 焼く

1) 焼くとは

焼くとは、食品を直火または熱した鉄板、陶板、石、オーブンなどで加熱する操作である。食品には主に放射、伝導により熱が伝わる。新鮮な食品の持ち味を生かすのに適した調理法であるが、温度調節が比較的難しく、さまざまな工夫がなされている。

2) 焼き方の分類

分類	直火焼き	間接焼き
熱源	炭火、電気、赤外線、ガス火(放射熱に変換できる熱源の上に、のせる)を用い、食品を加熱する。	熱源は直火焼きと同じであるが、金属板、鍋、石、砂などに伝えられた高温の伝導、放射、対流熱で食品を加熱する。
器具	串（金属、竹）、網、つるし用かぎ、トースター	鉄板、鉄鍋、石、オーブン、灰砂、杉板、アルミ箔、和紙
適する食品	魚類、貝類、獣鳥肉類、野菜類、もち、栗	魚類、貝類、獣鳥肉類、卵類、きのこ類、小麦粉製品、果実類

3) 焼き方の種類

直火焼きおよび間接焼きの模式図を、**図1**および**図2**に示す。

図1　直火焼きの模式図

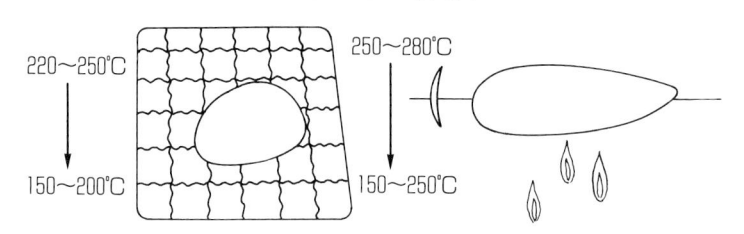

(1) 網焼き調理
① 熱源は上でも下でもよく、また、上下の両方でもよい。
② 最初に強火で表面を焼き次に温度を下げて、好みの加減まで焼く。

(2) 串焼き調理
焼き串を用いる場合には、はじめ高温で表面に焼き色を付け、次に温度を少し下げて、火を通す。

図2　間接焼きの模式図

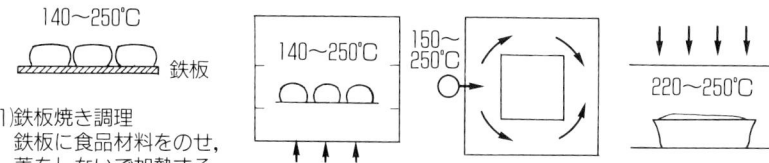

(1) 鉄板焼き調理
鉄板に食品材料をのせ、蓋をしないで加熱する方法。

(2) オーブン調理
① 熱した庫内の空気で食品を蒸し焼きにする。
② 直火焼きに比べて間接的に周囲から食品を加熱するため、形くずれもせず適度の焼き色が付き、風味よく調理される。

(3) コンベクションオーブン調理
① 熱風を強制循環させるため加熱が早く、均一なので焼きむらがない。
② ファンの風のため、食品の表面が乾燥しやすい。

(4) グラチネ（焼き付け）
① オーブンの強い上火、あるいはサラマンドルによる高温で材料の表面にこげ色を付ける。
② 火を弱めれば、表面に焼き皮を付けると同時に、内部にも火を通すことができる。

15. 炒(いた)める

1) 炒めるとは

炒めるとは、鍋または鉄板上で少量の油を用いて食品を加熱する操作であるが、焼く操作と揚げる操作の中間に位置する。高温短時間加熱であり、油脂は食品が鍋や鉄板に焦げ付くことを防ぐと共に、食品相互の付着をも防ぎ、また、食品に油脂味を加える。

2) 炒め操作の種類

種類	食品・調理の例
新鮮な材料の直接炒め	野菜、魚介類、獣鳥肉類などに下味を付け、片栗粉をまぶして炒める場合と、炒めながら調味する場合がある。
加熱材料の炒め	麺類、ご飯類、油通しした野菜類、魚介類および獣鳥肉類
炒め操作後に加熱するもの	ソース類：ルー、バターライス、ピラフ 煮物　　：きんぴらごぼう、炒り鶏 茹で物　：さやいんげん、さやえんどう

3) 中国料理の「炒(チャオ)」

炒は、中国料理の中で最も基本的、普遍的な調理法である。鍋に少量の油を入れて強火で熱し、材料を高温のもとで短時間加熱する。油の使用量が少なく、焦げ付きやすいので、かき混ぜたり、鍋を揺すったりして、材料を絶えず動かす操作を行うのが普通である。炒には次のような特徴がある。

① 澱粉は、水分を含んだ状態で一定時間炒めると糊化し、さらに高温で乾熱（水分のない状態で加熱）されると分解してデキストリンになる。
② 肉や魚はそのまま炒めたり、下味を付けたり、糊がけして炒めるが、蛋白質が熱変性を起こすことで、うま味などのエキス成分の流出を防ぎ、くずれにくくなる。
③ 高温で短時間加熱のため、ビタミン類が壊れることが少ない。
④ 油通しの場合と同じように、高温短時間の加熱のため、クロロフィルを含む食品は色鮮やかになり、また、カロテノイドは体内での吸収率が高まる。
⑤ 炒の種類
　a 生炒(シォン チャオ)：材料に下味も何も付けずに炒める。
　b 清炒(チン チャオ)　：材料に下味を付け、衣を付けずに炒める。
　c 乾炒(ガヌ チャオ)　：材料に澱粉を付けて炒める。
　d 京炒(ヂン チャオ)　：材料に卵白で溶いた澱粉を付けて炒める。
　e 煎(ヂェン)　　　　　：少量の油を熱し、材料をジュッと色付くくらいに炒め焼く。
⑥ 炒調理の例
　炒肉糸(チャオ ロウ ス)、青椒牛肉糸(チン ヂャオ ニウ ロウ ス)、公保鶏丁(ゴオン バオ ヂイ ディン)。

16. 揚げる

1) 揚げるとは

揚げるとは、高温の油の中で食品を加熱する調理法である。油は熱エネルギーを食品に伝える媒体であると同時に、食品に吸収されたりあるいは付着して、栄養的にも嗜好的にも価値を高める。

油の比熱は、ほぼ1.967kJ/g·kで、水を用いた場合に比べて同一熱量で、温度を約2倍に上昇させることができるので、短時間で容易に高温が得られる。

2) 衣による揚げ物の種類

種類		衣	特徴	吸油率
素揚げ		なし	食品が直接、高温に接触するので、脱水されない。色、テクスチャーが変化する（例　魚、なす、ピーマン）。	8～10%
衣揚げ	空揚げ	澱粉 小麦粉	衣の水分が少ないので、加熱時間が短くてもよい魚、鶏肉などに利用。	6%
	てんぷら	小麦粉＋水＋卵	衣におおわれるので、食品の水分の蒸発が少ないので、風味は保持される。魚介類、肉類、野菜類などに利用。	9～10%
	フライ	小麦粉→卵→パン粉	パン粉は水分が少ないが、下地によって異なる。焦げやすく、短時間で加熱できるものや、加熱済みの食品に利用。	12～17%
	変わり揚げ	はるさめ 道明寺 そうめん ごま	フライに準じる。	はるさめ：100～200% 道明寺：12～15%

3) 油の適温と揚げ時間

種類	温度(℃)	時間(分)	種類	温度(℃)	時間(分)
素揚げ			ドーナツ	160	3
パセリ	130	0.5	高麗	150～160	1
青じそ、海苔	150～160	1	フリッター	160～170	1～2
さつまいも	160～170	2～3	パン粉揚げ(豚肉)	160～170	3～5
（0.7mm厚さ）			パン粉揚げ(魚介類)	180	2～3
なす	180	1～2	てんぷら(野菜類)	160～180	1～3
空揚げ			てんぷら(魚介類)	180～190	1～2
鶏(骨なし)	160～170	3～4	こいの丸揚げ	140～150	10
鶏(骨付き)	160～170	5～7	（二度揚げ）	190～200	0.5
（二度揚げ）	180	0.5	ポテトチップス	140～160	3～4
			（二度揚げ）	180～190	0.5

17. 食卓の演出法－①

供食とは、食事をもてなすことである。調製された料理を食器に盛り、魅力的な食卓のセッティングを行い、楽しい雰囲気を作って、どのようなもてなし方をするかということである。食文化の違いによってそれぞれのルールがある。

1) 日本料理様式の献立

日本料理は、気候、風土の関係から、魚、鳥、野菜を基本材料とし、大豆とその加工品、海藻類を多く利用している。新鮮な食品の持ち味を生かし、四季折々の季節感と、淡泊で繊細な味わいを尊重している。

代表的な献立形式には、本膳料理、会席料理および懐石料理献立がある。

献立パターンは米を主食とし、その他の食品を副食として、一汁一菜に始まって順次料理の数を増していく。**図1**に日本料理様式の献立パターンの模式図を示した。また、**図2**には家庭における一汁三菜の基本的な配膳図を示した。

図1 日本料理様式の献立パターンの模式図

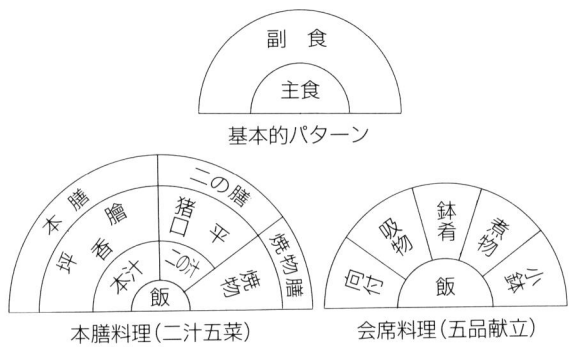

米を主食とし、その他の食品を副食としてとっているので、飯を中心とした半円形で示すことができる。

図2 家庭における一汁三菜の配膳図

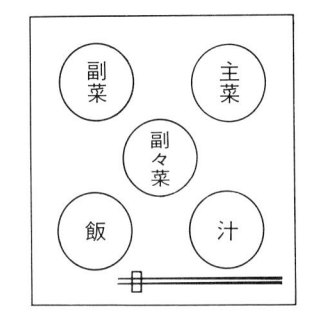

2) 日本料理の食卓の演出法

① 日本料理の食卓と席次

和室を用いる場合には、床の間の前が主客の座となり、違い棚または床脇のあるほうが次席となる。次に左右交互に順に席を決め、主人は末席に着く。床の間のない場合には入口より遠いほうが上席となる。現在では、食卓で日本料理を供することが多くなっているが、この場合は、西洋料理の席次に準ずる（p31参照）。

② 日本料理の食器と盛り付け

日本料理の食器には漆器と陶磁器がある。形、色、大きさなど、種類が多く、料理によって使い分けている。一人分ずつ銘々皿や椀に盛るのが原則であり、本膳料理では漆器が用いられるが、懐石料理では飯、汁、煮物椀に、会席料理では汁椀に漆器が用いられ、そのほかは陶磁器が用いられている。

料理を盛り付ける器と盛り付け方は、文化や習慣によって異なる。日本料理では、一器ごとに完成された料理となるので、特に盛り付けに創意工夫が大切である。

③ 日本料理の食事の演出法

日本料理は、目で楽しむ料理であるともいわれているが、季節感を大切にし、材料のみならず、盛り付けの器の中にも自然を演出し、草木の芽や花を添えたり、色彩の美を尊重する。

食卓における演出は、能楽や演劇、音楽、映画などの時間的芸術と同様に、静かに盛り上がるリズムが、あるところでクライマックスとなり、その後は速いテンポで終結するというようなテクニックが必要であるといわれているが、日本料理には日本料理特有のリズムを大切にしたい。食事はコミニケーションの場でもあり、楽しい雰囲気を作りたい。

18.　食卓の演出法－②

1)　中国料理様式の献立

　中国は広大な地域に広がり、気候や風土などの自然条件の差も大きい、各時代の歴史や文化の影響を受けて、各地に特色ある料理が発達した。

　中国料理は、菜と点心に大別することができるが、菜は前菜と主要な料理、すなわち大菜の総称である。点心とは、一品で軽い食事代わりになるもの(塩味)や、菓子または菓子代わり(甘味)になるものをいう。日本料理様式の献立のように、主食、副食というはっきりした区別を持たず、飯は普通、湯菜と共に供される。献立パターンを**図1**に、一般的な配膳図を**図2**に示した。

図1　中国料理様式の献立パターンの模式図

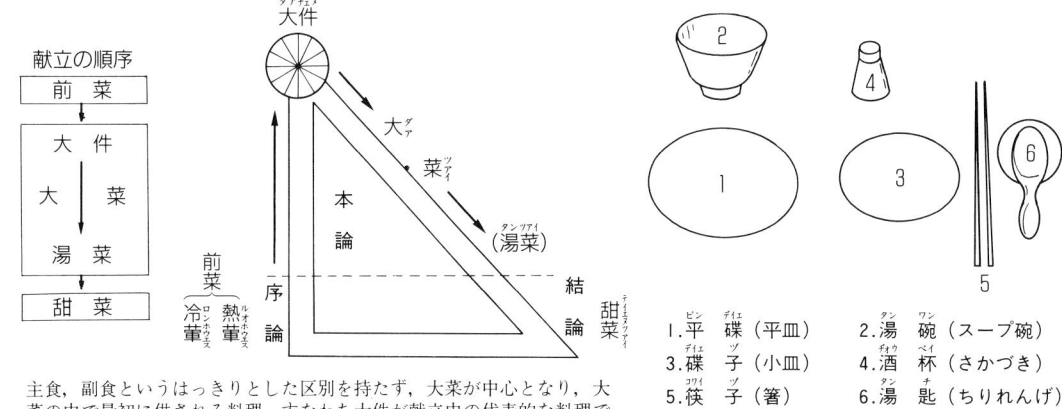

献立の順序
- 前菜
- 大件 → 大菜 → 湯菜
- 甜菜

主食、副食というはっきりとした区別を持たず、大菜が中心となり、大菜の中で最初に供される料理、すなわち大件が献立中の代表的な料理で、直角三角形で示すことができる。

図2　中国料理の一般的な食器の配膳図

1. 平　碟（平皿）　　2. 湯　碗（スープ碗）
3. 碟　子（小皿）　　4. 酒　杯（さかずき）
5. 筷　子（箸）　　　6. 湯　匙（ちりれんげ）
7. 匙　座（さじ置き）

2)　中国料理の食卓の演出法

① 中国料理の食卓と席次

　中国料理の食卓は、人数の増減に適応しやすい円卓が使われている。中国の習慣では北と左の方を上席とするが、北方でなくとも部屋の入口の位置によって、一番奥を上位とする。どのような場合でも左方を上席とし、次に右、左、右と交互に席次を決める。主人は入口に近い方に、席を作る。

② 中国料理の食器と盛り付け

　中国料理では、数人分の料理を大きな器に盛り、各自が好みの量だけを取るという、いわゆる取り回し方式である。一人分の食器としては、平皿、深皿、小皿があり、これらの食器は料理が変わる時に、新しい皿に取り替える。

　中国料理の多くは、熱いところを頂くのが生命であり、手早く供することが大切である。また、冷たい前菜を大皿に盛り合わせる時には、鳳凰や孔雀の姿を描くように、芸術的で豪華な盛り付けを工夫する。

③ 中国料理の食事の演出法

　中国料理の食品材料には、山海の珍味といわれる特殊材料があり、バラエティに富み、献立を豊かにしている。また、調味料や香辛料以外に多くの油脂を用いるが、油っぽさを感じさせないところに特徴がある。

　中国料理を一言で評するならば、味を楽しむ料理であるということができ、味の重厚さを賞味する。円卓を囲む食事法は、和やかな雰囲気をかもし出している。

　料理を供する時は、全て主客の前に置く。まず、形のまま客に見せてから、いったん下げて、取りやすいように切り分けてから供する。

19. 食卓の演出法－③

1) 西洋料理様式の献立

西洋料理様式において整った献立構成が確立したのは、近世におけるフランス料理であった。獣鳥肉類および乳・乳製品を主材料とし、これに野菜、果物類が用いられる。

食品の選定にあたっては、季節感は日本料理ほどではなく、むしろ調理技術に重点がおかれている。多くのソース類が工夫され、味のハーモニーが尊重されている。料理とともにワインが供されるが、食品および料理に最も適した飲み物の選定に配慮する。デザートとしての菓子や果物料理も発達している。正餐の献立パターンの模式図を**図1**に、家庭向き配膳を**図2**に示した。

献立は、まず序論として食欲を振起することを目的とした前菜とスープを供し、本論では、淡泊な魚介料理から始まり、獣鳥肉料理をクライマックスとして、サラダで本論を終わり、結論はデザートとしての生菓子、果物、コーヒーである。

図1 西洋料理様式の献立パターンの模式図

献立の順序：オードブル／スープ／魚料理／獣鳥肉料理／氷酒／蒸し焼き料理／サラダ／アントルメ／果物／コーヒー

献立のパターン：獣鳥肉（クライマックス）／魚／野菜サラダ／本論／序論（スープ・オードブル）／結論（コーヒー・果物・アントルメ）

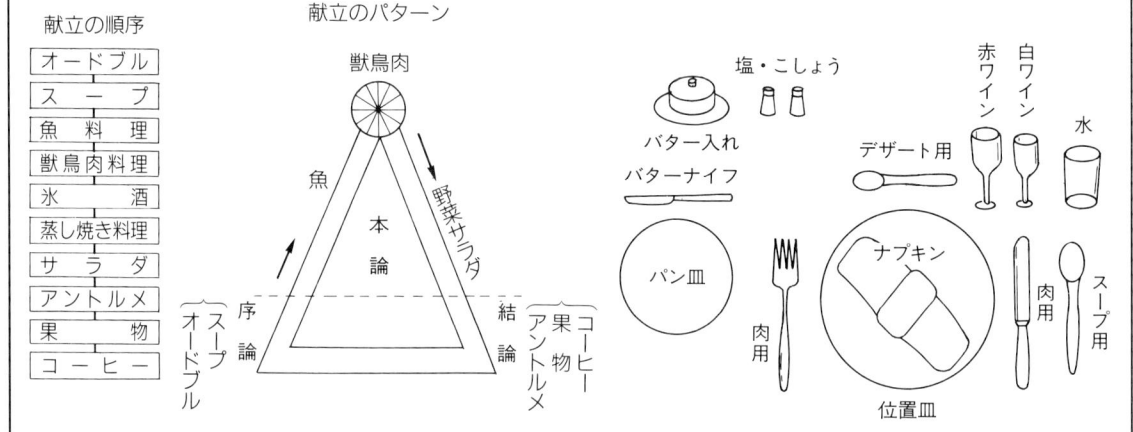

オードブル、スープから始まり、獣鳥肉料理をクライマックスとして、淡泊な野菜サラダに下降し、デザートで終結するので、二等辺三角形で示すことができる。

図2 西洋料理の家庭向き配膳図

塩・こしょう／バター入れ／バターナイフ／パン皿／肉用（フォーク）／ナプキン／位置皿／肉用（ナイフ）／スープ用／デザート用／赤ワイン／白ワイン／水

2) 西洋料理の食卓の演出法

① 西洋料理の食卓と席次

正式な洋風食卓では、一つのテーブルを囲んで食事をする形式である。テーブルにはクロスをかけ、センターピース（花、置き物、食塩・こしょう入れ）を置く。次に、人数に合わせて配置よく席を決め、テーブルセッティングを行う。

洋間では、暖炉や飾り棚のある方が上席であるが、これらのない部屋では入口より遠い所、または正面を上席とする。主賓がその中央の席で、左、右と交互に順次席を決める。男女同席の場合には、男女交互に席を決める。

② 西洋料理のテーブルセッティング

正式には、純白の紋織りのテーブルクロスを食卓にかけ、花を飾り、食器、飲み物用グラス、テーブルクロスと同じ生地のナプキンなど、趣向をこらしたテーブルセッティングを行う。

花は雰囲気を楽しくするものであり、食事の目的にふさわしい花の種類を選ぶ。飾る位置は丸いテーブルであれば中央、長方形であれば中央に線上に並べる。花を活ける方法には、盛り花、浮かし花、敷き花などがある。

③ 西洋料理の食事の演出法

日本料理は日本画的な繊細さを持っているという評価に対し、西洋料理、特にフランス料理は油画的な重厚な芸術的センスを持っているといえるが、料理を媒体として食事の目的に沿った雰囲気を演出する心配りが大切である。

（川端）

PART.2
実践編

Chapter 1　米（うるち米）

白　飯／白　粥
（はく　はん／しろ　がゆ）

白　飯　栄養価（1人分）	
エネルギー	285 kcal
たんぱく質	5.0 g
脂肪	1.0 g
カルシウム	4 mg
鉄	0.6 mg
ビタミンA	0 μgRE
ビタミンB1	0.1 mg
ビタミンB2	0 mg
ビタミンC	0 mg
食物繊維	0 g

1日の栄養所要量に占める割合	
エネルギー	14 %
たんぱく質	9 %
脂肪	1 %
カルシウム	1 %
鉄	5 %
ビタミンA	0 %
ビタミンB1	8 %
ビタミンB2	0 %
ビタミンC	0 %
食物繊維	0 %

白　飯

材料（4人分）

うるち米	320g	（カップ2）
水　（米の重量の1.5倍、体積の1.2倍）	480ml	（カップ2・2/5）

作り方

1　洗米する
①米を洗ってざるに上げ、水を切る。
②30～90分浸漬する。

2　炊飯する
③炊飯鍋に米と分量の水を正確に計って入れ、火にかける。

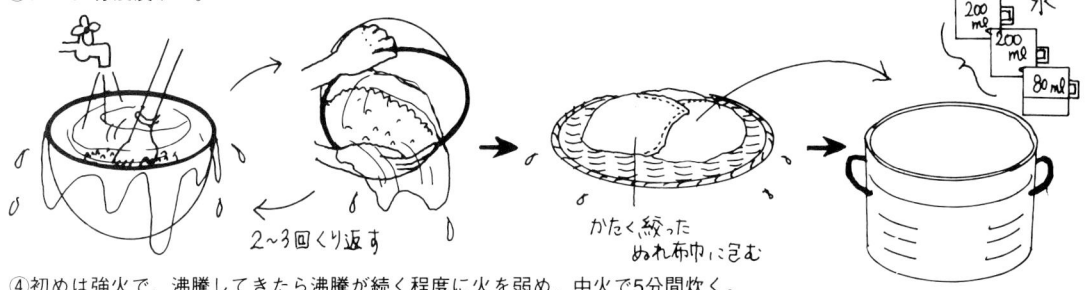

④初めは強火で、沸騰してきたら沸騰が続く程度に火を弱め、中火で5分間炊く。
⑤さらに火を弱め、弱火で15分間炊く。消火直前に10秒間 強火にして余分な水を蒸発させ、火を止める。

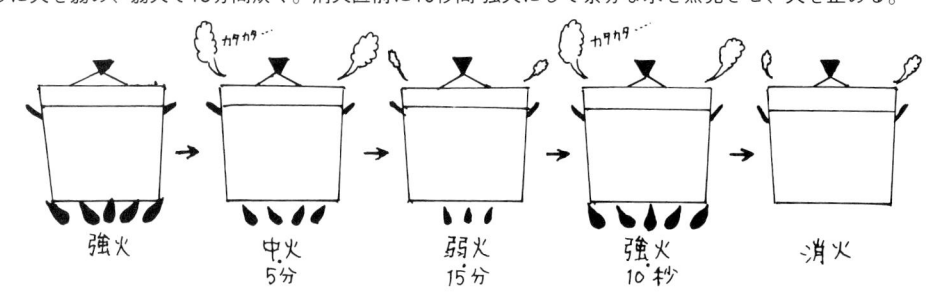

強火 → 中火 5分 → 弱火 15分 → 強火 10秒 → 消火

⑥そのまま約10分間蒸らす。

3　盛り付ける

むらし・10分

MEMO
＊米を洗う時は、水を加えてといだ後、手早く水を捨てる。
＊浸漬による吸水量は、水温によって異なる。
＊加水量は米の品種、新古程度、乾燥度によって異なる。アメリカ、オーストラリア、中国米は体積の1.25倍、タイ米は1.3倍の水を加える。

白粥

材料（4人分）

	うるち米	：	水	食塩
五分粥	1	：	10	少量
七分粥	1	：	7	少量

作り方

①米は、ぬか臭がなくなるまでよく洗う。
②熱容量の大きい鍋（土鍋など）に、米と水を入れる。

③沸騰するまで強火で、沸騰してからは米粒が踊らない程度に弱火にする。

④1時間以上かけて、ゆっくり炊き上げる。
　途中で蓋を取ったり、かき混ぜたりすると、粘りが出て焦げやすくなる。

蓋を開けない　　　かきまぜない

⑤5分程度蒸らし、場合によって塩を少々加えることがある。 　⑥出来上がり。

むらし・5分

MEMO

＊熱容量とは、ある物質の温度を摂氏1℃上げるのに必要な熱量を示す。
＊粥の食べ頃は60～70℃なので、時間をおいたり、温め直すとまずくなる。

（津田）

味付けご飯 ①
（豆ご飯／栗ご飯）

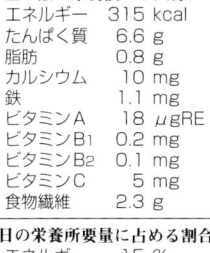

豆ご飯　栄養価（1人分）	
エネルギー	315 kcal
たんぱく質	6.6 g
脂肪	0.8 g
カルシウム	10 mg
鉄	1.1 mg
ビタミンA	18 μgRE
ビタミンB_1	0.2 mg
ビタミンB_2	0.1 mg
ビタミンC	5 mg
食物繊維	2.3 g

1日の栄養所要量に占める割合	
エネルギー	15 %
たんぱく質	12 %
脂肪	1 %
カルシウム	2 %
鉄	9 %
ビタミンA	3 %
ビタミンB_1	20 %
ビタミンB_2	6 %
ビタミンC	5 %
食物繊維	9 %

豆ご飯（ピースご飯）

材料（4人分）

うるち米	320g（カップ2）
水	455ml
酒	25ml（大1・2/3）
食塩	4.8g
えんどう豆（正味）（米の30%内外）	100g

作り方

1　下準備をする
① 米を洗いざるに上げて水を切り、定量の水に30分以上浸す。
② えんどう豆は洗って水を切っておく。

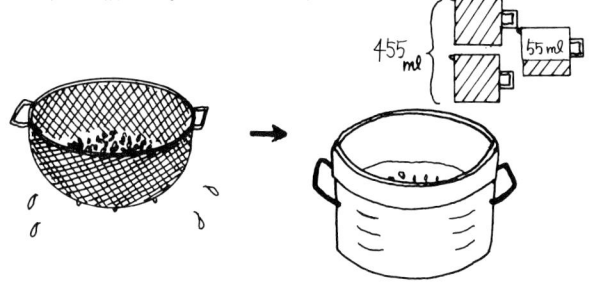

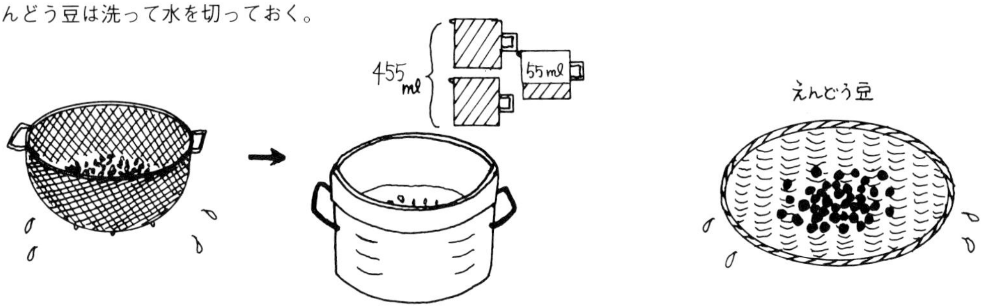

2　炊く
② 浸水させた米に酒、塩を加えて強火にかけ、沸騰した時にえんどう豆を加え、弱火にして15〜20分ほど炊く。水気がなくなったら火を止めて10分ほど蒸らし、軽く混ぜ合わせる。乾いた布巾をかけておく。

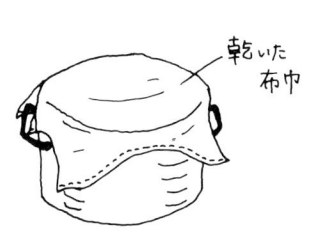

3　盛り付ける
③ 豆をつぶさぬように、盛り付ける。

＊炊き水の量＝米の重量×1.5（体積×1.2）－液体調味料
＊酒の量＝水の重量の5〜6%
　　（酒が加わるとふっくらと炊ける）

MEMO
＊春の季節感を味わう豆ご飯は、美しい色に仕上がるようにする。そのためには米が沸騰してから豆を加えるか、豆を別に茹でておき、塩味ご飯を炊いた後に混ぜる方法もある。
＊豆はさや付きを求めるほうがよい。
＊味付けご飯を炊く時に、調味料は米の吸水を妨げるので、加熱直前に加えて炊くとよい。

栗ご飯（栗飯）

材料（4人分）

うるち米	320g（カップ2）
水	440ml
酒	25ml（大1・2/3）
食塩	2.8g
醤油	15ml
栗（正味）（米の50%内外）	160g

栗ご飯　栄養価（1人分）	
エネルギー	360 kcal
たんぱく質	6.3 g
脂肪	0.9 g
カルシウム	15 mg
鉄	1.0 mg
ビタミンA	2 μgRE
ビタミンB1	0.2 mg
ビタミンB2	0.1 mg
ビタミンC	13 mg
食物繊維	2.1 g

1日の栄養所要量に占める割合	
エネルギー	18 %
たんぱく質	11 %
脂肪	2 %
カルシウム	3 %
鉄	8 %
ビタミンA	0 %
ビタミンB1	19 %
ビタミンB2	5 %
ビタミンC	13 %
食物繊維	8 %

作り方

1 下準備をする

① 米を洗い、分量の水に30分以上浸しておく。
② 栗は渋皮までむき、水から入れて炊く。栗は熱湯に漬けると皮が柔らかくなり、すべらないでむきやすい（p90参照）。

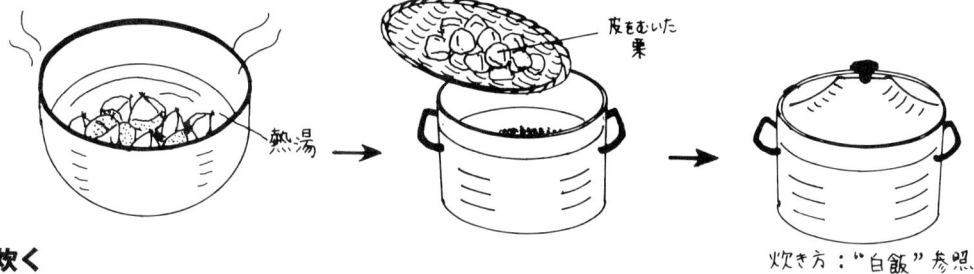

2 炊く

③ 米に塩、醤油、酒を加え軽く混ぜる。ここに栗を加え、普通に15〜20分ほど炊く。
④ 炊き上がったら、普通よりやや長めに15分くらい蒸らす。

＊味付けご飯の種類

塩分基準：米の重量の1.5〜2.0%、炊き水（ml）の1.0〜1.3%、飯の重量の0.7〜1.2%

種類（塩味）	材料	材料の割合
豆ご飯	えんどう豆、蚕豆、えだ豆	米の重量の30%
いも飯	さつまいも、さといも	〃　50%
栗　飯	栗	〃　50%
菜　飯	だいこん、かぶの葉、しゅんぎく	〃　50%
	（茹でたものの場合）	〃　15%
赤　飯	小豆、ささげ	〃　10%
大豆ご飯	大豆	〃　10%

種類（醤油味）	材料	材料の割合
桜　飯	調味料だけ	
たけのこ飯	たけのこ、鶏、油揚げなど	〃　50%
きのこ飯	まつたけ、しめじ、	
	しいたけなど	〃　30〜40%
栗　飯	栗	〃　50%
牡蠣飯	牡蠣	〃　40〜50%

MEMO

＊栗は焼き栗にして用いてもよい。栗に包丁で傷を入れ、焼き網にのせてフライパンまたは鍋の蓋をかぶせ、時々返しながら焼く。焼けたら濡れ布巾に取り、布巾を用いて鬼皮と渋皮をむく。大きいものは半分に切る。

＊うるち米だけでなく、もち米を米の総重量の30%ぐらい入れて炊飯してもよい。炊き水の量は（うるち米の重量×1.5＋もち米の重量×1.0）－液体調味料）とする。

＊具の応用として、ぎんなんなどを使ってもよい。

（猪俣）

味付けご飯 ②
(たけのこご飯／しめじご飯)

たけのこ飯　栄養価（1人分）	
エネルギー	376 kcal
たんぱく質	11.0 g
脂肪	6.0 g
カルシウム	32 mg
鉄	1.3 mg
ビタミンA	9 μgRE
ビタミンB_1	0.1 mg
ビタミンB_2	0.1 mg
ビタミンC	3 mg
食物繊維	2.0 g

1日の栄養所要量に占める割合	
エネルギー	18 %
たんぱく質	20 %
脂肪	11 %
カルシウム	5 %
鉄	11 %
ビタミンA	2 %
ビタミンB_1	12 %
ビタミンB_2	10 %
ビタミンC	3 %
食物繊維	7 %

たけのこご飯

材料（4人分）

うるち米	320g	（カップ2）	鶏肉	70g
水	410ml		たけのこ	160g
A（調味料）			油揚げ	1枚
たけのこの煮汁	30ml	（大2）	だし汁	160ml
酒	30ml	（大2）	醤油	7ml
醤油	9ml	（大1/2）		
食塩	2g		木の芽	

作り方

1　下準備をする

①米を洗い、分量の水に30分浸漬する。

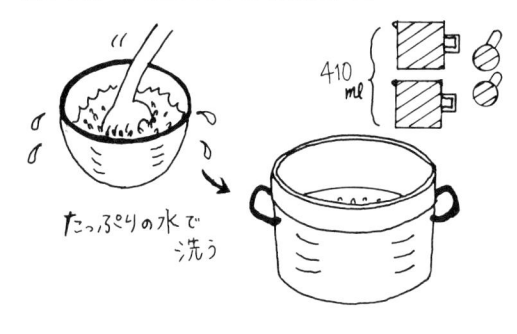

②鶏肉は1cmの角切り、たけのこは茹でて薄く切る。
　（たけのこの茹で方はp215参照）

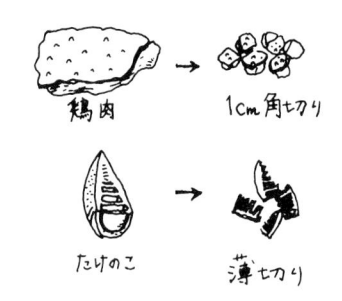

③油揚げに熱湯をかけて油抜きする。
　水気を切って縦に2等分し、5mm幅に細く切る。

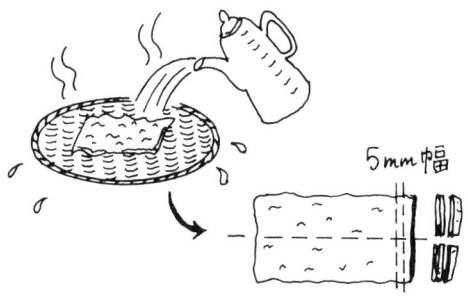

④鍋にだし汁と醤油を加えて火にかけ(だしの取り方は p223参照)油揚げとたけのこを入れ、弱火で含め煮する。味がしみたところへ鶏肉を加え、さっと煮て、火が通ったら、具と汁を分ける。

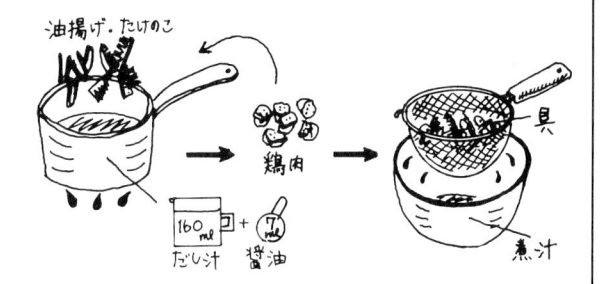

2　炊く

⑤A（調味料：④のたけのこの煮汁、酒、醤油、塩）を、①の浸漬米に加える。

⑥下煮した鶏肉、油揚げ、たけのこを加え、混ぜて蓋をし、炊飯器で普通に炊き上げる。

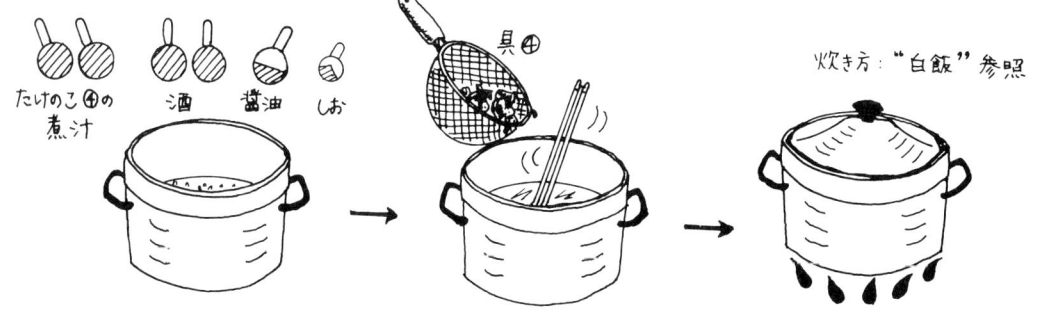

炊き方："白飯"参照

3 盛り付ける

⑦蒸らし終わったら、全体をほぐし、ご飯をよそった上に、木の芽を軽くたたいて飾る。

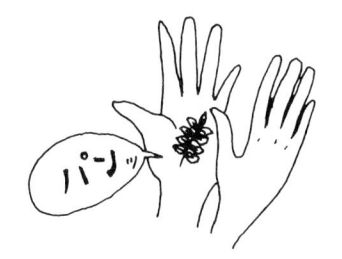

しめじご飯

材料（4人分）

うるち米	320g（カップ2）
水	430ml
A（調味料）	
酒	20ml（大1・1/3）
薄口醤油	20ml（大1・1/3）
みりん	10ml（小2）
昆布	5cm
しめじ	100g
しその実	10g
食塩	2.5g
黄菊	15g
すだち	1個

1 下準備をする

①米を洗い、分量の水で30分浸水する。
②しめじはゴミを除き、根本を切り落とし、一本ずつにはがす。

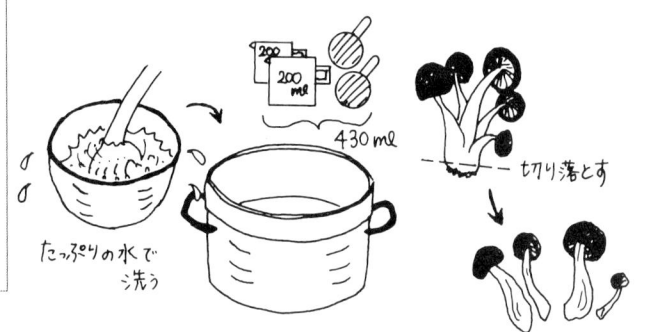

③しその実を穂からはずし、塩を振る。
④黄菊は、花びらをはずして洗い、酢を入れた熱湯でさっと茹で、水を切る。

2 炊く

⑤炊飯釜に、米とA（調味料）としめじを入れて、火にかける。沸騰したら昆布を取り出し、普通に炊く。

⑥炊き上がったご飯に、しその実、黄菊を混ぜ、好みですだちの絞り汁をかける。

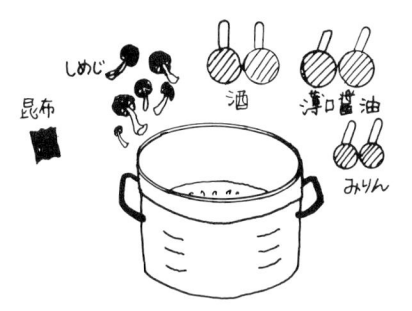

炊き方："白飯"参照

MEMO

*味付けご飯は、炊けたらそのままにせず、すぐに混ぜ、炊飯器に入れたままにしないで盤台（はんだい）やおひつに移すとよい。

（津田）

太巻き寿司／稲荷寿司

太巻き寿司　栄養価（1人分）	
エネルギー	532 kcal
たんぱく質	15.8 g
脂肪	3.8 g
カルシウム	5.3 mg
鉄	2.2 mg
ビタミンA	245 μgRE
ビタミンB1	0.2 mg
ビタミンB2	0.3 mg
ビタミンC	9 mg
食物繊維	4.4 g

1日の栄養所要量に占める割合	
エネルギー	26 %
たんぱく質	29 %
脂肪	7 %
カルシウム	9 %
鉄	18 %
ビタミンA	45 %
ビタミンB1	21 %
ビタミンB2	30 %
ビタミンC	9 %
食物繊維	18 %

太巻き寿司

材料（4人分）

寿司飯
- うるち米　　　　400g（500ml）
- 水（米の重量×1.4倍－酒の量）
  　　　　　　　530ml（カップ2・1/2）
- 酒（水の5～6%）30ml
- 昆布　　　　　　2g

合わせ酢
- 食酢　　　　　　60ml
- 食塩　　　　　　7g（小1）
- 砂糖　　　　　　28g（大2）

かんぴょう、しいたけ含め煮
- かんぴょう　　　12g
- 干ししいたけ　　15g
- だし汁　　　　　200ml（カップ1）
- 砂糖　　　　戻した重量の15～20%
- 醤油　　　　戻した重量の3.5%

青菜の茹で物
- ほうれんそう　　60g
- 醤油　　　　　　少量

厚焼き卵（だし巻卵）
- 卵　　　　　　　　　　　　　2個
- 砂糖（卵とだし汁の2～3%）　　3g
- 醤油（卵とだし汁の0.8%）　　少量
- 食塩　　　　　　　　　　　　1g
- だし汁（卵の30%）　　　　　 30ml

そぼろ（おぼろ、でんぶ）
- 白身魚　　　　　　80g
- 砂糖　　　　　　　10g（大1）
- 食塩　　　　　　　少量（小1/5～1/6）
- 食紅　　　　　　　少量

酢どりしょうが
- しょうが　　　　　50g
- 食塩　　　　　　　2.5g
- 食酢　　　　　　　15ml
- 水　　　　　　　　7.5ml
- 砂糖　　　　　　　3g
- 食塩　　　　　　　1g

- 海苔　　　　　　　8枚

合わせ酢の配合割合（%）

材料	米の重量	米の容量	飯
食酢	13～15	10～12	6～7
食塩	5～7	2～4	1.2～2.5
砂糖	1.5～1.8	1.2～2.0	0.6～1.0

作り方

1　寿司飯を作る

①米は30分前に洗ってざるに上げ、水を切り、分量の水に昆布を入れて1時間は漬ける。

②炊く前に酒を加え、沸騰したら昆布を取り出し、少し火を弱めて約5分沸騰を続け、さらに火を弱めて約15分静かに沸騰を続ける。火を止める直前に数秒間強火にし、10～15分間蒸らす。

③蒸らし終わったご飯を、熱いうちに盤台（ばんだい）に移し、合わせ酢を振りかけ、ぬれ布巾をかぶせて1～2分蒸らしてから、しゃもじでご飯を切るように混ぜて、うちわであおぎ水分を飛ばす。

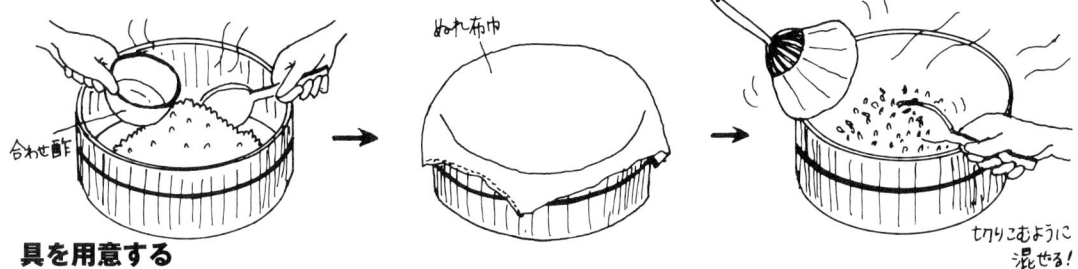

2　具を用意する

④だし汁を用意する。⑤かんぴょう、干ししいたけを戻しておく。

⑥かんぴょうは戻して塩でもみ洗いし、茹でる。しいたけはぬるま湯で戻して石づきを取る。両方合わせて調味料を加え、煮汁がなくなるまで煮る。冷めたらかんぴょうは海苔の長さに、しいたけは千切りにする。

⑦ほうれんそうを色よく塩茹でし、醤油をかける。

3　厚焼き卵を作る

⑧厚焼き卵を作り、熱いうちに巻き簀に取り、形を整える（厚焼き卵の作り方はp160参照）。

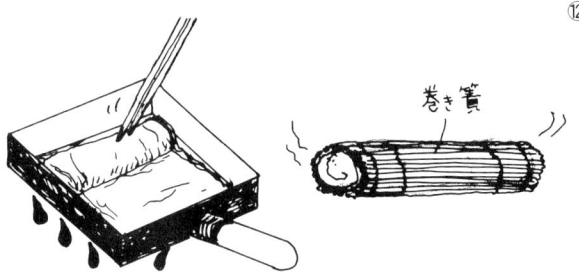

4　そぼろを作る

⑪白身魚は皮、骨、血合いを除いて熱湯で塩茹でし、布巾に包んで流水で冷まし、もみほぐす。
⑫鍋に魚、調味料と水で溶いた食紅を入れて、箸数本で鍋底をまんべんなく混ぜて仕上げる。湯煎にかけてもよい。

5　酢どりしょうがを作る

⑬しょうがは皮をむき、ごく薄切り、さっと熱湯に通し、塩を振って冷ます。
⑭合わせ調味料を作り、しょうがを漬け込む。

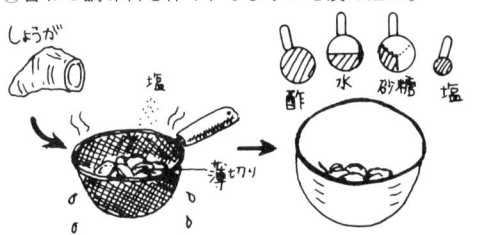

6　形を整える

⑮海苔を焼いておく。⑯酢水を用意する。⑰すだれを広げ、海苔を縦長にのせ、寿司飯をのせる。海苔を手前に1.5～2cm残し、向こう側は3cm残すようにする。

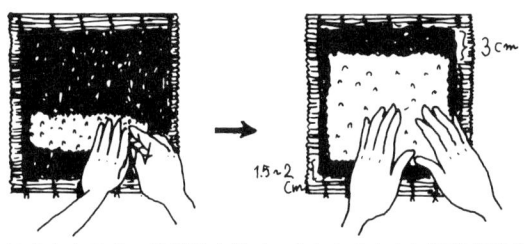

⑱具は、手前1/3ぐらいのところからかんぴょう、しいたけ、ほうれんそう、そぼろを並べ、それらの中央に厚焼き卵をのせる。巻き簀の手前を起こして一気に深く巻き込み、軽く押さえて形を整える。1.5cmの幅に切ると7～8切れになる。

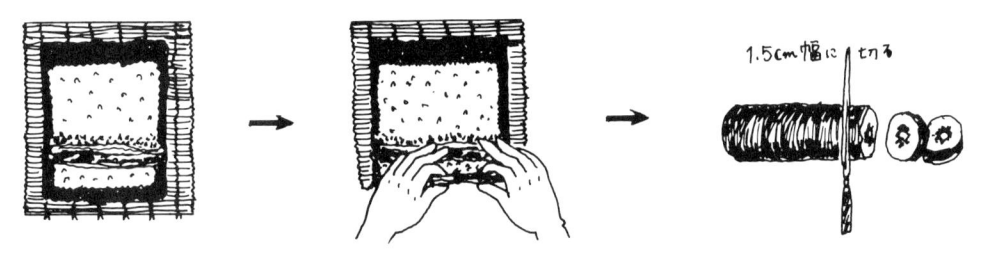

稲荷寿司（信田寿司（しのだ寿司））

材料（4人分）

寿司飯	960～1040g
（うるち米	400～480g
合わせ酢	太巻き寿司を参照）
白ごま	40g
油揚げ	12枚（250～300g）
だし汁	300～400ml
砂糖	40～60g（カップ1/2）
醤油	40ml（大2強）

＊かんぴょう、しいたけ、松の実などを加えてもよい。

作り方

①油揚げを煮る。油揚げはざるにのせ、両面熱湯をかける。まな板にのせ、菜箸を用い油揚げの上を転がし、横半分に切る。軽く手でたたき、袋に開く。

②だし汁に調味料を入れ、煮立った中に油揚げを平らに入れ、落とし蓋をし、弱火で30分位、煮汁が少し残るくらいに、ふんわりと煮含め、そのまま冷めるまでおく。

③ごまを軽く煎る。

④油揚げを軽く握って煮汁を絞り、寿司飯（1個につき40gぐらい）を詰め入れる。

⑤酢どりしょうがを添える。

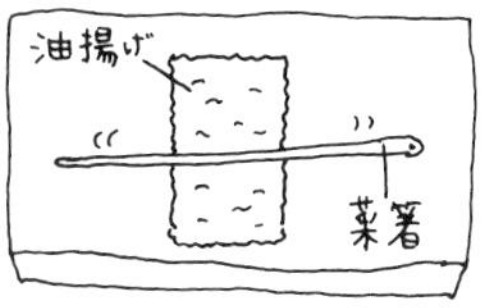

MEMO

＊しいたけ、かんぴょうなど、乾物は戻した重量で調味する。
＊そぼろの白身魚は、身がほぐれやすく、脂肪分の少ないたら、たい、ひらめなどを用いる。
＊湯煎：二重鍋の外側の鍋に水を入れて沸騰させ、内側に材料を入れた鍋をかけて、間接的に加熱すること。
＊魚肉がそぼろになりやすいわけは、魚の筋繊維は獣肉よりも短く、また、加熱すると筋節を仕切っている筋隔膜が溶解しやすいので、筋節単位でほぐれるから。白身魚は赤身魚よりも筋繊維が太く、筋繊維がバラバラにほぐれやすいので、そぼろが作りやすい。

（猪俣）

散らし寿司

散らし寿司　栄養価（1人分）
エネルギー　651 kcal
たんぱく質　17.0 g
脂肪　7.0 g
カルシウム　64 mg
鉄　2.2 mg
ビタミンA　421 μgRE
ビタミンB$_1$　0.2 mg
ビタミンB$_2$　0.2 mg
ビタミンC　11 mg
食物繊維　4.0 g

1日の栄養所要量に占める割合
エネルギー　32 %
たんぱく質　31 %
脂肪　12 %
カルシウム　11 %
鉄　18 %
ビタミンA　78 %
ビタミンB$_1$　21 %
ビタミンB$_2$　23 %
ビタミンC　11 %
食物繊維　15 %

材料（4人分）

寿司飯
- うるち米　　　　　　480g（カップ3）
- 水（米の重量の1.3倍、体積の1.1倍）
  　　　　　　　　　660ml（カップ3.3）
- 昆布　　5cm角1枚
- 酒　　　　　　　　30ml（大2）
- 合わせ酢
  - 食酢（米の約15%）　75ml（大5）
  - 食塩（米の1.8%）　8g（大1/2）
  - 砂糖（米の5%）　　24g（大2・1/2）

しいたけ含め煮
- 干ししいたけ　　　4枚
- 調味料
  - 砂糖　　　　　　8g（大1）
  - 醤油　　　　　　9g（大1/2）
  - だし汁（戻し汁）200ml（カップ1）

かんぴょう煮
- かんぴょう　　　　15g
- 調味料
  - 砂糖　　　　　9g（大1）
  - 醤油　　　　　18ml（大1）
  - みりん　　　　18ml（大1）
  - だし汁　　　　200ml（カップ1）

酢ばす
- れんこん　　　　　80g
- 調味料
  - 食酢　　　　　15ml（大1）
  - 食塩　　　　　1g（小1/5）
  - 砂糖　　　　　12g（大1・1/3）
  - だし汁　　　　10ml（小2）

にんじんの色煮
- にんじん　　　　　40g
- 調味料
  - 食塩（にんじんの重量の2%）
    　　　　　　　0.8g（小1/6）
  - 砂糖（にんじんの重量の5%）
    　　　　　　　2g（小2/3）
  - だし汁　　　　100ml（カップ1/2）

絹さやえんどうの茹で物
- 絹さやえんどう　　40g
- 食塩　　　　　　　1g（小1/5）

あなごの照り煮
- あなご白焼き　　　100g
- 調味料
  - だし汁（あなごの重量の35%）50ml
  - 砂糖（あなごの重量の5%）　5g
  - 醤油（あなごの重量の1%）　8ml（大1/2）
  - 酒　（あなごの重量の1%）　8ml（大1/2）

錦糸卵（薄焼き卵）
- 卵　　　　　　　　2個
- 食塩　　　　　　　1g（小1/5）
- 砂糖　　　　　　　10g（大1）
- 片栗粉　　　　　　2g（小2/5）

海苔
紅しょうが

作り方

1　寿司飯を作る（p40参照）
①米を洗い、水加減をして昆布、酒を入れて火にかけ、沸騰したら昆布を取り出し、そのまま普通のご飯を炊く要領で炊く。

②合わせ酢を作り、さっと火を通して砂糖を煮溶かし、そのまま冷やす。

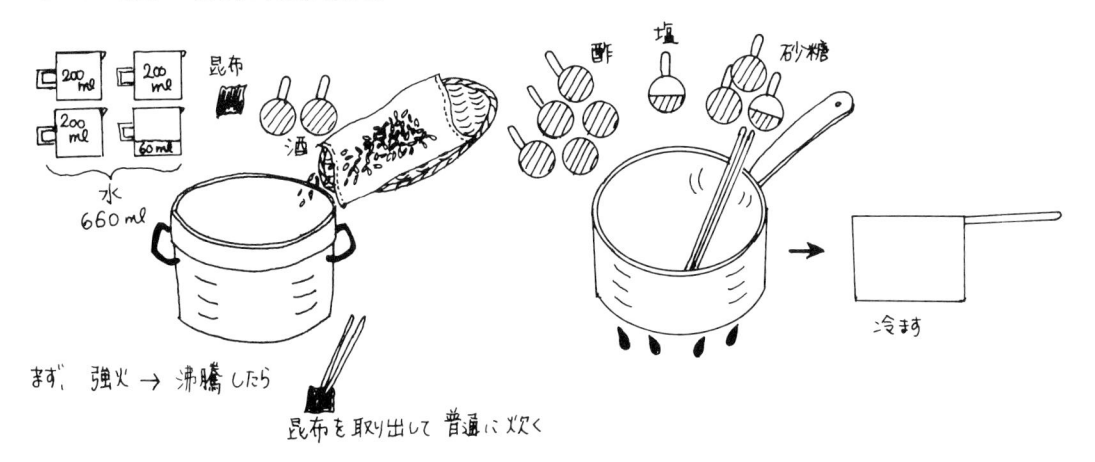

まず、強火 → 沸騰したら
昆布を取り出して普通に炊く

③盤台に炊き上がった飯を移し、中高に盛る。合わせ酢をまんべんなく上から振りかけ、固く絞ったぬれ布巾をかけて、1〜2分蒸らす。木杓子を水、または酢水（酢1：水10）でぬらして、四方に向けて切り込むように混ぜた後、底からすくうように切るように混ぜ、うちわであおいで飯のつや出しをする。具を混ぜるまで、固く絞った布巾をかけておく。

2　具を作る

④干ししいたけを戻し、石づきを取り、千切りにして、調味料を合わせて煮立てた中に入れ、汁気がなくなるまで含め煮にする。

⑤かんぴょうは水に漬けた後、塩もみをして洗い、茹でた後、2cmぐらいに切り、調味料で煮る。

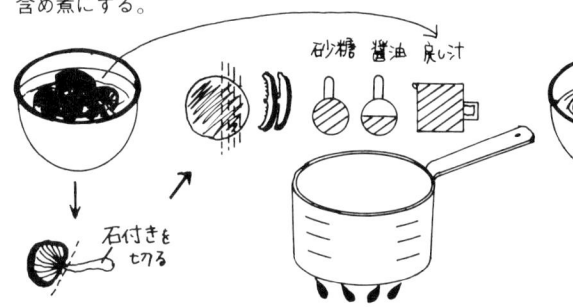

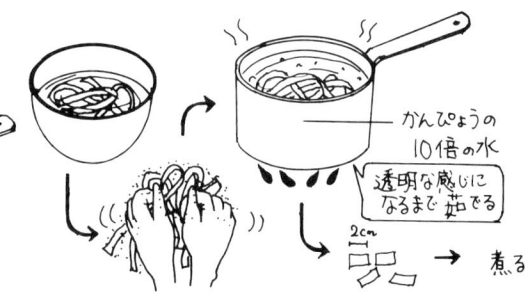

⑥酢ばすは、れんこんの皮をむいて花形にし、薄切りにして酢水にさらし、酢大さじ2、塩小さじ1を加えた湯でさっと茹でた後、調味料に漬ける。

⑦にんじんは千切りにして、調味料の中でさっと煮る。
⑧絹さやは色よく茹で、水を切り、塩を振る。斜めの千切りにする。

⑨あなごの白焼きは湯通しし、調味料の中で煮汁がなくなるまで煮て、小さく切る。

⑩錦糸卵を作り、千切りにする。（p161参照）
⑪海苔を焼き、紅しょうがは湯通しをして、いずれも千切りにする。

3　盛り付ける

⑫寿司飯にかんぴょう、しいたけ、にんじん、れんこんを混ぜ、その他の具は彩りよく上に飾って供する。

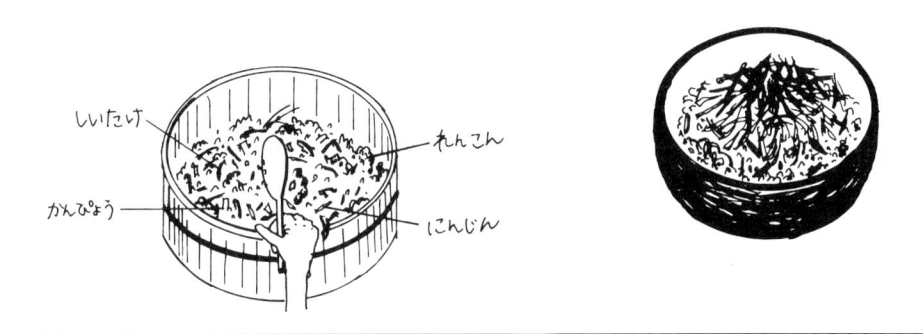

（津田）

什錦炒飯
五目焼き飯
（シーヂヌチャオファヌ）

什錦炒飯 栄養価（1人分）	
エネルギー	510 kcal
たんぱく質	14.0 g
脂肪	19.2 g
カルシウム	26 mg
鉄	1.4 mg
ビタミンA	24 μgRE
ビタミンB1	0.3 mg
ビタミンB2	1.0 mg
ビタミンC	7 mg
食物繊維	3.1 g

1日の栄養所要量に占める割合	
エネルギー	25 %
たんぱく質	25 %
脂肪	34 %
カルシウム	4 %
鉄	12 %
ビタミンA	4 %
ビタミンB1	38 %
ビタミンB2	100 %
ビタミンC	7 %
食物繊維	12 %

材料（4人分）

うるち米		320g
水	（米の重量の1.3倍）	カップ2強
卵		1個
砂糖	（卵の1.4％）	小1/2
食塩	（卵の0.7％）	小1/4
酒	（卵の3％）	小2/3
油	（卵の10％）	小1
又焼肉（焼き豚）		80g
えび		40g
酒	（えびの3％）	小1/4
食塩	（えびの0.5％）	1つまみ
干ししいたけ		3枚
茹でたけのこ		50g
具の炒め油（具の10％）		大1・1/2
グリンピース		10g
長ねぎ		40g
しょうが		5g
食塩	（米の1％）	小2/3
醤油	（米の3％）	小1・1/2
炒め油	（米の10％）	大2・1/2
グリンピース		20g

作り方
1　下準備をする

①米は、硬めの水加減で炊き、冷ましておく。

②卵を割りほぐし、酒、砂糖、塩で調味をし、鍋に油を熱して卵液を流し込み、柔らかい炒り卵にして、容器に移しておく。

③えびは1～2％の塩水で洗い、殻、背わたを取り、5mm角に切って塩、酒で下味を付けておく。

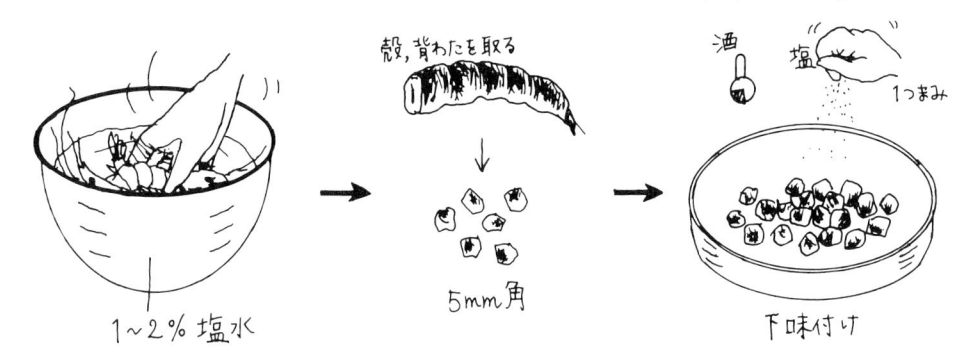

④干ししいたけは水で戻して5mm角、又焼肉と茹でたけのこも5mm角、ねぎは小口切りにし、しょうがは皮をむき、みじん切りにする。グリーンピースは青茹でにする。

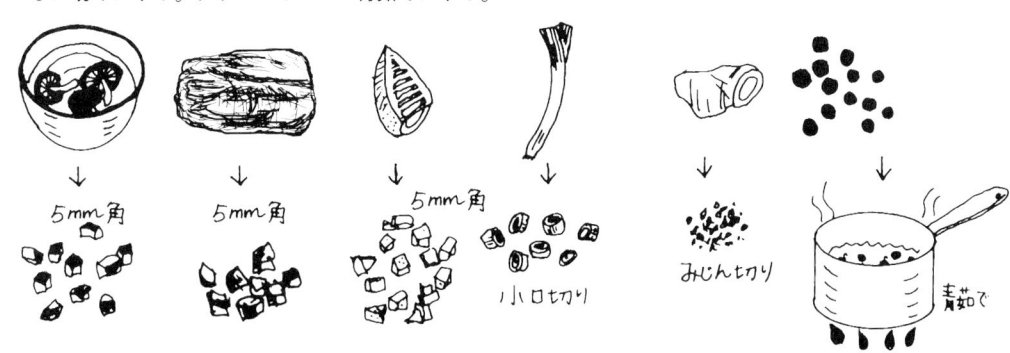

⑤鍋に大さじ大1・1/2の油を熱し、たけのこ、しいたけ、えび、叉焼肉（p144参照）を炒めて、容器に移しておく。

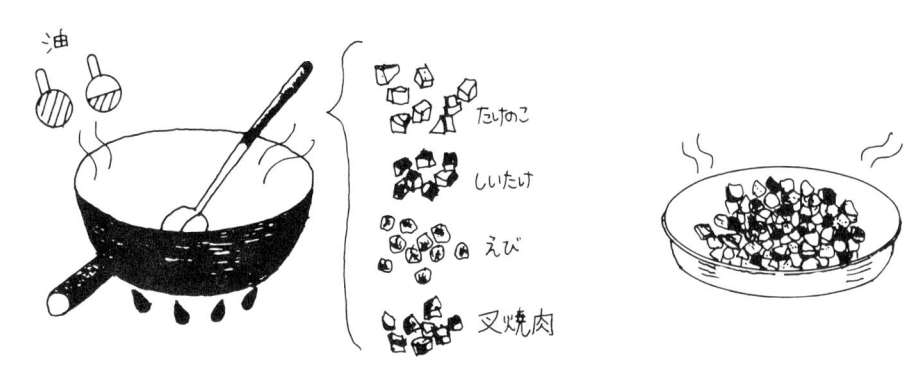

2 材料を炒めてまとめる
⑥鍋に大さじ大2・1/2の油を熱し、ねぎ、しょうがを炒めて香りを出す。ご飯を入れ、ほぐしながら炒め、塩を加える。

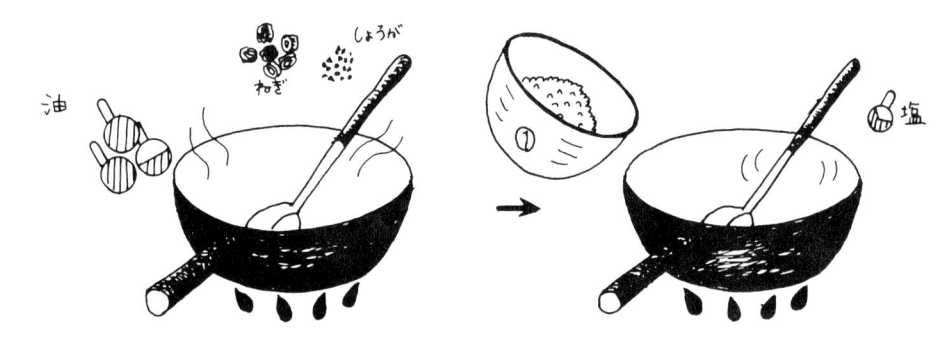

⑦⑤の具と炒り卵を加えて混ぜ、醤油を鍋肌から回し入れて混ぜる。

3 盛り付ける
⑧⑦に④のグリーンピースを散らし、食器に盛って出来上がり。

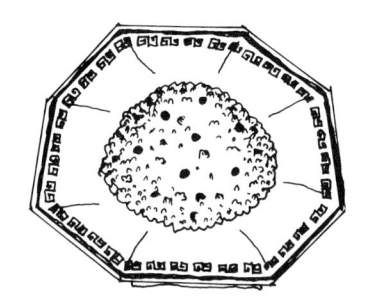

MEMO
＊炒飯のご飯は、粘りの少ないものがよいので、少し硬めに炊いて冷飯にしておく。
＊焦げ付きをなくすために、油をよく鍋肌になじませて、強火で手早く炒める。
＊「什錦」は10種類の材料という意味があるが、多くの材料の意と考えればよい。

（太田）

Chapter 2 米（もち米）

粽子（ゾンヅ）
中国風ちまき

粽子 栄養価（1人分）	
エネルギー	480 kcal
たんぱく質	9.4 g
脂肪	19.6 g
カルシウム	9 mg
鉄	1.0 mg
ビタミンA	2 μgRE
ビタミンB1	0.3 mg
ビタミンB2	0.1 mg
ビタミンC	1 mg
食物繊維	1.7 g

1日の栄養所要量に占める割合	
エネルギー	23 %
たんぱく質	17 %
脂肪	35 %
カルシウム	2 %
鉄	8 %
ビタミンA	φ %
ビタミンB1	39 %
ビタミンB2	8 %
ビタミンC	1 %
食物繊維	7 %

材料（4人分）

もち米	320g （カップ2）	混合調味料		
豚ばら肉	100g	湯（タン）	300ml	（カップ1・1/2）
干ししいたけ	3枚	食塩	3g	（小3/5）
たけのこ	50g	砂糖	5g	（小1・1/2）
ねぎ	50g	醤油	15ml	（大1）
ラード	26g （大2）	酒	15ml	（大1）
油	26g （大2）			
竹の皮	4枚			

（なければ笹の葉、またはアルミ箔15cm角など16枚）

作り方

1 下準備をする

①もち米を洗い、水に8～10時間浸漬し、ざるに上げておく。

②豚肉、戻したしいたけ、たけのこを5mm角に切る。ねぎは粗みじんに切る。

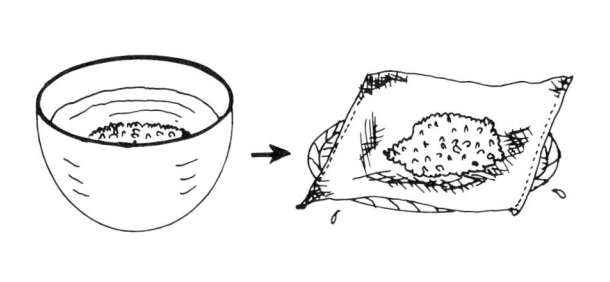

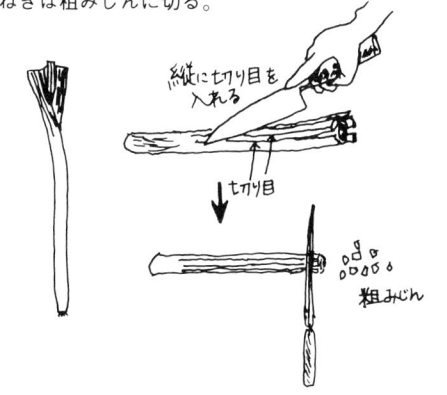

③竹の皮（笹の葉）は水に浸け、包みやすくしておく（アルミ箔は三角形に折る）。

④蒸籠（ヂョンロン）を用意し、蒸し水を沸騰させる。

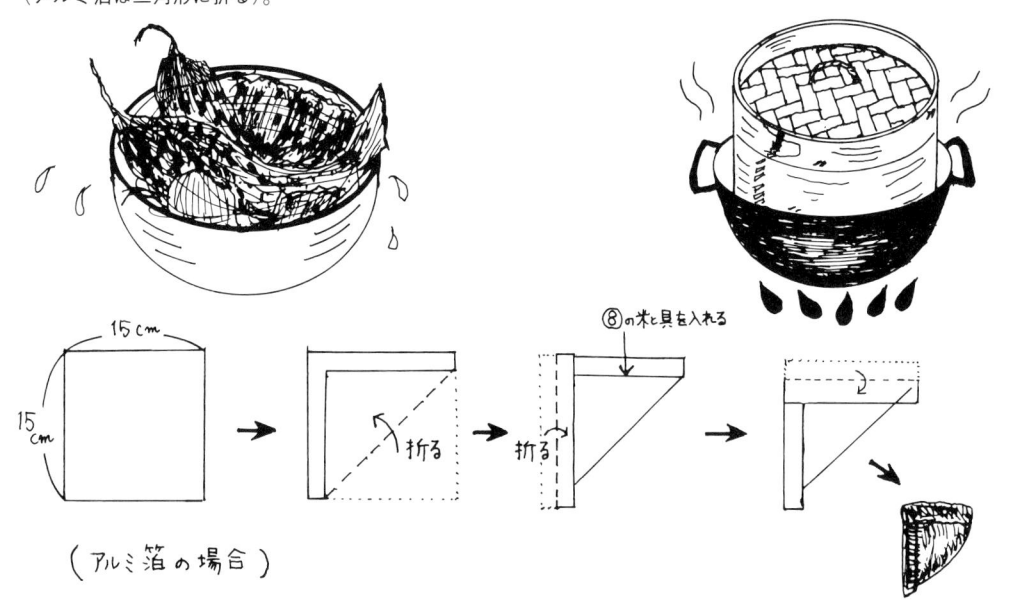

（アルミ箔の場合）

2 炒め調理をする

⑤中華鍋を火にかけ、うっすらと煙の出るまで熱する。さらにラードを熱し、煙の出る直前に、しいたけ、ねぎ、肉、たけのこの順に入れ、鉄鏟（ティエチャン：鉄べら p169参照）を用いて炒める。

⑥混合調味料を入れ、味を付けながら2〜3分、中火で煮る。火を止め、具と煮汁に分ける（万能漉し器を利用する）。

⑦中華鍋を火にかけ、油を熱する。もち米を炒め、透明になったら⑥の煮汁を入れ、かき混ぜながら、汁のなくなるまで弱火で炒め煮する。

⑧炒め煮した米に⑥の具を加え、全体を合わせるように混ぜておく。

3 蒸し調理をする

⑨竹の皮（笹の葉、アルミ箔）に⑧を詰め、たこ糸で結び、蒸気の上がっている蒸籠で約30分蒸す。

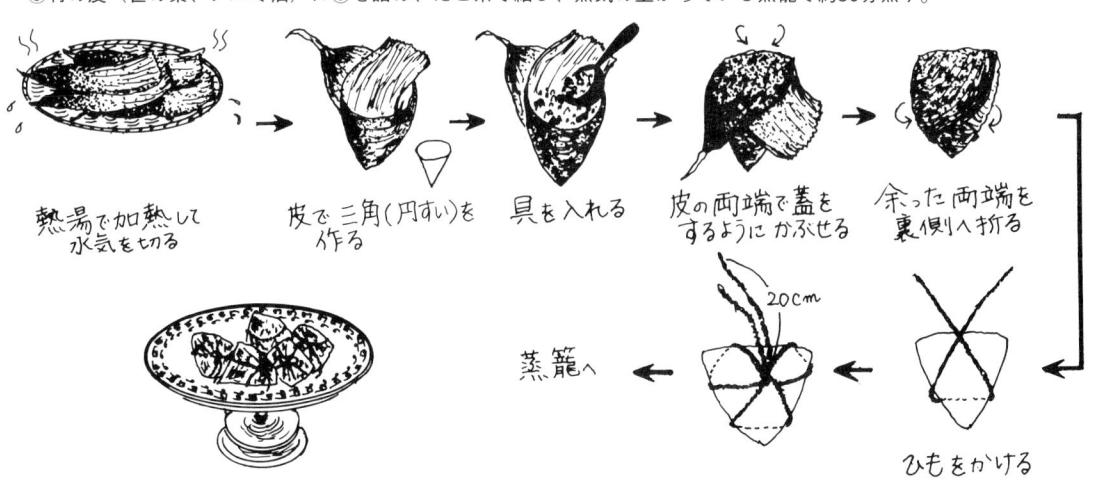

MEMO

* 粽子は、中国の屈原の古事に由来する料理。中国の戦国時代の国の一つ、楚の屈原は、王の側近であったが、失脚し流罪に処せられる。屈原の姉や屈原を哀れんだ人々が、5月5日の命日に米を竹筒に詰め川に流し、その霊を慰めたのが、粽子の起源といわれる。この風習が日本に伝わり、5月5日の端午の節句にちまきを作って、食べるようになった。
* 蒸籠は中国の蒸す加熱器具で、木や竹製の丸型をしており、中華鍋に湯を沸かし、その上にのせて用いる。
* 湯（タン）とは日本料理のだし汁、西洋料理のブイヨンにあたる（湯の取り方はP240）。

（名倉）

炊きおこわ

炊きおこわ 栄養価（1人分）	
エネルギー	415 kcal
たんぱく質	9.7 g
脂肪	2.3 g
カルシウム	41 mg
鉄	1.7 mg
ビタミンA	0 μgRE
ビタミンB1	0.2 mg
ビタミンB2	0.1 mg
ビタミンC	0 mg
食物繊維	3.4 g

1日の栄養所要量に占める割合	
エネルギー	20 %
たんぱく質	18 %
脂肪	4 %
カルシウム	7 %
鉄	14 %
ビタミンA	0 %
ビタミンB1	19 %
ビタミンB2	5 %
ビタミンC	0 %
食物繊維	14 %

材料（4人分）

もち米	320g（カップ2）
うるち米	160g（カップ1）
水（茹で汁＋水）	640ml
小豆またはささげ	50g～80g
ごま塩	
黒ごま	8g
食塩	4g

作り方

1 下準備をする
①米を洗って水気を切っておく。

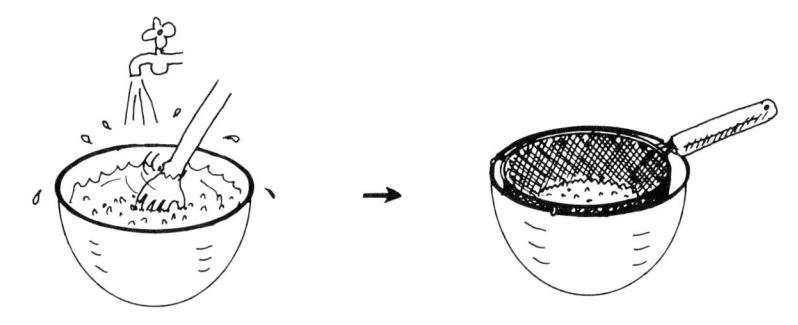

2 小豆を茹でる
②小豆を洗い、小豆の3～4倍の水を加えて沸騰させ、最初の茹で汁を捨てる(渋切り)。

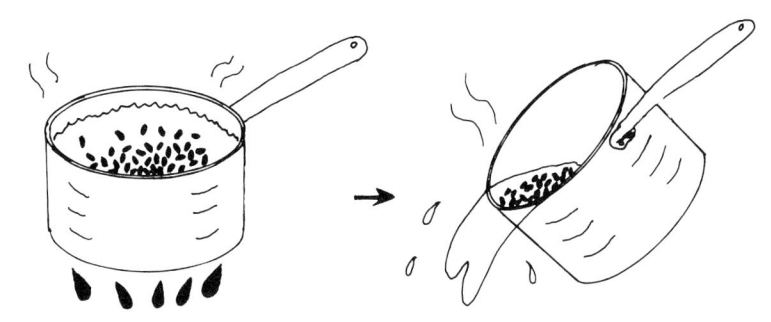

③再度同量の水を加え、15～20分煮て八分通り火を通す。　　④茹で汁と小豆を分ける。

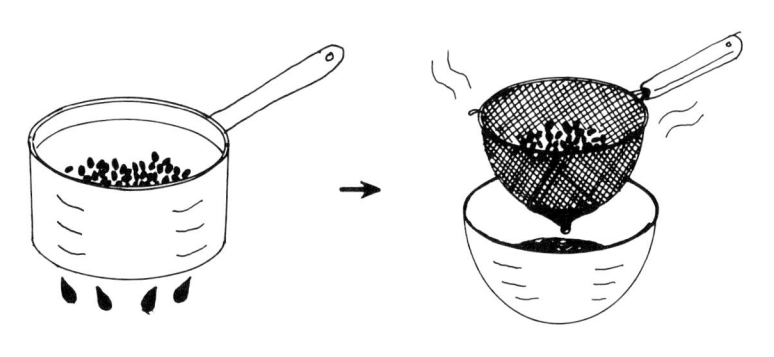

3 炊く

⑤小豆の茹で汁と水で、米の水加減をした中に、米を30分ぐらい漬けておく。

⑥ざるに上げて水を切り、この水を加熱する。

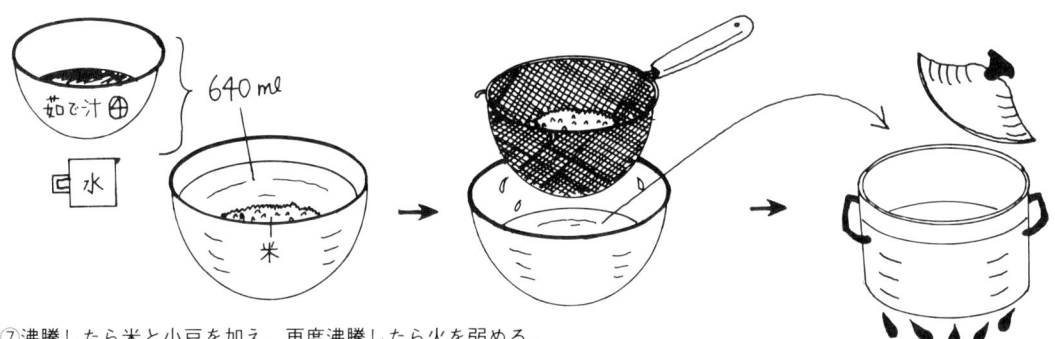

⑦沸騰したら米と小豆を加え、再度沸騰したら火を弱める。

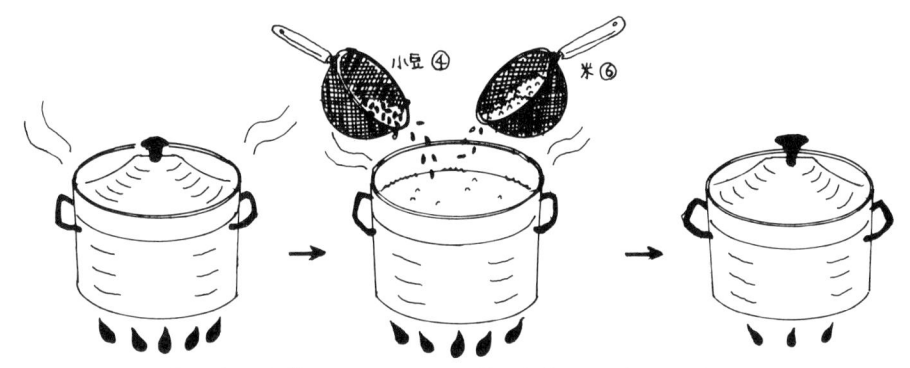

⑧白米の炊飯よりも5分くらい長く(約20分)炊く。

⑨消火後、15分蒸らして軽く混ぜる。

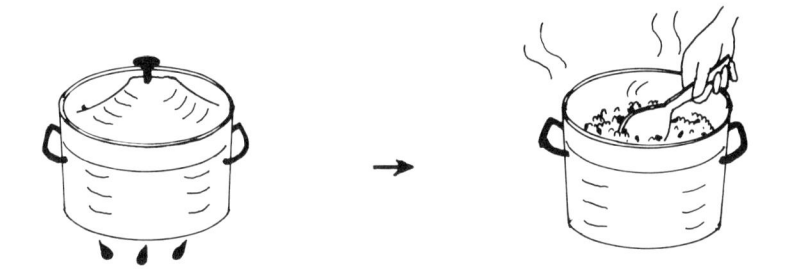

4 ごま塩を作る

⑩ごまを洗い、水気を切って煎り、塩を混ぜる。

5 盛り付ける

⑪器におこわを盛り、その上にごま塩をかける。

MEMO
*小豆は味はよいが、胴割れしやすいので、小豆の代わりにささげを用いることもある。
*茹で水の中にはサポニンやタンニンが含まれているので、最初の茹で水は捨てる。
*贈答のため重箱などに詰める時、南天の葉を添えるが、防腐とともに「難転」の意もある。

(大迫)

Chapter 3 　米（インディカ米）

ピラフ
（仏）Pilaf

ピラフ（バターライス）

材料（4人分）

インディカ米	300 g	
玉ねぎ	80 g	
バター	30 g	（15g×2）
ブイヨン（米の重量の1.3倍）	390ml	
食塩（米の重量の0.7％）	2.1 g	（小2/5）

ピラフ　栄養価（1人分）	
エネルギー	336 kcal
たんぱく質	5.9 g
脂肪	6.9 g
カルシウム	11 mg
鉄	1.2 mg
ビタミンA	39 μgRE
ビタミンB1	0.1 mg
ビタミンB2	0.1 mg
ビタミンC	2 mg
食物繊維	0.7 g

1日の栄養所要量に占める割合	
エネルギー	16 ％
たんぱく質	11 ％
脂肪	12 ％
カルシウム	2 ％
鉄	10 ％
ビタミンA	7 ％
ビタミンB1	11 ％
ビタミンB2	11 ％
ビタミンC	2 ％
食物繊維	3 ％

作り方

1　下準備をする
①米を洗ってざるに上げ、30分放置する。玉ねぎはみじん切りにする。

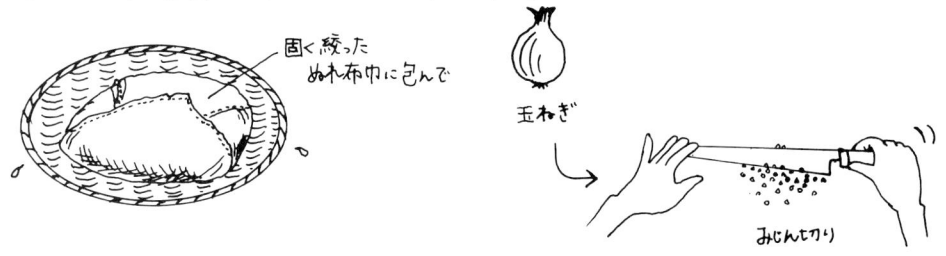

2　米を炊く
②炊飯用鍋にバター15 gを入れ、加熱して溶かす。
③みじん切りの玉ねぎを木杓子で焦げないように混ぜながら、透明感が出るまで弱火でよく炒める。

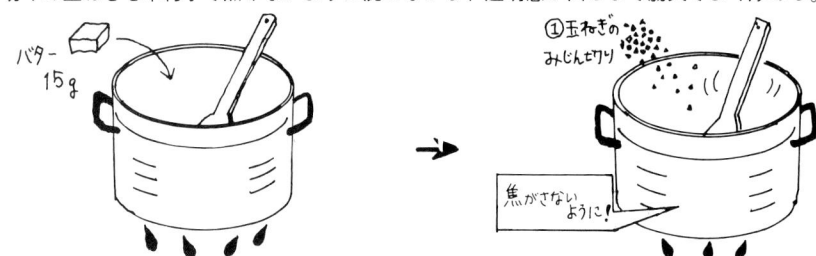

④残りのバターを入れ、米を加えて2〜3分炒め、温めたブイヨンと塩を加える（ブイヨンの取り方はp234参照）。
⑤炊飯の手順に従って炊く。

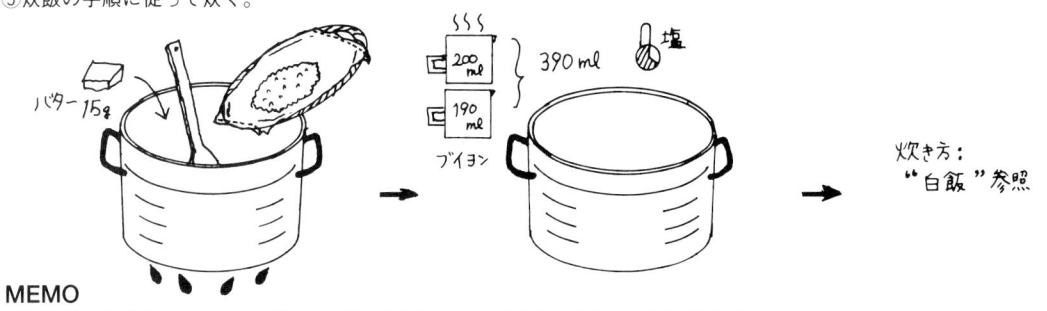

MEMO
＊バターは焦げやすいので、加熱した鍋には入れない。焦げ色が付くと仕上がりが悪いので、火加減に注意する。
＊ブイヨンに塩味が付いている場合は、食塩の量に注意する。
＊通常の炊飯より、少し蒸らし時間を長くする（15分間程度）。

チキンカレー
(仏) Curry de volaille
カリ・ド・ヴォライユ

材料（4人分）

		カレーソース	
鶏もも肉	500 g	バター	13 g（大1）
サラダ油	13 g（大1）	にんにく	1片
バター	13 g（大1）	しょうが	20 g
食塩、こしょう	少量	玉ねぎ	200 g
鶏のブイヨン	1リットル	バター	40 g
		小麦粉	16 g
ピラフ	左記参照	カレー粉	16 g
薬味	おろしチーズ、ピクルスなど	にんじん	50 g
		りんご	100 g
		チャツネ	大1
		食塩、こしょう	適量
		生クリーム	15ml（大1）

チキンカレー(ソースのみ) 栄養価（1人分）		1日の栄養所要量に占める割合	
エネルギー	490 kcal	エネルギー	24 %
たんぱく質	24.7 g	たんぱく質	45 %
脂肪	35.1 g	脂肪	62 %
カルシウム	52 mg	カルシウム	9 %
鉄	3.1 mg	鉄	26 %
ビタミンA	328 μgRE	ビタミンA	61 %
ビタミンB1	0.2 mg	ビタミンB1	24 %
ビタミンB2	0.5 mg	ビタミンB2	48 %
ビタミンC	10 mg	ビタミンC	10 %
食物繊維	3.3 g	食物繊維	13 %

作り方

1 鶏を焼く

①フライパンにサラダ油とバターを入れ中火で加熱し、塩、こしょうした鶏肉をこんがりと色付くまで炒める。
②深鍋に①で炒めた鶏肉を入れ、ブイヨンを加えてアクをすくい取りながら、30分煮る。
③鶏肉と煮汁を分けておく。

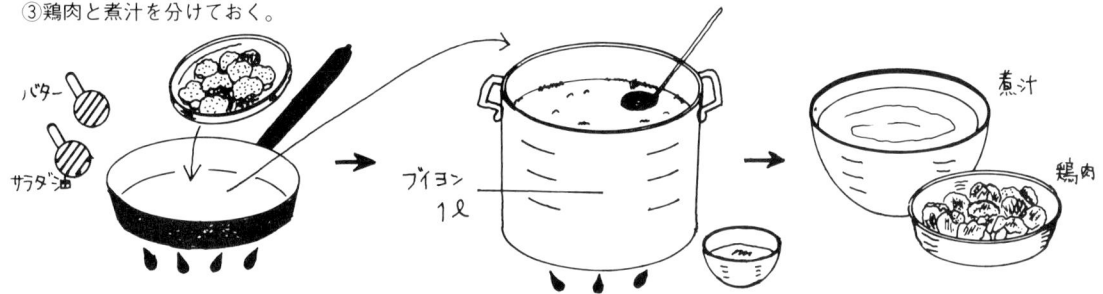

2 カレーソースを作る

④厚手の鍋にバター13gを入れ中火で溶かし、みじん切りのにんにくとしょうがを入れ、玉ねぎも加え、よく炒める。
⑤④にバター40gを入れ、振った小麦粉を加え、よく炒める。
⑥カレー粉を混ぜ、①の鶏の煮汁（800g）を少しずつ注ぎ、ルーをのばす。

⑦①の鶏肉、すりおろしたにんじんとりんご、みじん切りにしたチャツネを入れ、弱火で20～30分煮込む。
⑧塩、こしょうで味を整え、生クリームを入れてかき混ぜ、火を止める。

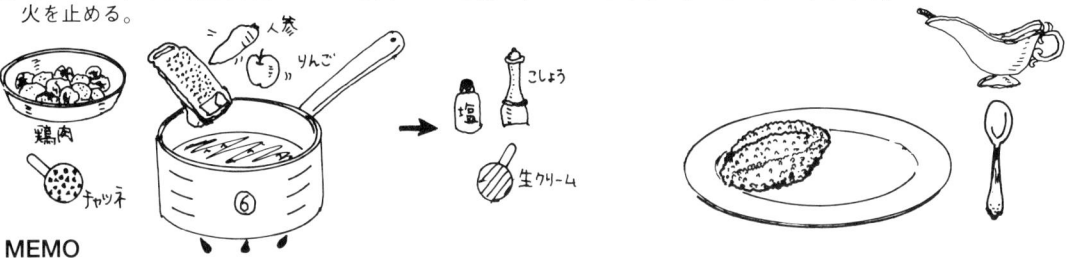

3 盛り付ける

⑨皿にピラフをライス型等で形よく盛り付け、カレーソースとともにテーブルにセットする。

MEMO

* カレーソースの玉ねぎは、あめ色になり、ねっとりするまでく炒める。
* チャツネ(印：Chuthey)は、インドの漬物の一種で、果物に酢、とうがらし、しょうがなどの香辛料を加え、漬け込んだもの。

（阿久澤）

パエリャ
（西）Paella

材料（4人分）

インディカ米	320 g	しばえび（殻付き）	8尾
ブイヨン	450ml	はまぐりまたはムール貝	8個
サフラン	0.2 g	いか（皮をむいて輪切り）	1/2杯
白ワインまたは水	30ml	鶏肉	100 g
玉ねぎ	60 g	オリーブ油	13ml（大1）
オリーブ油	30ml（大2・1/3）	食塩、こしょう	適量
食塩（米の重量の0.7%）	2.3 g	レモン	適宜
こしょう	少量		

パエリャ　栄養価（1人分）	
エネルギー	538 kcal
たんぱく質	28.6 g
脂肪	15.9 g
カルシウム	93 mg
鉄	2.8 mg
ビタミンA	24 μgRE
ビタミンB1	0.2 mg
ビタミンB2	0.3 mg
ビタミンC	3 mg
食物繊維	0.4 g

1日の栄養所要量に占める割合	
エネルギー	26 %
たんぱく質	52 %
脂肪	28 %
カルシウム	16 %
鉄	23 %
ビタミンA	4 %
ビタミンB1	21 %
ビタミンB2	27 %
ビタミンC	3 %
食物繊維	2 %

作り方
1　下準備をする

①米を洗って布巾を敷いたざるに上げ、30分放置する。
②しばえびは殻付きのまま背わたを取り、洗う。貝は洗って砂抜きをしておく。

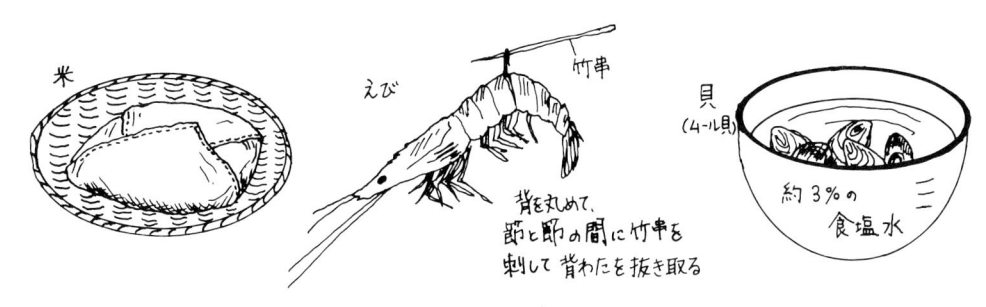

③いかの皮をむき、輪切りにする。
④鶏肉に食塩、こしょうを振り、オリーブ油でこんがりと焦げ色が付くまで炒める。

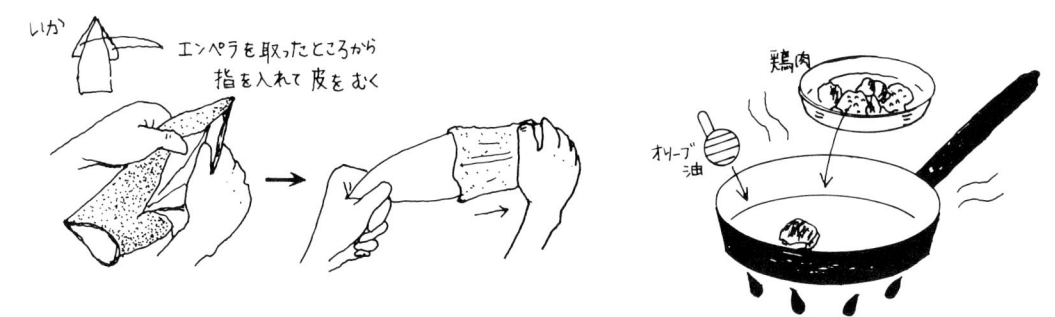

⑤玉ねぎはみじん切りにする。サフランを刻み、白ワイン（または水）に漬けて色を出す。

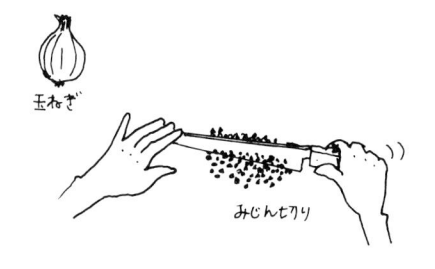

2　米を炊く

⑥パエリャ鍋（炊飯用鍋）にオリーブ油を入れ加熱し、玉ねぎを透明感が出るまで炒める。
⑦米を入れ2〜3分炒め、漬けたサフランとワイン、塩、こしょうを入れ、ブイヨンを加えて弱火で炊く。

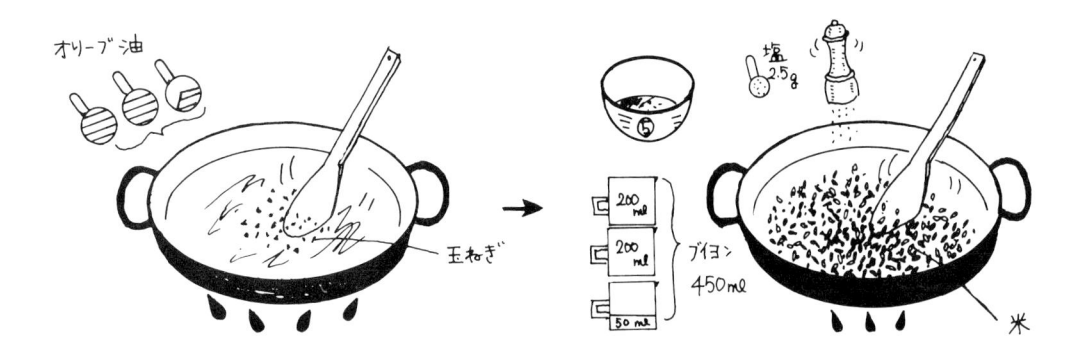

⑧米の水が引ける頃、下準備した具を入れ、蓋をしてさらに弱火で5〜10分加熱する。
⑨火を止めて蒸らした後、全体をかき混ぜて合わせる。

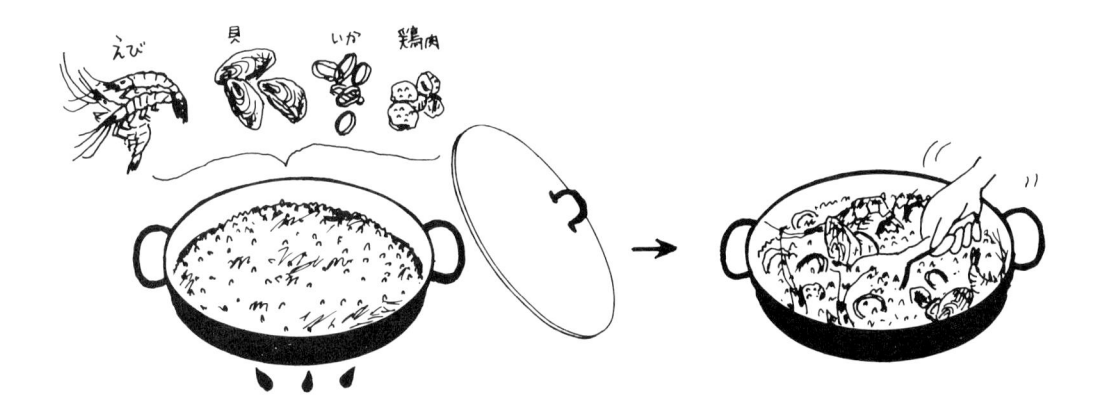

3　盛り付ける

⑩パエリャ鍋のまま供するが、魚介類をきれいに飾り、レモンを添えて食卓にセットする。

MEMO
＊貝類は加熱しすぎると身が硬くなるので、貝が開いたら取り出す。
＊パエリャは、野菜、家禽、魚介類など様々な材料を加えて作られるスペインの有名な料理。パエリャという名前は、この料理を作るために使われる鍋、パエジェーラ(西：paellera)に由来している。パエリャ鍋は一種の縁の高い大きなフライパンで、鍋ごと供することができる。

(阿久澤)

Chapter 4 米（加工品）

草もち

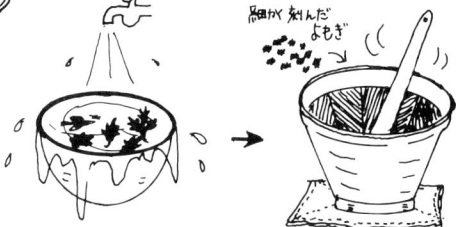

草もち　栄養価（1人分）	
エネルギー	160 kcal
たんぱく質	5.1 g
脂肪	0.8 g
カルシウム	21 mg
鉄	1.4 mg
ビタミンA	83 μgRE
ビタミンB$_1$	φ mg
ビタミンB$_2$	φ mg
ビタミンC	3 mg
食物繊維	3.0 g

1日の栄養所要量に占める割合	
エネルギー	8 %
たんぱく質	9 %
脂肪	1 %
カルシウム	3 %
鉄	12 %
ビタミンA	15 %
ビタミンB$_1$	5 %
ビタミンB$_2$	5 %
ビタミンC	3 %
食物繊維	12 %

材料（4人分）

上新粉	80g
砂糖	30g
熱湯	80ml
よもぎの葉（粉の30～50%）	30g
水	1000ml（カップ5）
重曹	3g（小1）
漉しあん（市販品）	120g

（さらしあん25g、砂糖50g、水80mlを練って120gのあんに調製してもよい）
きな粉　　　　　　　　　　　8g
（好みで砂糖や食塩を混ぜたきな粉をまぶしてもよい）

作り方

1　よもぎの葉を茹で、あんを人数分にする

①よもぎの葉（固い軸は除く）は、よく洗い、重曹(0.3%)の湯で色よく茹でる。水にさらしアク抜きして絞る。細かく刻んで、すり鉢ですりつぶす。

②漉しあんを4等分して丸めておく。

（丸められないくらい、ゆるいあんのときは練り直しをするとよい）

2　もち生地を蒸してつく

③砂糖を熱湯で溶かして上新粉に加え、耳たぶくらいの硬さにこねて丸める。

④蒸籠か蒸し器にぬれ布巾を固く絞って敷き、その上に③を少し平らに広げ、強火で15分間くらい蒸す。

※必ず湯でこねる!!
手につかないでまとまる状態がよい

⑤④をステンレス等のボールに入れ、熱いうちにすりこぎで、もちつきをする。つけばつくほど柔らかくなる。①を加えさらにつき混ぜる。4つに分けて丸め、円形にのばし、②をのせ、きんちゃくに包む。

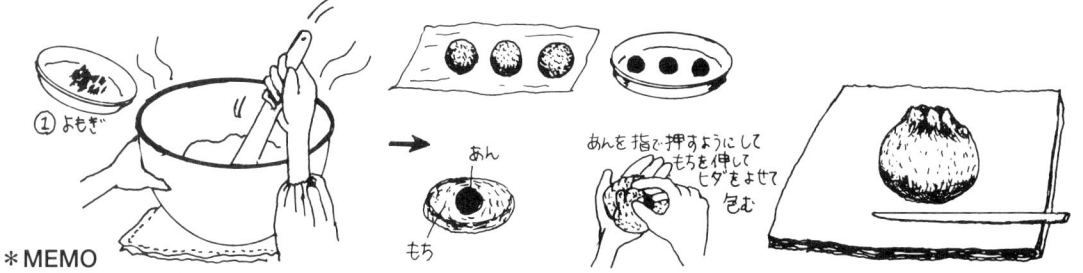

あんを指で押すようにしてもちを伸してヒダをよせて包む

＊MEMO
＊上新粉はうるち米を粉にしたもので、小麦粉のようにグルテンを含んでいないので、水でこねても粘りがなく取り扱いにくいので、熱湯でこねる。
＊上新粉80gのうち20gを白玉粉に代えてもよい。その場合、白玉粉はほぼ同量の水で団子に丸め、同量の湯でこねた上新粉と合わせてこねる。
＊乾燥のよもぎが市販されているが、生葉のほうがずっと香りがよい。

（阿部）

白玉みつまめ
しらたま

白玉みつまめ(黒みつ) 栄養価（1人分）	
エネルギー	201 kcal
たんぱく質	2.5 g
脂肪	0.3 g
カルシウム	47 mg
鉄	1.2 mg
ビタミンA	1 μgRE
ビタミンB1	φ mg
ビタミンB2	φ mg
ビタミンC	0 mg
食物繊維	1.6 g

1日の栄養所要量に占める割合	
エネルギー	10 %
たんぱく質	4 %
脂肪	1 %
カルシウム	8 %
鉄	10 %
ビタミンA	φ %
ビタミンB1	5 %
ビタミンB2	2 %
ビタミンC	0 %
食物繊維	6 %

材料（4人分）

白玉粉	80g
水（粉の重量と同量）	80ml
食紅	少量
（緑に染めるときは抹茶を使う）	
棒寒天	4g (1/2本)
（粉寒天なら2g 仕上がりが250g	
寒天濃度1%になるようにする）	
水	約350ml
赤えんどう豆（茹でたもの）	40g
(塩茹での市販品を使用してもよい)	

黒みつ
黒砂糖	60g
白砂糖	60g
水	100ml

白みつ
砂糖	120g
水あめ	20g
水	100ml

作り方

1 寒天を用意する
①棒寒天は水洗いし、ちぎって分量の水に30分以上浸す。加熱して溶けたら、いったん漉して、250gまで煮詰める（寒天濃度1.5%）。流し固めて1cm角に切る。

2 みつを作る
②好みで白か黒のみつを作る。水と砂糖を合わせて溶かし、加熱する。沸騰したら消火する。

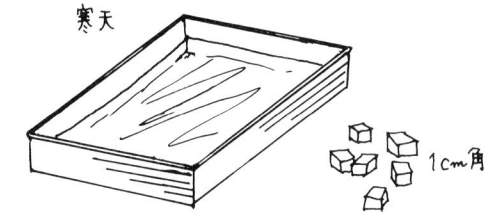

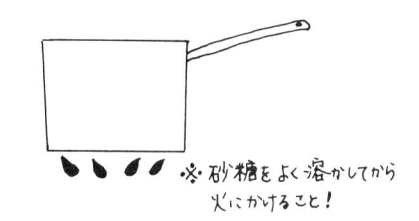

※砂糖をよく溶かしてから火にかけること！

3 白玉を作る
③食紅を濃い目に水で溶く。白玉粉に水を少しずつ加えて練り、耳たぶくらいの硬さにこねて丸める。そのうちの三〜四割に、食紅で薄く色を付ける。親指頭大の団子に丸め、上下から指で軽く押しつぶし、直径2cmくらいの平たい円形にし、熱湯で茹でる。上に浮いてきたらなお1分ほど茹で、穴杓子で水の中にすくい取り、しばらくして水切りする。

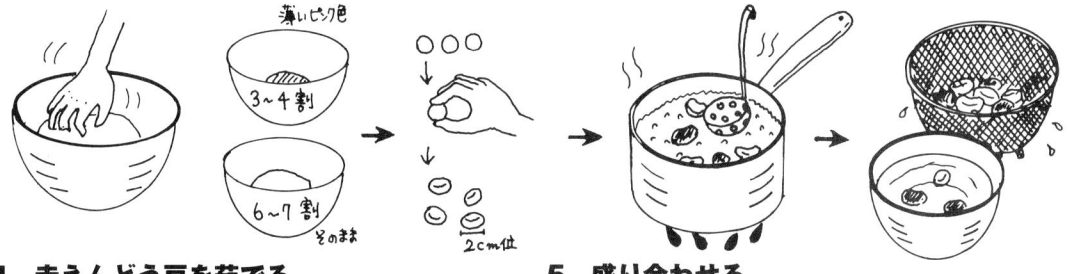

薄いピンク色 3〜4割
6〜7割 そのまま
2cm位

4 赤えんどう豆を茹でる
④赤えんどう豆は1%の重曹水に一晩浸し、そのまま加熱沸騰したら茹で汁を捨て、新しい水で柔らかくなるまで茹でる。ざる上げ後、少し振り塩をする。

重曹水　塩
湯騰したら新しい水でもう1度茹でる

5 盛り合わせる
⑤器に白玉団子と寒天、赤えんどう豆を入れ、好みで黒みつか白みつをかける。フルーツを入れてもよい。

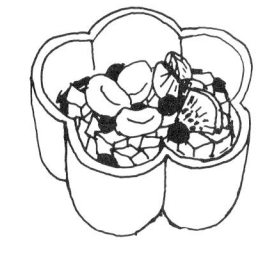

MEMO
* 白玉粉は　米をひいて粉にし、水にさらしたのち乾燥させたもので、必ず水でこねる。
* 小豆のあん汁に白玉もちを入れると簡単に汁粉やぜんざいができる。夏はかき氷に入れてもおいしい。
* 白玉粉に同重量の砂糖と二倍重量の水を加え、火にかけて練り上げると、半透明でツヤのある、ぎゅうひもちができる。
* みつには、はちみつや水あめを少し加えると、こくが出ておいしい。残ったみつは煮物にも使え、保存が効く。（阿部）

炒米粉
チャオ ミイ フン
焼きビーフン

材料（4人分）

ビーフン	100g	湯（タン）もしくは	カップ2/3
ラード	40g（大3）	トリガラスープ	
卵	100g（2個）	食塩	少量
食塩	少量	こしょう	少量
油	少量	醤油	少量
長ねぎ	80g（2/3本）	化学調味料	少量
干ししいたけ	15g（2枚）		
豚肉	60g		
キャベツ	150g（2枚）		
ピーマン	40g（大1個）		
ハム	30g		

炒米粉　栄養価（1人分）

エネルギー	291 kcal
たんぱく質	11.7 g
脂肪	15.7 g
カルシウム	49 mg
鉄	1.6 mg
ビタミンA	60 μgRE
ビタミンB1	0.3 mg
ビタミンB2	0.3 mg
ビタミンC	31 mg
食物繊維	2.2 g

1日の栄養所要量に占める割合

エネルギー	14 %
たんぱく質	21 %
脂肪	28 %
カルシウム	8 %
鉄	13 %
ビタミンA	11 %
ビタミンB1	40 %
ビタミンB2	31 %
ビタミンC	31 %
食物繊維	9 %

作り方

①しいたけは水にもどしておく。ビーフンをぬるま湯に浸し、柔かく、なったら、水を切っておく。

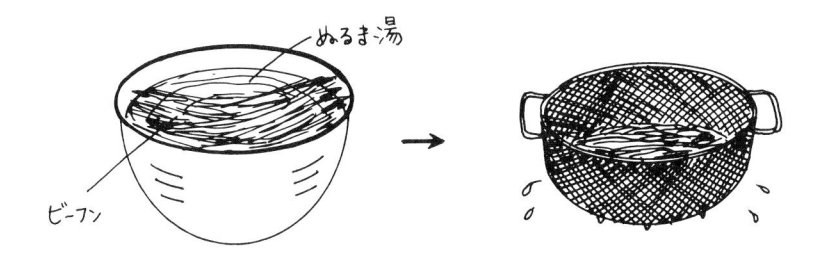

②卵は塩少量を入れ、錦糸卵を作っておく（p161参照）。

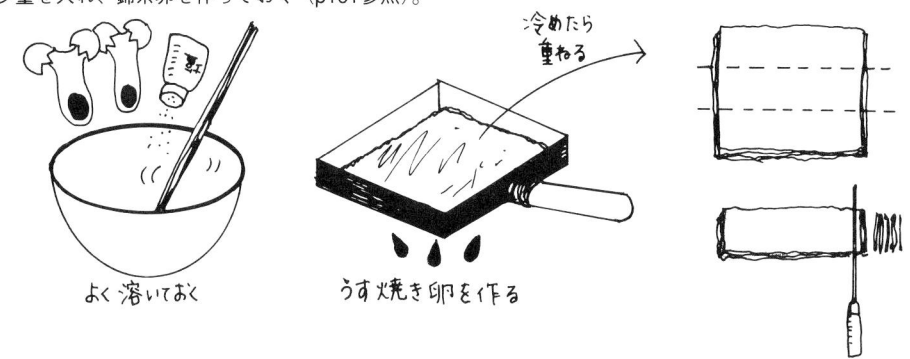

③長ねぎは笹切り、戻した干ししいたけ、豚肉、キャベツ、ピーマン、ハムは千切りにする。鍋を火にかけ、熱くなったらラード大さじ2を入れ、ラードが熱くなったら錦糸卵、ハムの一部を飾り用に残し、順次材料を炒め、軽く塩、こしょうをしてとり出しておく。

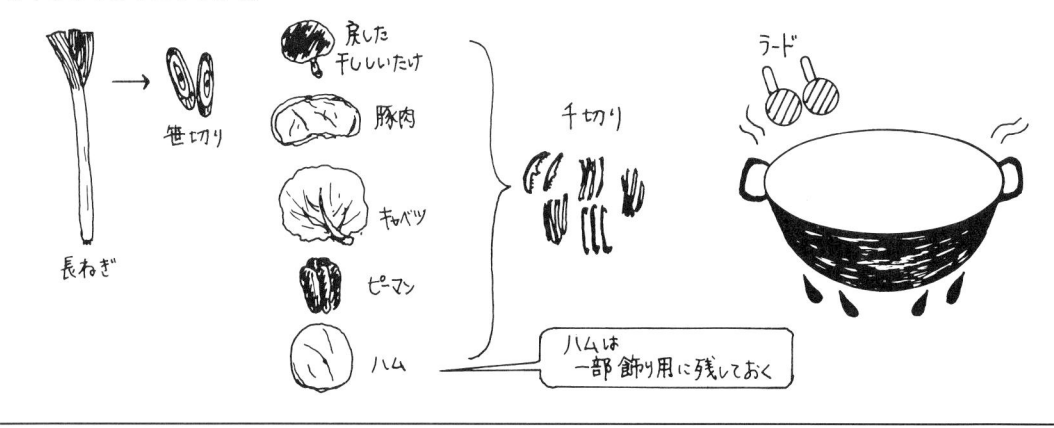

④③と同様に鍋が熱くなってからラード大さじ1を入れ、ラードが熱くなったらビーフンを加えて炒め、③の具を加える。

⑤湯(タン)を加え、さらに塩、こしょう、醤油、化学調味料で味を整え、水気がなくなるまで炒める。

⑥皿に盛り、錦糸卵とハムを飾る。

MEMO
*焼きそば、焼きうどんなどの作成の際にも、具は先に処理しておくこの手法の応用がきく。

(茂木)

鶏蛋糕（ジィダンガオ）
中国風蒸しカステラ

鶏蛋糕 栄養価（1人分）	
エネルギー	215 kcal
たんぱく質	4.0 g
脂肪	6.5 g
カルシウム	14 mg
鉄	0.6 mg
ビタミンA	35 μgRE
ビタミンB1	0.1 mg
ビタミンB2	0.1 mg
ビタミンC	0 mg
食物繊維	0.2 g

1日の栄養所要量に占める割合	
エネルギー	10 %
たんぱく質	7 %
脂肪	11 %
カルシウム	2 %
鉄	5 %
ビタミンA	6 %
ビタミンB1	4 %
ビタミンB2	10 %
ビタミンC	0 %
食物繊維	1 %

材料（直径15cmケーキ型）

上新粉	110g
砂糖	110g
卵	3個
豚背脂	30g
干しぶどう	大3
薄力粉	少量
食塩	1g（小1/5）
酒	15ml（大1）
チェリー	少量

作り方

1　下準備をする
①上新粉と砂糖を振るっておく。
②干しぶどうをぬるま湯に漬け、戻す。豚背脂と、戻したぶどうを細かく刻み、薄力粉をまぶしておく。
③蒸籠を用意し、蒸し水を沸騰させる。

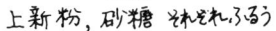

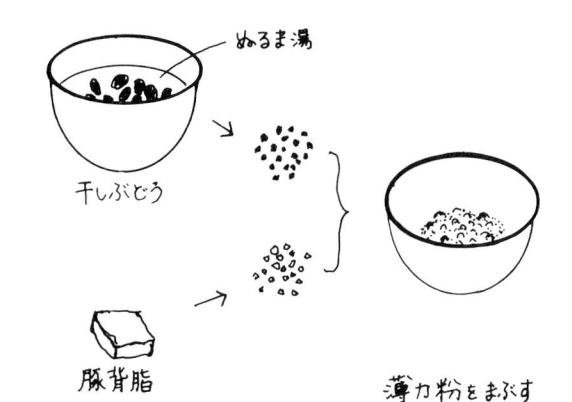

2　鶏蛋糕の生地を作る
③卵を卵白と卵黄に分け、卵白を泡立てる（別立て法　p81参照）。
　卵白の水分がなくなり、泡が九分ぐらいに立ったら砂糖を2〜3回に分け加え、しっかりと角が立つまで泡立てる。
④卵黄に塩、酒を加えて混ぜる。

⑤ ③の卵白に④の卵黄を加え軽く混ぜ、上新粉の1/2量をさっくりと混ぜ合わせる。豚背脂、レーズンを加え、さらに残りの上新粉を切るように混ぜ込む。

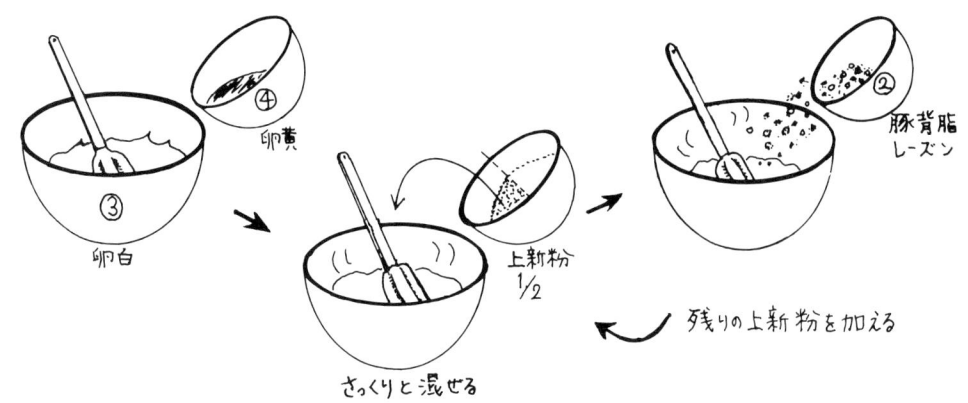

⑥ 油を塗った型に、生地を流し込む。上面を平らにし、チェリーを飾る。

3 蒸す

⑦ 蒸籠の中に⑥を置き、強火で20～30分蒸し上げる。竹串を生地に刺し、生地が付いていなければ蒸し上がり。

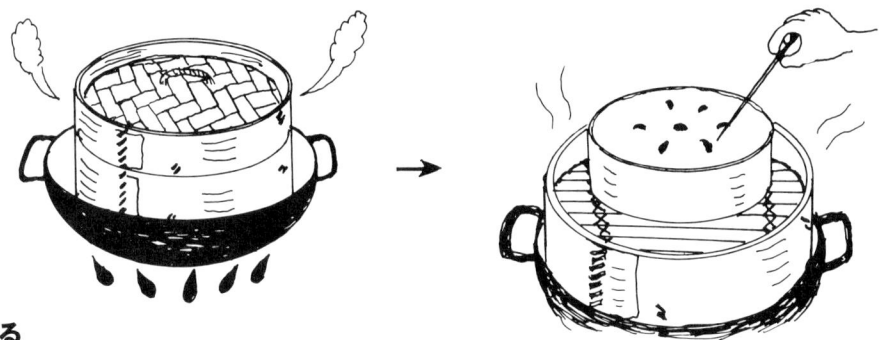

4 盛り付ける

⑧ 蒸籠から型を取り出し、粗熱を除く。型から鶏蛋糕を取り出し、適当な大きさに切り、皿に盛り付ける。

＊MEMO
＊蒸している途中で蓋を開けると、膨らみが悪くなるので、20分間そのままにしておく。また蒸し器を利用するときは、蓋に布巾をかませて、しずくが落ちないように工夫する。
＊鶏蛋糕は、上新粉など小麦粉以外の粉を用いる。小麦粉で作る場合は、蒸し器で空蒸し（あるいは電子レンジで加熱）して、グルテンを不活性にしてから用いるとよい。
＊表面に飾るものは、チェリーのほかにアンゼリカやレモンピールなどがある。また、だいこんやじゃがいもの細い線切りを食紅や緑に染色し、酢で色止めして飾ってもよい。

(名倉)

Chapter 5 小麦・パン・麺

バターロール
（英）Butter roll

材料（4人分）

強力粉	185g	サラダ油	少量
ドライイースト	6g（小1・1/2）	塗り卵	
微温湯	90ml		
無塩バター	26g（大2）		
脱脂粉乳	6g（大1）		
砂糖	18g（大2）		
食塩	3.5g（小2/3）		
卵	15ml（大1）		

バターロール 栄養価（1人分）

エネルギー	247 kcal
たんぱく質	6.0 g
脂肪	7.0 g
カルシウム	29 mg
鉄	0.6 mg
ビタミンA	58 μgRE
ビタミンB1	0.1 mg
ビタミンB2	0.1 mg
ビタミンC	0 mg
食物繊維	1 g

1日の栄養所要量に占める割合

エネルギー	12 %
たんぱく質	12 %
脂肪	12 %
カルシウム	5 %
鉄	5 %
ビタミンA	11 %
ビタミンB1	7 %
ビタミンB2	7 %
ビタミンC	0 %
食物繊維	5 %

作り方

1 こねる

①ボールに40℃の微温湯（90ml）にイーストを入れ、軽く混ぜておく。

②大きなボールに、無塩バター、脱脂粉乳、砂糖、塩を入れ、なじむまで木杓子で混ぜる。溶き卵大さじ1を加えてさらにクリーム状になるまで混ぜる。

③②のボールに振るった強力粉と①を入れ、木杓子でまとまりが付くまで混ぜた後、板に取り、50回たたき、こね上げる。

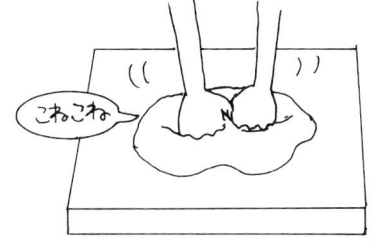

たたく時は、指先に生地をひっかけのし板にたたきつける

バンッ！ こねこね、バンッ！ こねこね…と、50回たたきこねる

2 第一次発酵をさせる

③生地を丸めて、薄く油を塗ったボールに入れ、ラップをかけ、28℃に保温して、30分置く。時間が来たら小麦粉を指に付け、生地を押してみる。生地が戻らなければOK（フィンガーテスト）。

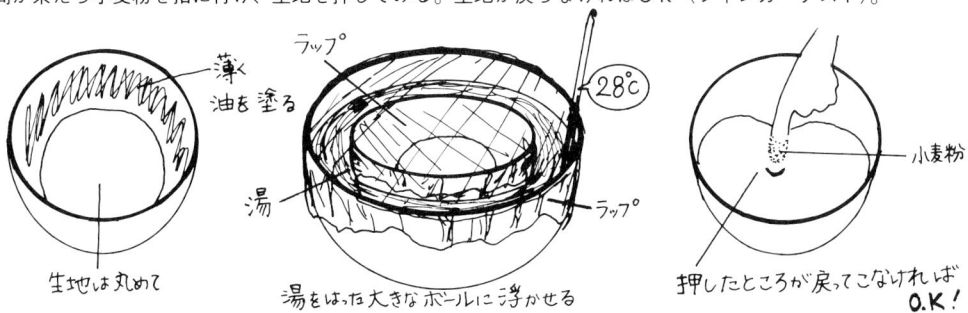

4 ベンチタイムをとる

④生地を取り出し、ガス抜きをし、スケッパーで1個を35～40gに切り分ける。
手で表面がきれいになるように丸め、乾かないように布で覆って15分休ませる（ベンチタイム）。

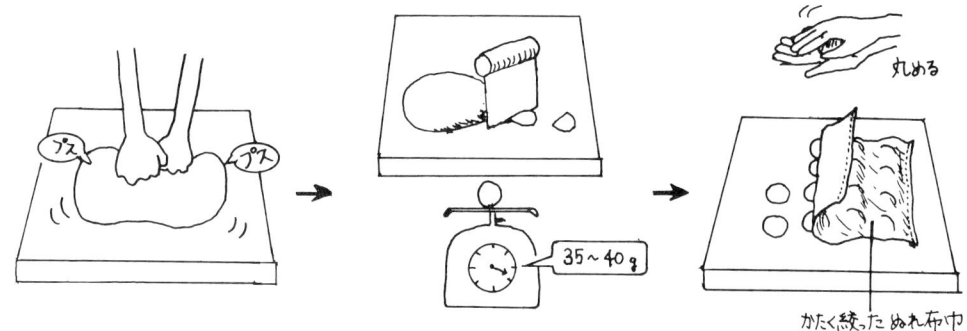

5 成形する

⑤円錐形にして、棒で三角形にする。底から巻いてゆき、クッキングシートを敷いた鉄板に並べる。

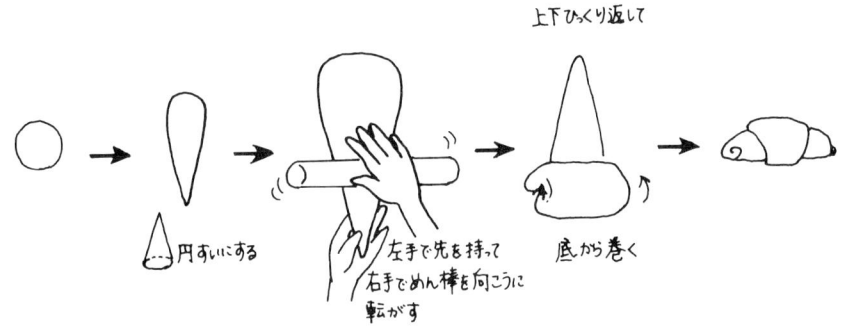

6 第二次発酵をさせる

⑥38℃に保温し、20～30分発酵させる。

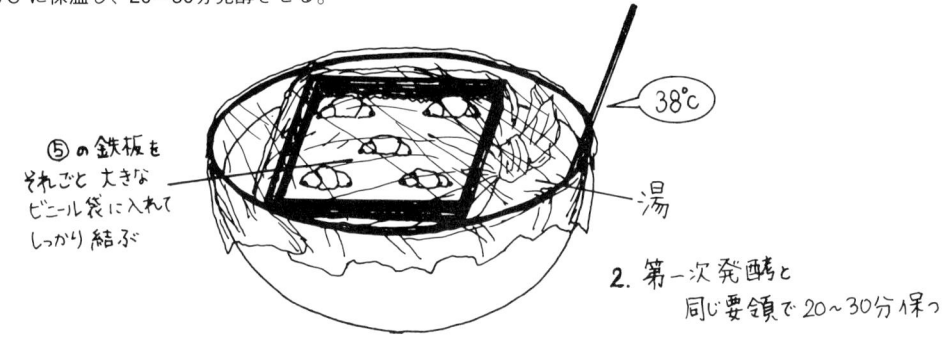

7 培焼する

⑦表面に卵液を塗って170℃で、12～13分焼く。

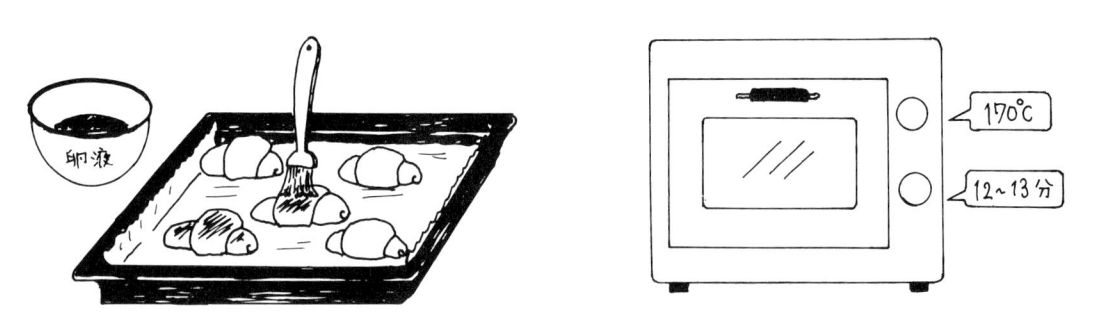

MEMO
＊イーストには生イーストとドライイーストがあるが、家庭用としてはドライイーストが扱いやすい。生イーストを用いる場合、分量は12g、微温湯90ml、溶かす温度は25～30℃が最適である。

（津田）

サンドイッチ
(クローズドサンドイッチ／ロールサンドイッチ)
(英) Closed sandwich ／ Rolled sandwich

クローズドサンドイッチ

材料（4人分）

食パン	360g	(2)トマト	60g (1/2個)
（1斤12枚切りを12枚）		きゅうり	80g (中1本)
からしバター		食塩、こしょう	少量
バター60g、マスタード2g		食酢	10ml (小2)
(1)固茹で卵	100g (2個)	(3)ボンレスハム	40g (2枚)
玉ねぎ	20g (中1/10個)	スライスチーズ	40g (2枚)
ツナ缶	40g	付け合わせ	
マヨネーズ	20g	レタス	20g
食塩、こしょう	少量	プチトマト	64g (8個)
		きゅうりピクルス	80g (8個、小4本)
		パセリ	少量

クローズドサンドイッチ 栄養価（1人分）

エネルギー	521 kcal
たんぱく質	18.3 g
脂肪	27.9 g
カルシウム	120 mg
鉄	1.5 mg
ビタミンA	185 μgRE
ビタミンB1	0.2 mg
ビタミンB2	0.2 mg
ビタミンC	13 mg
食物繊維	3.1 g

1日の栄養所要量に占める割合

エネルギー	25 %
たんぱく質	33 %
脂肪	49 %
カルシウム	20 %
鉄	13 %
ビタミンA	34 %
ビタミンB1	25 %
ビタミンB2	24 %
ビタミンC	13 %
食物繊維	12 %

作り方

1 フィリングを作る

①卵を固茹でにし、細かく刻み、玉ねぎのみじん切りとツナを混ぜ、マヨネーズ、塩、こしょうを加えて味を整える。

②きゅうりの皮をむき、パンの長さに揃えて1〜2mmの厚さに切る。それに塩、こしょうをして15分置き、酢で洗い水気を取る。トマトは縦に薄切りにし、塩、こしょうする。

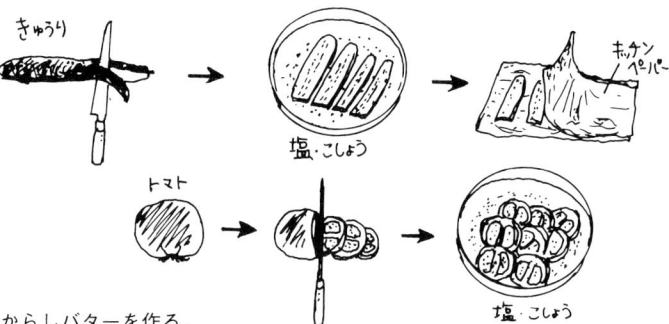

2 パンにフィリングをはさむ

③バターを室温に戻し、マスタードと混ぜ、からしバターを作る。
④食パンの片面にからしバターを塗り、2枚1組にして(1)卵とツナ、(2)きゅうりとトマト、(3)ハムとチーズのフィリングを各々にはさむ。

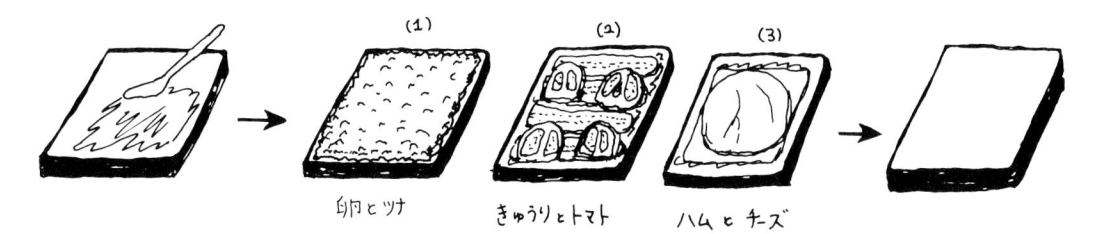

⑤パンを重ねて固く絞ったぬれ布巾で包み、上から軽く重しをして落ち着かせる。
⑥パンの耳を切り落とし、好きな形に切る。お茶用には4つ切り、カクテルパーティ用には6つ切りにする。

3 盛り付ける

⑦銀盆または平皿にレースペーパを敷き、レタス、プチトマト、パセリ、ピクルスなどを添え、立体的に形よく盛り付ける。

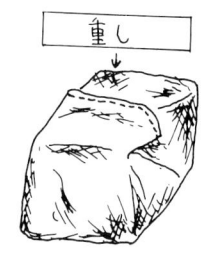

ロールサンドイッチ

材料（4人分）

食パン	480 g	
（1斤が12枚切りを16枚）		
バター	80 g	
(1)固茹で卵	100 g	(2個)
マヨネーズ	20 g	
刻みパセリ	少量	
食塩、こしょう	少量	
(2)ロースハム	40 g	(2枚)
きゅうり	40 g	(中1/2本)
(3)みかん（缶詰）	48 g	(20粒)
キウイフルーツ	28 g	
生クリーム	20 g	
砂糖	4 g	
(4)スモークサーモン	40 g	
レタス	20 g	
付け合わせ		
プチトマト	64 g	(8個)
きゅうりピクルス	80 g	(4本)

ロールサンドイッチ 栄養価（1人分）

エネルギー	609 kcal
たんぱく質	18.7 g
脂肪	29.0 g
カルシウム	70 mg
鉄	1.5 mg
ビタミンA	209 μgRE
ビタミンB$_1$	0.2 mg
ビタミンB$_2$	0.2 mg
ビタミンC	16 mg
食物繊維	2.5 g

1日の栄養所要量に占める割合

エネルギー	30 %
たんぱく質	34 %
脂肪	51 %
カルシウム	12 %
鉄	13 %
ビタミンA	39 %
ビタミンB$_1$	25 %
ビタミンB$_2$	20 %
ビタミンC	16 %
食物繊維	15 %

作り方

1　フィリングの準備をする

①卵ときゅうりはクローズドサンドイッチを参照して下準備する。
②生クリームは三分泡立て、さらに砂糖を加えて泡立てる。キウイフルーツはみかんと同じくらいの大きさに切る。
③スモークサーモンは食パンの1/3程度の大きさに切る。

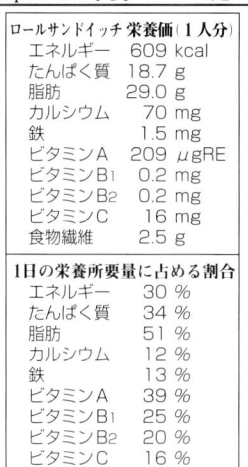

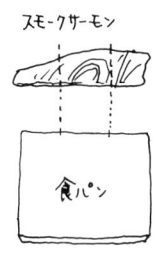

2　パンを巻く

④パンより大き目に切ったラップの上面に、耳を取りバターを塗ったパンをのせる。
⑤パンの手前1/3に調理した卵をのせ、くるくるとパンでしっかり巻き込み、ラップの両端をひねる。

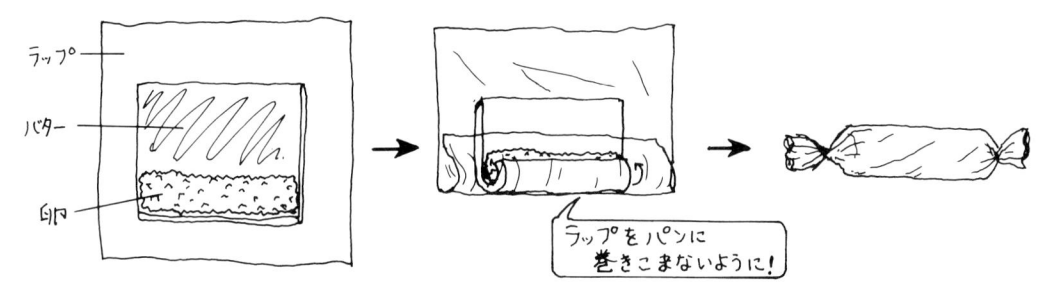

（ラップをパンに巻きこまないように！）

⑥ロースハム1/2枚と薄切りのきゅうり、スモークサーモンとレタスも各々同様に巻く。
⑦生クリームは塗り過ぎないようにし、上にみかん5粒とキウイフルーツを横一列に並べ、同様に巻く。

3　盛り付ける

⑧食べる直前にラップの上から2つ斜めに切る。切り口が見えるように盛り付け、プチトマトなどを添える。

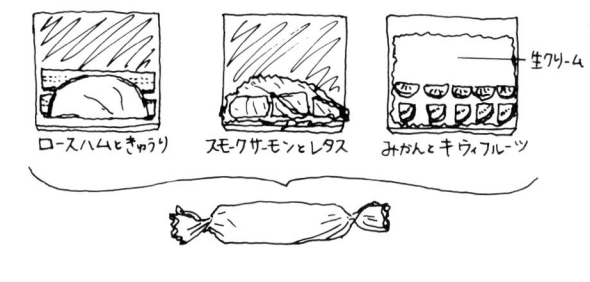

MEMO

＊バターはパンの縁までムラの無いようにきちんと塗る。
＊フィリングは水気を取り、同じ厚さに揃える。
＊ロールサンドイッチではフィリングが巻いた時はみださないように、手前1/3くらいの量にする。
＊サンドイッチの主な種類としては、クローズドサンドイッチ、ロールサンドイッチの他、リボンサンドイッチ（3～4枚の食パンの間に種類の異なる食品を入れ、切り口が縞模様になるように切ったもの）などがある。

（高橋）

ピッツァ・マリナーラ
(伊) Pizza alla Marinara
ピッツァ アッラ マリナーラ

材料（直径20cm4枚または12cm6枚分）

ピッツァ生地
- 強力粉：1　　125g
- 薄力粉：1　　125g
- 砂糖　　　　5g（小2）
- 食塩　　　　3g（小3/5）
- オリーブ油　15ml（大1）
- 牛乳　　　　60ml（大4）
- イースト発酵
  - 牛乳　　　100ml
  - 砂糖　　　4g（小1）
  - 生イースト　10g
  - （またはドライイースト5g）
- ピッツァにのせる具
  - サラミソーセージ　50g
  - マッシュルーム　　40g
- トマト　　　　　　50g
- ピーマン　　　　　1個
- オリーブ　　　　　4個
- ケイパー　　　　　適量
- グリュイエールチーズ　30g
- モツァレラチーズ　30g

マリナーラソース
- オリーブ油　　30ml
- にんにく　　　1片
- 完熟トマト　　300g
- トマトペースト　大1
- ローリエ　　　1枚
- 食塩、こしょう　少量

- パセリ　　　　大1

ピッツァ 栄養価（1人分）
エネルギー	503 kcal
たんぱく質	15.1 g
脂肪	23.1 g
カルシウム	262 mg
鉄	1.2 mg
ビタミンA	164 μgRE
ビタミンB1	0.2 mg
ビタミンB2	0.3 mg
ビタミンC	26 mg
食物繊維	3.3 g

1日の栄養所要量に占める割合
エネルギー	25 %
たんぱく質	27 %
脂肪	41 %
カルシウム	44 %
鉄	10 %
ビタミンA	30 %
ビタミンB1	24 %
ビタミンB2	26 %
ビタミンC	26 %
食物繊維	13 %

作り方

1　イーストを発酵させる
①ボールに牛乳を入れて30～40℃に温め、砂糖を加えて溶かす。
②イーストを振り入れ、40℃の湯煎で10～15分静置し、発酵させる。

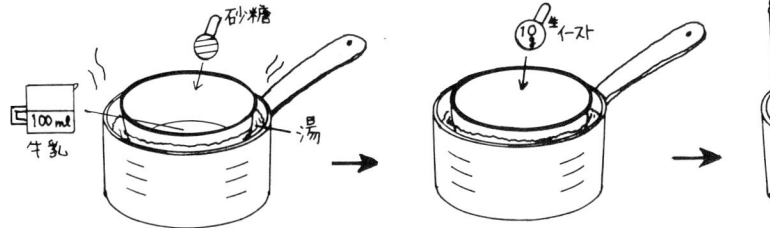

2　ドウを作る
③小麦粉(強力粉、薄力粉)は2度振るっておく。
④ボールに小麦粉1/2量の中央をくぼませ、砂糖、塩、オリーブ油、温めた牛乳を加え混ぜる。
⑤残り1/2量の小麦粉、発酵したイースト（②）を加えてへらで混ぜ、全体をまとめる。 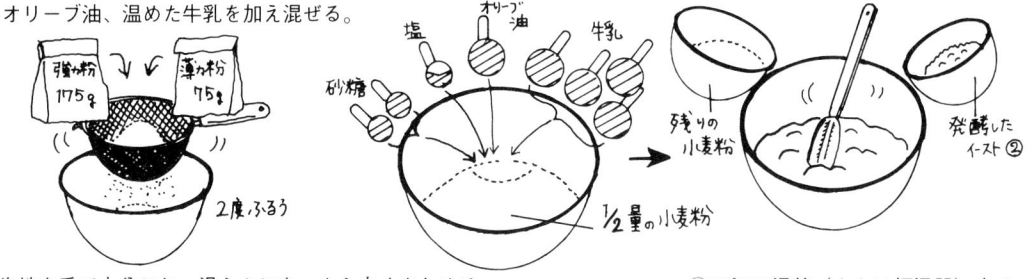
⑥生地を手で十分こね、滑らかになったら丸くまとめる。
⑦ボールにオリーブ油を塗り、生地を入れ、ラップをかぶせる。
⑧40℃の湯煎（または恒温器）内で、1時間発酵する。

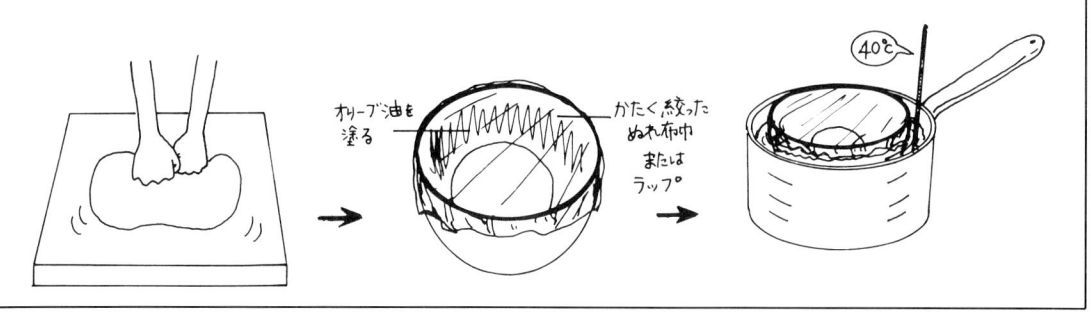

3　マリナーラソースを作る

⑨小鍋にオリーブ油を入れ、薄切りにしたにんにくをこんがり色づくまで炒めて取り出す。

⑩湯むきして粗みじん切りしたトマト、トマトペースト、ローリエ、塩、こしょう、パセリのみじん切りを加え、弱火で20分煮つめる。

4　ピッツァを焼く

⑪生地が約2倍に膨らんだら、人差し指に粉をつけて穴をあけ、発酵の具合を見る。指穴があいたままの状態ならよい。

⑫生地全体をこぶしで押してガス抜きし、4〜6等分する。

⑬マッシュルーム、サラミソーセージ、トマトは薄切り、ピーマン、オリーブは輪切り、ケイパーは丸ごとを具にする。グリュイエールチーズ、モツァレラチーズはおろすか、さいの目切りにする。

⑭5〜6mmの厚さの円形にのばし、表面にソースを塗り、具、チーズの順にのせる。

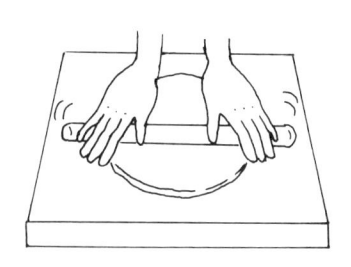

⑮180℃のオーブンで15〜20分焼く。

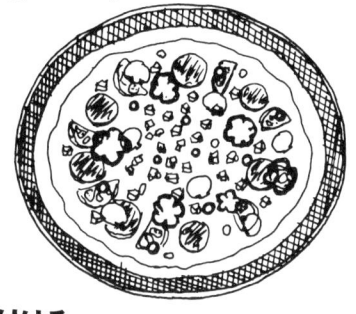

5　盛り付ける

⑯焼き上がったらピザを皿にのせ、6〜8等分に切る。

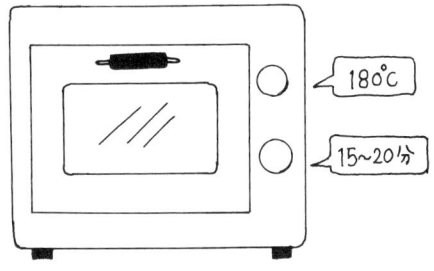

MEMO
＊ドウの強力粉：薄力粉の割合は1：1にする。
＊イーストを発酵する時は、40℃以上にしない。
＊ドライイーストは生イーストの半量で同じ効果があり、小麦粉の中にドライイーストもいっしょに混ぜて振っておく。
＊発酵の進み具合を見る際に、指穴がすぐにふさがるようなら再度発酵する（フィンガーテスト）。

（大迫）

ラヴィオリ

（伊）Ravioli

材料（4人分）

手打ちパスタの生地
- 強力粉　　　　200g
- 食塩　　　　　2g　（小2/5）
- 卵　　　　　　2個
- オリーブ油　　15ml　（大1・1/2）
- 水　　　　　　適量

具
- 牛挽き肉　　　　　100～150g
- パルメザンチーズ　10g
- 刻みパセリ　　　　10g
- 食塩　　　　　　　少量
- こしょう　　　　　少量
- 卵　　　　　　　　1/2個

（残り1/2は生地に塗る）

トマトソース（出来上がり100g）
- 完熟トマト　　200g
- 玉ねぎ　　　　40g
- にんじん　　　40g
- バター　　　　10g　（大3/4）
- 小麦粉　　　　5g　（小1・3/5）
- ブーケガルニ
- 食塩　　　　　0.8g　（小1/6）
- 粒こしょう　　1粒

バター、パルメザンチーズ　適量

ラヴィオリ　栄養価（1人分）
- エネルギー　　402 kcal
- たんぱく質　　18.7 g
- 脂肪　　　　　16.5 g
- カルシウム　　76 mg
- 鉄　　　　　　2.3 mg
- ビタミンA　　293 μgRE
- ビタミンB1　0.1 mg
- ビタミンB2　0.5 mg
- ビタミンC　　12 mg
- 食物繊維　　　2.5 g

1日の栄養所要量に占める割合
- エネルギー　20 %
- たんぱく質　34 %
- 脂肪　　　　29 %
- カルシウム　13 %
- 鉄　　　　　19 %
- ビタミンA　54 %
- ビタミンB1　18 %
- ビタミンB2　59 %
- ビタミンC　12 %
- 食物繊維　　10 %

作り方

1　パスタの生地を作る

① ボールに小麦粉と塩を振るい入れ、中央をくぼませて、溶き卵とオリーブ油を入れる。
② まわりの粉を崩しながらざっくりと混ぜる。だいたい混ざったら手で練り、まとめる。
③ 滑らかになるまでよくこねる。ラップに包んで2～3時間寝かす。

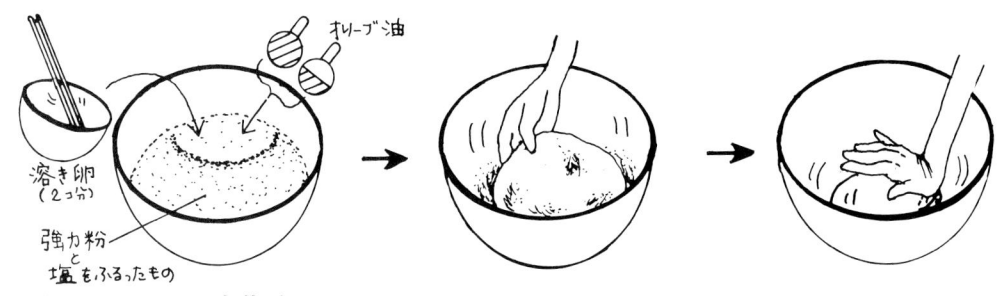

2　具とトマトソースを作る

④ 挽き肉、パルメザンチーズ、刻みパセリ、塩、こしょうを合わせる。
⑤ 溶き卵を少しずつ入れてねっとりとするまでよく混ぜる。

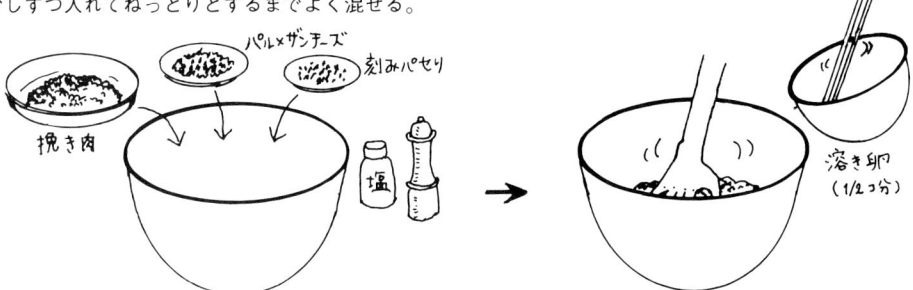

⑥ ホーローびきの鍋にバターを溶かし、薄切りの玉ねぎとにんじんを入れ、玉ねぎが透明になるまで炒める。
⑦ 振るった小麦粉を加え、焦がさないように2～3分炒める。

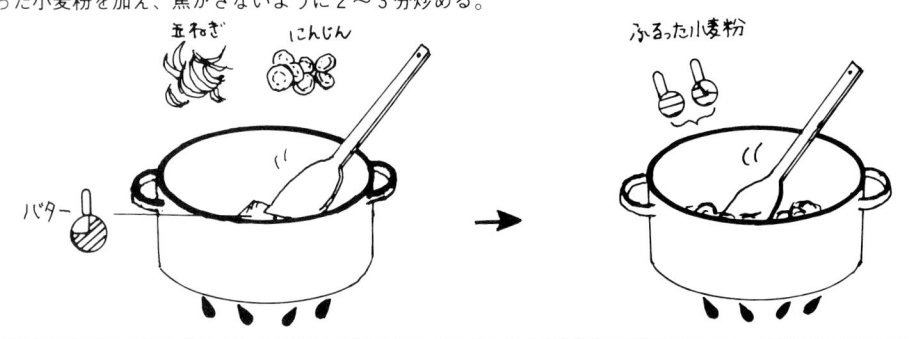

⑧トマトを湯むきし、へたを除いて手で細かく砕く。酸味が強く甘味が少なければ、砂糖を少量加えると、まろやかになる。砕いたトマトとブーケガルニ、塩、粒こしょうを入れ、弱火で30分煮る。
⑨裏漉しをして、塩、こしょうで味を整え、加熱して濃度を調節する。

3　ラヴィオリを作る

⑩麺板に打ち粉をして、麺棒でパスタ生地を1mm厚さの12cm×24cmの長方形に伸ばす（2枚）。
⑪1枚の生地に溶き卵を塗り、具を小指の先ぐらいずつ4cm間隔にのせる。
⑫もう1枚の生地を上から静かにのせ、中の空気を抜くように合わせ、ルレットで4×4cmに切る。

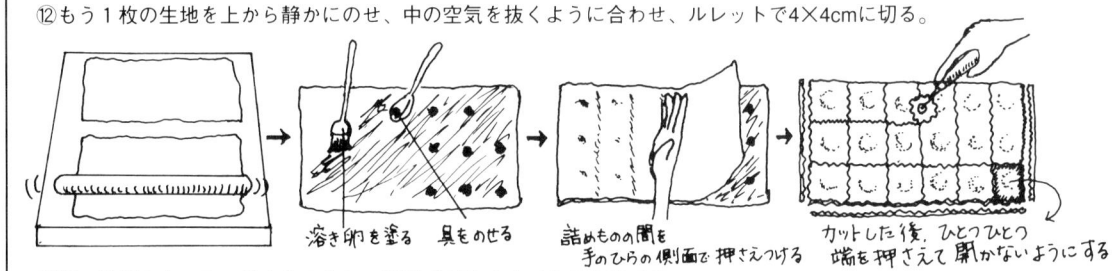

⑬鍋に熱湯をわかし、⑫と塩を入れ、透明感が出るまで約2分茹でる。
⑭耐熱容器にバターを塗って⑭を並べ、トマトソースとパルメザンチーズをかけ、オーブンで湯煎にして約10分焼く。

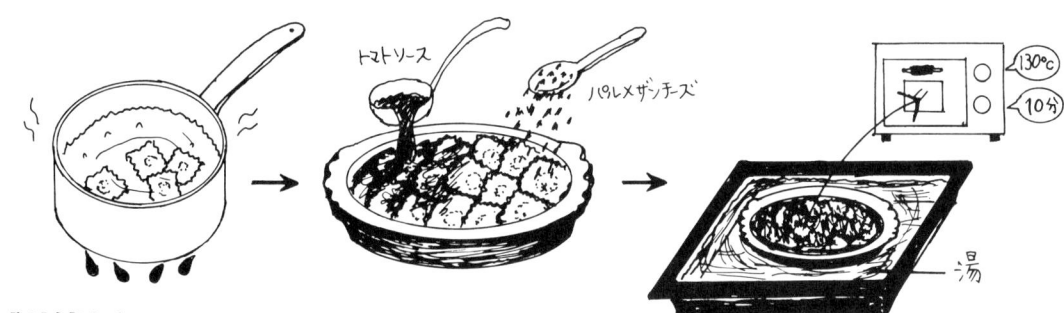

4　盛り付ける

⑮各自の皿に取り分けて供する。

MEMO
＊乾燥パスタの茹で方
①鍋に、パスタの10倍量の水と、塩(0.5%)を入れて沸騰させる。
②乾燥パスタを入れ、菜箸で時々かき混ぜながら、中心に芯が残るくらいまで茹でる（アル・デンテ）。
③パスタをすくい上げて、軽くオリーブ油を混ぜ合わせる。

＊ラヴィオリは、正方形の端をしっかりと押す。
＊ブーケガルニ（仏：Bouque garni）：香味野菜と香辛料を束にしたもので、香り付けのために加える。一般的には、パセリの茎、ローリエ、タイムを糸で縛ったものを指す。
＊乾燥パスタは茹で上がったら、熱いうちに食べるのが原則で、流水にさらすことはしない。
＊アル・デンテ（伊：al dennte）：歯ごたえのあるように、パスタの中心に芯が残る程度（パスタの直径の1/6程度）に茹でること。

（阿久澤）

我が家風手打ちうどん

材料（4人分）

うどん生地
- 中力粉　　　300g
- 食塩　　　　12g
  （粉の4%、夏は5%・冬は3%）
- 水　　　　　138ml
  （粉の46%、夏は45%・冬47%）

つけ汁
- いりこ(煮干し)だし汁　カップ1・1/2
- 醤油　　　　　　　　カップ1/3
- みりん　　　　　　　カップ1/4

薬味　　小ねぎ類、しょうが、だいこんおろし、海苔、七味など

手打ちうどん	栄養価（1人分）
エネルギー	320 kcal
たんぱく質	9.4 g
脂肪	1.5 g
カルシウム	63 mg
鉄	1.3 mg
ビタミンA	0 μgRE
ビタミンB1	0.1 mg
ビタミンB2	0.1 mg
ビタミンC	0 mg
食物繊維	0 g

1日の栄養所要量に占める割合	
エネルギー	16 %
たんぱく質	17 %
脂肪	3 %
カルシウム	11 %
鉄	11 %
ビタミンA	0 %
ビタミンB1	13 %
ビタミンB2	6 %
ビタミンC	0 %
食物繊維	0 %

作り方

1　麺を作る

①麺台の上に、粉を山に盛り上げ、山の頂上にくぼみを作る。くぼみに塩水を注ぎ、粉の色が変わるまでよく練る（この時、塩を水によく溶かす）。

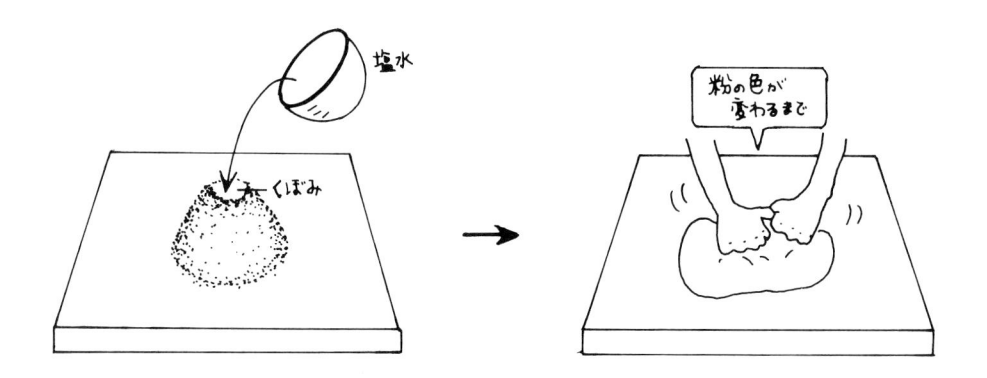

②団子状に丸め、ポリ袋に入れてタオルをかけ、足のかかとで踏みのばし、さらに団子に丸めて踏む操作を繰り返す。室温で、季節により1〜2時間、寝かせる。

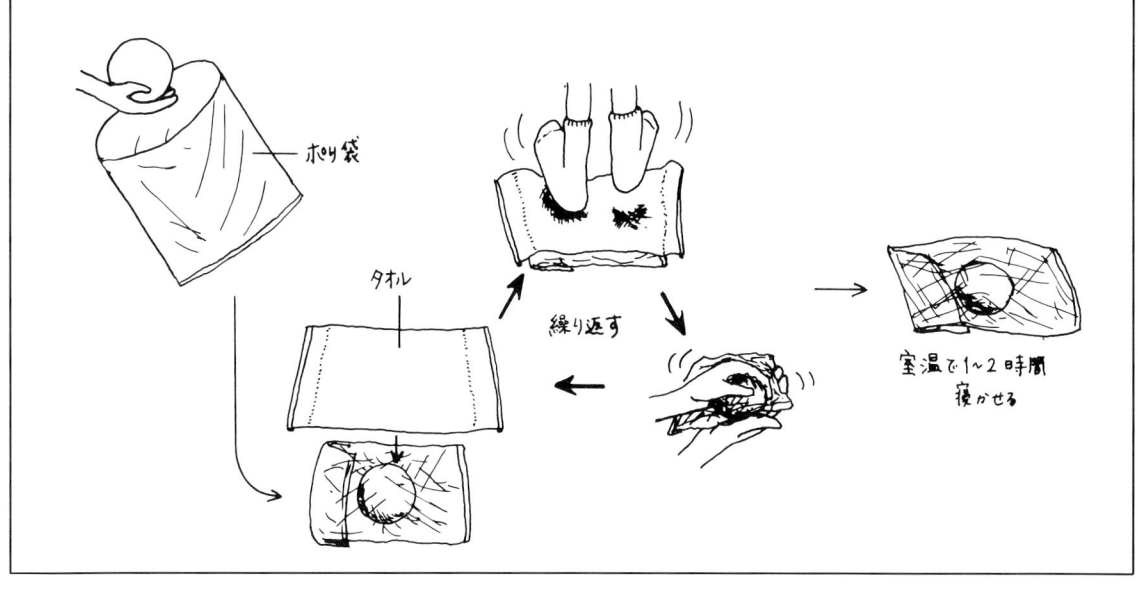

Chapter 5 小麦・パン・麺 * 69

③②の生地を2cmの厚さに踏み、ポリ袋から出して打ち粉を振った台の上に置き、麺棒で押しのばす。
3mm厚さぐらいを目安に平均にのびたら、屏風のように折りたたむ。

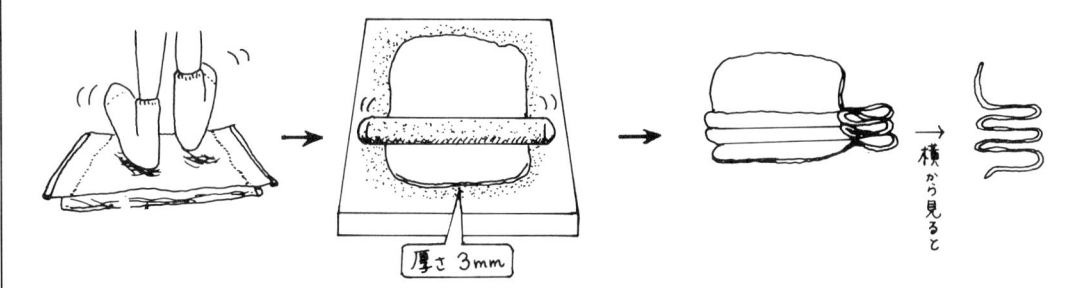

厚さ3mm

横から見ると

④包丁で端から3mm位の幅に切り、麺線を束ねてよくたたく。

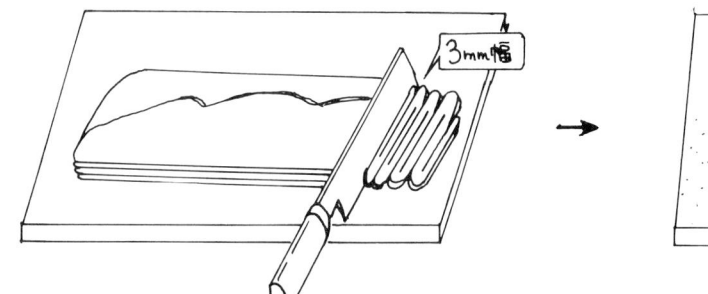

3mm幅

麺台にたたきつけるようにして、ほぐし、粉をよく落とす

2 麺を茹でる

⑤たっぷりの熱湯に入れ、茹でる。うどんがくっ付かぬよう、箸でうどんをバラす。再沸騰したら差し水をし、芯まで茹でる。ざるにあげて冷水をかけ、手早く冷ます。

水

3 つけ汁を作る

⑥つけ汁の材料を合わせて鍋で煮立て、冷やして用いる。薬味を添える。この操作は早めにしておく。

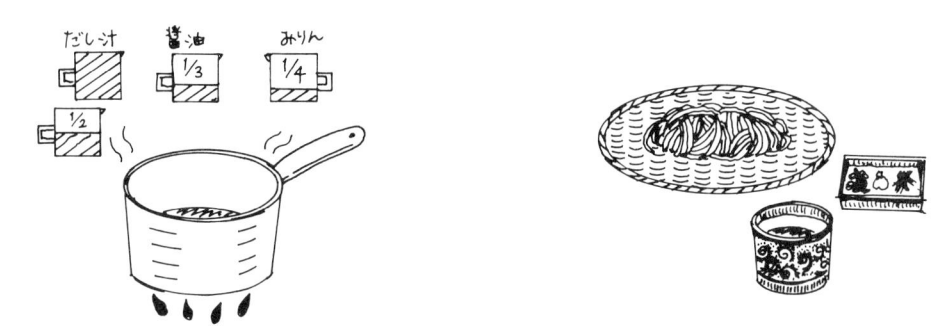

だし汁　醤油 1/3　みりん 1/4
1/2

MEMO
＊うどんをこねる時、足の代りに手でもよい。
＊茹でる際に、うどんに付いている打ち粉を、よく落としておく。
＊かけうどんにする場合は、うどんをざる上げして水を切り、そのまま使えばよい。かけ汁は、つけ汁を薄めて味を調整すること。

(茂木)

てんぷら／かき揚げ

てんぷら 栄養価（1人分）	
エネルギー	396 kcal
たんぱく質	21.4 g
脂肪	18.8 g
カルシウム	95 mg
鉄	2.4 mg
ビタミンA	249 μgRE
ビタミンB1	0.1 mg
ビタミンB2	0.3 mg
ビタミンC	9 mg
食物繊維	2.1 g

1日の栄養所要量に占める割合	
エネルギー	20 %
たんぱく質	39 %
脂肪	33 %
カルシウム	16 %
鉄	20 %
ビタミンA	46 %
ビタミンB1	14 %
ビタミンB2	30 %
ビタミンC	9 %
食物繊維	8 %

てんぷら

材料（4人分）

きす	160g	（3枚におろしたもの4枚）
小なす	120g	（4個）
ししとう	15g	（4本）
青しそ	5g	（4枚）
食塩		
薄衣		
薄力粉（種の15%）	45g	
卵	25g	（1/2個）合わせて
冷水	50ml	粉の1.7倍

揚げ油（菜種、大豆、綿実油など）

天つゆ
- 醬油　　大3
- みりん　大3
- だし汁　カップ3/4

薬味
- しょうが、ねぎ、七味とうがらし、海苔、ごまなど

作り方

1　種の下準備をする
① きすは3枚におろし、軽く塩をしておく。小なすはへたに切れ込みを入れ整え、茶せん型に切れ目を入れる。
② ししとうは竹串で突いて空気の抜けるスリットを付けておく。青しそは洗って、よく水気を取っておく。

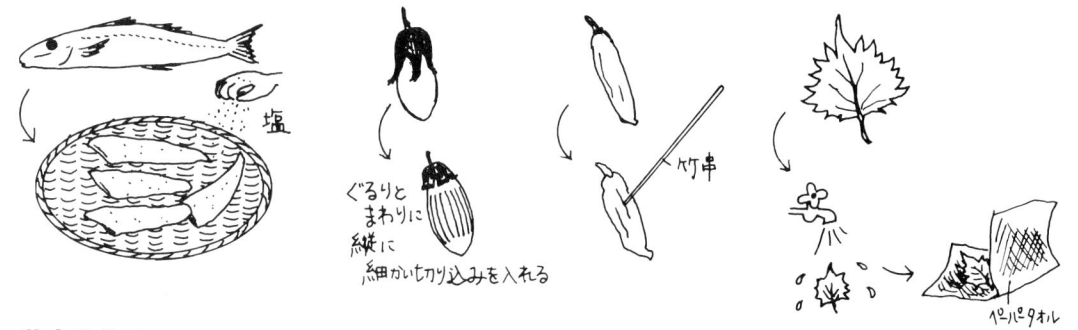

2　薄衣を作る
④ 卵をよく溶いて冷水と混ぜ、薄力粉を入れる。こねないように注意する。
⑤ さっくりと混ぜ合わせたら、種を衣にくぐらせる。

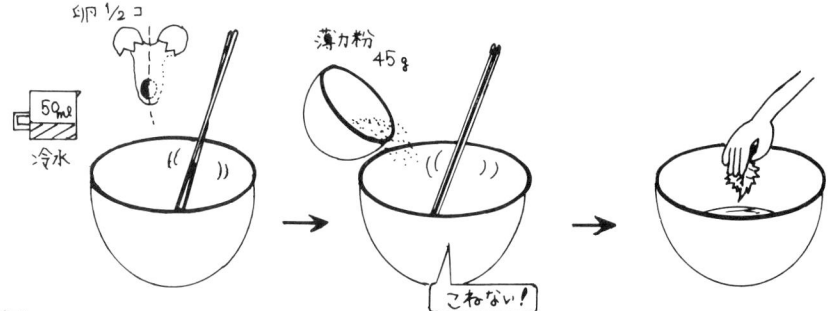

3　揚げる
⑥ 野菜類は150〜160℃、魚類は170〜180℃の油で、からりと揚げる。

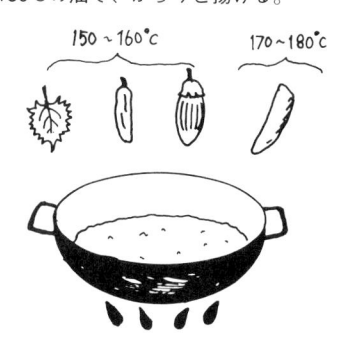

かき揚げ

材料（4人分）

しばえび	180g	厚衣		
まいたけ	50g	薄力粉（種の30%）	90g	合わせて
にんじん	60g	卵	50g(1個)	粉の1.5倍
みつば	5g (1/2把)	冷水	80ml	
細ねぎ	5g (2本)			
		揚げ油		

① 細ねぎ、みつばは2～3cmのざくに切り、にんじんも同じくらいの千切り、まいたけは適当に指で割り、えびも背わたを取り除いた後、1cmに切っておく。

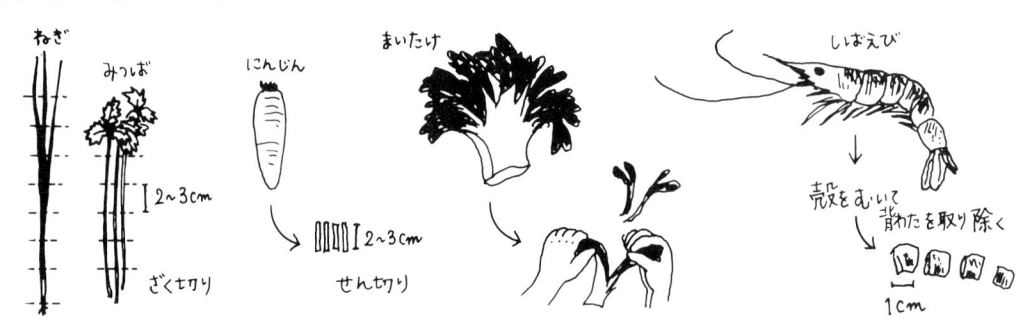

② 厚衣の材料をさっくり混ぜ合わせ、種の量をつなげる程度に衣の量を加減して合わせる。

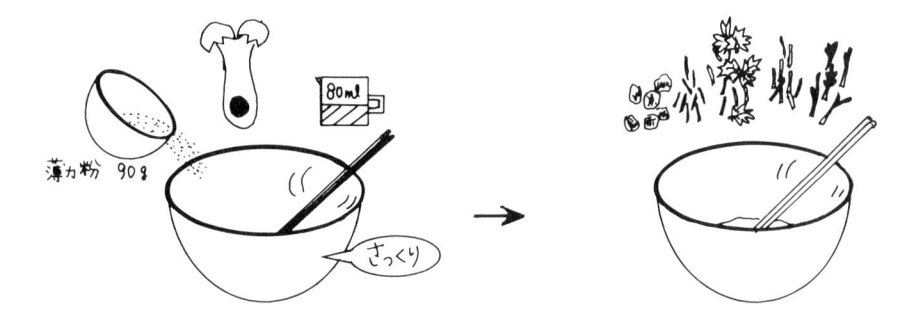

③ 170℃ぐらいの油でからりと揚げる。

＊天ぷら、かき揚げを、一品料理として出す時
① 天つゆの材料を合わせる。
② 懐紙や和紙の上に飾り、天つゆや薬味を別に添えて供する。

＊MEMO
＊材料は、生食可能なほど鮮度の高いものを使用する。
＊油温170℃は、テストピースの衣を落としてみて、鍋の中心部あたりから浮かび上がる程度が適温（図B）。鍋底まで落ちるようだとぬるい（図A）。また、油表面ではじけるようだと高すぎる（図C）。野菜類の場合はBがよい。

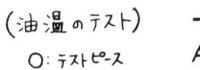

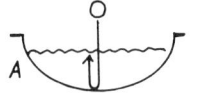

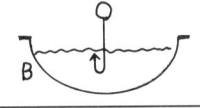

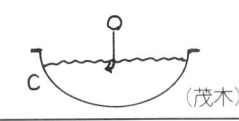

（油温のテスト）
○：テストピース

（茂木）

湯麺（タンメン）

材料（4人分）			
中華麺		きくらげ	8枚
薄力粉	100g	あさつき	2本
強力粉	100g		
温湯	60ml	味噌だれ	
卵	1個	ごま油	27ml（大3）
食塩	1g（小1/5）	しょうが（みじん切り）	小1
かん水	小2/3	鶏挽き肉	200g
打ち粉（片栗粉）	適宜	味噌	150g
具		醤油	115ml（カップ1/2）
もやし	1袋	砂糖	28g（カップ1/4）
にんじん	1/2本	酒	30ml（大2）
		湯（タン）	カップ6

湯麺 栄養価（1人分）	
エネルギー	495 kcal
たんぱく質	25.0 g
脂肪	15.0 g
カルシウム	85 mg
鉄	3.6 mg
ビタミンA	395 μgRE
ビタミンB1	0.2 mg
ビタミンB2	0.3 mg
ビタミンC	7 mg
食物繊維	5 g

1日の栄養所要量に占める割合	
エネルギー	24 %
たんぱく質	46 %
脂肪	27 %
カルシウム	14 %
鉄	30 %
ビタミンA	73 %
ビタミンB1	22 %
ビタミンB2	32 %
ビタミンC	7 %
食物繊維	21 %

作り方

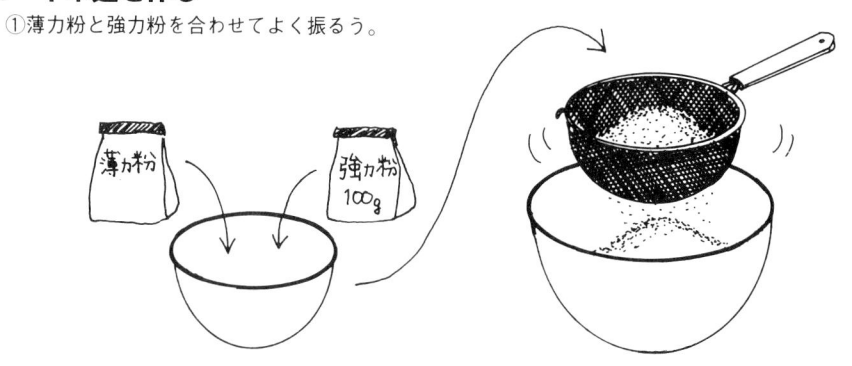

1 中華麺を作る

①薄力粉と強力粉を合わせてよく振るう。

②60mlのぬるま湯に、卵と塩とかん水を溶いて①に混ぜ、まとめる。水気が足りない時は少量の水を足す。耳たぶより硬い状態まで手でよくこね合わせ、ぬれ布巾に包んで30〜60分寝かせる。

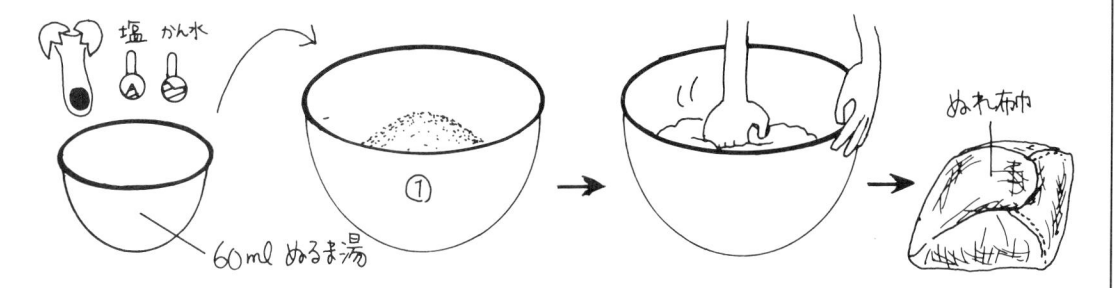

③片栗粉を取り粉として、寝かせた生地を2mmぐらいの厚さにのばす。

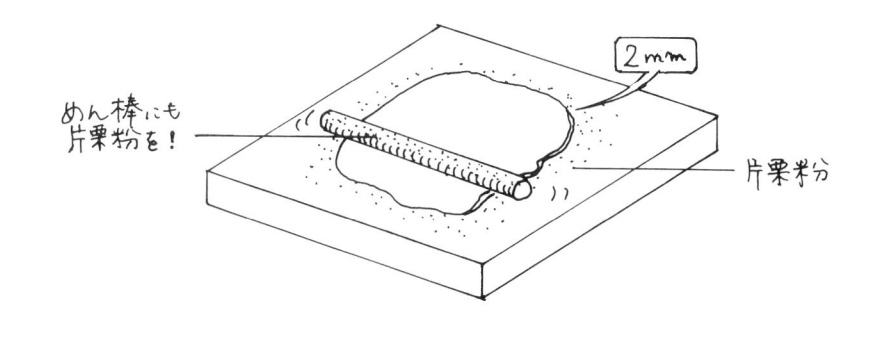

④薄くのばした生地を折りたたみ、取り粉を十分振って、ごく細く切り、パラパラにしておく。

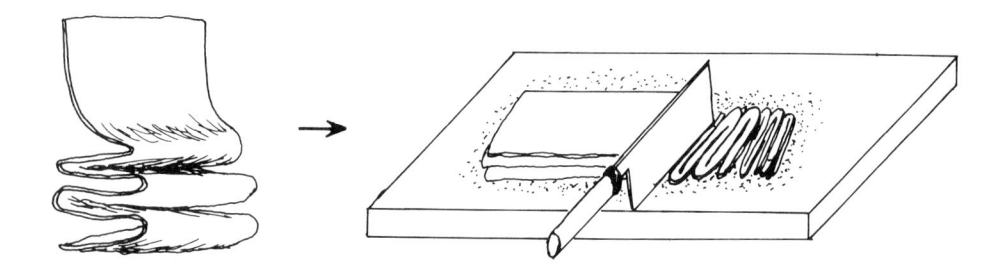

2　具を作る

⑤もやしは根と芽を取り除き、きれいに洗ってさっと茹でる。にんじんは薄く切り茹でる。きくらげは水に戻し、細切りにして茹でる。

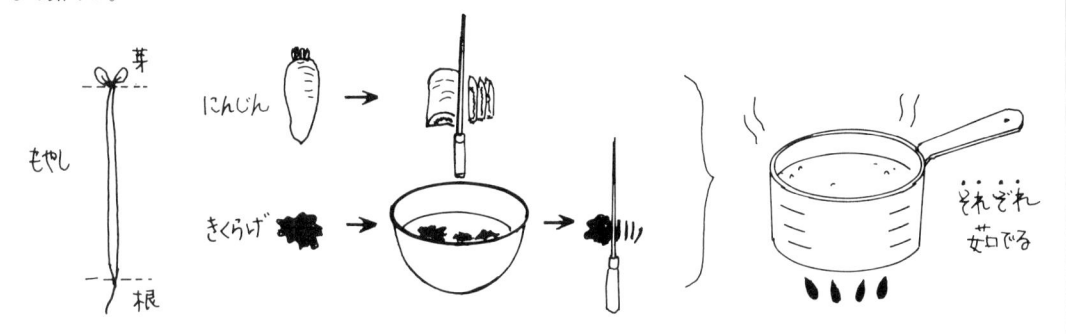

⑥中華鍋にごま油を熱して、しょうがを炒め、そこに挽き肉を入れてさらに炒める。
　ボールに味噌、醤油、砂糖、酒を合わせておき、中華鍋に入れて滑らかになるまで弱火で練り、味噌だれを作る。

3　麺を茹でる

⑦中華麺は、たっぷりの熱湯にほぐし入れて茹でる。茹ですぎないように早めにざるに上げて、水を切る。

4　盛り付ける

⑧麺を中華どんぶりに入れ、**2**の具をのせ、味噌だれを好みの量だけのせ、上から熱い湯(タン)を注ぎ、あさつきの小口切りを散らす。

MEMO
* かん水は、炭酸カリ(K_2CO_3)、炭酸ナトリウム($NaCO_3$)などからできており、かん水を用いることによって食品がアルカリ性になり、澱粉の糊化開始温度が高くなって粘度も高くなる。
* 中華麺の黄色は、小麦粉のフラボノイド色素がアルカリにより発色したためである。(参考) 井上寿子、赤星千寿著「家政学雑誌、12、114」1961

(津田)

鍋貼餃子／焼売
(グオ ティエ ジャオ ズ シャオ マイ)

焼きギョーザ／シューマイ

鍋貼餃子　栄養価（1人分）	
エネルギー	326 kcal
たんぱく質	12.0 g
脂肪	15.0 g
カルシウム	32 mg
鉄	1.0 mg
ビタミンA	40 μgRE
ビタミンB1	0.3 mg
ビタミンB2	0.1 mg
ビタミンC	9 mg
食物繊維	2 g

1日の栄養所要量に占める割合	
エネルギー	16 %
たんぱく質	22 %
脂肪	26 %
カルシウム	5 %
鉄	8 %
ビタミンA	7 %
ビタミンB1	36 %
ビタミンB2	12 %
ビタミンC	9 %
食物繊維	7 %

鍋貼餃子

材料（4人分）

餃子の皮
- 強力粉　　　　　160g
- 熱湯　　　　　　90ml
- ラード　　　　　大1
- 食塩　　　　　　小1/3
- 打ち粉（強力粉）

具
- 豚挽き肉　　　　150g
- はくさい　　　　2枚（150g）
- 長ねぎ　　　　　1/3本
- にら　　　　　　1/5束
- しょうが　　　　小1片（10g）
- ごま油　　　　　大1/2（6.5ml）
- 食塩　　　　　　小1/2（2.5g）
- 片栗粉　　　　　大1/2（4.5g）
- 紹興酒　　　　　大1

- 焼き油　　　　　適宜
- たれ　　　　　　醤油、酢、辣油（ラーユ）

作り方

1　皮を作る

①強力粉を振るい、ボールに入れ、塩とラードを溶かした熱湯を注ぎ、菜箸で混ぜた後、手早く手でまとめ、耳たぶくらいの固さになるようによくこねる。固く絞った濡れ布巾に包んで20分ぐらい寝かせる。

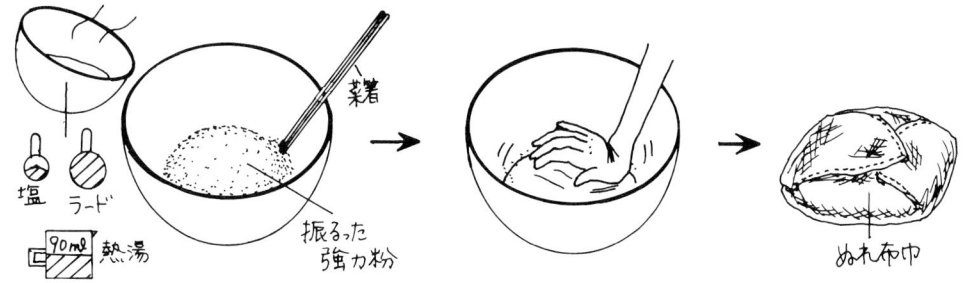

②打ち粉を伸板の上に薄く散らし、直径2～3cmの棒状にして24等分する。1個ずつ　棒を転がしながら直径7～8cmくらいの皮を作る。（皮は中央が厚く、縁は薄く、丸くできればよい）

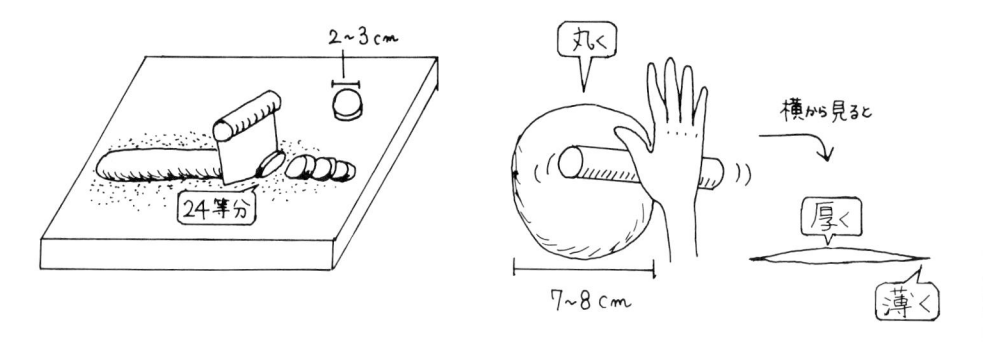

2　具を作る

③はくさいは軸と葉に分けさっと茹で、細かいみじん切りにし、水気を絞る。長ねぎ、にら、しょうがはみじん切りにする。

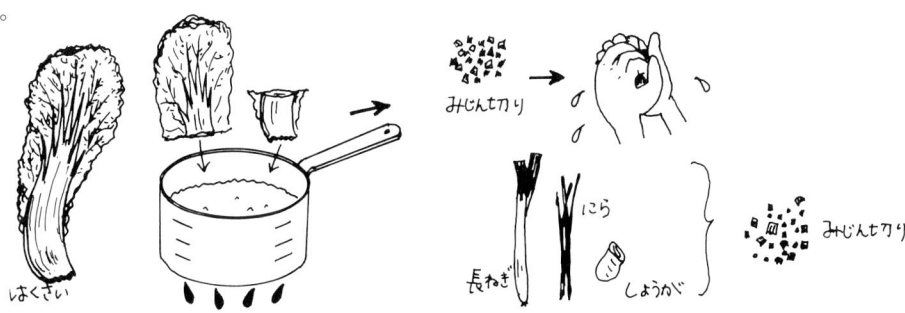

Chapter 5 小麦・パン・麺 * 75

④ボールに挽き肉と③の野菜、調味料（ごま油、塩、片栗粉、紹興酒）を加えてよく混ぜ、24等分する。

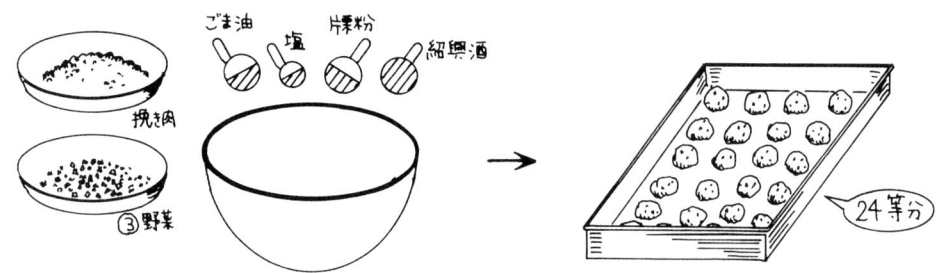

2 包む
⑤左手に皮を持ち、具を中央にのせる。

⑥右手人指し指と親指で、片面の皮にひだを細かく寄せていき、口が開かないようにする。

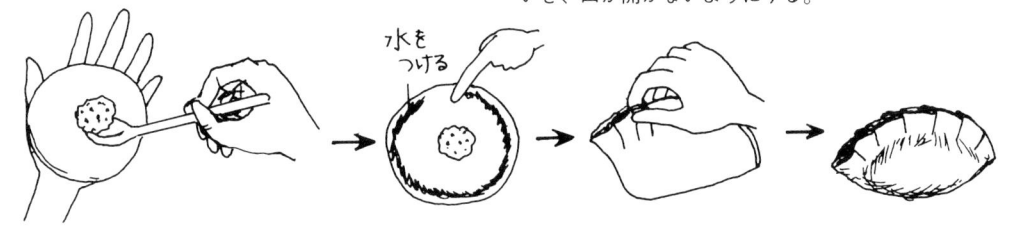

3 焼く
⑦フライパンを温め、油を入れ中火にして餃子を並べ、全体に火が回るように鍋を動かし、焦げ目をきれいに付ける。

⑧ほどよく焼けたら熱湯を餃子の高さの1/3注ぎ、すぐにぴったり合った蓋をして、やや弱火で湯がなくなるまで蒸し焼きにする。

⑨蓋を取り、蒸気を飛ばし、仕上げに油を2～3滴落として焼き上げる。

4 盛り付ける
⑩焼き目を上にして皿に盛り付ける。

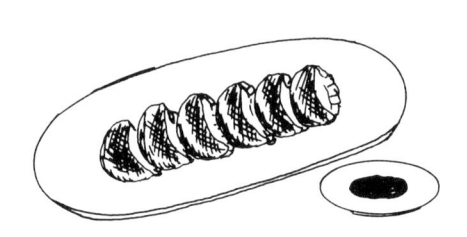

焼売

材料（4人分）
豚挽き肉	300g
むきえび	60g
長ねぎ	1/2本
食塩	2.5g（小1/2）
砂糖	4.5g（大1/2）
片栗粉	18g（大2）
焼売の皮	30枚
グリーンピース	30粒
片栗粉	少量

作り方
①えびは細かくたたく。

②豚挽き肉に、えび、長ねぎ、塩、砂糖、片栗粉を加えてよく混ぜる。

③グリーンピースに片栗粉をまぶしておく。

④②を皮で包み、グリーンピースを上にのせて、強火で15分蒸す。

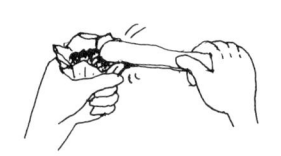

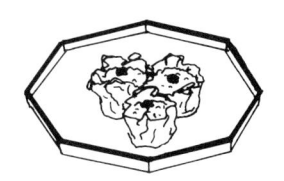

MEMO
＊蒸したものを蒸餃子（ヂョンジャオズ）、鍋焼きしたものを鍋貼餃子、茹でたものを水餃子（シュイジャオズ）という。

（津田）

肉包子
ロウ バオ ズ
中国風肉まんじゅう

肉包子 栄養価（1人分）	
エネルギー	317 kcal
たんぱく質	10.0 g
脂肪	12.0 g
カルシウム	17 mg
鉄	0.7 mg
ビタミンA	30 μgRE
ビタミンB1	0.3 mg
ビタミンB2	0.1 mg
ビタミンC	7 mg
食物繊維	1 g

1日の栄養所要量に占める割合	
エネルギー	15 %
たんぱく質	19 %
脂肪	21 %
カルシウム	3 %
鉄	5 %
ビタミンA	5 %
ビタミンB1	31 %
ビタミンB2	9 %
ビタミンC	7 %
食物繊維	5 %

材料（4人分）

包子の皮
- 強力粉　　　　　　80g
- 薄力粉　　　　　　80g
- ドライイースト　　3g（小3）
- 砂糖　　　　　　　6g（小2）
- 微温湯（40℃）　　30ml（大2）
- ラード　　　　　　4g（小1）
- 微温湯（40℃）　　60ml（大4）
- ベーキングパウダー 1.5g（小1/2）
- 打ち粉　　　　　　少量

あん
- 叉焼肉（焼き豚）　　120g
- 長ねぎ　　　　　　5cm
- ごま油　　　　　　4.5ml（大1/2）
- 砂糖　　　　　　　13.5g（大1・1/2）
- 醤油　　　　　　　8ml（大1/2）
- カキ油　　　　　　4.5ml（大1/2）
- 薄力粉　　　　　　4.5g（小1・1/2）
- 片栗粉　　　　　　4.5g（小1・1/2）
  （これを同量の水（7ml、小1・1/2）で溶く）

パラフィン紙（10cm x 10cm）4枚

作り方

1　予備発酵をさせる
①微温湯（40℃）大さじ2に砂糖を溶かし、ドライイーストを振り入れ、予備発酵を行う。

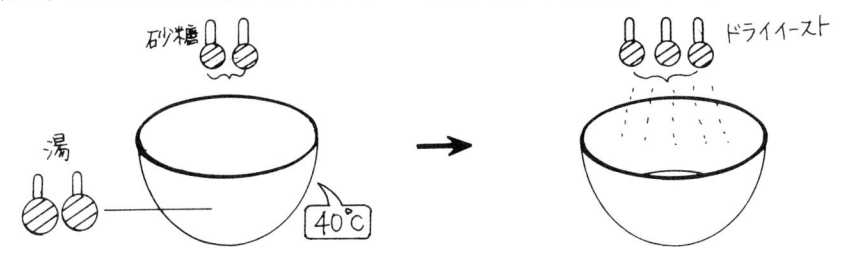

2　第一次発酵をさせる
②強力粉と薄力粉を合わせて2回振るい、ボールに入れて、①とラードを溶かした微温湯（40℃）大さじ4を加えて、耳たぶくらいの硬さによく練る。ボールに入れてラップをかけ、38℃に保ち20～30分発酵させる。

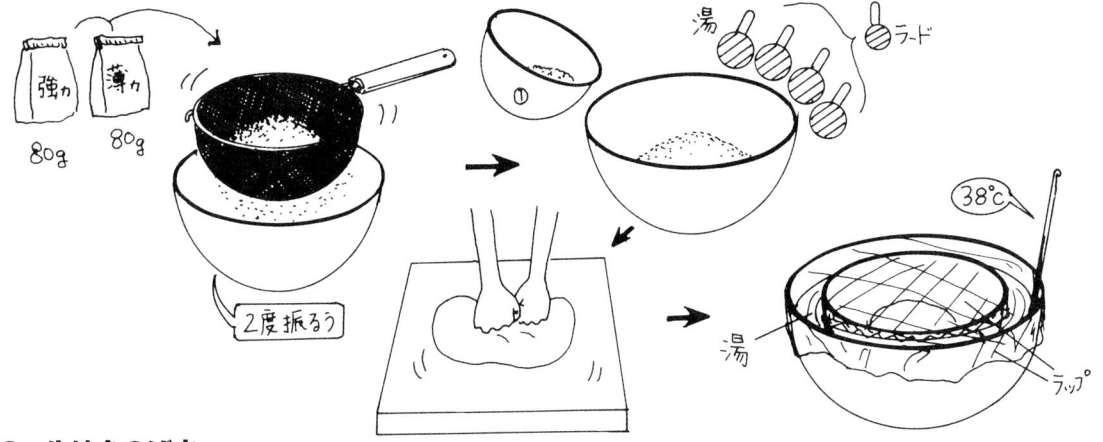

3　生地をのばす
③2倍くらいになったら、打ち粉をした台の上にのせ、ベーキングパウダーを混ぜ入れながら、ガス抜きをしてこね、4等分する。麺棒で直径8cmぐらいの円にのばす。

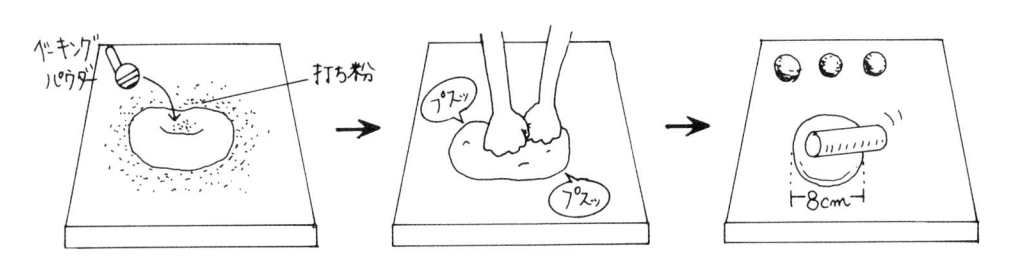

Chapter 5 小麦・パン・麺＊77

4 具を作る

④叉焼肉（p144参照）は1cm角に切り、長ねぎはみじん切りにしておく。
⑤中華鍋にごま油を熱し、ねぎを炒めて叉焼肉を入れる。砂糖、醤油、カキ油で調味し薄力粉を振り入れて、水溶き片栗粉でとじる。

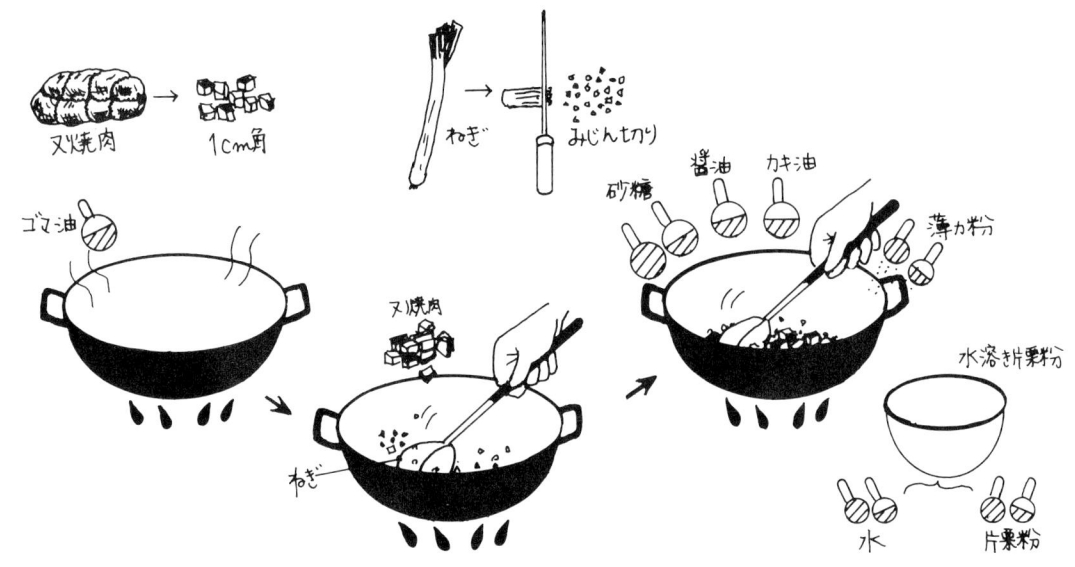

5 第二次発酵をさせる

⑥円形にのばした生地（ドウ）の中央に具をのせ、親指と人差し指でひだを取りながら、口を閉じる。閉じ口を上に向けて、四角く切ったパラフィン紙の上にのせ、一度沸騰させて火を止めた蒸し器の中で、10～20分おき、発酵させる。

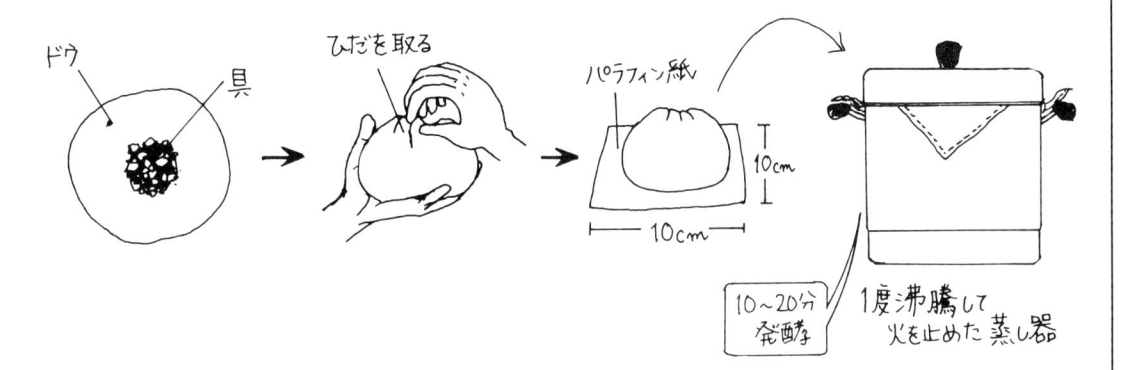

6 蒸す

⑧強火で15分蒸す。　　　　　　　　　　　　⑨出来上がり。

MEMO
＊イーストがない場合は、強力粉と薄力粉を混合した重量の3％のベーキングパウダーを加え、合わせて2回振るい、作ってもよい。ベーキングパウダーを加えた生地は、重曹（炭酸ナトリウム）と酸性剤が、生地中の水に溶けて化学反応を起こし、炭酸ガスを発生する。

（津田）

クレープ
(仏) Crêpes

クレープ 栄養価（1人分）	
エネルギー	322 kcal
たんぱく質	8.8 g
脂肪	14.5 g
カルシウム	131 mg
鉄	0.7 mg
ビタミンA	142 μgRE
ビタミンB1	0.1 mg
ビタミンB2	0.3 mg
ビタミンC	1 mg
食物繊維	0.8 g

1日の栄養所要量に占める割合	
エネルギー	16 %
たんぱく質	16 %
脂肪	25 %
カルシウム	22 %
鉄	6 %
ビタミンA	26 %
ビタミンB1	11 %
ビタミンB2	27 %
ビタミンC	1 %
食物繊維	3 %

材料（4人分、直径21cm8枚または18cm10枚分）

薄力粉	125g	**菓子用**	
卵	2個	砂糖	30g
食塩	少量	バニラエッセンス	少量
牛乳	375〜400ml		
無塩バター（またはサラダ油）		**料理用**	
	25g	こしょう	少量
バター（無塩）	適宜	ブランデー	大1

作り方
1　クレープ生地を作る

①薄力粉を2〜3回振るい、ボールに入れる。

②①の中央に、木杓子でくぼみを付ける。

③②に卵、塩、砂糖を加え、木杓子で中の材料をよくかき混ぜる（料理用クレープにする場合は砂糖を除く）。

④牛乳を少量ずつ中央に加えながら、まわりの小麦粉を少しずつ混ぜ込んで、滑らかな生地にする。バニラエッセンスを加える（料理用の場合はバニラエッセンスの代わりにこしょう、ブランデーを入れる）。

⑤ふるいで漉し、ラップをかけて涼しいところで1時間ぐらい寝かせる。

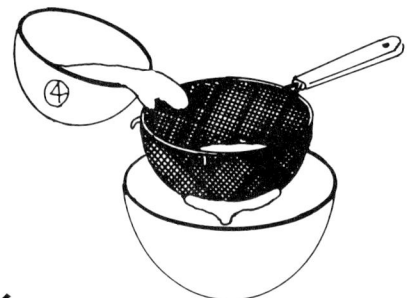

⑥焼く前に、溶かしバター（またはサラダ油）25gを加え、よく混ぜ合わせる。

3 焼く

⑦クレープパンにバターを少量入れ弱火で溶かし、よくなじませて、余分な油は別皿にあけ、柔らかい紙で拭き取る。

⑧⑥の生地を約大さじ一杯の生地を流し、薄くのばす。

⑨生地の表面が乾いてきたら裏返し、片面を軽く焼く。

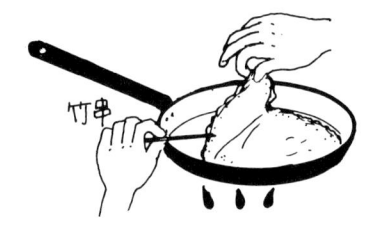

⑩焼き上がりのクレープは、乾いた布巾の上に置くか、湯煎（鍋またはボールに湯を入れ、その上に皿をのせた状態）にして温めておく。

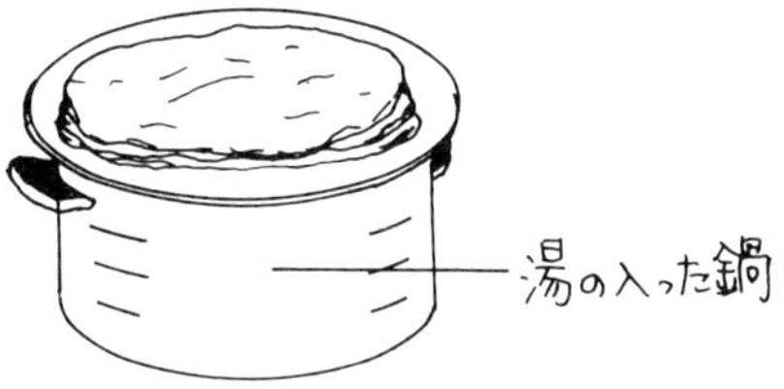

クレープに向くソース

アプリコットソース

材料	
アプリコット缶詰	250g
砂糖	12.5g
ブランデー	7.5ml
バター	2g

①缶詰のアプリコットを汁と共にミキサーにかけるか、裏漉しにかけてつぶす。

②小鍋に①と砂糖を加え、火にかけ、かき混ぜながら、弱火で煮る。

③浮き上がってくるアクを取り、火からおろしてバターを加え混ぜ、裏漉しを通す。

④冷めてからブランデーを加える。

オレンジソース

材料	
オレンジ	1個
無塩バター	40g
砂糖	40g
コアントロー	大2

①オレンジを洗い、果汁を絞った後で、皮をすりおろす。

②小鍋にバター、オレンジの皮と砂糖を入れ、軽く鍋を揺すりながら薄茶色に焦がす。果汁でのばし、コアントローを加えて火を止める。

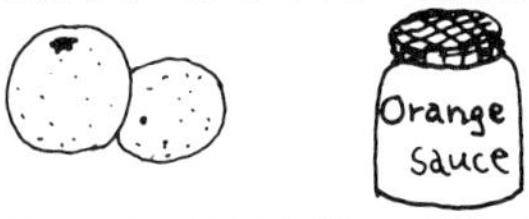

MEMO
* クレープを上手に焼くには，生地を涼しい所で1時間ぐらい寝かせる（一晩冷蔵庫においてもよい）。生地を寝かせることによってグルテンが形成され、フライパンに注ぐとき、薄い状態で流れやすい。時間が無い場合でも、生地を30分は寝かせてから焼くこと。
* 寝かせるとは、味をよくしたり、コシを強くしたり、柔らかくしたりするために、調理の途中で材料をしばらくそのままにしておくこと。小麦粉を用いた調理などに使う。
* クレープに向くソースとして他にカスタードソースやチョコレートソース（p187参照）がある。

（猪俣）

ロールスポンジケーキ
（英）Roll sponge cake

材料（4人分）

ゼェノワーズ生地(Pâte à génoise)	
薄力粉	60g
卵	3個（150g）
砂糖	50g
バター	15g
バニラエッセンス	適量
天板に敷く油	少量
グラニュー糖	大1

シロップ	
砂糖	大1/2
水	大1
ブランデー	小1
あんずジャム	50g
ブランデー	小1

ロールスポンジケーキ 栄養価（1人分）	
エネルギー	234 kcal
たんぱく質	5.9 g
脂肪	7.2 g
カルシウム	25 mg
鉄	0.8 mg
ビタミンA	91 μgRE
ビタミンB1	φ mg
ビタミンB2	0.2 mg
ビタミンC	0 mg
食物繊維	0.5 g

1日の栄養所要量に占める割合	
エネルギー	11 %
たんぱく質	11 %
脂肪	13 %
カルシウム	4 %
鉄	7 %
ビタミンA	17 %
ビタミンB1	5 %
ビタミンB2	17 %
ビタミンC	0 %
食物繊維	2 %

作り方

1 ゼェノワーズ生地を作る

①薄力粉は2度振るう。
②バターは湯煎、または電子レンジで溶かす（（500Wで20～30秒）。天板に油を薄く塗り、紙を敷く。

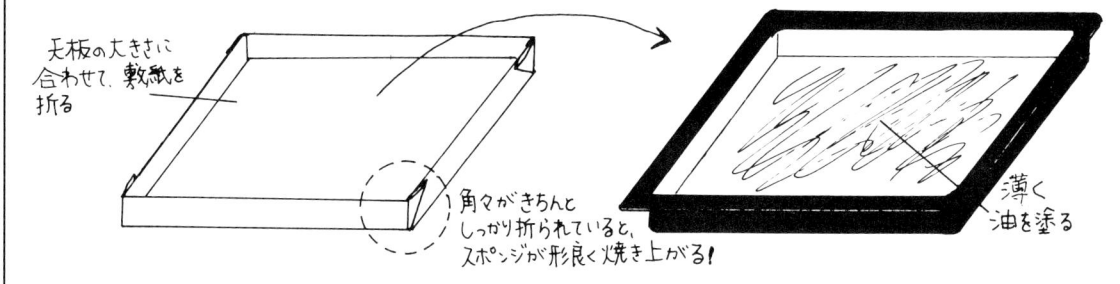

③卵を1個ずつボールに割り入れ、1/3量の砂糖を加え混ぜ、泡立て器で泡立てる。ボールの底を微温湯(30℃くらい)に当てると泡立つのが早い。またハンドミキサーを利用してもよい。

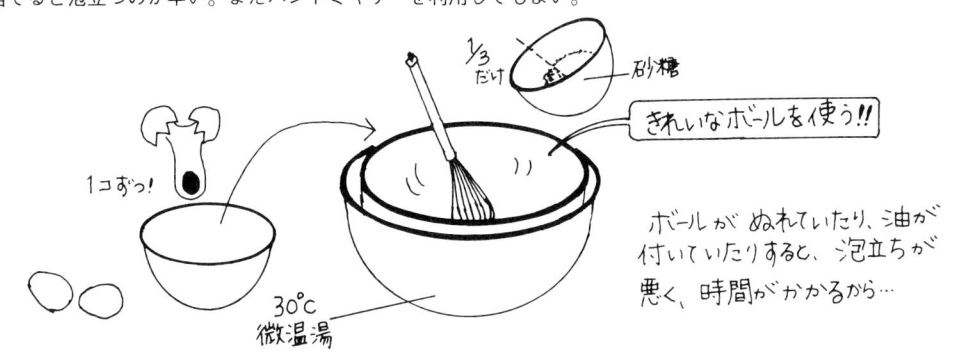

④残りの砂糖を2～3回に分けて加え、生地の表面に字が書けるくらいまで泡立てる。

⑤ ④の中に①の薄力粉を一度に入れ、ゴムべらで切るように、粉気がなくなるまですばやく撹拌する。
　最後にバニラエッセンス、②の溶かしバターを加え、軽く混ぜる。

（ボールはまわしながら／切るように混ぜる／薄力粉①／④／バターを入れたら、すばやく混ぜる！／②溶かしバター）

⑥ 天板に⑤を流し入れ、表面をカードなどで平らにし、天火の中段で180℃、10〜12分焼く。
　表面を手で押さえた時、少し弾力があり、生地が手に付いてこなければ焼き上がり。

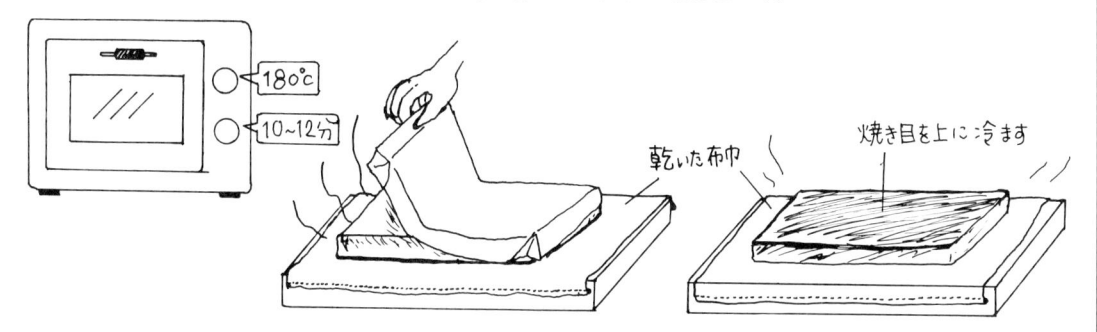

（180℃／10〜12分／乾いた布巾／焼き目を上に冷ます）

⑦ 手前側に数本、包丁目を1〜1.5cm間隔で浅く入れ、後は全体に3本くらい包丁目を浅く入れ、巻きやすくしておく。

⑧ 巻いた時、内側になる面にシロップを刷毛で塗る。

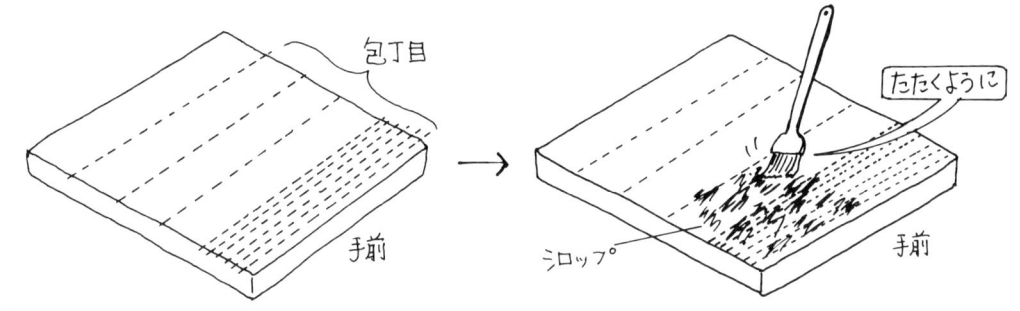

（包丁目／手前／たたくように／シロップ／手前）

⑨ ブランデーを混ぜたあんずジャムを一面に塗り、手前から巻いていき、巻き終りを下にして形を整え、しばらくおく。

⑩ 回りにグラニュー糖をまぶして切り分ける。

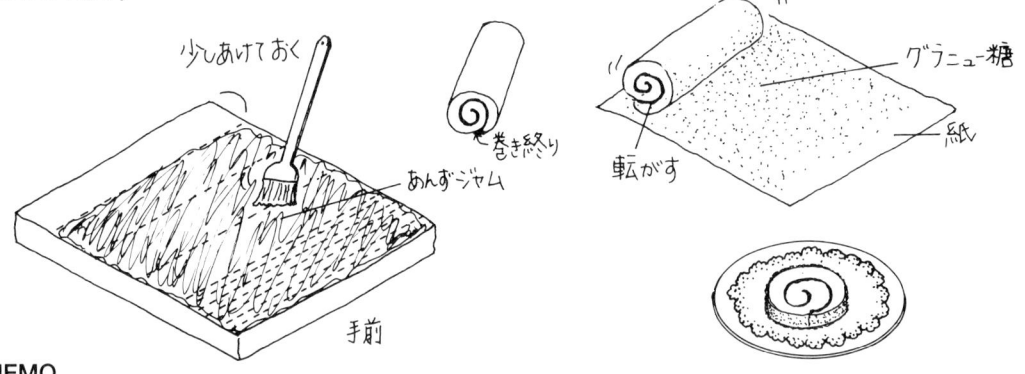

（少しあけておく／巻き終り／あんずジャム／手前／グラニュー糖／転がす／紙）

MEMO
* デコレーションケーキに使う、卵主体の軽い大きなスポンジ台も、このゼノワーズ生地を用いて作る。⑤の生地を18cm径の型に流し、天火で180℃、20〜25分焙焼する。
* ③〜④の工程で、全卵を泡立てることを共立て法、卵白と卵黄を別に泡立てて混ぜることを別立て法という（p58参照）。
* あんずジャムの代りに生クリームなどを塗ってもよい。子供用にはブランデーは入れない。

（阿部）

レモンパイ（練り生地パイ）

(英) Lemon pie

材料（直径18cmのパイ皿分）

パイ皮
薄力粉	100g
打ち粉（強力粉）	16g（大2）
無塩バター	65g
食塩	1.5g（小1/3）
水	20ml
バニラエッセンス	少量

レモンクリーム
砂糖	60g
コーンスターチ	35g
卵黄	40g（2個分）
水	300ml
バター	50g
レモン汁	45ml（大3）

メレンゲ
卵白	60g（2個分）
砂糖	80g
レモン汁	7.5ml（大1/2）

レモンパイ 栄養価（1皿分）
エネルギー	2,095 kcal
たんぱく質	21.8 g
脂肪	109.9 g
カルシウム	109 mg
鉄	3.5 mg
ビタミンA	973 μgRE
ビタミンB1	0.2 mg
ビタミンB2	0.5 mg
ビタミンC	26 mg
食物繊維	2.5 g

1日の栄養所要量に占める割合
エネルギー	102 %
たんぱく質	40 %
脂肪	193 %
カルシウム	18 %
鉄	29 %
ビタミンA	180 %
ビタミンB1	30 %
ビタミンB2	53 %
ビタミンC	26 %
食物繊維	10 %

作り方

1 パイ皮を作る

①薄力粉は3回、粉ふるいで振るい、無塩バターと一緒に冷蔵庫に冷やしておく。
②薄力粉、塩、バターを麺台の上で、よく切り混ぜる。（バターが小豆粒になるくらい）。
③バニラエッセンスが入った水を加え、スケッパーでまとめ、固く絞ったぬれ布巾で包み、冷蔵庫で30〜60分寝かせる。

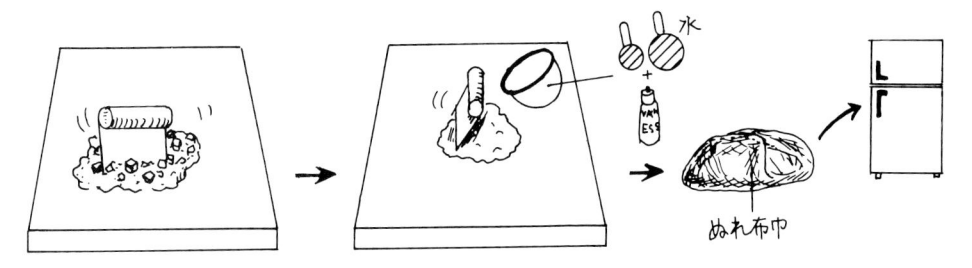

④寝かした生地を麺台の上に取り、スケッパーで軽くまとめ、麺棒で5mmの厚さにのばし、パイ皿よりひと回り大きくする。

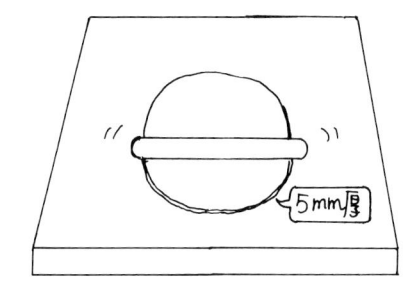

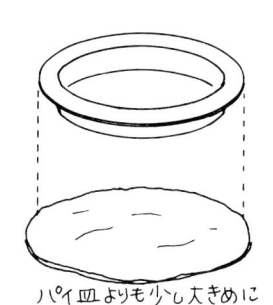

⑤パイ皿にのせて余分を落とし、底はフォークで穴をあける。
アルミ箔を生地に敷き、タルトストーン（なければ小豆でもよい）を敷きつめて、210℃のオーブンで15分間焼く。

2 レモンクリームを作る

⑥小鍋に砂糖、コーンスターチを入れ、卵黄、水を加えてよく混ぜる。

⑦小鍋を中火にかけ、まわりがプツプツいってきたら手早くボールに取り、小さく切ったバターとレモン汁大さじ3を加えてよく混ぜる。

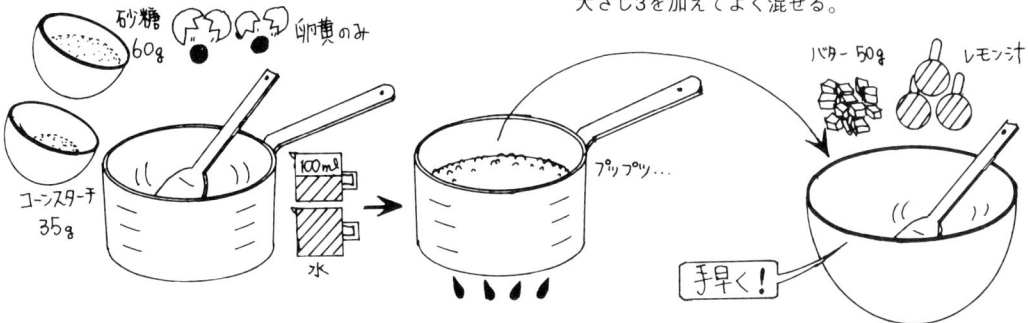

3 メレンゲを作る

⑧乾いたガラスボールまたはホーローボールに卵白を入れ、泡立て器で八分くらいほど泡立て、砂糖を少しずつ加える。

⑨レモン汁を加えてさらにツヤと粘りが出るまで泡立てる。

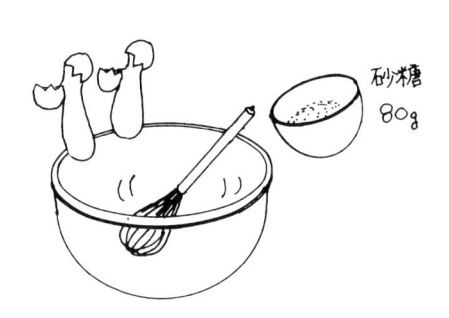

4 パイ皮にレモンクリームを入れる

⑩冷めたパイ皮にレモンクリームを平らに流し入れる。

⑪メレンゲを絞り出し袋に入れ、レモンクリームの表面が乾かないうちに飾る。

⑫150～170℃に温めたオーブンに入れ、メレンゲにきれいな焼き色を付ける。

5 盛り付ける

⑬ケーキ皿にレースペーパを敷き、レモンパイをのせ、適当な数に切り分ける。

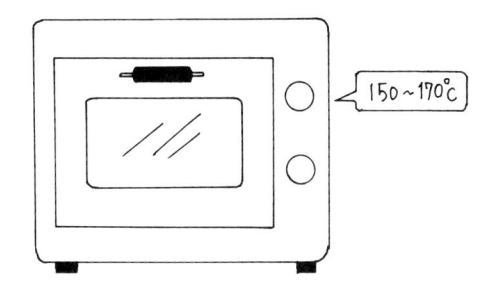

MEMO

* パイ皮を作るとき、材料や器具も冷やしておくが、室温が高すぎるとうまくいかない。室温は18℃ぐらいがよい。
* パイには折り生地パイ（ヨーロッパ式）と練り生地パイ（アメリカ式）があるが、詰め物をするには練り生地パイがよい。

（高橋）

クッキー
(ハードクッキー／ソフトクッキー)
(英)Cookies　(仏)Buscuits
ビスキュイ

ハードクッキー 栄養価(50個分)	
エネルギー	2,368 kcal
たんぱく質	24.3 g
脂肪	117.1 g
カルシウム	166 mg
鉄	2.2 mg
ビタミンA	755 μgRE
ビタミンB1	0.4 mg
ビタミンB2	0.3 mg
ビタミンC	0 mg
食物繊維	6.0 g

1日の栄養所要量に占める割合	
エネルギー	116 %
たんぱく質	44 %
脂肪	205 %
カルシウム	28 %
鉄	18 %
ビタミンA	140 %
ビタミンB1	44 %
ビタミンB2	29 %
ビタミンC	0 %
食物繊維	24 %

ハードクッキー

材料（約50個分）

薄力粉	240g
ベーキングパウダー	3g（小1）
砂糖	110g（カップ1）
バター	135g
卵	50g（1個）
バニラエッセンス	少量

作り方

1　材料を振るい、混ぜる

①薄力粉はベーキングパウダーを混ぜて、2～3回振るう。
②バターをボールに入れて泡立て器で撹拌し、砂糖を加えて白っぽくなるまで混ぜ、溶きほぐした卵を2～3回に分けて加え、バニラエッセンスを入れる。

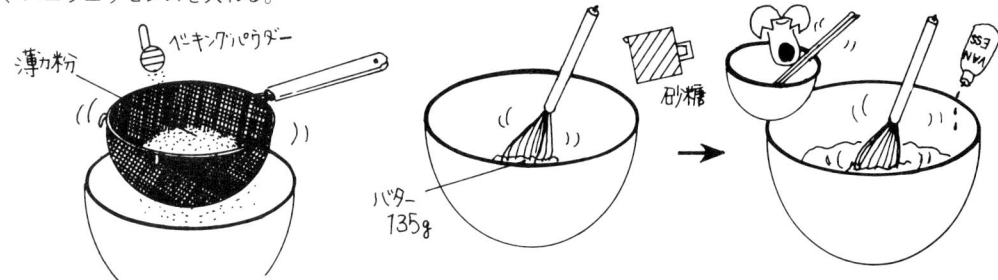

③ ②に薄力粉を加えて、さっくりと混ぜる。

2　生地をのばす

④麺棒で厚さ3mmにのばし、好みの抜き型で形を抜く。

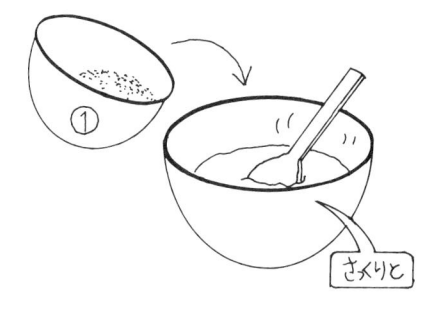

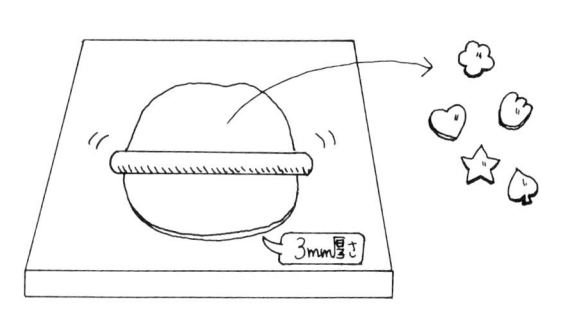

3　オーブンで焼く

⑤天板に薄くバターを塗り（またはクッキングシートを敷き）150～160℃のオーブンで10分程度焼く。

4　盛り付ける

⑥平皿にレースペーパーを敷き、冷ましたクッキーを盛る。

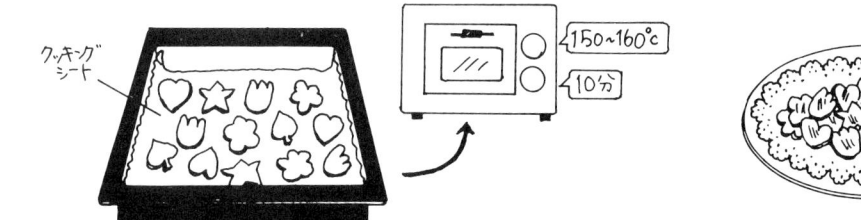

MEMO
＊バターの撹拌は空気を抱き込むようにする。

Chapter 5 小麦・パン・麺＊87

ロイヤルアイシング (応用としてアイシングを作りクッキーに塗る)

材料	
粉砂糖	75g
卵白	2.5ml (小1/2個)
レモン汁	2.5ml (小1/2個)

①粉砂糖を振るい、トロリと泡立つまで撹拌した卵白に混ぜ合わせ、レモン汁を混ぜる。

②トロリとなったらすぐにスプーンか刷毛でハードクッキーの表に塗る。

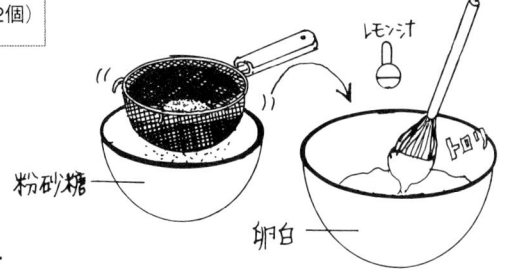

ソフトクッキー

材料(約50個分)	
薄力粉	250g
ベーキングパウダー	3g (小1)
砂糖	100g (カップ1)
バター	180g
卵	25g (1/2個)
卵黄	20g (1個)
バニラエッセンス	少量

ソフトクッキー 栄養価(50個分)		1日の栄養所要量に占める割合	
エネルギー	2,764 kcal	エネルギー	135 %
たんぱく質	27.5 g	たんぱく質	50 %
脂肪	159.4 g	脂肪	280 %
カルシウム	200 mg	カルシウム	33 %
鉄	3.3 mg	鉄	28 %
ビタミンA	1,070 μgRE	ビタミンA	198 %
ビタミンB1	0.4 mg	ビタミンB1	50 %
ビタミンB2	0.4 mg	ビタミンB2	37 %
ビタミンC	0 mg	ビタミンC	0 %
食物繊維	6.3 g	食物繊維	25 %

①材料を振るい、混ぜて生地を作る。操作はハードクッキーを参照。
②出来た生地は口金を付けた絞り出し袋に入れて、油を塗った（またはクッキングシートをのせた）天板に、『の』の字に絞り出す。

③180℃のオーブンに入れて12分ぐらい焼く。

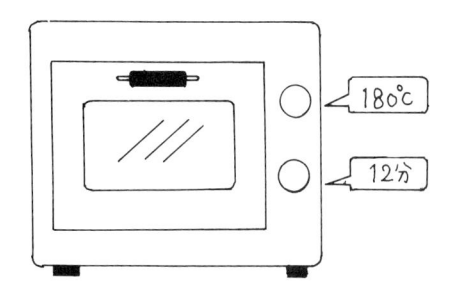

MEMO
＊ハードクッキーは型抜きで形を作る。ソフトクッキーはバターが多いので、絞り出しで形作る。
＊アイシング（英：icing）：砂糖衣、または砂糖衣を着せること。

(高橋)

Chapter 6　いも・澱粉

さといものそぼろあんかけ

材料（4人分）

さといも	400g
鶏挽き肉（いもの重量の20%）	80g
だし汁（いもの重量の80〜100%）	350ml（カップ1・5）
砂糖（いもの重量の5%）	20g（大2強）
食塩（いもの重量の0.8%）	3g（小3/5）
醤油（いもの重量の4%）	15ml（大1強）

水溶き片栗粉
　片栗粉（煮汁の3〜4%）　3〜6g（小1〜2）
　　（これを2倍量の水で溶く）
さやいんげん　40g
しょうが（しょうが汁、針しょうが用）　10g

さといものそぼろあんかけ　栄養価（1人分）

エネルギー	119 kcal
たんぱく質	6.2 g
脂肪	1.8 g
カルシウム	19 mg
鉄	0.9 mg
ビタミンA	19 μgRE
ビタミンB1	0.1 mg
ビタミンB2	0.1 mg
ビタミンC	7 mg
食物繊維	2.6 g

1日の栄養所要量に占める割合

エネルギー	6 %
たんぱく質	11 %
脂肪	3 %
カルシウム	3 %
鉄	8 %
ビタミンA	4 %
ビタミンB1	12 %
ビタミンB2	8 %
ビタミンC	7 %
食物繊維	10 %

作り方

1　さといもを下茹でする

①土付きいもをよく洗い、水気をぬぐって天地を落とし、六角に皮をむく。
②たっぷりの熱湯で5〜6分間茹でる。アクをすくい、ぬめりを煮こぼして水に少しさらし、水分を拭く。

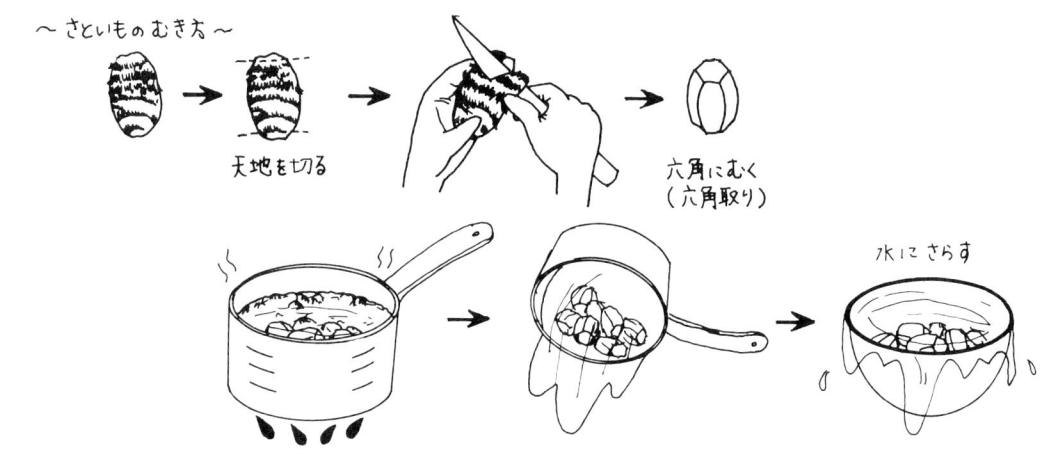

〜さといものむき方〜
天地を切る → 六角にむく（六角取り）
水にさらす

2　だしでさといもを煮る

③だし汁の中に調味料を全て入れ、②を入れ、落とし蓋をして弱火で煮る。
そぼろ用に煮汁が150mlくらい残るようにして、さといもを柔らかく煮上げる。

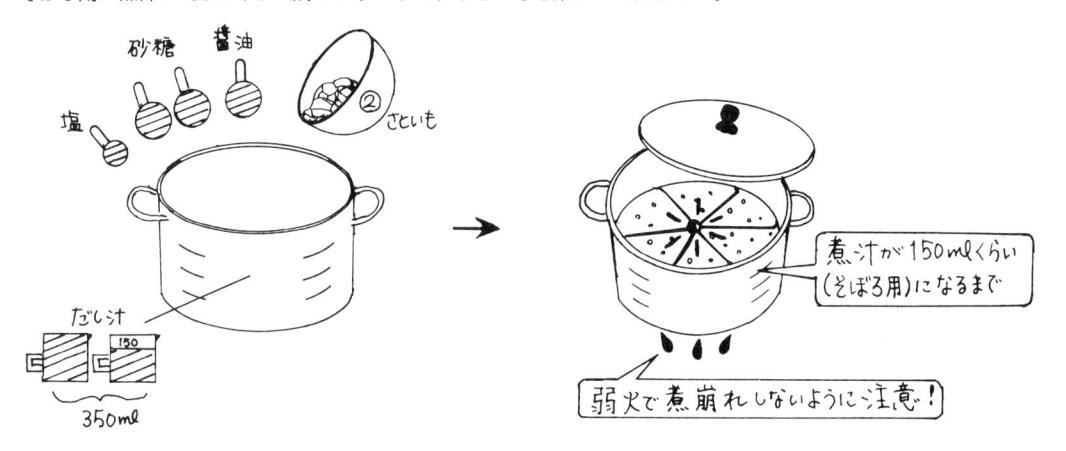

塩　砂糖　醤油　②さといも
だし汁　350ml
煮汁が150ml くらい（そぼろ用）になるまで
弱火で煮崩れしないように注意！

3 しょうがを調理する

④しょうがは皮をむき、半分をすりおろしてしょうが汁を作る。残りは薄切りを細かく千切りにし、水に放してパリッとさせ、引き上げて針しょうがにする。

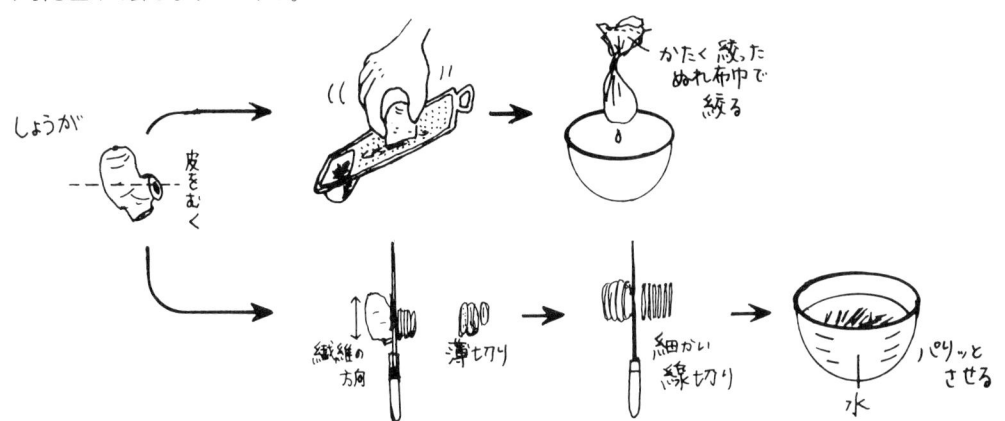

4 肉でそぼろあんを作る

⑤煮立ったさといもを、いったん鍋から取り出す。残った煮汁を煮立て、挽き肉を入れ、菜箸数本で細かくほぐし、しょうが汁を加えて煮る（蓋はしない）。

⑥挽き肉に味がしみたら、水溶き片栗粉を入れてとろみを付ける。　⑦さやいんげんの筋を取り、青茹でする。

5 盛り付ける

⑧器にさといもを盛り付け、上に⑥をかける。⑦のさやいんげんを、さといもの手前に添え、針しょうがを天盛りにする。

MEMO
* さといもは皮付きのまま、5〜6分茹で、ぬめりを押さえ、皮をむく方法もある。
* さといもで手がかゆくなったら、酢水で洗うとよい。
* 落とし蓋はステンレス製の、形が自在になるものが便利だが、無ければアルミホイルを代用してもよい。鍋の直径より1〜1.5cm小さい円形にして、中央に1つ、1〜2cm径の穴をあける。

(阿部)

栗きんとん

栗きんとん 栄養価（1人分）	
エネルギー	381 kcal
たんぱく質	1.7 g
脂肪	0.3 g
カルシウム	30 mg
鉄	0.7 mg
ビタミンA	4 μgRE
ビタミンB1	0.1 mg
ビタミンB2	0 mg
ビタミンC	27 mg
食物繊維	2.8 g

1日の栄養所要量に占める割合	
エネルギー	19 %
たんぱく質	3 %
脂肪	1 %
カルシウム	5 %
鉄	6 %
ビタミンA	1 %
ビタミンB1	13 %
ビタミンB2	0 %
ビタミンC	27 %
食物繊維	11 %

材料（4人分）

栗（正味）	150 g
焼きみょうばん	茹で水の0.5%
砂糖（むき栗の80%）	120 g
みりん	30ml（大1・2/3）
水	150ml
（別に下準備用のみょうばん水（0.5%）を用意する。量は適宜）	
さつまいも（正味）	200 g
焼きみょうばん	茹で水の0.5%
くちなしの実	1個
砂糖	茹でたさつまいもの50%
みりん	40ml
食塩	少量
栗の煮汁	カップ2/3

作り方

1 栗とさつまいもの皮をむき、みょうばん水に浸す

①栗は熱湯に10分くらい浸し、皮を柔らかくしてから鬼皮、渋皮と共にむいて洗う。

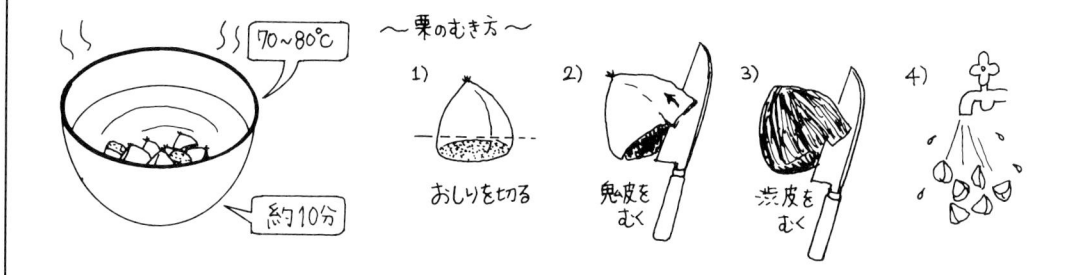

〜栗のむき方〜
1) おしりを切る
2) 鬼皮をむく
3) 渋皮をむく
4) （洗う）

70〜80℃　約10分

②0.5%のみょうばん水を栗がかぶるくらいに入れ、約3時間、浸しておく。

③さつまいもを2cmの輪切りにし、木の年輪のような筋のあるところまで厚く皮をむいて洗い、0.5%のみょうばん水に30分浸す。

約3時間　0.5%みょうばん水

さつまいも　2cmの輪切り　厚く皮をむく　0.5%みょうばん水　30分

④くちなしの実は水で少し湿らせて、2つに切り、ガーゼに包んでおく。

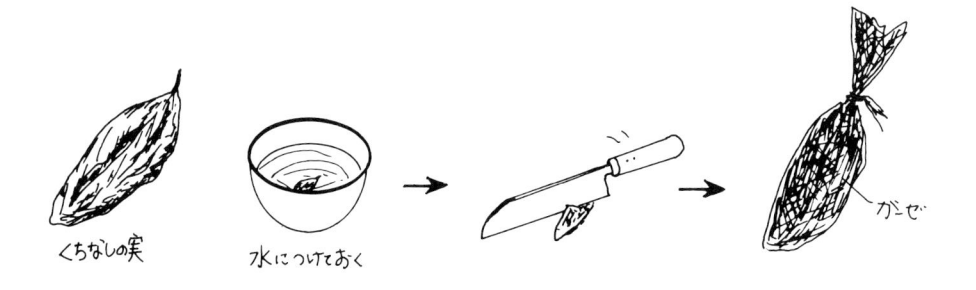

くちなしの実　水につけておく　ガーゼ

2　栗といもを茹で、調味しながら練る

⑤栗は新しいみょうばん水で栗を5分間茹でた後、水で洗って、かぶる程度の真水を加える。弱火で2〜3回、水を取りかえながら柔らかくなるまで茹で、湯を切る（みょうばんの臭いを取る）。

⑥⑤に水150mlとみりんを加え、砂糖を2〜3回に分けて入れ、弱火で紙蓋をして10分くらい煮含めて火を止める。そのまま煮汁に浸して味を浸透させる。

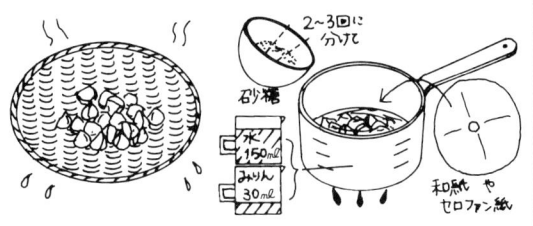

⑦さつまいもは新しいみょうばん水を火にかけ、沸騰後に入れ、1〜2分間茹でる。茹で水を捨て2〜3回真水に取りかえながら茹でる。

⑧たっぷりの水にくちなしの実を加え、火にかけて、柔らかくなるまで茹でる。

⑨いもが柔らかくなったら、くちなしの実を除き、湯を捨てる。⑩栗の含め煮を汁ごと温めて、栗を取り出しておく。
⑪茹でたいもに、砂糖1/3量と⑥の栗の煮汁カップ1/3を加え、少し煮て、熱いうちに裏漉し、鍋に戻す。

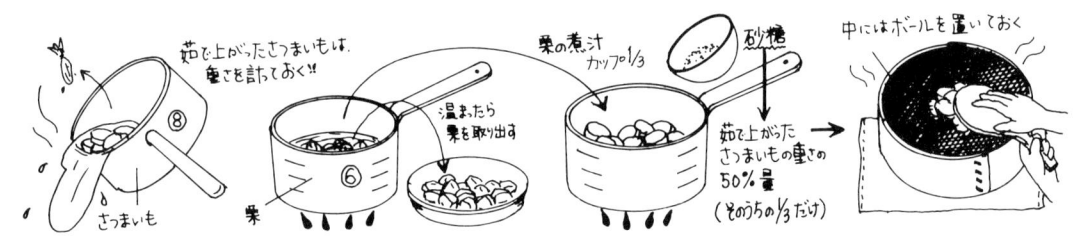

⑫裏漉しをしたいもに、残りの砂糖、栗の煮汁カップ1/3、みりん、塩を少しずつ加えながら弱火にかけ、木じゃくしでゆっくりと練る。

⑬いもにツヤがでて、ぽってりとしてよい濃度になったら栗を混ぜ、ひと煮立ちさせて、広めの器に取り、手早く冷やす。

3　盛り付ける

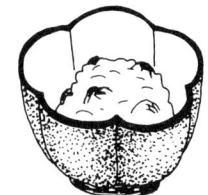

MEMO
* みょうばんは、さつまいもの細胞膜周辺部のペクチン質と結合して、不溶性の塩を作るため、組織が引き締まり、煮くずれしにくくなる。
* くちなしは美しい黄色の着色剤。ただし、金時いものように黄色の強いものの場合は、用いなくてもよい。
* いもの切り口が空気に触れると、ポリフェノール・オキシターゼの作用で褐変するので、皮をむいたり切ったりした後は、すぐ水に浸す。
* 砂糖だけ添加するより、砂糖とみりんを1：1の割合に混合すると、光沢が出る。きんとんを練りあげた後、すばやく冷却することによっても光沢が出る。

（太田）

付け合わせのじゃがいも料理 (フライドポテト6種)
(仏) Garnitures de pommes de terre (Pommes de terre frites)
ガルニチュール ド ポンム ド テール　ポンム ド テール フリット

A．ポンム ド テール ポン ヌフ
　　Pommes de terre pont-Neuf

B．ポンム ド テール アリュメット
　　Pommes de terre allumette

C．ポンム ド テール チップス
　　Pommes de terre chips

D．ポンム ド テール ゴーフレット
　　Pommes de terre gaufrettes

E．ポンム ド テール スフレ
　　Pommes de terre soufflées

F．ポンム ド テール パニエ
　　Pommes de terre panier

材料（4人分）
じゃがいも	200g
食塩	適量
揚げ油	

フライドポテト 栄養価（1人分）
エネルギー	61 kcal
たんぱく質	0.8 g
脂肪	2.6 g
カルシウム	2 mg
鉄	0.2 mg
ビタミンA	0 μgRE
ビタミンB1	0.1 mg
ビタミンB2	0 mg
ビタミンC	18 mg
食物繊維	0.7 g

1日の栄養所要量に占める割合
エネルギー	3 %
たんぱく質	2 %
脂肪	5 %
カルシウム	φ %
鉄	2 %
ビタミンA	0 %
ビタミンB1	13 %
ビタミンB2	0 %
ビタミンC	18 %
食物繊維	3 %

作り方

A．ポン ヌフ
① いもの皮をむいて長さ5～6cm、1cm角の拍子木形に切り、真水にさらして布巾で水気を取る。
② 130～140℃の油で、色付かず、中まで火を通すように揚げる。
③ 次に150～170℃の油に移してカラリと二度揚げする。
④ 油を切り、熱いうちに軽く塩を振る。

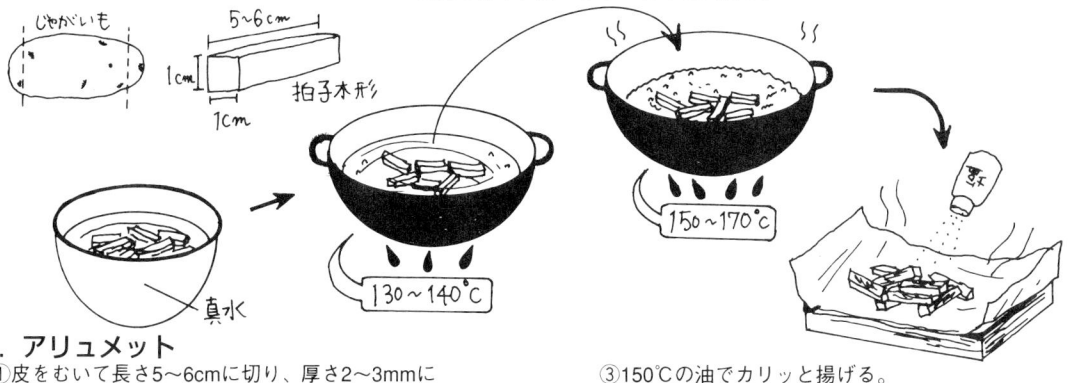

B．アリュメット
① 皮をむいて長さ5～6cmに切り、厚さ2～3mmにスライスし、アリュメット（マッチ棒大）に切る。
② 真水にさらして布巾で水気を取る。
③ 150℃の油でカリッと揚げる。
④ 油を切り、熱いうちに軽く塩を振る。

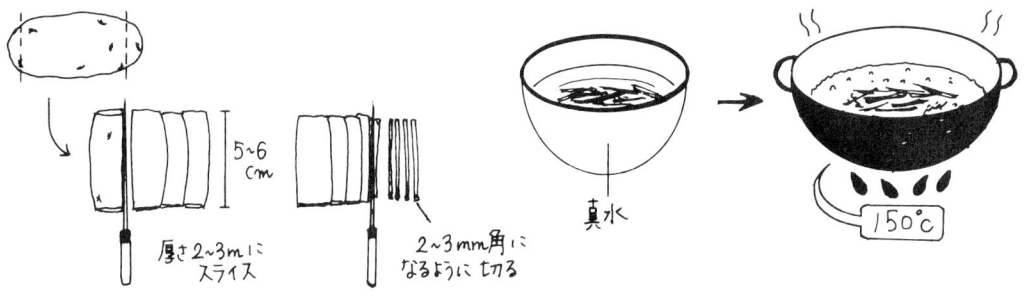

C．チップス
① 皮をむき、円筒形に形を整えて、厚さ1mmの輪切りにする。
② 5%の塩水に5分浸し、水洗いをし、布巾で水気を取る。
③ 150℃の油でカリッと揚げる。
④ 油を切り、熱いうちに軽く塩を振る。

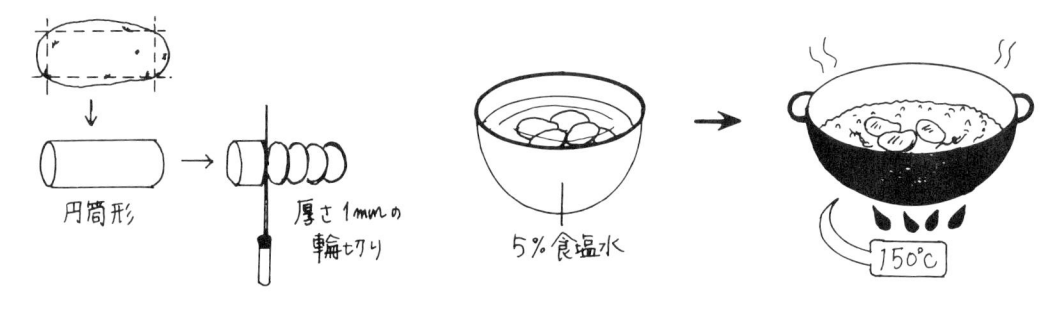

D．ゴーフレット
①皮をむいて長さ5〜6cmに切り、ゴーフレット形に切る（マンドリーヌを使用）
②1％の食塩水にさらして、布巾で水気を切る。
③150℃くらいの油でカラッと色よく揚げる。
④油を切り、熱いうちに軽く塩を振る。

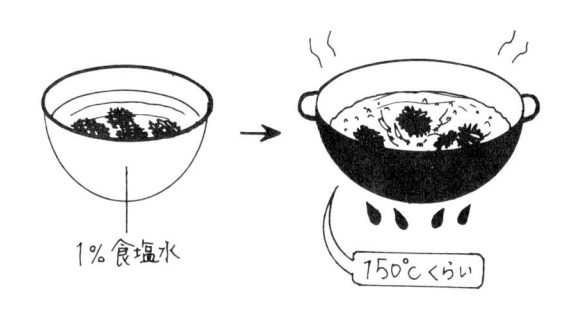

E．スフレ
①皮をむき、箱形に切り、角を切り落とす。マンドリーヌで繊維に沿って3mm厚さに切る。
②そのまま布巾で水気を拭き取る。
③110〜130℃の油にいもを入れ、表面が水膨れのようになるまで、鍋を揺すりながら火を通す。
④すぐ150〜160℃の油に移して、きれいに膨らませる。
⑤油を切り、熱いうちに軽く塩を振る。

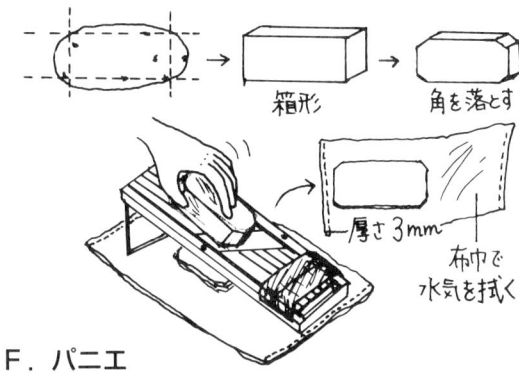

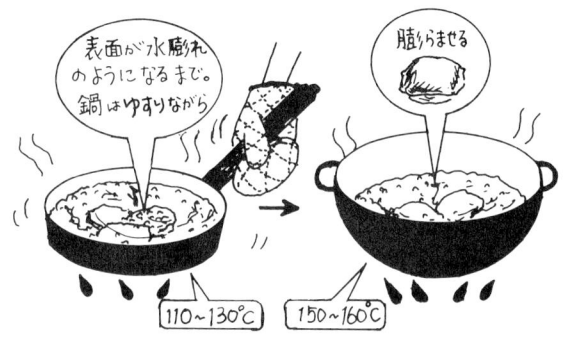

F．パニエ
①長く薄切りにし、さらに細く糸切りにする。
②真水にさらし、布巾で水気を拭き取る。
③巣用揚げ網のバスケット型を開いて油を塗り、いもを片方の底にすき間なく並べ、もう片方で押さえ込む。
④180℃の油にバスケット型を沈めながら揚げる。
⑤油を切り、型から抜き、料理の器として用いる。

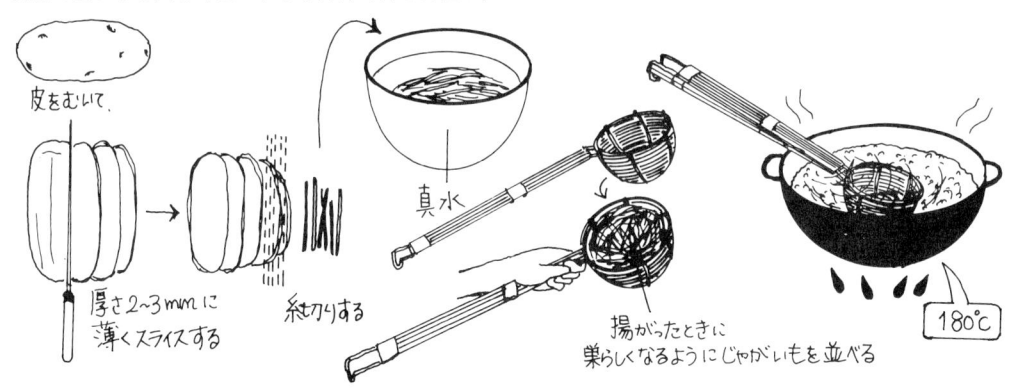

MEMO
* 真水に漬ける――ポンヌフ、アリュメット、パニエなど中までカリカリにする必要がないものは、水にさらして表面の澱粉質を洗い流してから揚げると、油の中でくっつかず、きれいに出来上がる。
* 食塩水に漬ける――チップス、ゴーフレットは食塩水によっていもを脱水させると、いもの周囲と中心部に温度が一様に伝わり、短時間で色よくカリッと揚がる。
* 低めの温度で揚げる――アリュメット、チップス、ゴーフレットは150℃くらいの油でいもの水分を抜きながら、ゆっくりカリッと揚げる。
* 二度揚げして、油の温度差を利用する――ポンヌフ、スーフレなどは始めは低温で色付かないように中までよく火を通し、次に高温でカリッと揚げる。
* 巣用揚げ網（Panier á nid　パニエ・ア・ニ）：鳥の巣の形をした、じゃがいものフライを作るための器具。千切りや薄切りにしたじゃがいもを、大小2つの丸い網の間に挟んで柄を揃えて持ち、油の中に入れて揚げる。大皿に料理を盛って出す時に、このじゃがいものケースに揚げたじゃがいもなどを盛り込んで添え、演出効果を高めたりする。　　　（太田）

マッシュドポテト

（英）Mashed potato　（仏）Purée de pommes

材料（4人分）

じゃがいも	400g	(中2個)
バター	30g	
卵黄	20g	(大1個)
生クリーム	20ml	
食塩	少量	
こしょう	少量	

マッシュドポテト 栄養価（1人分）

エネルギー	173 kcal
たんぱく質	2.6 g
脂肪	10.1 g
カルシウム	15 mg
鉄	0.7 mg
ビタミンA	83 μgRE
ビタミンB1	0.1 mg
ビタミンB2	0.1 mg
ビタミンC	35 mg
食物繊維	0.2 g

1日の栄養所要量に占める割合

エネルギー	8 %
たんぱく質	5 %
脂肪	18 %
カルシウム	3 %
鉄	6 %
ビタミンA	15 %
ビタミンB1	13 %
ビタミンB2	6 %
ビタミンC	35 %
食物繊維	5 %

作り方

1　材料を茹でる

①じゃがいもの皮をむき、乱切りにして水から茹でる。

②柔らかくなったら茹で汁を捨て、軽く塩を振り、中火で空煎りしながら水気を蒸発させる。

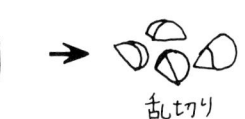

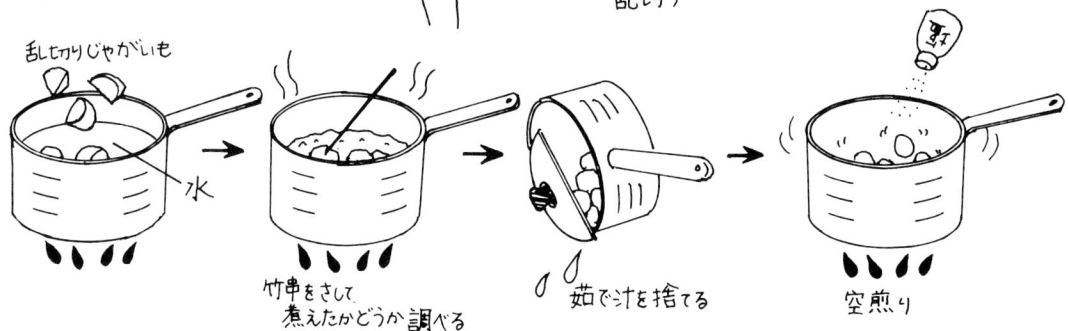

③熱いうちに裏漉ししておく。

④平鍋にバターを入れて中火で溶かし、裏漉ししたじゃがいもを加えて1分間、木杓子でかき混ぜる。

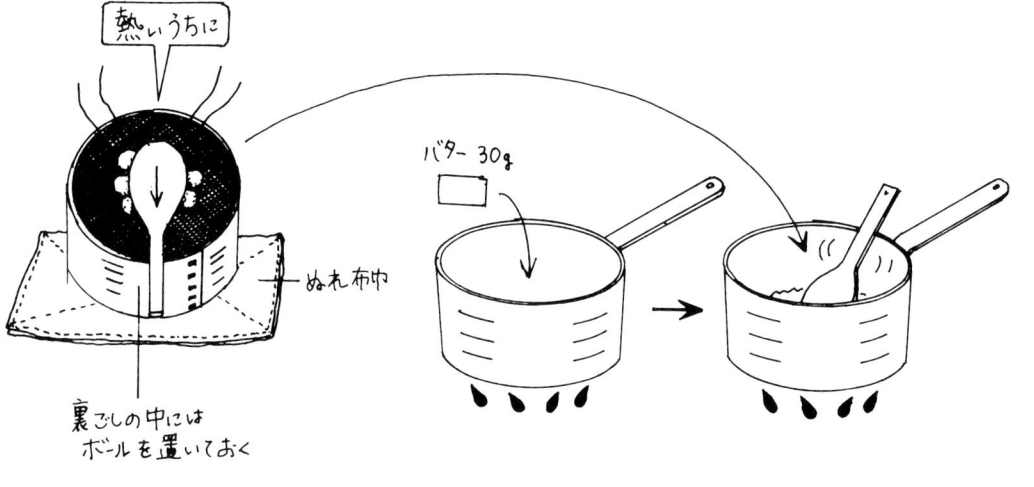

2 材料を混ぜる

⑤火を止めて、生クリームで溶いた卵黄を加え、ムラのないように手早く混ぜ合わせ、塩、こしょうを振る。

⑥このまま皿に形よく付け合わせてもよいが、油を塗った天板に絞り出し、中火のオーブンで焼き色を付けると一層おいしい。絞り出しは、マッシュポテトの冷めないうちに、好みの口金を付けた絞り出し袋に入れてする。

3 盛り付ける

⑦マッシュポテトは肉料理や魚料理の付け合わせ、グラタンの飾りとして盛り付けるとよい。

MEMO
* 裏漉し器は、馬毛のものを、網目を斜めにして使う。
* じゃがいもの裏漉しを冷めてから行なうと、細胞が壊れてベトつき、おいしくない。
* 新しいじゃがいもは、ベトつきやすいので、ある程度貯蔵したものを用いるとよい。

(高橋)

ブラマンジェ
(仏) Blanc-manger

イギリス風ブラマンジェ
(英) Blanc-mange, Corn starch pudding

材料（4人分）

コーンスターチ	28g	いちごソース (Sauce fraise)	
砂糖	50g	いちご	120g
牛乳	320ml	砂糖	30g
バニラエッセンス	少量	ラム酒	小1
		飾り用いちご	小8個（80g）

英国風ブラマンジェ 栄養価(1人分)

エネルギー	175 kcal
たんぱく質	3.1 g
脂肪	3.1 g
カルシウム	97 mg
鉄	0.2 mg
ビタミンA	33 μgRE
ビタミンB1	0.1 mg
ビタミンB2	0.1 mg
ビタミンC	32 mg
食物繊維	0.7 g

1日の栄養所要量に占める割合

エネルギー	9 %
たんぱく質	6 %
脂肪	5 %
カルシウム	16 %
鉄	2 %
ビタミンA	6 %
ビタミンB1	6 %
ビタミンB2	13 %
ビタミンC	32 %
食物繊維	3 %

作り方
①材料をよく混ぜながら中火または強火にかけ、プツプツ煮立って4～5分したら火から下ろす。

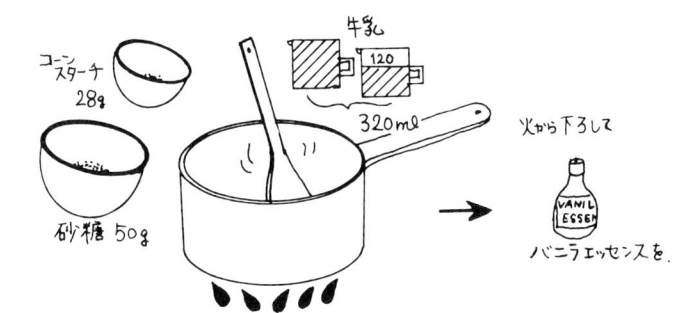

②水でぬらしたプリン型に流し、冷やし固める。

③いちごソースを作る。いちごはよく洗い、へたを取り適宜な大きさに切り、砂糖とラム酒をかけ、10～12分おいて裏漉しする。

③型からブラマンジェを出し、いちごのソースを添える。

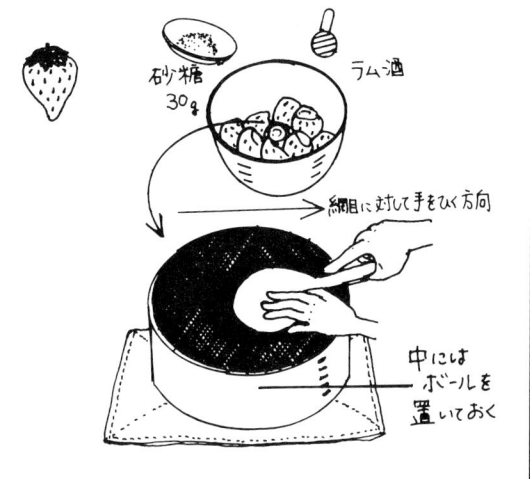

MEMO
＊コーンスターチを用いる場合、①糊液をよく混ぜながら中火、または強火にかけて、80℃ぐらいになって4～5分加熱を続け、さらに95℃で2～3分加熱すること。
②高温にして加熱したゲルほど、放冷による離しょう量は少なく、澱粉は老化しにくい。
③湯煎や弱火の加熱ではべた付きのあるゲルとなる。

フランス風ブラマンジェ
（仏）Blanc-manger

材料（4人分）

アーモンド粒	80g
粉ゼラチン	8g
水	30〜40ml
牛乳	300ml
砂糖	60g
生クリーム	100ml
砂糖	20g
いちごソース	
	イギリス風を参照

作り方

① ゼラチンを水40mlに入れて膨潤させ、湯煎にして溶かす。
② アーモンドは熱湯に漬けて柔らかくし、乾いた布巾でもむようにして皮をむく。 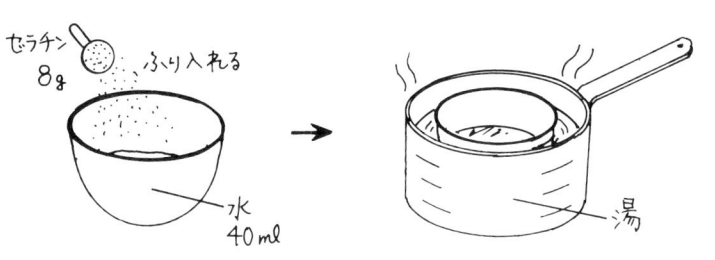
③ ②のアーモンドと牛乳をミキサーにかけてから布で漉す。 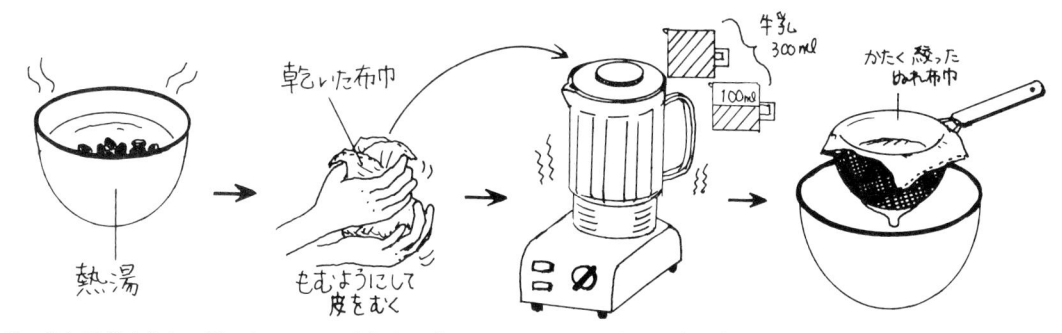
④ 鍋に③と砂糖を入れ、戻したゼラチンを加え、火からおろし、よく混ぜて布で漉す。
⑤ とろみが付くまで混ぜながら冷やす。 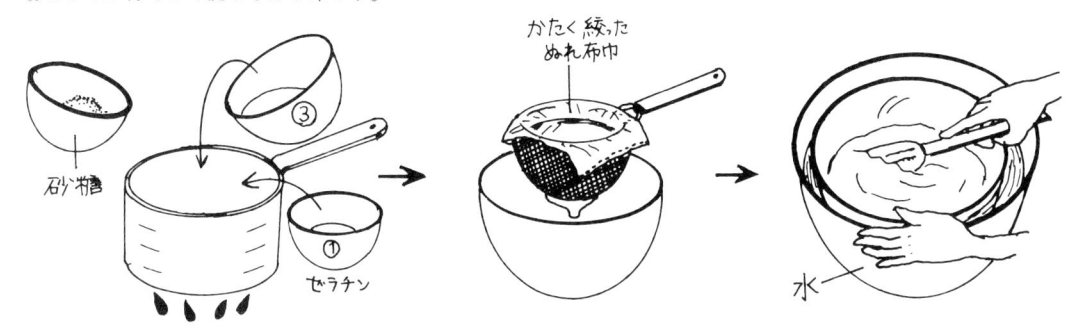
⑥ 別のボールで生クリームを六、七分泡立て、砂糖を加える。⑤に混ぜ合わせ、氷水で冷やしながら、とろみが付くまでかき混ぜて、水でぬらした型に流し、冷蔵庫で冷やし固める。

（猪俣）

白和え(しらあえ)

材料(4人分)

和え衣
- 白ごま　　18g (大2)
- 木綿豆腐　50g (1/2丁)
- 砂糖　　　5g (大1/2)
- 食塩　　　1g (小1/5)

具
- 干ししいたけ　3g (1枚)
- にんじん　　　35g (中1/5本)
- こんにゃく　　50g (1/4枚)

- だし汁　30ml (大2)
- 砂糖　　3g (小1)
- 醤油　　5ml (小1)

- 絹さやえんどう　20g (10さや程度)

白和え 栄養価(1人分)
エネルギー	71 kcal
たんぱく質	2.5 g
脂肪	2.9 g
カルシウム	81 mg
鉄	0.9 mg
ビタミンA	128 μgRE
ビタミンB1	0.1 mg
ビタミンB2	φ mg
ビタミンC	1 mg
食物繊維	11.2 g

1日の栄養所要量に占める割合
エネルギー	4 %
たんぱく質	5 %
脂肪	5 %
カルシウム	14 %
鉄	8 %
ビタミンA	24 %
ビタミンB1	8 %
ビタミンB2	4 %
ビタミンC	1 %
食物繊維	45 %

作り方

1　具の下準備をする

① 干ししいたけは戻し、千切りにする。にんじん、こんにゃくは短冊切りにし、熱湯で茹でる。

② ①をだし汁と調味料で煮て下味を付け、ざるに上げて水切りをする。

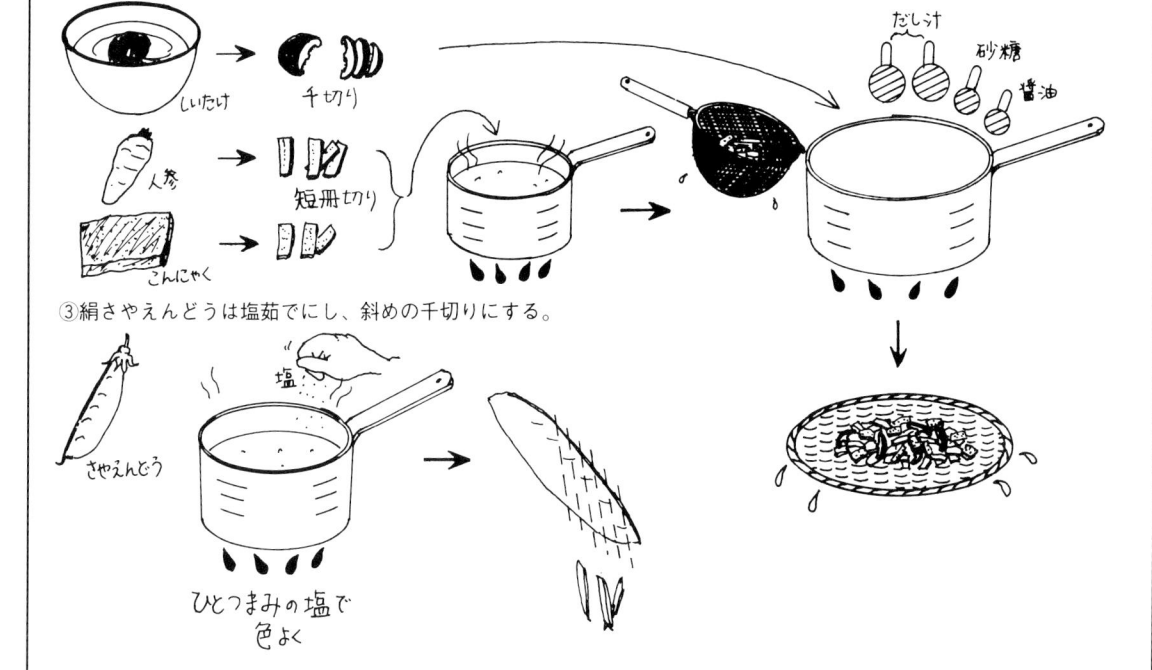

③ 絹さやえんどうは塩茹でにし、斜めの千切りにする。

ひとつまみの塩で色よく

2　和え衣の準備をする

④ 白ごまを鍋に入れ、焦がさないように香ばしく煎り、すり鉢に入れて油が出るまで十分にすりつぶす。

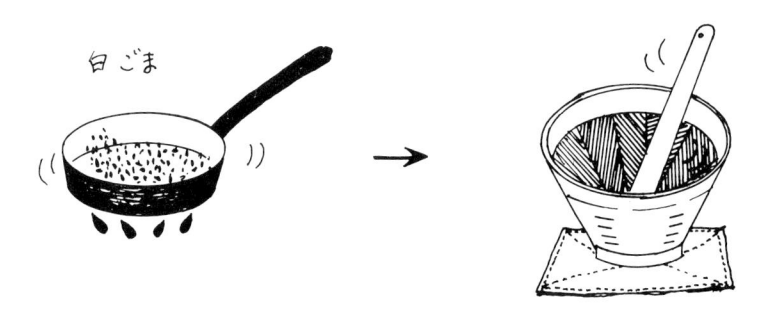

⑤豆腐は塩を加えた湯にさっと通し、布巾で包み、水気を絞り、すり鉢に加える（豆腐を絞り過ぎないように）。

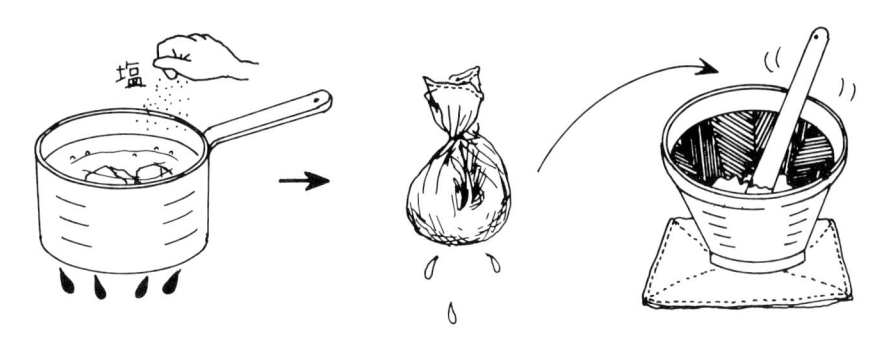

⑥すり鉢に砂糖、塩を加え、なめらかにすり混ぜ、和え衣を作る。

3　具と和え衣を混ぜる
⑦食べる直前に、和え衣の中に②を混ぜる。

4　盛り付ける
⑧和え物の器に山高く盛り、上に絹さやえんどうを飾る。

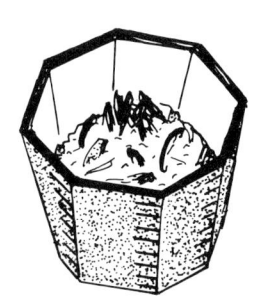

MEMO
＊白和えは衣と具の味の強弱のバランスを考える。
＊白和えの具にはこんにゃく、ひじき、柿などが用いられる。
＊白ごまは、焦がさないように香ばしく煎る。

（高橋）

麻婆豆腐
マァ ポォ ドウ フゥ
挽き肉と豆腐のとうがらし炒め

麻婆豆腐 栄養価（1人分）	
エネルギー	169 kcal
たんぱく質	10.0 g
脂肪	12.2 g
カルシウム	99 mg
鉄	1.1 mg
ビタミンA	4 μgRE
ビタミンB1	0.2 mg
ビタミンB2	0.1 mg
ビタミンC	3 mg
食物繊維	0.7 g

1日の栄養所要量に占める割合	
エネルギー	8 %
たんぱく質	18 %
脂肪	21 %
カルシウム	16 %
鉄	9 %
ビタミンA	1 %
ビタミンB1	27 %
ビタミンB2	9 %
ビタミンC	3 %
食物繊維	3 %

材料（4人分）

豆腐	300g	（1丁）
食塩	1つまみ	
豚挽き肉	100g	
長ねぎ	80g	（1本）
しょうが	10g	（1かけ）
にんにく	5g	（1かけ）
油	26g	（大2）

混合調味料
湯（タン）		100ml
豆瓣醤（ドウバンジャン）		小1/2〜1
甜面醤（ティエンミエンジャン）		小1〜2
酒	15ml	（大1）
醤油	20ml	（大 $1\frac{1}{3}$）
水溶き片栗粉		片栗粉5g（約15mlの水で溶く）
ごま油		少量

作り方

1 下準備をする

①豆腐を1〜2cmのさいの目切りにする。

②豆腐を、塩1つまみ入れた熱湯で茹で、水を切る。

③長ねぎは粗みじんに、しょうが、にんにくはみじん切りにする。

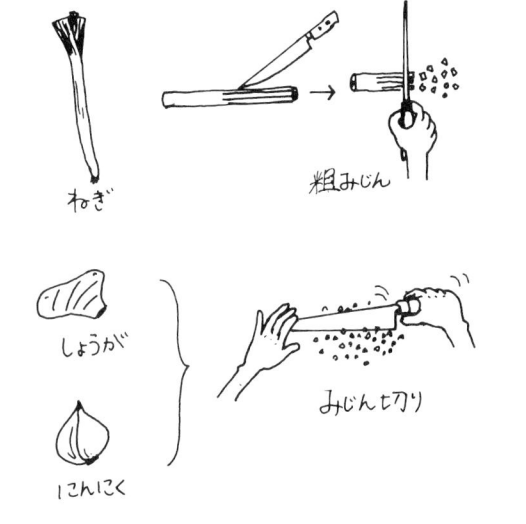

④混合調味料を合わせておく。

2 炒め煮をする

⑤中華鍋を熱し、油をなじませ加熱する。
⑥しょうが、にんにく、ねぎを入れ、弱火で炒める。
⑦挽き肉を⑥の中に入れ、中に火が通って褐色に変化するまで強火で炒める。混合調味料を加え、調味する。

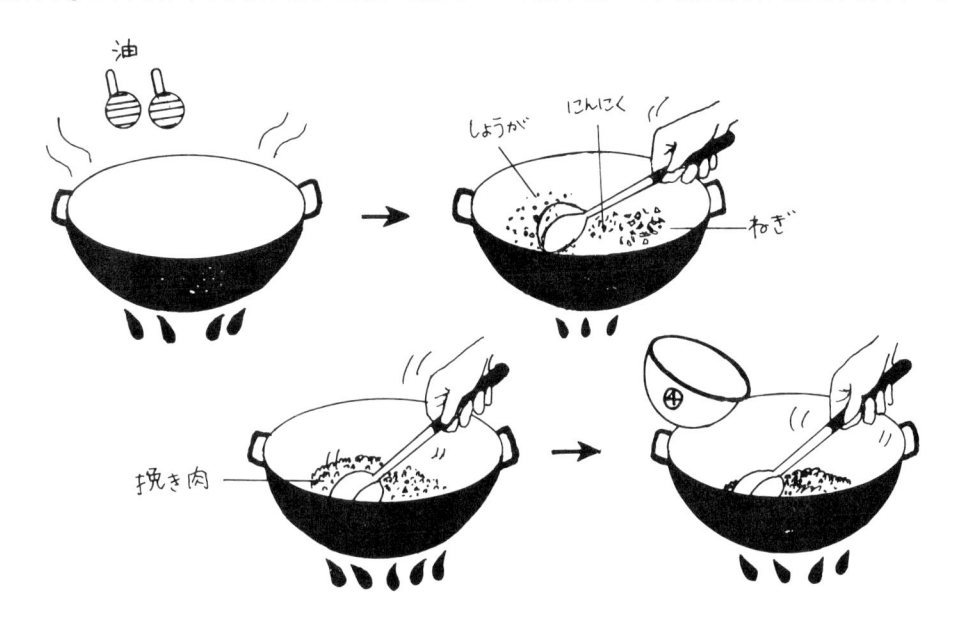

⑧豆腐を加えて煮る。
⑨水溶き片栗粉大さじ2でとろみを付ける。仕上げにごま油を加える。

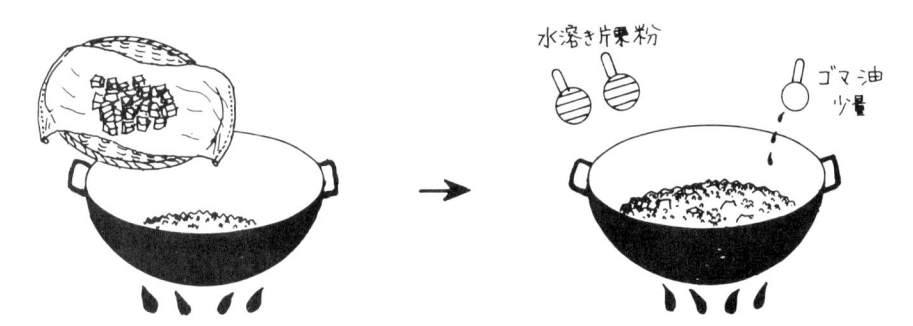

3 盛り付ける

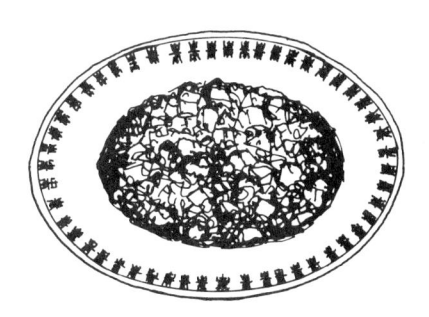

MEMO
* 麻婆豆腐は、百年前に四川省成都の「麻子」(あばた)のあった女性が考えた料理であった事から、この料理名が付いた。
* 豆腐は熱湯を通すと煮くずれしにくくなる。豆腐の種類は、木綿・絹ごしいずれでもよい。
* 豆瓣醤は、そら豆で作った味噌に、香料と唐辛子を混ぜたもので、炒め物(主に、四川料理)に使われる。赤味噌と赤とうがらしを混ぜて代用できる。
* 甜面醤は、小麦粉を原料にして、麹を加えて作った味噌で、少し甘味がある。甜面醤が無い場合は、赤味噌、醤油、砂糖、みりんなどを同量合わせて煮つめると、同じ味になる。北京ダックに代表されるように、主に北京料理に使われる。

(名倉)

Chapter 8　魚介類

あじの塩焼き／あゆの塩焼き

あじの塩焼き

材料（4人分）

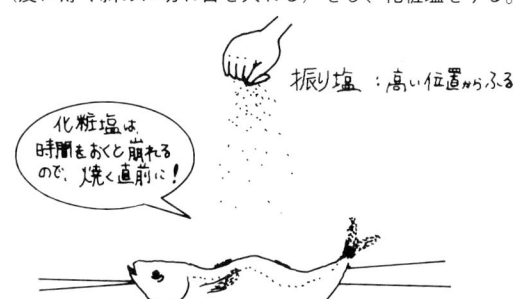

あじ（1尾120g）	4尾	酢どりしょうが	
食塩（魚の重量の2％）		葉付きしょうが	4本
化粧塩	適量	甘酢	
		食酢	45ml（大3）
		砂糖	15g（大1・2/3）
		食塩	1.7g（小2/3）
		水	25ml（大1・1/2）

あじの塩焼き　栄養価（1人分）

エネルギー	150 kcal
たんぱく質	24.9 g
脂肪	4.2 g
カルシウム	35 mg
鉄	0.9 mg
ビタミンA	12 μgRE
ビタミンB1	0.1 mg
ビタミンB2	0.2 mg
ビタミンC	0 mg
食物繊維	0.6 g

1日の栄養所要量に占める割合

エネルギー	7 %
たんぱく質	45 %
脂肪	7 %
カルシウム	6 %
鉄	8 %
ビタミンA	2 %
ビタミンB1	13 %
ビタミンB2	20 %
ビタミンC	0 %
食物繊維	2 %

作り方

1　下準備をする

①あじはうろこ、ぜんご、えら、内臓を取り、腹の中まで水洗いし、水気を拭きとる。

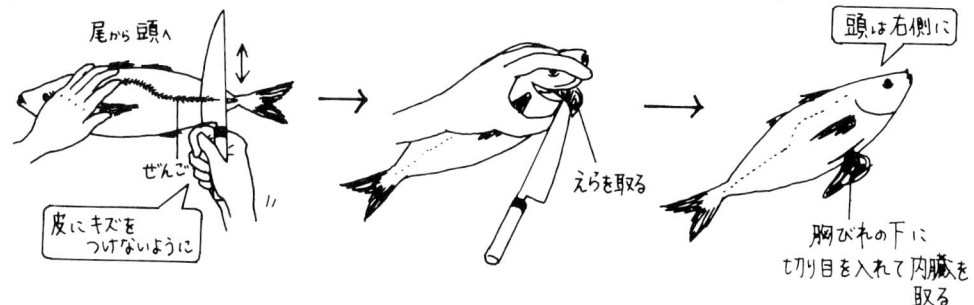

・尾から頭へ
・皮にキズをつけないように
・ぜんご
・えらを取る
・頭は右側に
・胸びれの下に切り目を入れて内臓を取る

②魚の重量を量り、その2％の塩を振り、20～30分おく。

③魚の水分を拭き取り、うねり串を打ち、ひれ塩をする。
＜串の打ち方＞
小魚を姿焼きにする時は、盛り付けた時に裏側になる方の目の下から串を入れ、中骨を縫うように魚をうねらせ、次に尾が立つように裏側の尾びれのところへ出す。

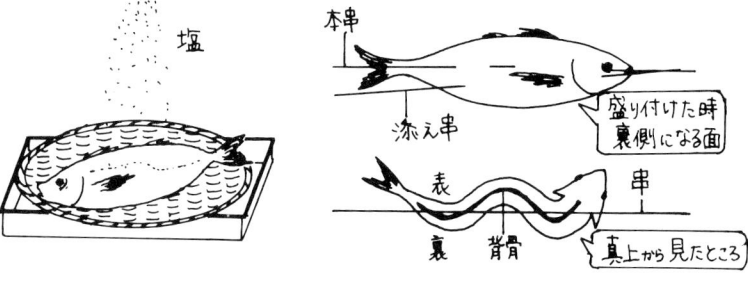

・本串
・添え串
・盛り付けた時裏側になる面
・表　串　裏　背骨
・真上から見たところ
・ひれ塩

④焼く直前に、盛り付けて上になる側（表）に飾り包丁（皮に薄く斜めに切れ目を入れる）をし、化粧塩をする。

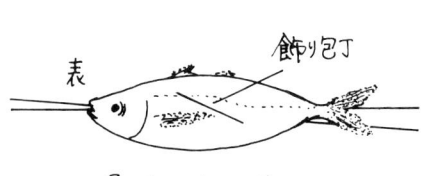

・表　飾り包丁
・魚の皮の破れを防ぎ、火の通りをよくするため
・振り塩：高い位置からふる
・化粧塩は時間をおくと崩れるので、焼く直前に！

2 酢どりしょうがを作る

⑤葉付きしょうがは、形（筆や杵）を整え、さっと茹でて甘酢に漬ける。

3 加熱をする

⑥盛り付けたときの表になるほうの面を4分通り強火の遠火で焼き、裏返して6分焼く。焼けたら火からおろし、金串を回しておき粗熱が取れたら金串を抜く。

4 盛り付ける

⑦皿の上に魚の頭を左、腹を手前に盛り、酢どりしょうがを手前に添える。

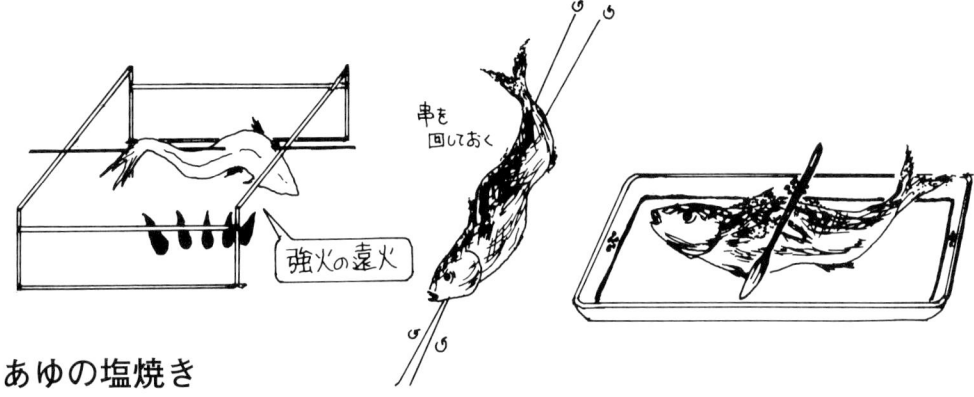

あゆの塩焼き

材料（4人分）

あゆ（1尾60g）	4尾
食塩（魚の重量の2％）	
化粧塩	適量
酢どりしょうが	4本
たで酢	
たでの葉	20～30枚
食酢	大4
食塩	小1/3
飯粒	7g
だし汁	小1・1/2
薄口醤油	小1/3

作り方

①あゆは腹部を軽く押さえ、肛門に串を刺して穴をあけ、そっと押して腸の中のものを押し出す（水ごけを食べているため、特有の香りがするので内臓はそのままにする）。

②あゆを塩水でさっと洗い、布巾で水分を拭き取る。登り串を打つ。

③たでの葉をよく洗って細かく刻み、すり鉢でする。塩と飯粒を混ぜ合わせ、酢、だし汁、薄口醤油を徐々に加えてのばし、裏漉しする。

④あじの塩焼きと同様に焼く。

⑤笹の葉やたで葉付き枝を皿に敷き、あゆと酢どりしょうがを盛り、ちょこにたで酢を入れて添える。

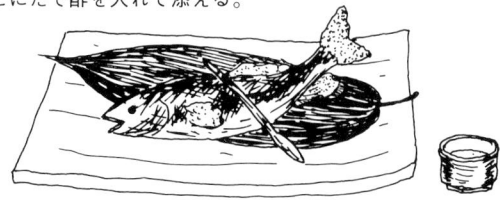

MEMO

* 振り塩：魚に塩を振りかけることで、当て塩ともいう。余分な水分が抜けて身がしまり、同時に食塩中のカルシウムが魚臭を抜く。
* ひれ塩：ひれ（尾・背・胸）は、焦げやすいので、塩をたっぷり付ける。
* 化粧塩は焼く直前にパラッと振ると、焼き上がったとき、うっすらと白く映える。
* 前盛り：焼き物の味を引き立たせるために、手前に置くあしらい。あしらいは味、彩り、季節感を配慮する。例えば、しょうが（筆しょうが、杵しょうが）、菊花かぶ、みょうが、うどの甘酢漬け、おろしだいこん、ゆず、そら豆、栗の甘露煮、ふきの青煮、青とうがらしなど。
* 金串を使って焼くと、魚の形を思うように整えて固定でき、扱いやすく、火から自在に離せるので、焼き加減を調節できるといった利点がある。

（太田）

ぶりの照り焼き

材料（4人分）

ぶり（1切れ80g）	320g（4切れ）	菊花かぶ		
みりん（魚の重量の約10%）	40ml	かぶ	60g（小2個）	
醤油（魚の重量の約10%）	35ml	立て塩	3〜4%食塩水	
酒（魚の重量の約10%）	35ml	合わせ酢		
		食酢	25ml	
		砂糖	3.6g	
		食塩	かぶの1.2%	
菊の葉	数枚	だし汁	少量	
		昆布	2〜3cm	
		鷹の爪（種無し）	1/2本	

ぶりの照り焼き 栄養価（1人分）

エネルギー	258 kcal
たんぱく質	18.1 g
脂肪	14.2 g
カルシウム	15 mg
鉄	1.3 mg
ビタミンA	58 μgRE
ビタミンB1	0.2 mg
ビタミンB2	0.3 mg
ビタミンC	4 mg
食物繊維	0.7 g

1日の栄養所要量に占める割合

エネルギー	13 %
たんぱく質	33 %
脂肪	25 %
カルシウム	3 %
鉄	11 %
ビタミンA	11 %
ビタミンB1	25 %
ビタミンB2	32 %
ビタミンC	4 %
食物繊維	3 %

作り方

1 ぶりを焼く

①ぶりは醤油とみりんを混ぜた液に、30分漬ける。途中で裏返す。

②ぶりの大きさに応じた太さの金串を、皮の側から繊維に直角になるように刺す（皮目から入れて皮目に出す）。ぶりの表目に傷を付けないようにしながら、串を末広型に打ち、手前を手で持てるように十分残して先は5cmぐらい残す。

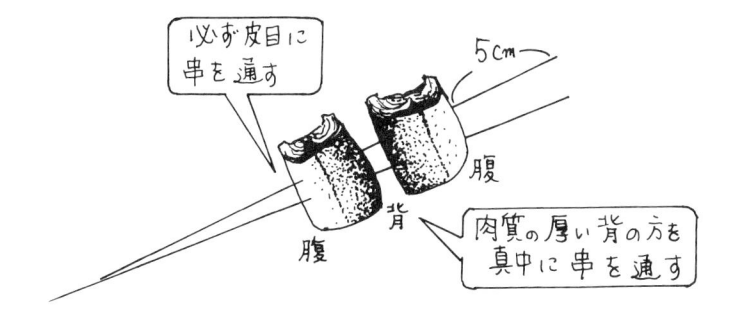

（必ず皮目に串を通す　5cm　腹　背　腹　肉質の厚い背の方を真中に串を通す）

③焼き網を充分に熱し、盛り付けた際に表面になる方から、強火の遠火で焼く。

④軽い焦げ目が付いたら裏返し、中火で芯までよく焼き、魚の両面に漬け汁を刷毛で塗る。これを2回繰り返す。

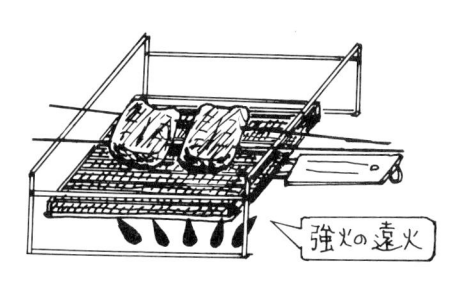

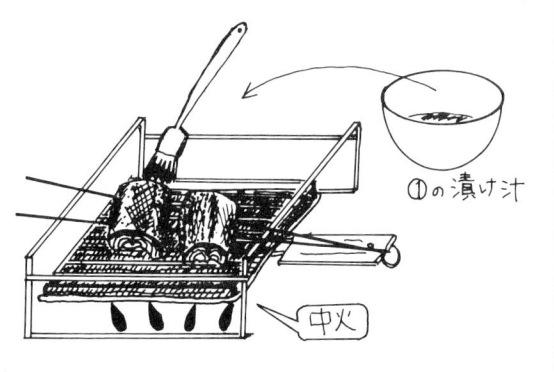

（強火の遠火　中火　①の漬け汁）

⑤ぶりが焼き上がったら魚が熱いうちに串を回しておくと、冷めてから抜きやすい。

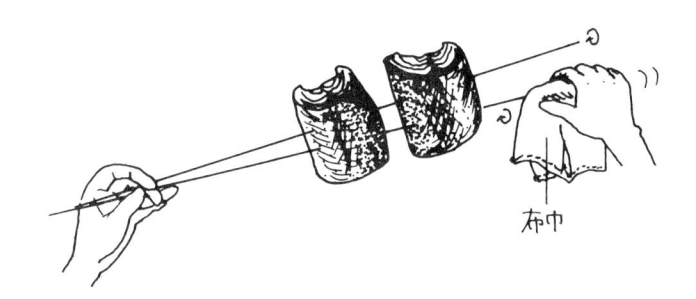

布巾

2 菊花かぶを作る
⑥かぶは皮をむいて、碁盤の目のように極く薄い切り込みを入れる。慣れない場合はかぶの両端に菜箸をおいて、細かい格子状の包丁目を入れると、下まで突き抜けない。

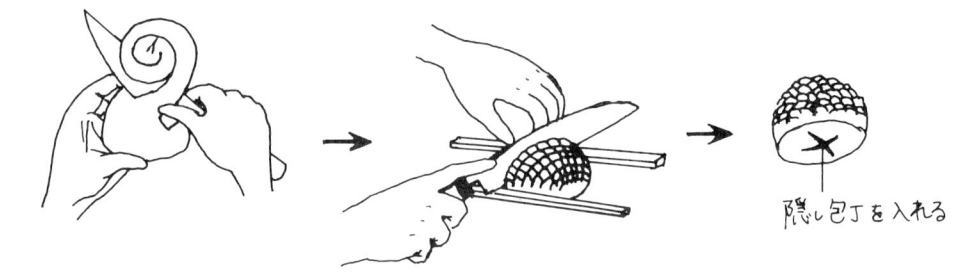

隠し包丁を入れる

⑦かぶを立て塩に漬け、しんなりさせ、塩気がきついようなら塩分を洗い落とし、合わせ酢に漬ける。
かぶは柔らかくなり、合わせ酢がなじむまで時間がかかるので、早めに立て塩に漬けること。

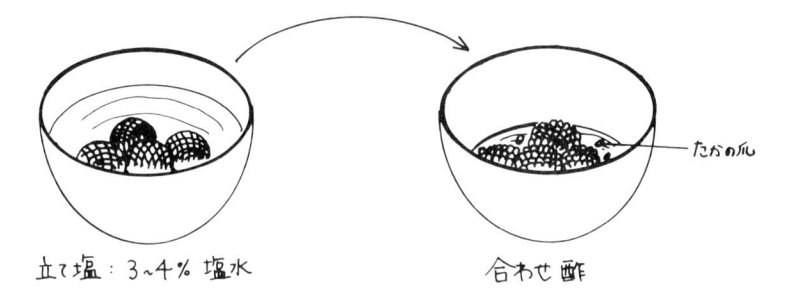

立て塩：3〜4％塩水　　　たかの爪　合わせ酢

3 盛り付ける
⑧焼き上げた魚を平らなところにおき、少し冷めてから串を抜くと形が崩れない。皮目を表に、腹身を手前にして盛り付ける（尾頭付きの場合は、頭を左、尾を右にする）。菊花かぶを添え、前盛りにする（p107参照）。

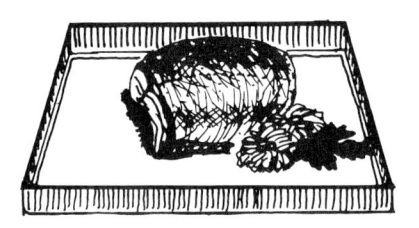

MEMO
＊焼き物は、表面の蛋白質を早く凝固させて、うまみ成分の流失を防ぐよう火加減に気を付ける。火加減が弱すぎると表面が固まらず、成分の損失：うまみの流出と共に、水分を失い、味が落ちる。
＊ぶりの代わりにさけ、あいなめ、さわら、まながつおなどでもよい。
＊みりんの代わりに砂糖を使う時は、量をみりんの1/3にする。
＊末広串：串の打ち方の一種で扇型に串を打つこと。
＊かぶの代わりにれんこん、しょうがを用いてもよい。
＊立て塩：魚介類を洗ったり、水分を除く目的で用いる塩水のこと。濃度は3〜4％を用いる。

（猪俣）

さばの味噌煮

さばの味噌煮 栄養価（1人分）	
エネルギー	211 kcal
たんぱく質	18.0 g
脂肪	10.1 g
カルシウム	22 mg
鉄	1.3 mg
ビタミンA	20 μgRE
ビタミンB1	0.1 mg
ビタミンB2	0.2 mg
ビタミンC	1 mg
食物繊維	0.6 g

1日の栄養所要量に占める割合	
エネルギー	10 %
たんぱく質	33 %
脂肪	18 %
カルシウム	4 %
鉄	11 %
ビタミンA	4 %
ビタミンB1	16 %
ビタミンB2	24 %
ビタミンC	1 %
食物繊維	2 %

材料（4人分）

- さばの切り身（1切れ約80g） 320g（4切れ）
- 酒　（魚の重量の10%） 32ml（カップ1/4）
- みりん（魚の重量の4%） 13ml（大1弱）
- 水　（魚の重量の30%） 100ml（カップ1/2）
- 砂糖（魚の重量の4%） 13g（大1・2/5）
- 醤油（魚の重量の4%） 13ml（大1弱）
- しょうが 10g（1かけ）
- 長ねぎ 40g（小1/2本）
- 赤味噌（魚の重量の10%） 32g（大1・1/2）

作り方

1　下煮する
①鍋に酒、みりん、水、砂糖、醤油を入れ、しょうがの薄切りを加えて煮立てる。

②沸騰したら、さばを重ならないよう皮を上にして入れ、落とし蓋をする。

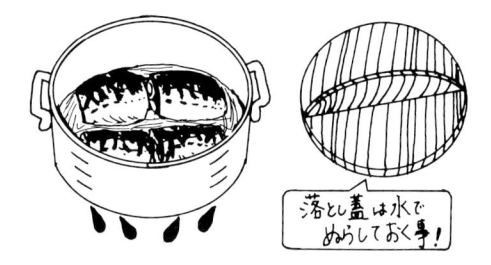

※落とし蓋は水でぬらしておく事！

③ひと煮立ちしたら火を弱め、10分ほど煮る。

2　味噌を入れて煮る
④赤味噌を煮汁で溶き、長ねぎを3cmのぶつ切りにして加え弱火で10～15分ほど煮る。

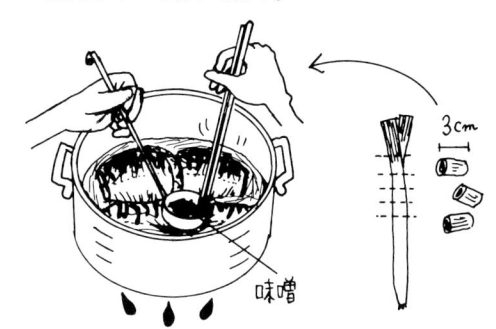

3　盛り付ける
⑤器に魚を盛り、煮汁をかけて、千切りしょうがをのせる。

MEMO
* 味噌は初めに入れると風味が無くなるので、後から加える。
* 煮魚の落とし蓋は最初の5～6分にし、後は蓋を取り、煮汁を回しかけるようにする。
* 味噌煮は生臭さを抑える効果があるので、いわし、あじ、かつおなどの背の青い魚に用いるとよい。

（高橋）

かますの幽庵焼き

かますの幽庵焼き 栄養価（1人分）	
エネルギー	145 kcal
たんぱく質	14.8 g
脂肪	5.4 g
カルシウム	36 mg
鉄	0.4 mg
ビタミンA	9 μgRE
ビタミンB1	φ mg
ビタミンB2	0.1 mg
ビタミンC	9 mg
食物繊維	0.4 g

1日の栄養所要量に占める割合	
エネルギー	7 %
たんぱく質	27 %
脂肪	10 %
カルシウム	6 %
鉄	3 %
ビタミンA	2 %
ビタミンB1	5 %
ビタミンB2	12 %
ビタミンC	9 %
食物繊維	1 %

材料（4人分）

かます（1尾約300〜350g）		中4尾
幽庵地		
醤油 （魚の重量の10〜15％）		大3
みりん（魚の重量の10％）		大2
酒 （魚の重量の5％）		大1
柚		1個

前盛り		
れんこん	60〜80g	（小1個）
甘酢		
食酢	15ml	（大1）
だし汁	30ml	（大2）
砂糖	10g	（小2）
食塩	1g	（小1/5）
とうがらし	少量	

作り方

1 かますをおろす
①かますを三枚におろす。半身を2枚に切ってもよい。
②柚は輪切りにする。輪切り二枚を半月切りにする。

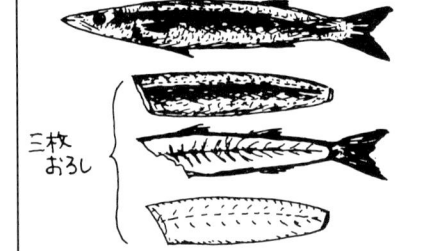

2 下味を付ける
③醤油、みりん、酒を合わせ、輪切りにした柚を加え、その中にかますを漬ける。途中で魚の表、裏を返して最低30分くらい漬け込み、味をしみ込ませる。

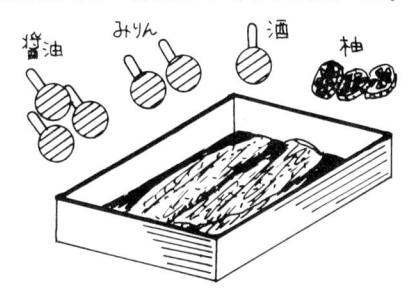

3 かますを焼く
④魚の汁気を切り、皮目が出るように串を両づま、または片づまに打つ。
⑤中火の遠火で皮目から先に焼く。きれいな焼き色が付いたら裏返し、火力を少し落として八分がた火を通す。
⑥布巾で漉した漬け汁を刷毛で塗り、軽く焼く。裏表2〜3回、塗って焼くを繰り返して照りを付ける。串は熱いうちに回して抜く。

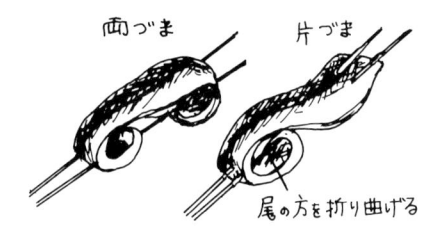

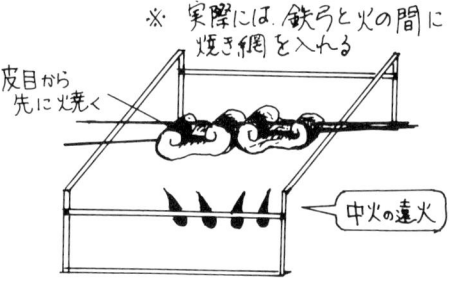

※ 実際には、鉄弓と火の間に焼き網を入れる

4 前盛りを作る
⑦れんこんを薄切りして、酢水にさらす。⑧甘酢を煮立て、れんこんをさっと煮て火を止める。好みでとうがらしの種を抜き、薄い輪切りにしたものを甘酢の中に入れる。⑨器に魚を盛り、柚の半月切りをのせ、れんこんを前盛りにする（p107参照）。

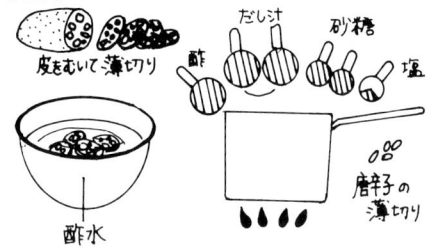

MEMO
＊近江の茶人、北村幽庵が創案した料理。通称「幽庵焼き」とする。柚の香りがして、冷めても硬くならずおいしい。
＊漬け焼きは焦げやすいので火加減に注意する。
＊かますは春秋がおいしい。胴の太いものを選ぶ。他にさわら、さごし、獣鳥肉に応用が効く。

（阿部）

かつおのたたき

材料（4人分）

かつお（半身）	約400g		つけ汁	
食塩	5〜10g		食酢	10ml
だいこん	200g		醤油	50ml
あさつき	3本		しょうが	少量
青じその葉	3枚			
にんにく	1かけ			
しょうが	1かけ			
夏みかん	1/2個			

かつおのたたき 栄養価（1人分）

エネルギー	150 kcal
たんぱく質	27.6 g
脂肪	0.6 g
カルシウム	36 mg
鉄	2.4 mg
ビタミンA	62 µgRE
ビタミンB1	0.2 mg
ビタミンB2	0.2 mg
ビタミンC	14 mg
食物繊維	1.3 g

1日の栄養所要量に占める割合

エネルギー	7 %
たんぱく質	50 %
脂肪	1 %
カルシウム	6 %
鉄	20 %
ビタミンA	11 %
ビタミンB1	22 %
ビタミンB2	22 %
ビタミンC	14 %
食物繊維	5 %

作り方

1 かつおを5枚おろしにする
① かつおの尾をしっかりと持ち、うろこを削り取る。頭を落とし、腹を開いて内蔵を取る。
② 3枚おろしにした後、腹骨、小骨や寄生虫を除き、さらに上身と下身に切り分け、血合いを除く。

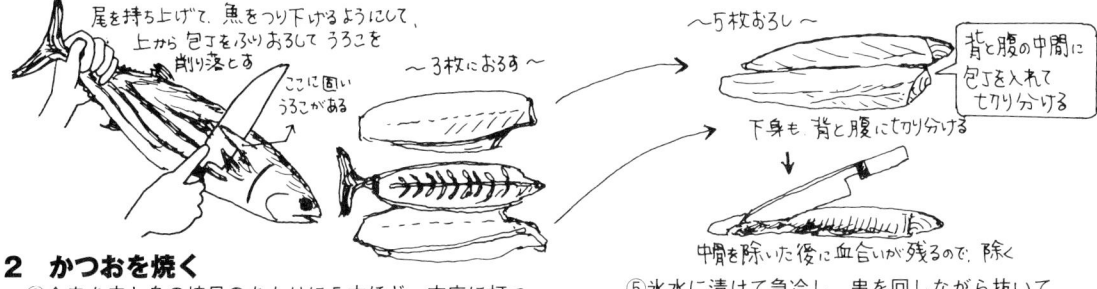

2 かつおを焼く
③ 金串を皮と身の境目のあたりに5本ほど、末広に打つ。
④ 塩を全体に振り、強火の直火で皮目から焼く。
反対側の身を焼き、表面に焼き色を付け、2〜3mm火を通す。
⑤ 氷水に漬けて急冷し、串を回しながら抜いて、布巾で水気を拭う。

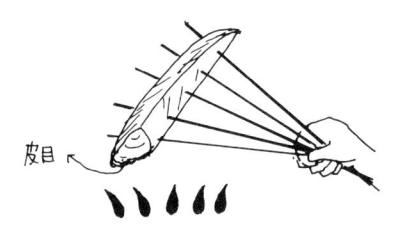

3 かつおをたたく
⑥ 1cm厚さの平作りして大皿に並べ、おろしだいこん、しょうが、にんにく、小口切りのあさつき、千切りの青じそをのせる。
⑦ 夏みかんの絞り汁をかけ、包丁の平でたたき、約1時間ぐらい冷蔵する。

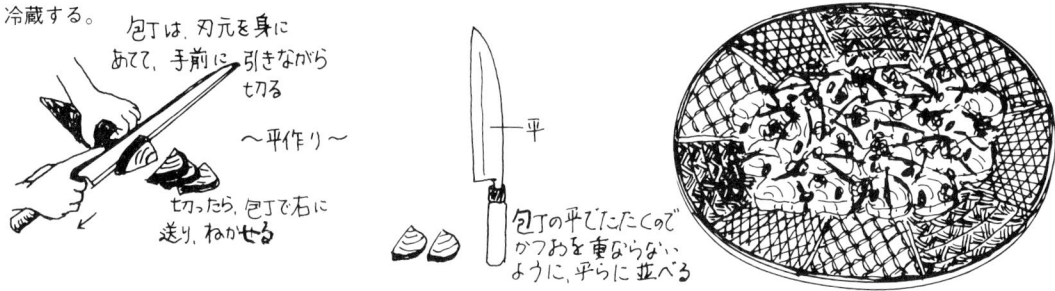

4 盛り付ける
⑧ つけ汁の材料を合わせて添える。

MEMO
* 上身は皮目が黒いので黒皮づくり、腹身は銀皮づくりとも言う。
* つけ汁は土佐醤油（醤油、みりん、削りかつおを煮立てて漉したもの）にしてもよい。

(阿久澤)

ひらめの昆布じめ

材料（4人分）

ひらめ	120 g
白板昆布	5×20cm 1枚
食塩	3.6 g
食酢	適量
だいこん	120 g
青じその葉	4枚
赤貝	4個
小菊	4個

ひらめの昆布じめ 栄養価（1人分）

エネルギー	40 kcal
たんぱく質	6.4 g
脂肪	1.1 g
カルシウム	11 mg
鉄	0.1 mg
ビタミンA	12 μgRE
ビタミンB1	φ mg
ビタミンB2	0.1 mg
ビタミンC	1 mg
食物繊維	0.2 g

1日の栄養所要量に占める割合

エネルギー	2 %
たんぱく質	12 %
脂肪	2 %
カルシウム	2 %
鉄	φ %
ビタミンA	2 %
ビタミンB1	3 %
ビタミンB2	10 %
ビタミンC	1 %
食物繊維	1 %

作り方

1　ひらめをしめる

①ひらめを薄く、そぎ切りにする。塩を振り、しみ出た余分な水分を布巾で取る。

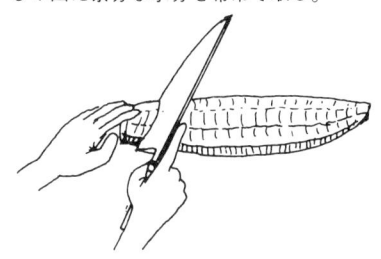

②あらかじめ昆布をぬらしてぬれ布巾に包み、柔らかくしておく。

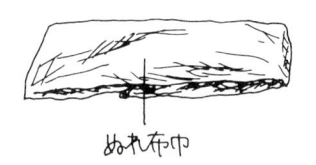

③バットに昆布を敷き、その上にひらめを並べて、漬かるぐらいまで酢を注ぐ。
④さらに昆布をかぶせて、盛り付けまで冷蔵庫で冷やしておく。

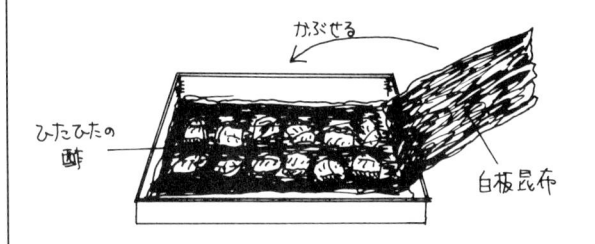

2　他の材料の用意をする

⑤白髪だいこんを作る。

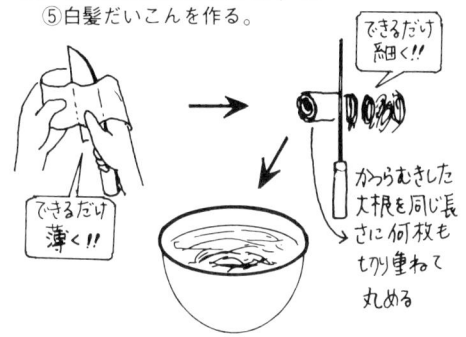

⑥赤貝は、殻を開いてひもと内蔵を取り、切り込みを入れ、まな板にたたきつけると菊花づくりになる。

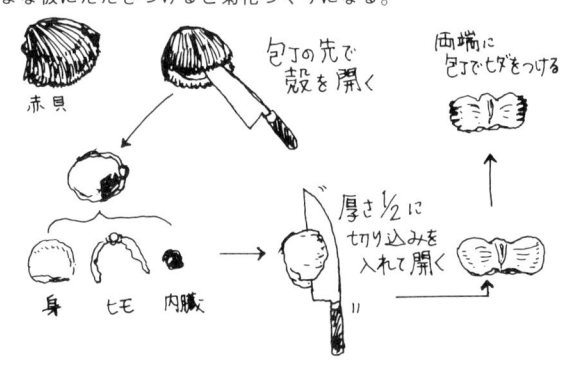

3　盛り付ける

⑦白髪だいこんを山高に盛り、ひらめを置く。
⑧赤貝の菊花づくり、青じその千切り、小菊を盛り合わせると、色のコントラストが美しくなる。

MEMO

＊淡泊な魚は、真昆布でしめるとうまみが付きすぎ、また昆布の色が付いてしまうので、白板昆布を使う。

（阿久澤）

さけの冷製

(仏) Saumon au mayonnaise collée
ソーモン オ マヨネーズ コレ

材料（4人分）

さけ（1切れ50～60gのもの）	4切れ	マヨネーズコレ		
クールブイヨン		粉ゼラチン	6g	(小2)
フィシュストック	カップ1	水	大2	
白ワイン	カップ1/4	マヨネーズ	60g	(カップ1/3)
ベイリーフ	1枚	トマトピュレ	12g	(小2)
粒こしょう	1粒	きゅうりのピクルス	1/2本	
レモン汁	大1	茹で卵	1/4個	
		つや出しゼリー液		
		スープ	1/3カップ	
		ゼラチン	6g	(小2)

さけの冷製 栄養価（1人分）

エネルギー	221 kcal
たんぱく質	14.0 g
脂肪	16.3 g
カルシウム	14 mg
鉄	0.6 mg
ビタミンA	44 µgRE
ビタミンB1	0.1 mg
ビタミンB2	0.1 mg
ビタミンC	4 mg
食物繊維	0 g

1日の栄養所要量に占める割合

エネルギー	11 %
たんぱく質	25 %
脂肪	29 %
カルシウム	2 %
鉄	5 %
ビタミンA	8 %
ビタミンB1	16 %
ビタミンB2	11 %
ビタミンC	4 %
食物繊維	0 %

作り方

①フィッシュストック（フュメ・ド・ポワソン）に白ワイン、香辛料（ベイリーフ、粒こしょう）を加えて煮立て、レモン汁を加えクールブイヨンを作る。

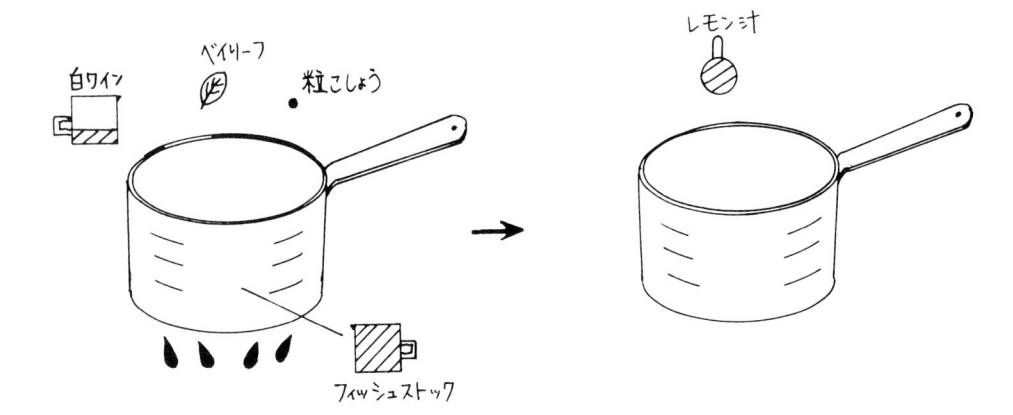

②平鍋にさけを並べ、①のクールブイヨンを入れ、落とし蓋をして茹で、そのまま湯止めにする。

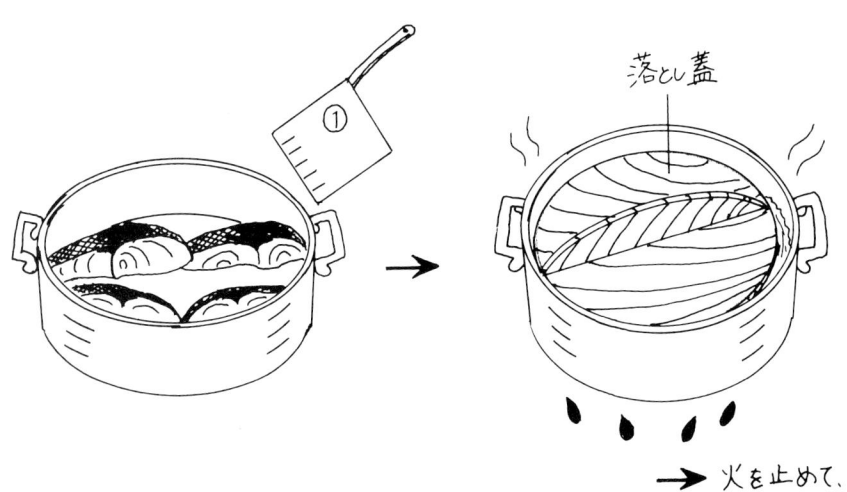

→ 火を止めて、このまま放置しておく

③ゼラチンは、水大さじ2で10分以上吸水させ、湯煎にして溶かし、マヨネーズ、トマトピュレと混ぜマヨネーズコーレを作る。

④魚の皮と骨をそっとはずし、魚が冷えたらバットの上に網をのせ、その上に魚を並べて、マヨネーズコーレを（ゼラチンが固まらないうちに）かける。（バットはこぼれた液を受けるために使用する）

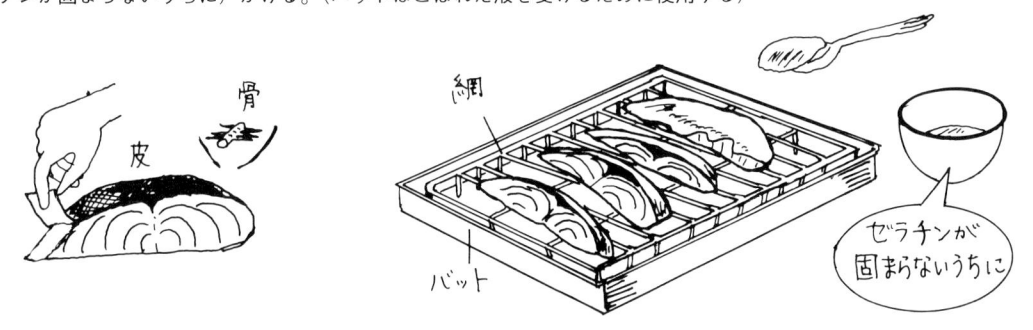

⑤ピクルス、茹で卵などで、コーレの飾り付けをする。

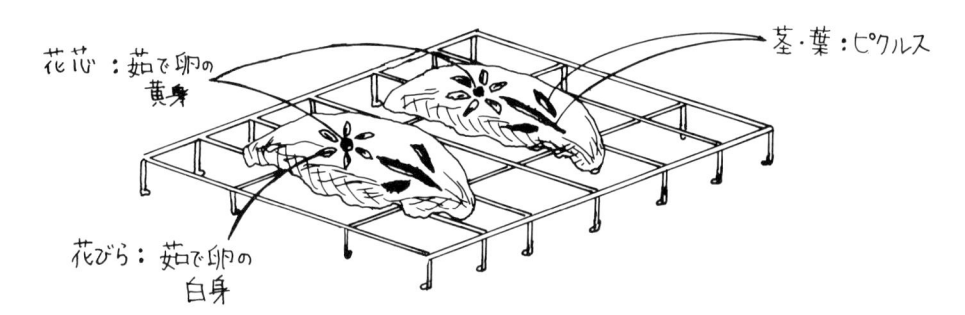

⑥つや出しゼリー液は、約3倍量の水でふやかしたゼラチンを湯煎にかけ、スープと合わせて冷めた状態にしておく。これを⑤の表面に塗り、網からはずす。網と本体のくっ付いている箇所はていねいに取る。

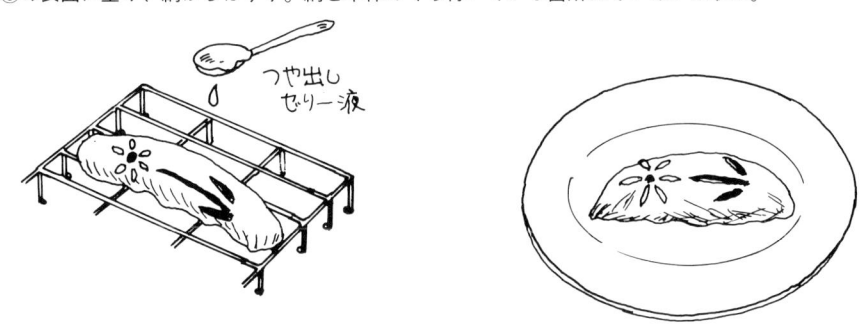

MEMO
* フュメ・ド・ポワソン（仏：Fumet de poisson）：白身魚のアラから煮出したブイヨン。材料を炒めてから煮出す方法のほか、水から煮出す方法もある。
* 湯止め：茹でた後、指が入るくらいの温度に冷めるまで、そのままにしておくこと。
* マヨネーズコーレ：ゼラチン入りマヨネーズのことで、ショー・フロワ（仏：chaud froid）ソースや、ロシア風の料理でよく用いる。
* マヨネーズコーレを作る時は、マヨネーズ、ピュレとも、室温の状態にしておく。

（茂木）

したびらめのムニエル
(仏) Sole à la meunière
ソール ア ラ ムニエール

したびらめのムニエル 栄養価（1人分）	
エネルギー	377 kcal
たんぱく質	28.4 g
脂肪	24.2 g
カルシウム	88 mg
鉄	0.6 mg
ビタミンA	152 μgRE
ビタミンB1	0.1 mg
ビタミンB2	0.3 mg
ビタミンC	9 mg
食物繊維	0.3 g

1日の栄養所要量に占める割合	
エネルギー	18 %
たんぱく質	52 %
脂肪	42 %
カルシウム	15 %
鉄	5 %
ビタミンA	28 %
ビタミンB1	13 %
ビタミンB2	30 %
ビタミンC	9 %
食物繊維	1 %

材料（4人分）

したびらめ（1尾130～150g）	4尾
食塩	魚の重量の1%
白こしょう	少量
牛乳	100ml
小麦粉	少量
サラダ油　（魚の重量の5%）	大2
バター　　（魚の重量の5%）	大2
シェリー酒	大2

ブール・ノワゼット（Beurre noisette）
バター	40g
レモン汁	大1
レモン（薄切り）	4枚
パセリ（みじん切り）	少量

作り方
1 下準備をする
①したびらめの頭と身の境の部分に薄く包丁を入れ、表と裏の皮を頭から尾に向かって一気に引っ張るようにしてむく（すべるようであれば指先に塩を少量付けてむく）。

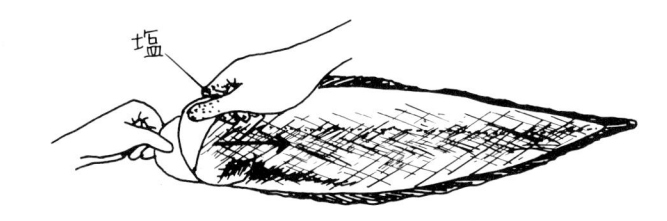

②頭を切り取って腹わたを取り出し、水洗いをして、布巾で水気を拭き取る。

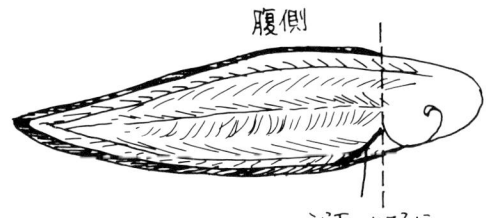

えら下のところに切り目を入れて、腹わたを取り出す

③両ひれと尾を切り取って、塩、こしょうをする。

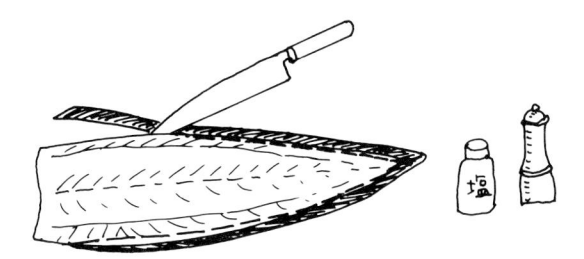

④したびらめを牛乳に20～30分漬けて、臭みを取る。　　⑤牛乳を拭き取り、小麦粉を両面に漬け、
　　　　　　　　　　　　　　　　　　　　　　　　　　　　余分な粉を払い落とす。

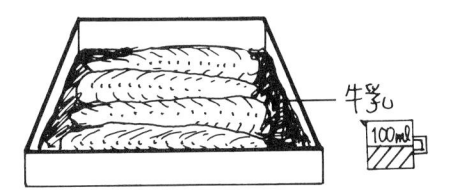

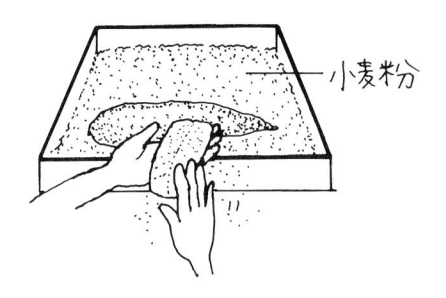

2　焼く

⑥熱したフライパンにサラダ油、バターを溶かし、表になる方から焼く。
　やや強火で1～2分、香ばしい焼き目を付け、その後、弱火でフライパンを動かしながら焼く。

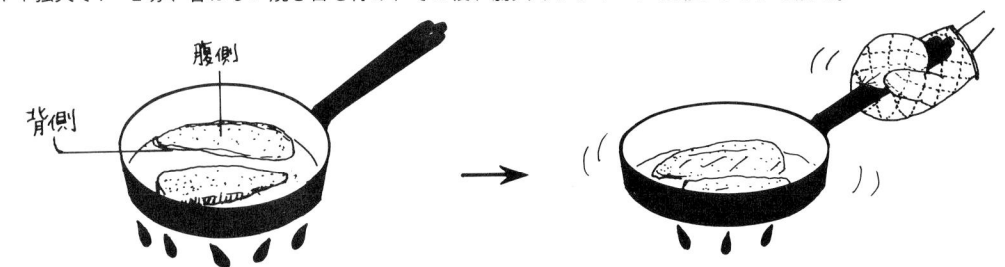

⑦片面がきれいなきつね色になったら、　　　　　　　⑧ブール・ノワゼットを作る。
　裏返して同じように焼く。　　　　　　　　　　　　　魚を焼いた後のフライパンにバターを溶かし、
　途中シェリー酒を振りかけ、蒸し焼きにする（蓋はしない）。　薄茶色になったらレモン汁を加える。

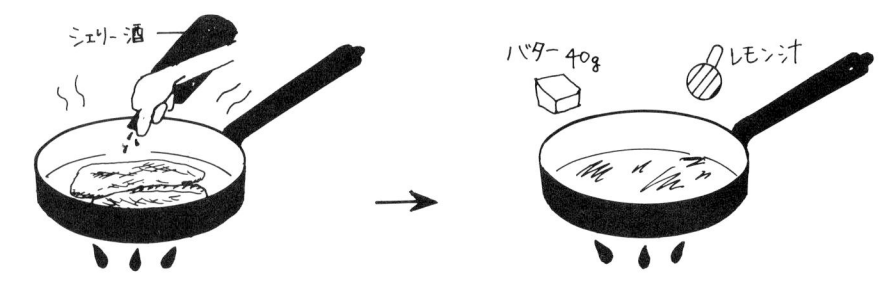

3　盛り付ける

⑨したびらめを器に盛り、ブール・ノワゼットを注ぎかけ、レモンの輪切りを置き、上にパセリのみじん切りをのせて
　出来上がり。

MEMO

* ムニエル（仏：meuniére）：ア・ラ・ムニエールといい「粉屋風」の意味で、魚などに小麦粉を軽くまぶして両面をバターで焼き、バターソースをかけて供するもの。
* ムニエルは海水魚（さば、ぶり、ひらめ、かれいなど）や淡水魚（さけ、にじますなど）どちらにも適し、また、白身、赤身どちらの魚でもよい。
* 小麦粉は焼く直前に薄く付けること。小麦粉を付けたまましばらくおくと、水分を吸ってべた付き、きれいに焼き上がらない。
* 油脂は多めに使うこと。魚が半分くらい漬かる量にする。
* バターの泡が消える直前に魚を入れる。バターは溶けたら、火を弱くして、焼き油をかけながら、ゆっくりと焼き上げる。

（太田）

たいのパピヨット（紙包み焼）
（仏）Poisson-tuile en papillote
ポワソンテュイル　アン　パピヨット

たいのパピヨット栄養価（1人分）	
エネルギー	140 kcal
たんぱく質	11 g
脂肪	7.8 g
カルシウム	72 mg
鉄	0.4 mg
ビタミンA	65 μgRE
ビタミンB1	φ mg
ビタミンB2	0.1 mg
ビタミンC	8 mg
食物繊維	0.4 g

1日の栄養所要量に占める割合	
エネルギー	7 %
たんぱく質	20 %
脂肪	14 %
カルシウム	12 %
鉄	3 %
ビタミンA	12 %
ビタミンB1	5 %
ビタミンB2	11 %
ビタミンC	8 %
食物繊維	2 %

材料（4人分）

あまだい（1切れ50gぐらい）4切れ		しいたけ	20g (小2枚)
食塩	3g (小2/3)	玉ねぎ	50g (中1/4個)
白こしょう	少量	パセリ	少量
ホワイトソース（仕上がりカップ2/3ぐらい）			
バター	13g (大1)	レモン汁	大1
小麦粉	12g (大1.5)	ワイン	大1
ブイヨン	70ml (カップ1/3)	バタークラム	15g (大1)
牛乳	カップ2/3		
食塩	少量	パラフィン紙(40cm×23cm) 4枚	
白こしょう	少量		

作り方

1　下準備をする

①あまだいの切り身はざるに上げて、塩、白こしょうを振る。

②しいたけは薄くスライスし、玉ねぎ、パセリはみじん切りにしておく。

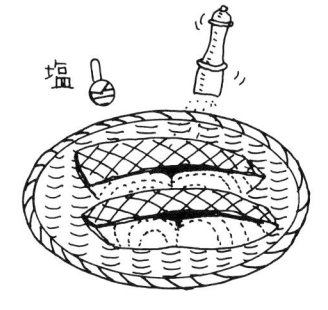

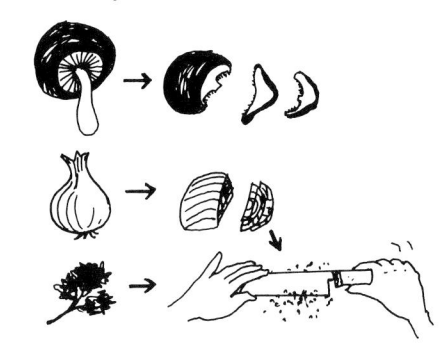

2　ホワイトソースを作る（p176参照）

③ソースパンにバターを溶かし、小麦粉を入れ弱火で炒めてホワイトルーを作る。
④ブイヨンでルーをのばし、牛乳を加え、ゆっくりかき混ぜながら煮込む。
⑤塩、白こしょうで味を付ける。

3　紙包みにする

⑥図のようにパラフィン紙を2つに折り、ハート型に切る。

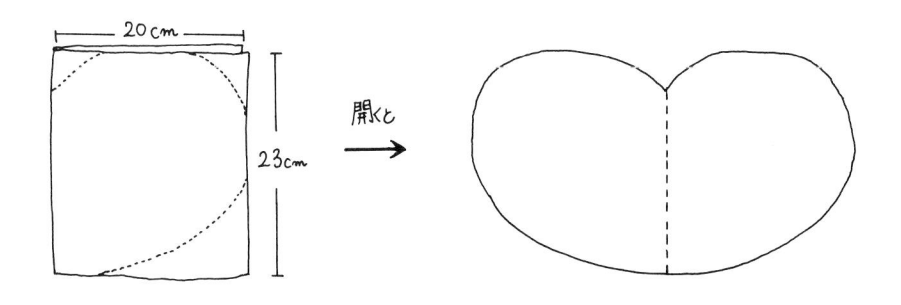

⑦開いて片面の図の場所に（パラフィン紙の中心部）に、バターを塗っておく。ハート型の右側にホワイトソースを少量のせ、あまだい、レモン汁、ワイン、玉ねぎ、しいたけ、パセリのみじん切りの順にのせる。バタークラムをかけ、紙を閉じる。

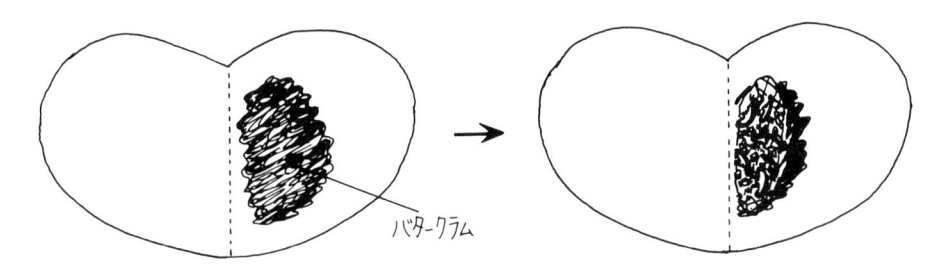

バタークラム

⑧半分に折り、ハートの頭の部分から、ふちを折りながら閉じてゆく。

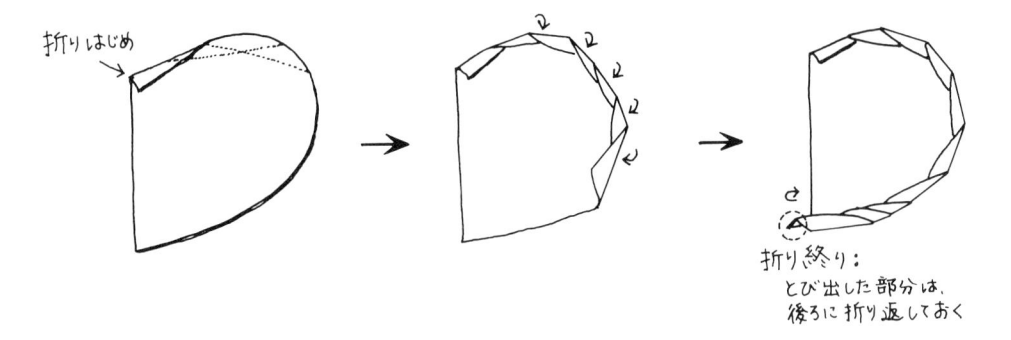

折りはじめ

折り終り：
とび出した部分は、後ろに折り返しておく

⑨180〜200℃のオーブンで10分くらい焼く。パラフィン紙がオーブンの天井や壁面に触れないような状態で、うっすらきつね色になり、ふんわり膨れてくるとよい。

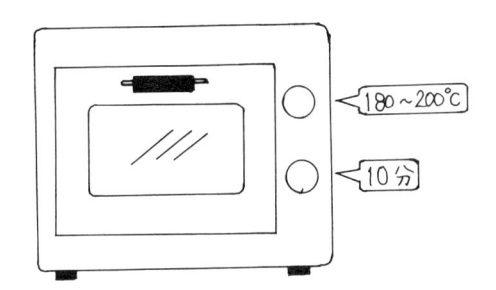

180〜200℃

10分

⑩魚用のナイフ、フォークで紙の上面を切り、中を頂く。

MEMO
＊バタークラムはバターをあずき粒ぐらいにしたもの。料理の表面を乾かしたくない時、油味（オイリネス）を加えたい時などに用いる。

（茂木）

わかさぎのエスカベーシュ

(仏) Escabèche d'éperlans
エスカベーシュ デペルラン

材料（4人分）

わかさぎ（一尾15gぐらい）	12尾	食酢	30ml
食塩、こしょう	少量	食塩	5g（小1）
小麦粉	適量	こしょう	少量
揚げ油			
		付け合わせ	
玉ねぎ	40g	にんじん	30g
ピーマン	1個	キャベツ	30g
サラダ油	100ml	レモンの輪切り	4枚
パセリの茎	1本	パセリ	少量
ローリエ	1枚		

わかさぎのエスカベーシュ 栄養価（1人分）

エネルギー	276 kcal
たんぱく質	6.7 g
脂肪	25.8 g
カルシウム	211 mg
鉄	0.4 mg
ビタミンA	60 μgRE
ビタミンB1	φ mg
ビタミンB2	0.1 mg
ビタミンC	13 mg
食物繊維	0.7 g

1日の栄養所要量に占める割合

エネルギー	13 %
たんぱく質	12 %
脂肪	45 %
カルシウム	35 %
鉄	4 %
ビタミンA	11 %
ビタミンB1	2 %
ビタミンB2	7 %
ビタミンC	13 %
食物繊維	3 %

作り方

1 下準備をする

①わかさぎはうろこをひいて内蔵を取り、さっと水洗いをする。
②表面の水分を拭き取った後、塩、こしょうし、小麦粉をまぶしておく。

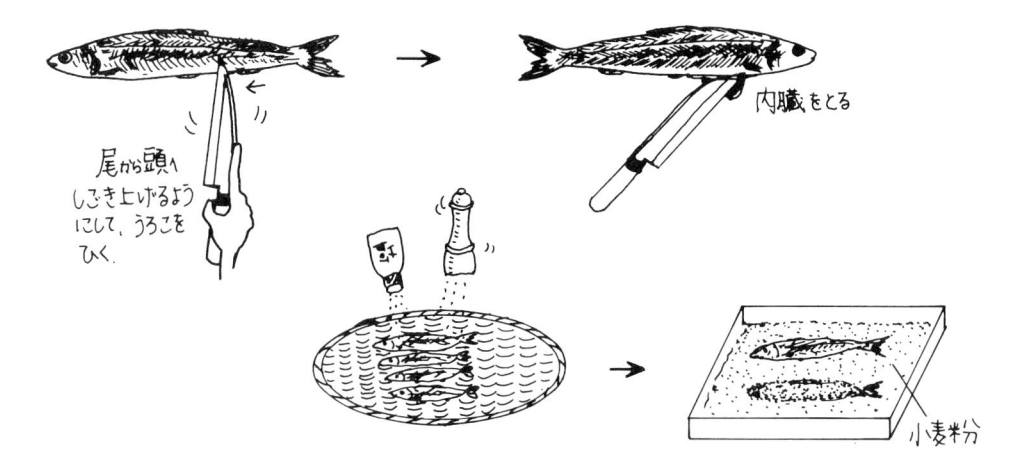

尾から頭へしごき上げるようにして、うろこをひく。

内臓をとる

小麦粉

2 わかさぎを揚げる

③わかさぎの余分な粉は、はたいて落とし、高温（190℃）でからりと揚げる。
④バットに上げて、油を切っておく。

余分な粉をはたく

190℃

3　マリナードを作って漬ける

⑤鍋にサラダ油を入れ、薄切りの玉ねぎと輪切りのピーマンを手早く炒める。
⑥パセリの茎、ローリエを入れ、酢、塩、こしょうを入れた後、やや弱火で10分ほど加熱する。

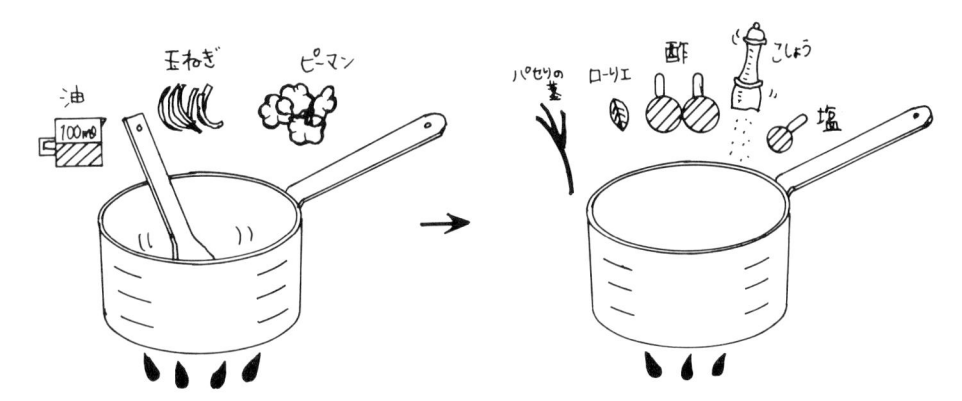

⑦油を切ったわかさぎをバットに並べ、⑥のマリナード（漬け汁）を熱いうちにかける。
⑧30分程度置き、味をしみ込ませる。

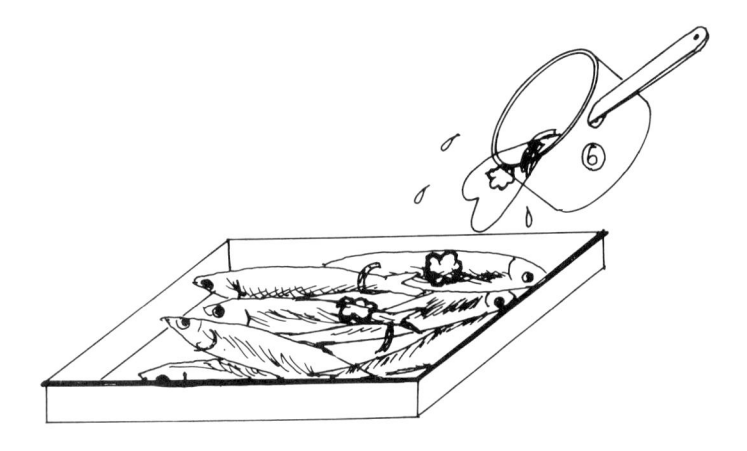

4　盛り付ける

⑨皿に、にんじん、キャベツの千切りをのせ、わかさぎをバランスよく盛り付ける。
⑩レモンの薄切りやパセリで彩りを添える。

MEMO
＊わかさぎをおろすときは、まな板の上に紙を敷くと、うろこがまな板にこびり付かずに、洗いやすい。
＊マリナードをかけた後は一晩冷蔵庫で冷やして供すると、さらによい。
＊エスカベーシュとは、スペイン語のescabeche（エスカベチェ）が語源。小さな魚をフライにし、火を通したマリナードを注ぎかけて作った保存食となる料理。オードブルに適する。

（阿久澤）

清蒸魚 (チン チョン ユイ)
魚の姿蒸し

材料（4人分）

白身魚	1尾（600g）	かけ汁		
食塩（魚の1.5%）	9g	湯（タン）	100ml	（カップ1/2）
ねぎ	40g（1/2本）	砂糖	3g	（小1）
しょうが	10g（1かけ）	食塩	2.5g	（小1/2）
干ししいたけ	3枚	酒	10ml	（小2）
ハム	3枚	ごま油	適量	
たけのこ	30g			
湯（タン）	45ml（大3）	香菜（シアンツァイ）	適量	
酒	30ml（大2）			

清蒸魚 栄養価（1人分）

エネルギー	131 kcal
たんぱく質	15.3 g
脂肪	6.0 g
カルシウム	46 mg
鉄	0.3 mg
ビタミンA	19 μgRE
ビタミンB1	0.1 mg
ビタミンB2	0.1 mg
ビタミンC	3 mg
食物繊維	0.7 g

1日の栄養所要量に占める割合

エネルギー	6 %
たんぱく質	28 %
脂肪	10 %
カルシウム	8 %
鉄	3 %
ビタミンA	4 %
ビタミンB1	12 %
ビタミンB2	8 %
ビタミンC	8 %
食物繊維	3 %

作り方

1 下準備をする

①魚はうろこを取り、内臓、えらを除く。

②魚に塩を振って30分おいた後、水分を拭き取り、両面に3〜4本、切り目を入れる。

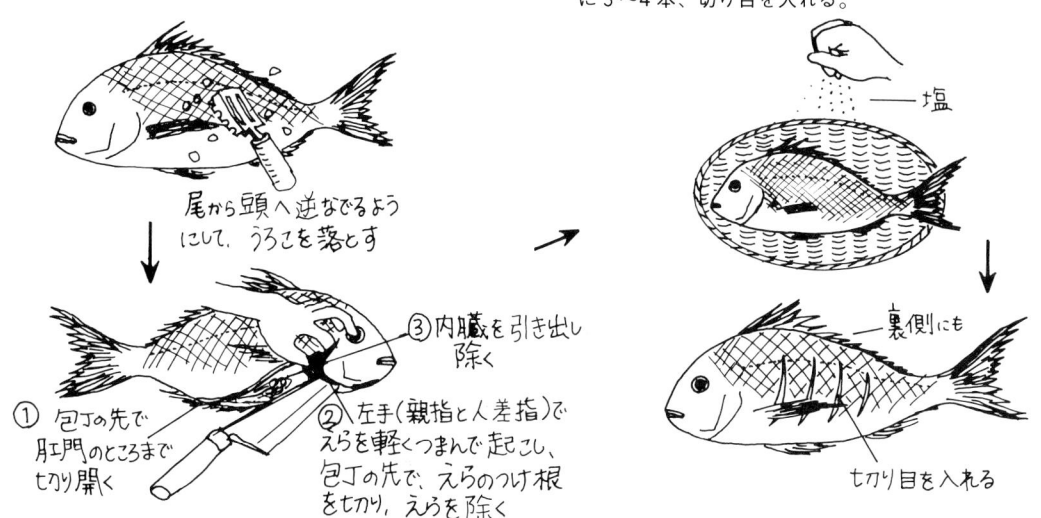

③干ししいたけを戻し、軸を取って薄くそぎ切りにする。

④ハム、たけのこはしいたけに揃えてたんざくに切る。

⑤ねぎは4〜5cm長さに切り、たたきつぶす。しょうがは薄切りにする。

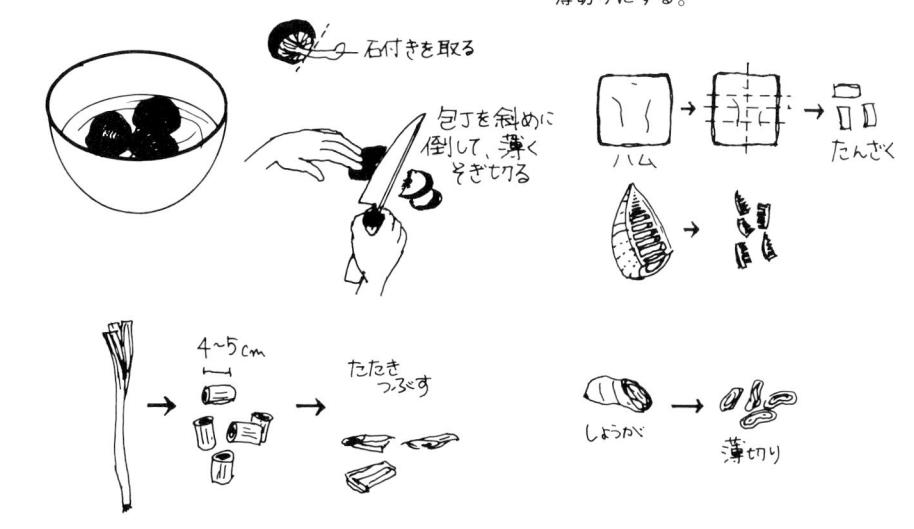

2　魚を蒸す

⑥蒸籠を用意し、蒸気を出しておく。
⑦皿に、ねぎとしょうがを並べ、魚をのせる。③、④を魚の上におき、湯（タン）と酒をかけ、15～20分、蒸籠で蒸す。

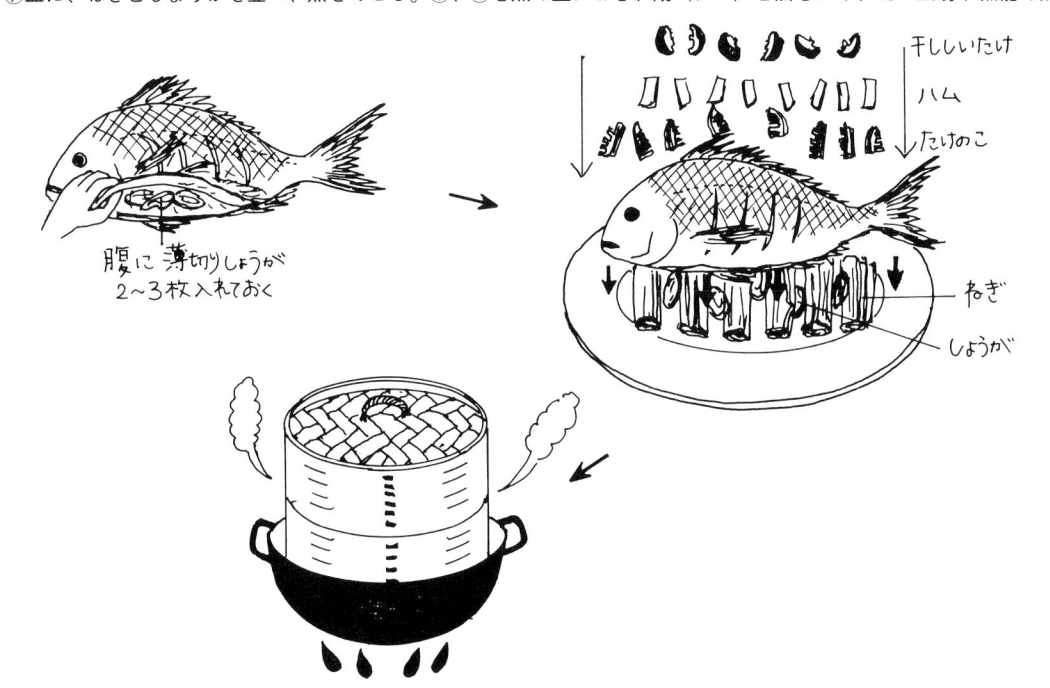

⑧かけ汁を合わせておく。

⑨香菜を洗って、適当な長さに切る。

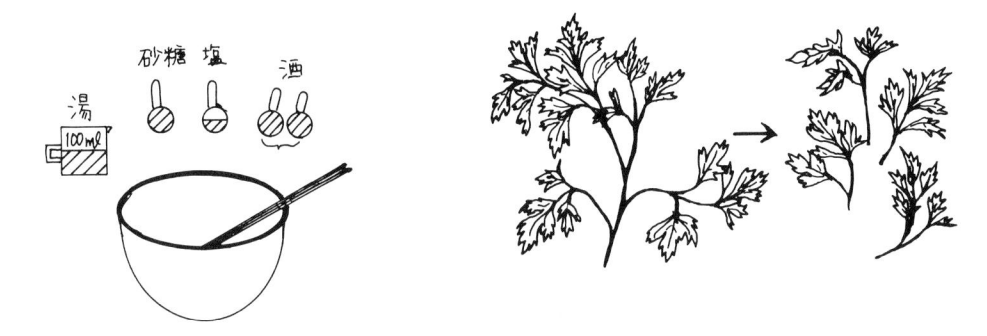

3　盛り付ける

⑩蒸籠から静かに皿を取り出し、手前に香菜を盛り、魚に⑧をかける。

MEMO
*白身の魚は、たい、いさき、すずき、はまち、はたなどを用いる。
*蒸し加減が、魚のおいしさを左右するので、火加減に注意する。蒸し始めの7～8分は、強火で表面のたんぱく質を凝固させ、残り7～10分は、中火から弱火で魚に火を通すとよい。蒸しすぎると身がしまり、硬くなって味が落ちる。
*魚の切り込みに干ししいたけ、ハム、たけのこ、しょうがをはさんで蒸してもよい。

（名倉）

糖醋青花魚
タンツウチンホワユイ

さばの甘酢あんかけ

材料（4人分）

さば（500g前後のもの）	1尾		ねぎ	30g
酒 （さばの5%）	25ml		油	10ml
醤油 （さばの7%）	35ml		混合調味料	
しょうが汁 （さばの1%）	5ml		湯（タン）	200ml
小麦粉（または片栗粉）	適量		食塩 （湯の0.5%）	1g
揚げ油			醤油 （湯の17%）	34ml
			砂糖 （湯の10%）	20g
甘酢あん			食酢 （湯の10%）	20ml
干ししいたけ	10g (4枚)		片栗粉 （湯の4%）	8g
にんじん	20g		（これを同量の水で溶く）	
たけのこ	50g			
しょうが	5g		グリーンピース	10g

糖醋青花魚　栄養価（1人分）

エネルギー	494 kcal
たんぱく質	29.6 g
脂肪	30.0 g
カルシウム	28 mg
鉄	1.9 mg
ビタミンA	106 μgRE
ビタミンB1	0.3 mg
ビタミンB2	0.4 mg
ビタミンC	2 mg
食物繊維	2.3 g

1日の栄養所要量に占める割合

エネルギー	24 %
たんぱく質	53 %
脂肪	53 %
カルシウム	5 %
鉄	16 %
ビタミンA	17 %
ビタミンB1	25 %
ビタミンB2	40 %
ビタミンC	2 %
食物繊維	9 %

作り方

1　下準備をする

①魚のうろこ、えら、内臓を除き、洗って水を切る。
②両面に、中骨に達するまで4〜5か所包丁で切り込みを入れる。

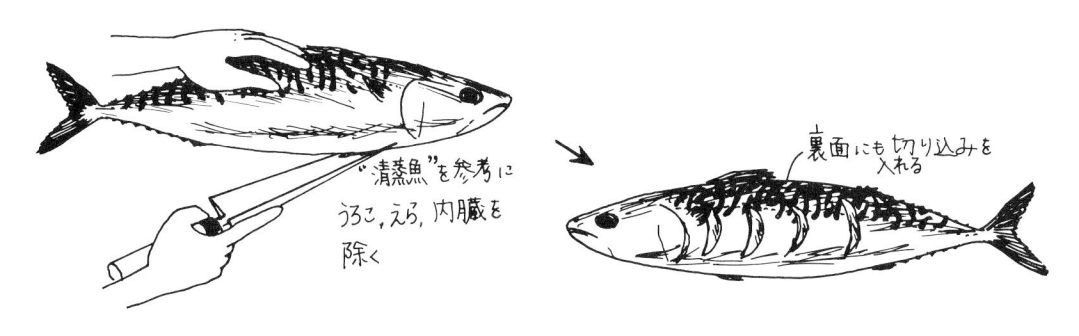

"清蒸魚"を参考に
うろこ、えら、内臓を除く

裏面にも切り込みを入れる

③②を酒、醤油、しょうが汁に30分くらい漬けておく。

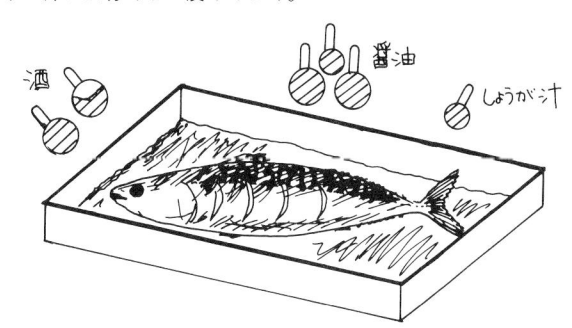

酒　醤油　しょうが汁

④下味が付いたら、小麦粉を腹の内側、切り目の中にも薄く、むらなくまぶす。

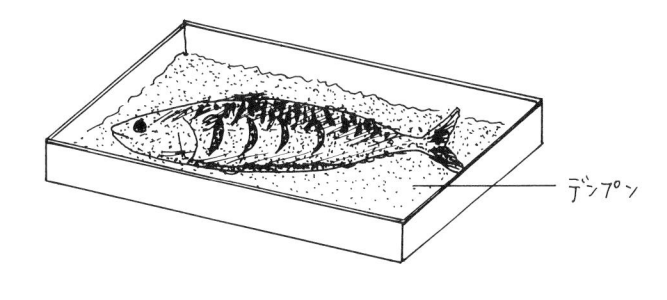

デンプン

2　魚を揚げる

⑤鍋に油を入れ、150〜160℃になったら、頭の方から静かにすべらせるように入れる。

⑥15〜20分、上面に油をかけながら揚げ、取り出す時には180℃になるようにする。

3　甘酢あんを作る

⑦干ししいたけを戻し、野菜を全て千切りにする。鍋に油を入れ、しょうが、ねぎを炒めて香りを出し、しいたけ、にんじん、たけのこを炒める。

⑧材料に火が通ったら、混合調味料を入れてさっと煮る。⑨混ぜながら、水溶き片栗粉を加え、とろみを付ける。

4　盛り付ける

⑩さばの丸揚げを皿に盛り、甘酢あんをかけて、茹でたグリーンピースを散らす。

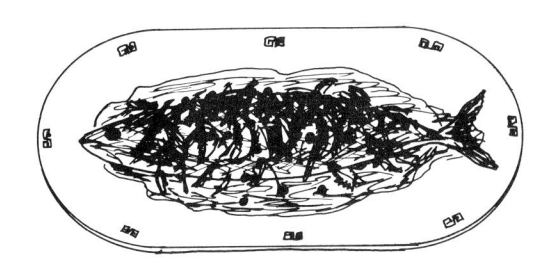

MEMO
＊切り目の中まで調味料が浸透するようにする。
＊さばを揚げる時は、尾を持って頭から入れる。
＊こいのように身の厚い魚は二度揚げをする。二度目は供する直前に揚げ、熱いうちに甘酢あんをかける。
＊さばの他に、あじ、切り身の白身魚なども用いる。
＊甘酢あんの野菜は、火の通りにくい順に炒める。

（大迫）

乾焼大蝦
ガン シャオ ダア シャ
四川風殻付き大正えびの辛み煮込み

材料（4人分）

大正えび	250g（大7本）	水溶き片栗粉	片栗粉5g（大1/2）	
長ねぎ(白い部分)	40g（1/3本）		（これを3倍量の	
にんにく	7g（1片）		水に溶く）	
しょうが	30g（中1片）	油	13g（大1）	
油	25g（大2）	食酢	5g（小1）	
A（調味料）				
豆瓣醬(ドウバンジャン)	3g（小1/2）			
トマトケチャップ	35g（大2）			
湯（タン）	カップ3/4			
食塩	2g（小1/3）			
酒	15g（大1）			

乾焼大蝦　栄養価（1人分）
エネルギー	179 kcal
たんぱく質	13.2 g
脂肪	10.0 g
カルシウム	40 mg
鉄	1.0 mg
ビタミンA	17 μgRE
ビタミンB$_1$	0.1 mg
ビタミンB$_2$	0.1 mg
ビタミンC	7 mg
食物繊維	0.1 g

1日の栄養所要量に占める割合
エネルギー	9 %
たんぱく質	24 %
脂肪	18 %
カルシウム	7 %
鉄	8 %
ビタミンA	3 %
ビタミンB$_1$	8 %
ビタミンB$_2$	13 %
ビタミンC	7 %
食物繊維	φ %

作り方

①大正えびは背に包丁を入れ、背わたを取り、尾の先を切って水を出し、大きさにより2〜3片に切る。

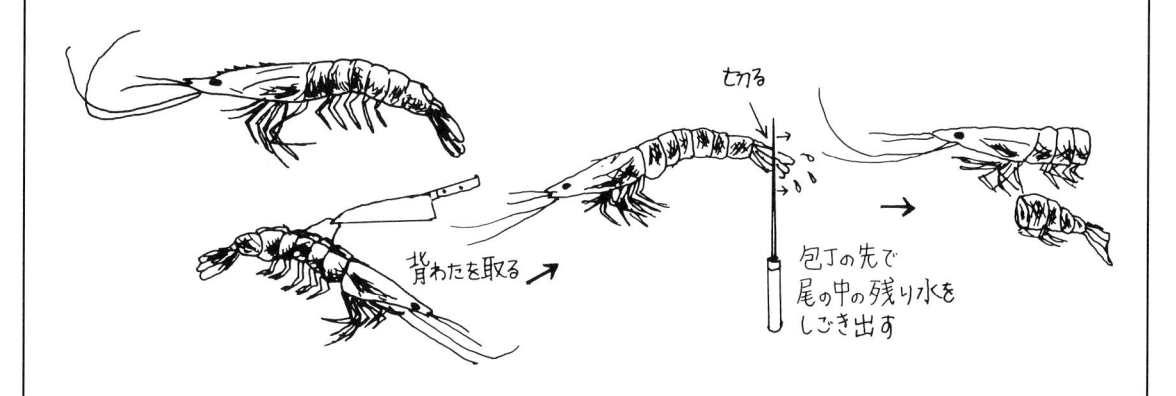

②長ねぎ、にんにく、しょうがはみじん切りにする。A（調味料）を混ぜ合わせる。

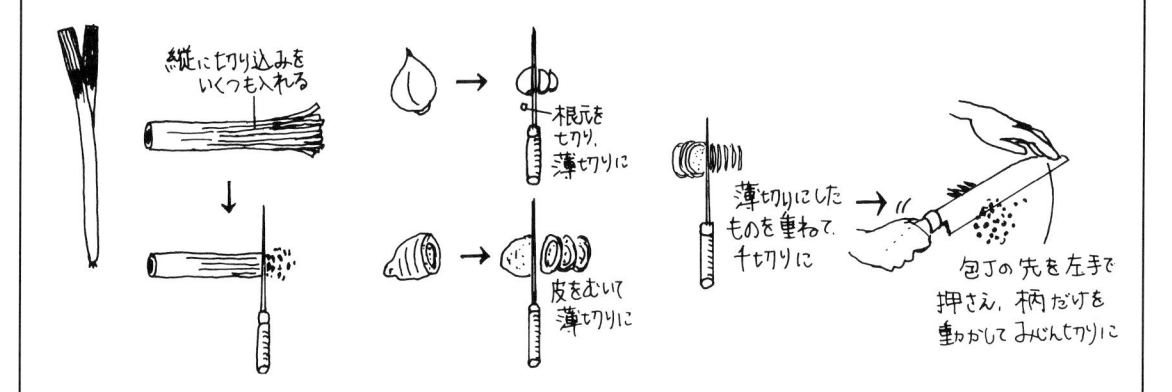

③大さじ1の油を熱し、①のえびを、サッと炒めて取り出しておく。

④③の鍋に大さじ1の油を加え、長ねぎ、にんにく、しょうがを炒めて香りを移し、A(調味料)を加える。

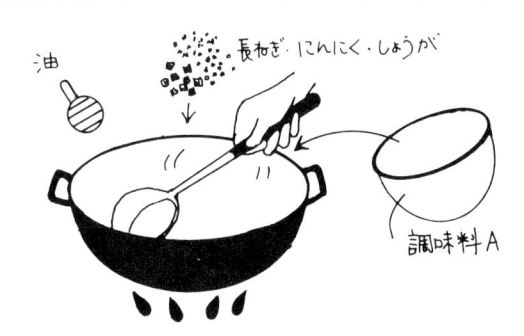

⑤透明感が出てきたら、えびを戻し、少し煮込んで水溶き片栗粉でとろみを付ける。

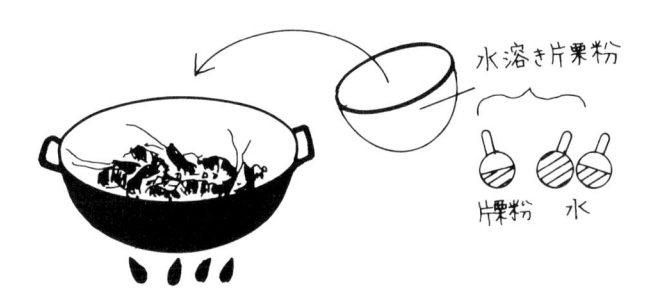

⑥火を止める寸前に強火にして油を回し入れ、続けて酢を入れ、照りを出す。

⑦盛り付ける。

MEMO
＊中華鍋の中で最も温度の高いのは鍋の壁面であり、油やスープ、照り出し用の材料は、壁面にかけて落とし込むように入れる。逆に水溶き片栗粉は、鍋の中心部に落とし込む。

(茂木)

Chapter 9 獣鳥肉

ビーフステーキ
（英）Beefsteak

材料（4人分）

牛ステーキ用肉
　　（1枚250g、厚さ1cmぐらい）4枚
食塩　　　　　　　　　　　適量
こしょう　　　　　　　　　適量
サラダ油　　　　　　　　　適量（大2）
バター　　　　　　　　　　適量（大2）
ブランデー　　　　　　　　適量（大4）
香り付け
　　メトルドテルバター、ハーブなどの風味バター、醤油、だいこんおろしなど

ビーフステーキ	栄養価（1人分）
エネルギー	834 kcal
たんぱく質	46.0 g
脂肪	63.6 g
カルシウム	15 mg
鉄	3.3 mg
ビタミンA	47 μgRE
ビタミンB1	0.2 mg
ビタミンB2	0.5 mg
ビタミンC	3 mg
食物繊維	0 g

1日の栄養所要量に占める割合	
エネルギー	41 %
たんぱく質	84 %
脂肪	112 %
カルシウム	3 %
鉄	28 %
ビタミンA	9 %
ビタミンB1	25 %
ビタミンB2	45 %
ビタミンC	3 %
食物繊維	0 %

作り方

①肉は室温に戻しておく。固い肉なら筋を切るか、肉たたきでたたく。
　塩、こしょうは、肉を焼く直前か、焼きながら振る。

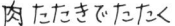

②厚手のフライパン（スキレット）を温め、油とバターを落とす。強火で肉の表面をさっと焼き、よい色が付いたら裏返す。

③火力を落として好みの焼き加減に焼き上げる。

④余分な油をあけ、ブランデーをかけて強火でアルコールを飛ばす（フランベする）。

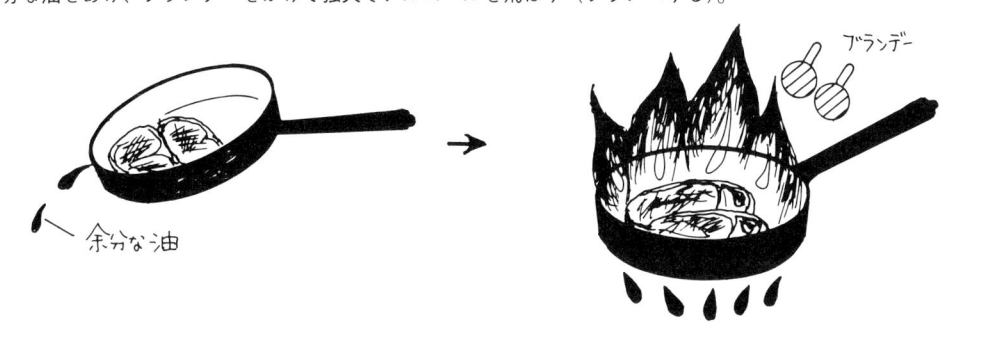

⑤肉の面積の広いほうが左に来るように皿に盛り付け、風味用にメトルドテルバターを乗せて供する。
　肉をサイコロ状に切っても食べやすい。

MEMO
＊肉を焼く前に、皿を暖め、付け合わせの野菜などを盛り付けておくとよい。
＊フランベ（仏：flamber）：調理の途中で酒を振りかけ、火を入れてアルコール分を燃やし、風味を増すこと。
＊メトルドテルバター：クリーム状に柔らかくしたバターにレモン汁やみじんパセリを練り込んで円柱状にし、パラフィン紙で包んで冷やし固めたもの。
＊付け合わせは、フレンチフライドポテト（p92参照）、クレソン、野菜のグラッセ（p201参照）、さやえんどうやいんげんのソテーなど。

＊牛肉　Beef

　店頭では、品種にかかわらず日本食肉格付け協会の基準に従って、特選・極上・上・中・並の5段階で販売される。基本になる枝肉（肉の解体法の基準）の切断法は外国とはやや異なり、日本では8部位に分けられ、それがさらに細分化されるので部位の名称は複雑であるが、次の表にはなじみの深いものを示した。
　また、このほかに子牛（Veal）は生後6か月ぐらいの柔らかい肉をいい、価格は成牛より高い。

＊牛肉の部位

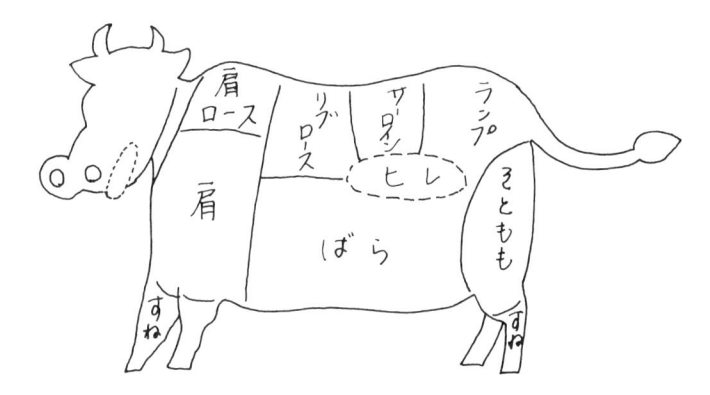

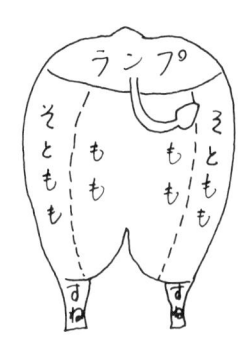

牛肉の部位名	肉の特徴	適した料理
肩ロース (Chuck and Blade)	粗い網目状の脂肪があり、肉質は硬いが、味がよい。挽き肉にもする。	ブレーゼ（蒸し煮）、煮込み、ステーキ、ロースト、ブロイル、グリル
リブロース（Fore rib）	適度の脂肪があり味がよい。霜降り肉。	ロースト、ステーキ、グリル
ヒレ（テンダーロイン） （Fillet、Tenderloin）	棒状の柔らかい肉。日本人が特に好む。加熱しすぎると味が落ちる。	ステーキ、グリル、ブロイル
サーロイン（Sirloin）	肉質が柔らかく、味がよい。	ロースト、ステーキ、グリル
ランプ、もも (Top rump)	腰骨上の肉で比較的柔らかく、ロースと同じように使える。焼き肉にもする。	シチューやポトフのような煮込み、ブレーゼ、ロースト
ばら(Flank)	肉と脂肪が交互に層になっている。	煮込み、挽き肉やコーンビーフ
肩ばら(Short rib , Brisket)	脂肪がやや多く、硬いが味がよい。	シチューなどの煮込み、ボイル
すね(Shank)	筋が多く硬いが、長時間加熱でよさが出る。	シチューなどの煮込み、ボイル
タン(Tongue)	舌の部分。こくとうまみがある。	煮込み、網焼き（グリル）
テイル(Tail)	尾の部分。硬いので肉として用いるよりスープに適する。	煮込み、ブイヨン、フォン
ネック(Neck)	首の部分。	

（茂木）

ビーフシチュー

(英) Stewed beef tomato brown sauce

材料（4人分）

牛肩肉または肩ばら肉	400g		トマトブラウンソース	
食塩（肉の1%）	4g		小麦粉	30g（大4）
こしょう	少量		バター	40g（大3）
小麦粉	10g		トマトピュレ	120g（カップ1/2）
	（大1・1/2〜2）			
牛脂（ヘット）	25g（大2）			
牛ストックまたは水	カップ5			
小玉ねぎ（ペコロス）	300g（7〜8個）			
じゃがいも	400g（中4個）			
にんじん	150g（大1本）			

ビーフシチュー 栄養価（1人分）

エネルギー	614 kcal
たんぱく質	20.9 g
脂肪	41.2 g
カルシウム	47 mg
鉄	3.3 mg
ビタミンA	595 μgRE
ビタミンB1	0.3 mg
ビタミンB2	0.3 mg
ビタミンC	38 mg
食物繊維	3.0 g

1日の栄養所要量に占める割合

エネルギー	30 %
たんぱく質	38 %
脂肪	72 %
カルシウム	8 %
鉄	28 %
ビタミンA	110 %
ビタミンB1	35 %
ビタミンB2	25 %
ビタミンC	38 %
食物繊維	12 %

作り方

1 肉を炒めて煮る

①肉を3〜5cm角に切り、塩、こしょうをし、小麦粉をまぶす。

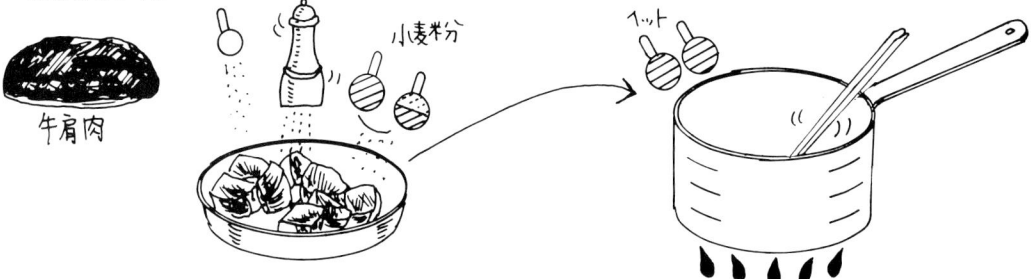

②フライパン、もしくは煮込みに使うソースパンに直接ヘットを溶かし、強火で肉を炒める。

③牛ストックまたは水を加えて強火で煮立て、上に浮いてくるアクを取りながら、火を弱めて1時間煮る。

2 野菜を煮る

④ペコロスは皮をむき丸のまま③に入れ、にんじんはシャトー型に切って入れる。

⑤じゃがいもはにんじんと同じ大きさに切り、30分後に入れる。

⑥全部煮えたら煮汁を漉す。この煮汁でトマトブラウンソースを作る。

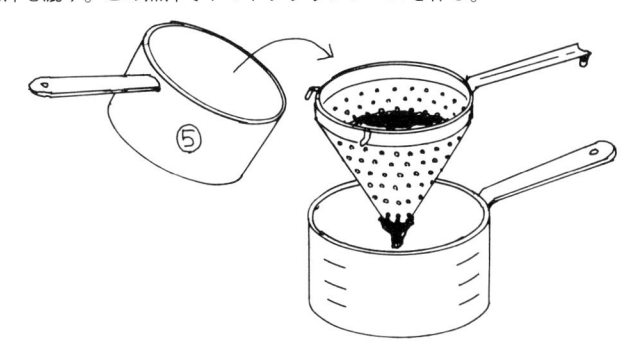

3 トマトブラウンソースを作り、煮る

⑦バターを溶かし、小麦色を色付くまで弱火で炒めてルーを作り、トマトピュレを加える。

⑧トマトブラウンルーを⑥の煮汁で溶きのばし、⑤の鍋に戻して15分ぐらいスパテラでよくかき混ぜながら煮る。

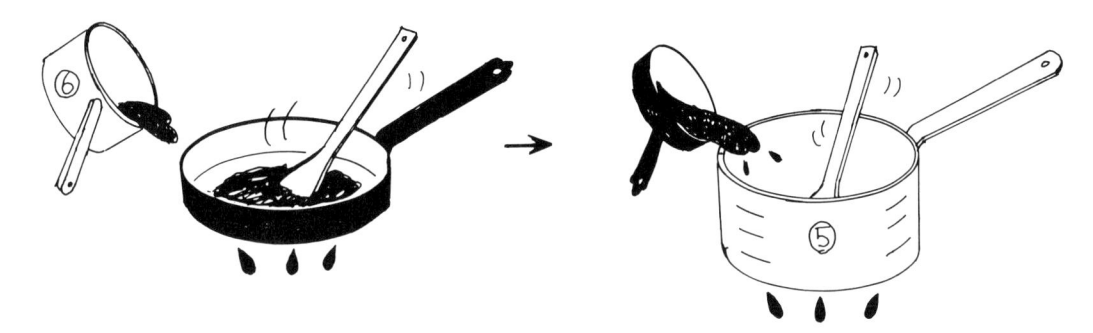

4 盛り付ける

⑨一人用のキャセロールもしくは深皿に盛って熱いところをすすめる。

MEMO
*正式のスタイルでは、肉用平皿に盛り付け、ナイフ、フォークを添える。また、ソースは本来肉にかぶる程度であるが、日本風にアレンジされたものは、一種の汁物料理になっており、少し深みのある皿を利用するのもやむを得ない。

(茂木)

ビーフストロガノフ
(仏) Saute de bœuf Stroganoff
ソテー ド ブフ ストロガノフ

材料（4人分）

牛もも赤身肉	400g	ブイヨン	カップ1/2
シャンピニオン	12個	（固形スープ1個を湯に溶かしてもよい）	
玉ねぎ	小1個	トマトジュース	150ml （カップ2/3）
バター	大2（26g）	食塩	少量
小麦粉	16g（大2）	こしょう	少量
パプリカ	3g（小1）	ブランデー	30ml （大2）
食塩	少量	サワークリーム	25ml （カップ1/4）
こしょう	少量		

ビーフストロガノフ 栄養価（1人分）

エネルギー	267 kcal
たんぱく質	22.0 g
脂肪	14.0 g
カルシウム	19 mg
鉄	2.9 mg
ビタミンA	73 μgRE
ビタミンB1	0.2 mg
ビタミンB2	0.4 mg
ビタミンC	7 mg
食物繊維	1.0 g

1日の栄養所要量に占める割合

エネルギー	13 %
たんぱく質	40 %
脂肪	24 %
カルシウム	3 %
鉄	24 %
ビタミンA	14 %
ビタミンB1	19 %
ビタミンB2	36 %
ビタミンC	7 %
食物繊維	5 %

作り方

1 下準備をする

①牛肉は、やや厚めの薄切りにして、塩、こしょうをする。

②シャンピニオンは4つ割に、玉ねぎは薄切りにする。

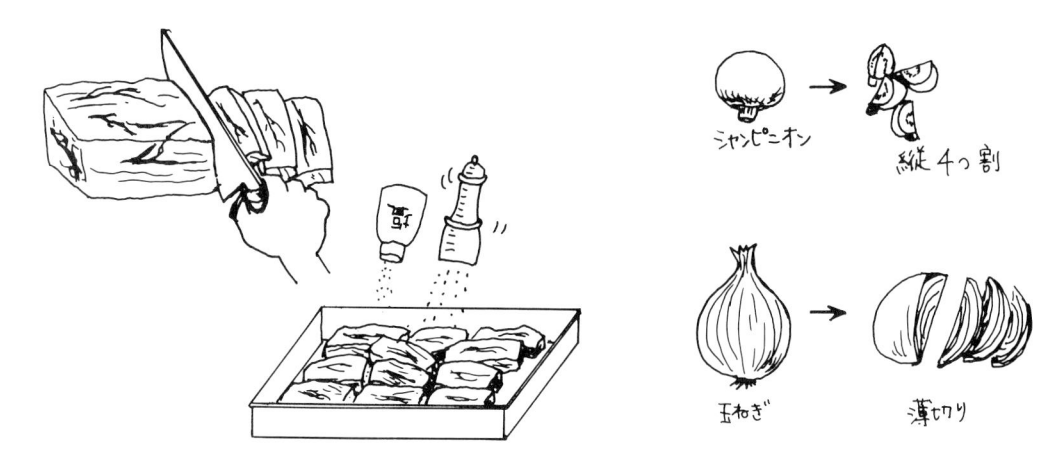

2 炒める

③バターで玉ねぎを炒め、シャンピニオンを入れてさらに炒める。

④シャンピニオンから汁が出なくなったら、牛肉を入れてまんべんなく炒める。

⑤小麦粉を混ぜ入れ、パプリカを振り入れて色を付ける。

3 煮る

⑥ブイヨン、トマトジュースを鍋に入れ、ひと煮立ちさせる。

⑦塩、こしょうで味を整え、ブランデーを加え、仕上げにサワークリームを入れる。

MEMO
＊柔らかい肉でも、長く煮ると硬くなるので、そうならないように1〜2分煮立てる。

（津田）

ミートローフ
（英）Meat loaf

材料（4人分）

ミートローフ
牛挽き肉	320 g
玉ねぎ	120 g
バター	10 g
食パン	40 g
牛乳または水	40ml
卵	1個
食塩	4 g（小4/5）
こしょう	少量
ナツメグ	少量

飾り用マッシュドポテト
じゃがいも	300 g
バター	25 g
牛乳	45ml（大3）
食塩	2.5 g（小1/2）
こしょう	少量

マッシュドポテトのつや出し卵黄
卵黄	1個
水	2.5ml（小1/2）

付け合わせ（ガルニチュール）
・芽キャベツのソテー
芽キャベツ	12個
バター	15 g
食塩	適量
こしょう	少量

・パイナップルのソテー
パイナップル（生）	120 g
バター	5 g
食塩	少量

ミートローフ 栄養価（1人分）
エネルギー	458 kcal
たんぱく質	21.6 g
脂肪	28.1 g
カルシウム	75 mg
鉄	3.0 mg
ビタミンA	137 μgRE
ビタミンB1	0.22 mg
ビタミンB2	0.46 mg
ビタミンC	53 mg
食物繊維	2.8 g

1日の栄養所要量に占める割合
エネルギー	22 %
たんぱく質	39 %
脂肪	49 %
カルシウム	13 %
鉄	25 %
ビタミンA	21 %
ビタミンB1	28 %
ビタミンB2	46 %
ビタミンC	53 %
食物繊維	11 %

作り方

1 肉種を作る

① フライパンにバターを入れ加熱し、みじん切りにした玉ねぎを透明感が出るまで炒めた後、バットに広げてさましておく。

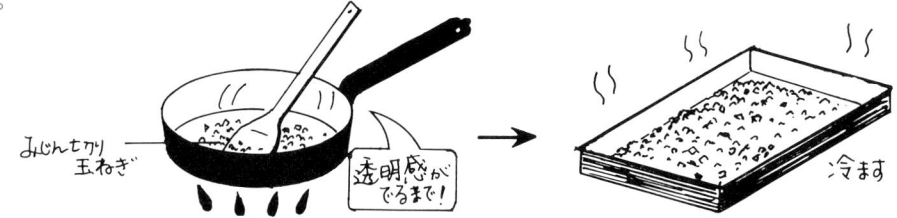

② ボールに挽き肉を入れ、細かくほぐし、牛乳に浸しておいたパンを加えよく混ぜ合わせる。

③ さらに①の玉ねぎ、溶き卵、塩、こしょう、ナツメグを入れ、粘りがでるまでリズミカルに練る。

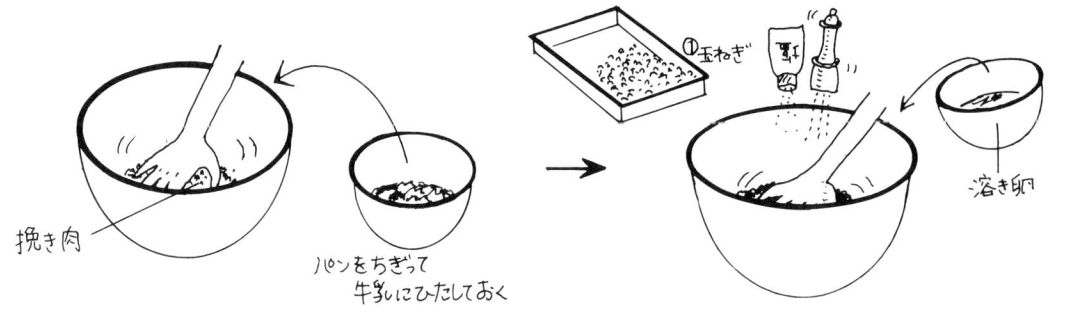

2 ミートローフを焼く

④ サラダ油を塗ったステンレスの皿に、ミートローフの種をおき、楕円形にこんもりと成形する。180℃のオーブンで焼く。

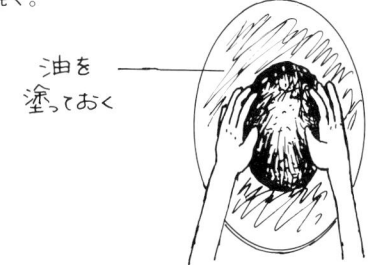

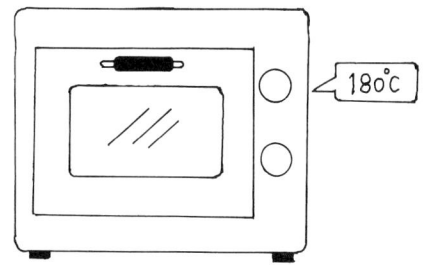

Chapter 9　獣鳥肉＊135

⑥焼けたらオーブンから取り出し、マッシュドポテトの半量を、スパテラでミートローフの表面に塗る（マッシュドポテトの作り方はp94参照）。

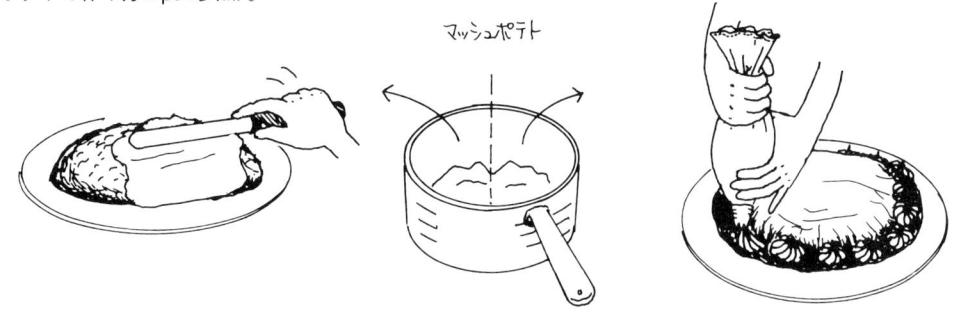

⑦残りのマッシュドポテトは、口金を付けた絞り出し袋に入れ、好みのデザインでミートローフの上を飾る。

⑧水溶き卵黄を、飾ったマッシュドポテトの上に塗る。

⑨再びオーブンに入れ、表面に焼き色を付ける。

3　ガルニチュールを作る

⑩芽キャベツは下茹でし（ブランシール）、バターでソテーして、塩、こしょうで調味する。

⑪パイナップルは一口大に切り、バターでソテーし塩を振る。

4　盛り付ける

⑫ミートローフをのせたステンレス皿の、汚れを拭き取った後、芽キャベツとパイナップルを彩りよくまわりに飾る。
⑬ソースポットにトマトソースを入れ、各人に切り分けたミートローフにトマトソースをかけて供する。

MEMO
＊ミートローフは、ハンバーグステーキと同じ肉種をローフ型にまとめて蒸し焼きした料理。
＊肉の焼き上がりは、竹串を刺して透明な汁が出ればよい。まだ焼けていない時は、濁った汁や赤い汁が出る。
＊ガルニチュール（仏：garniture）：付け合わせのこと（参考P92、94、201）。
＊ブランシール（仏：blanchir）：下茹ですること。

（阿久澤）

八幡巻（やわたまき）

八幡巻 栄養価（1人分）	
エネルギー	762 kcal
たんぱく質	46.9 g
脂肪	41.9 g
カルシウム	55 mg
鉄	4.5 mg
ビタミンA	106 μgRE
ビタミンB1	0.4 mg
ビタミンB2	0.6 mg
ビタミンC	16 mg
食物繊維	4.9 g

1日の栄養所要量に占める割合	
エネルギー	37 %
たんぱく質	85 %
脂肪	73 %
カルシウム	9 %
鉄	38 %
ビタミンA	20 %
ビタミンB1	45 %
ビタミンB2	64 %
ビタミンC	16 %
食物繊維	20 %

材料（4人分）

牛もも赤身肉（薄切り）	300g	油	15ml（大1）
醤油　（肉の10%）	30ml		
みりん（肉の15%）	45ml	**酢どりれんこん**	
ごぼう	150g（1本）	れんこん	100g
茹で水	適宜	茹で水（れんこんの5倍）	カップ2・1/2
食酢またはぬか　茹で水の10%		食酢　（茹で水の3%）	15ml
煮汁		甘酢	
だし汁（ごぼうの20%）	30ml	食酢	10ml
醤油　（ごぼうの5%）	7ml	砂糖	10ml
酒　　（ごぼうの5%）	7ml	食塩	1.5g
砂糖　（ごぼうの3%）	4g		

作り方

1 下準備をする

①牛肉は醤油、みりんに漬けておく。

②ごぼうは包丁の背で皮をそぎ、20cmくらいの長さに切り水にさらす。

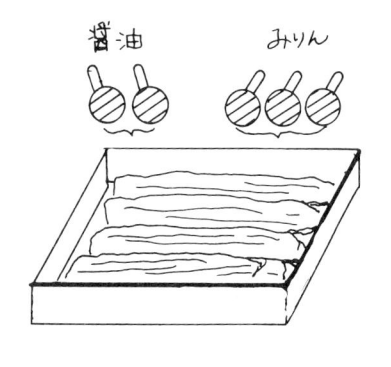

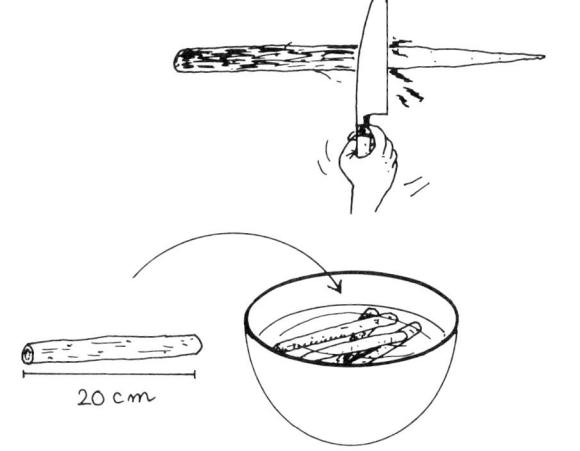

2 ごぼうを下煮する

③太いものは縦に2～4つに切る。

④茹で水の10%の酢またはぬかを加え、ごぼうに八分通り火を通す（アク抜き）。

⑤鍋にだし汁、醤油、酒、砂糖を煮立て、ごぼうに味をからませる。

3　牛肉でごぼうを巻き、焼く

⑥下煮したごぼうを芯に、①の牛肉を巻く。

⑦フライパンに油を熱し、巻き終りを下にして、肉の漬け汁を加え、転がしながら焼く。

⑧そのまま煮汁がなくなるまで煮つめる。

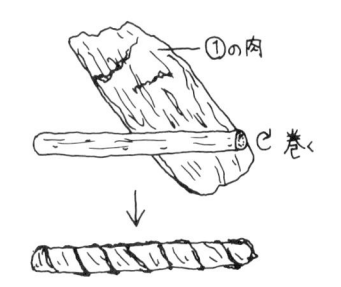

4　酢どりれんこんを作る

⑨れんこんを薄切りにし、3%の酢水で茹で、れんこんが透き通ってきたら甘酢に漬ける。

3　盛り付ける

⑩肉の切り口を上にして盛り、酢どりれんこんを添えて盛る。

MEMO
* 八幡巻き：味付けしたごぼうを芯にして、牛肉、ウナギ、アナゴなどを巻き付け、煮たり付け焼きにした料理。山城の国八幡山（現在の京都府山城市）付近で名物ごぼうが産出したこと、あるいは福岡県の工業地帯、八幡の煙突にちなんでこの名があると言われている。
* 皮をむいたごぼうは、中に含まれているクロロゲン酸が、ポリフェノールオキシダーゼによって酸化されるので、すぐに水にさらす（p191参照）。
* 白色野菜（れんこん）を白く茹でるために、茹で水に食酢を添加する。

（大迫）

豚肉のアップルソース添え
（英）Pork chop with apple sauce

材料（4人分）

豚のロース骨付き肉（1枚160gぐらい）4枚	アップルソース
食塩（肉の重量の1％）　　　　小1・1/5	りんご（紅玉またはデリシャス）200g
こしょう　　　　　　　　　　　　少量	レモン　　　　　　　　　　　2枚
サラダ油（肉の重量の5％）　　　大2・1/2	砂糖　　　　　　　　　　　　小1
バター　（肉の重量の5％）　　　大2・1/2	食塩　　　　　　　　　　　　小1/5
	水　　　　　　　　　　　　　大1
	バター　　　　　　　　　　　10g

豚肉のアップルソース添え 栄養価（1人分）

エネルギー	606 kcal
たんぱく質	31.1 g
脂肪	47.3 g
カルシウム	13 mg
鉄	0.6 mg
ビタミンA	66 μgRE
ビタミンB1	1.1 mg
ビタミンB2	0.3 mg
ビタミンC	6 mg
食物繊維	0.9 g

1日の栄養所要量に占める割合

エネルギー	30 ％
たんぱく質	57 ％
脂肪	83 ％
カルシウム	2 ％
鉄	φ ％
ビタミンA	12 ％
ビタミンB1	138 ％
ビタミンB2	30 ％
ビタミンC	6 ％
食物繊維	4 ％

作り方

1　下準備をする

①豚肉は骨に付いた血液などをきれいにし、筋切りをして形を整える。

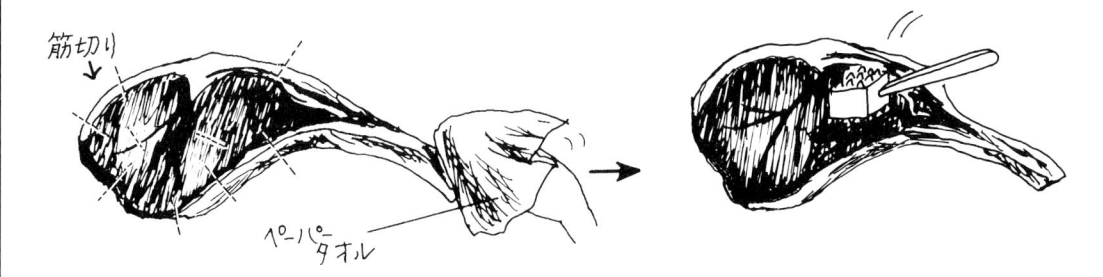

②肉に塩、こしょうをする。

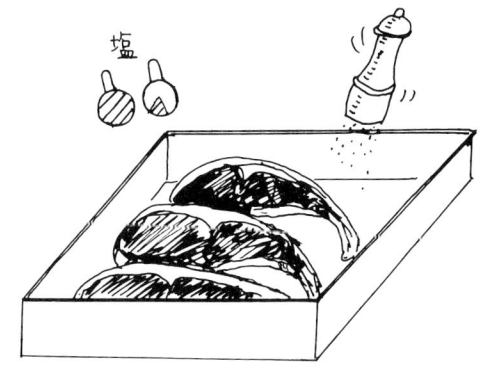

2　焼く

③熱したフライパンにサラダ油、バターを入れ、盛り付けたとき、上面になる方から強火で30秒、次に弱火で約2分くらい焼く。

④表面に、肉汁がにじんできたら、裏返して上面と同様に中まで十分に火が通るように焼く。

強火30秒 → 弱火約2分 → 裏返す → 強火30秒 → 弱火約3分

3 アップルソースを作る

⑤りんごは4つ切りの薄切りにする。
　レモンは薄切りにする。

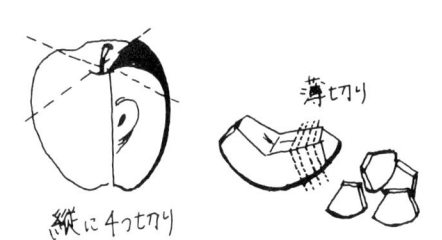

⑥小鍋に砂糖と塩を入れ、水を加えて溶かし、りんごとレモンを入れ、
　バターを加えて中火で柔らかくなるまで煮る。

⑦りんごを裏漉し器で裏濾す。

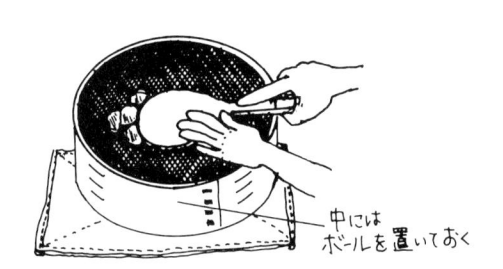

4 盛り付ける

⑧肉を皿に盛り付け、アップルソースを添える。

＊豚肉　pork

　豚は野猪科の動物で、品種はランドレース、大ヨークシャー、バークシャー、ハンプシャーなどが、主なものである。黒豚はバークシャーで、肉質がよく味もよい。たんぱく質と脂肪が主成分で、ビタミンB_1も多く含まれている。

　豚は、激しい運動をしない動物なので肉繊維は細く、どの部位の肉も柔らかい。人体に有害な寄生虫がいることもあるので、必ず火を通すが、加熱しすぎると風味が落ちる。

　豚肉は甘酸っぱい風味と相性がよいので、酢豚やポークステーキには、パイナップル、りんごなどを使ったり、ソースには、レモンやトマトケチャップを使うと効果的である。

＊豚肉の部位

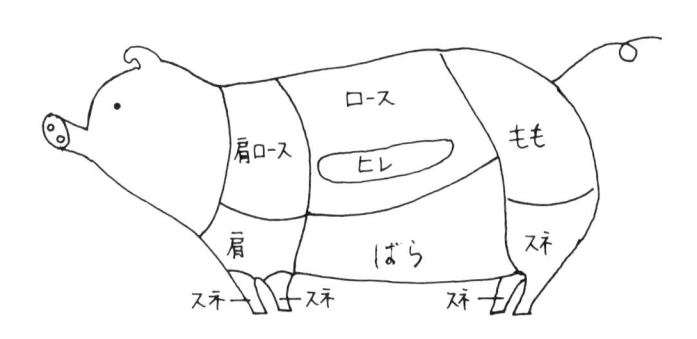

豚肉の部位名	肉の特徴	適した料理
肩ロース（Boston butt）	脂肪が多く、柔らかい	バター焼き、酢豚、焼き豚、ロースト、網焼き
肩肉（Picnic shoulder）	脂肪が多く、やや硬い	バター焼き、酢豚、焼き豚、ロースト、網焼き
背肉、ロース（Loin）	脂肪が差し状に付着し、うま味も多い	カツレツ、ロースト、ソテー、網焼き
ヒレ（Fillet）	ロースの内側にあり、脂肪が比較的少なく柔らかい	ソテー、カツレツ
ばら（Bacon）	脂肪と肉が層をなしており、肉質は硬い	煮込み、焼き肉
もも（Ham）	赤肉で脂肪も少なく、やや硬い	カツレツ、焼き豚、酢豚、ソテー
すね（Shank）	肉質は硬い	挽き肉料理、ブイヨン、煮込み

（太田）

豚肉のコトレット
(仏) Cotelette de porc
コートレット ド ポール

材料（4人分）

豚ロース肉（1切れ70ｇ）	4切れ
食塩（豚ロース肉の1％）	2.8g
こしょう	少量
豚挽き肉	40g
玉ねぎ	60g
食塩（豚挽き肉＋玉ねぎの0.7％）	0.7g
こしょう	少量
ナツメグ	少量

小麦粉(ロース肉＋挽き肉＋玉ねぎの10％)	大5
卵　　(ロース肉＋挽き肉＋玉ねぎの10％)	3/4個
牛乳	大1
生パン粉(ロース肉＋挽き肉＋玉ねぎの10％)	大12強
おろしチーズ	大1・1/2
パセリ（みじん切り）	大1・1/2
サラダ油	120ml
バター	80g
トマトケチャップ	大3

豚肉のコトレット 栄養価（1人分）

エネルギー	747 kcal
たんぱく質	20.2 g
脂肪	63.8 g
カルシウム	66 mg
鉄	1.0 mg
ビタミンA	170 μgRE
ビタミンB1	0.6 mg
ビタミンB2	0.4 mg
ビタミンC	6 mg
食物繊維	1.2 g

1日の栄養所要量に占める割合

エネルギー	36 %
たんぱく質	37 %
脂肪	112 %
カルシウム	11 %
鉄	8 %
ビタミンA	31 %
ビタミンB1	75 %
ビタミンB2	40 %
ビタミンC	6 %
食物繊維	5 %

作り方

1　下準備をする

①玉ねぎをみじん切りにする。
　ボールに豚挽き肉と玉ねぎのみじん切りを入れ、よく混ぜ合わせて、塩、こしょう、ナツメグで下味を付ける。

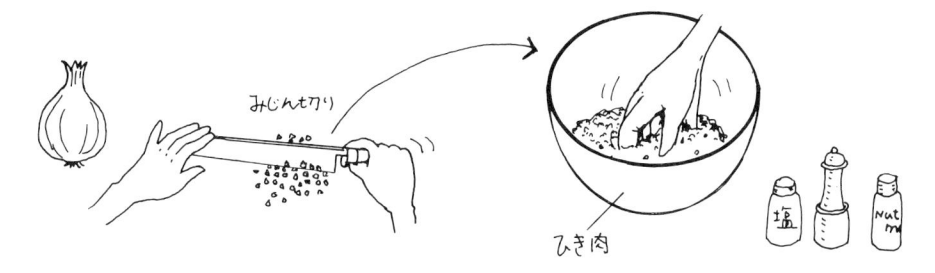

②豚ロース肉は筋切りをし、肉たたきで軽くたたき、塩、こしょうをする。

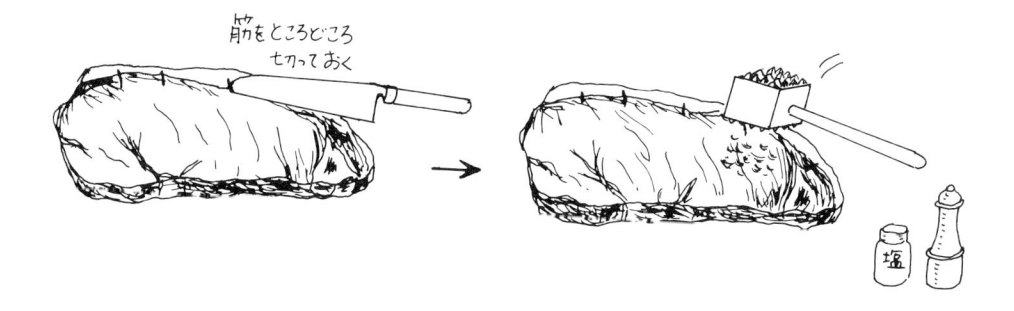

③バットに生パン粉、おろしチーズ、パセリのみじん切りを入れて、混ぜ合わせておく。

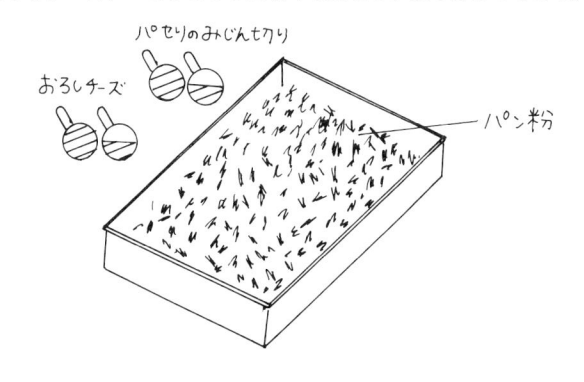

2 形を整える

④ロース肉の表面に、①で混ぜ合わせた挽き肉を塗り付けて、形を整える。
⑤形を整えたロース肉を、小麦粉、牛乳を混ぜた溶き卵、生パン粉の順に付け、軽く押さえ付ける。

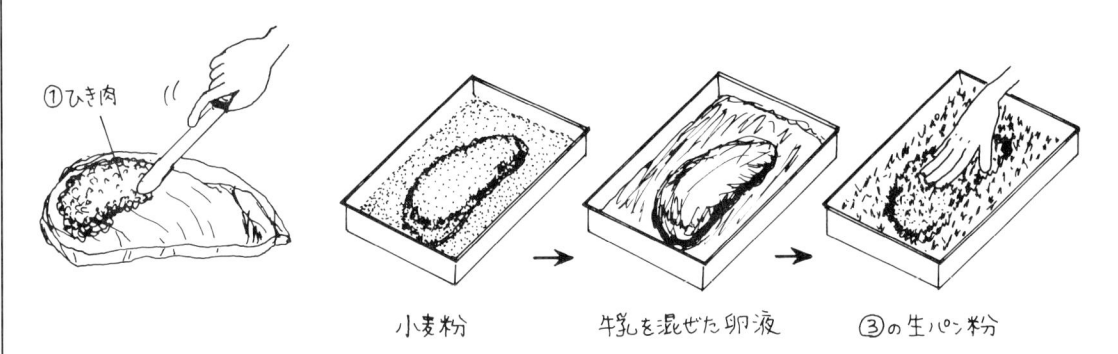

①ひき肉

小麦粉 → 牛乳を混ぜた卵液 → ③の生パン粉

3 加熱をする

⑥フライパンを熱し、肉1枚あたりサラダ油30ml、バター20g程度を入れ（1回焼く毎に新しくする）、
挽き肉を塗り付けた面（表面）から先に、強火で20秒ずつ焼く。次に両面を弱火で2～3分ずつ焼き上げる。

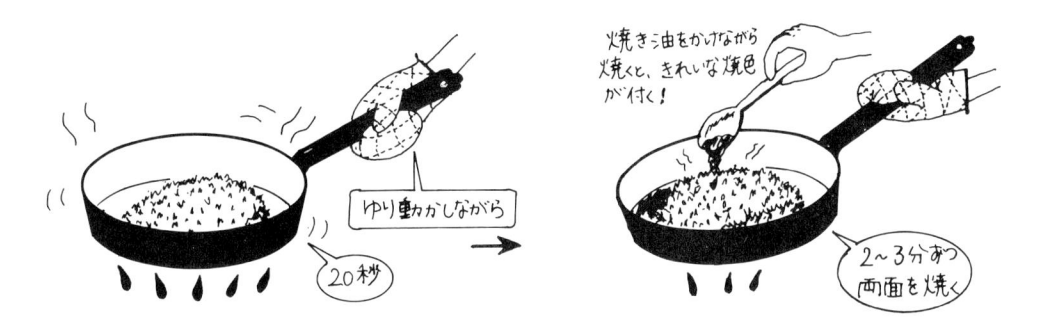

ゆり動かしながら
20秒

焼き油をかけながら
焼くと、きれいな焼色
が付く！

2～3分ずつ
両面を焼く

4 盛り付ける

⑦皿に豚肉のコトレットと付け合わせ（にんじんのグラッセなど　p201参照）を盛り付け、
トマトケチャップを添える。

MEMO

＊コトレット：小麦粉、多くはパン粉を付けて、網焼きかバターなどで焼く料理。油脂で揚げるのは英米風で、日本でいうカツレツのこと。コトレットに似た料理のエスカロープ（仏：Escalope）とは本来薄切り肉のことで、子牛肉、豚肉、鶏肉など柔らかい肉を選ぶ。
＊油の量は、肉が厚みの半分くらい沈む量にする。従ってパン粉が油を吸うので、炒め物より油の量を多くする。焼き油は肉を変えるたびに、新しく入れる。
＊焼く時は、フライパンを揺り動かして、肉の場所を変えながら焼く。箸やフォークで肉をさわって動かすと、衣が肉の重みでずれ、はがれるので注意する。

（太田）

腰果肉丁
ヤオ グオ ロウ ディン

豚肉さいの目切りとカシューナッツの味噌炒め

材料（4人分）

豚もも肉（厚さ1cm）	180g	炒め油（サラダ油）	48ml（大3）
食塩、こしょう	少量	仕上げ油（ごま油）	小2
酒	7.5ml（小1・1/2）	中華味噌	
片栗粉	少量	赤とうがらし（種付き）	1/2本
干ししいたけ	4g（2枚）	湯（タン）または水	50ml
ピーマン	60g	赤味噌	20g
茹でたけのこ	50g	醤油	12ml（大2/3）
生カシューナッツ	100g	砂糖	小1
赤とうがらし	1/2本		
		サラダ菜	4〜5枚（12g）

腰果肉丁 栄養価（1人分）

エネルギー	361 kcal
たんぱく質	16.7 g
脂肪	28.0 g
カルシウム	25 mg
鉄	2.1 mg
ビタミンA	40 μgRE
ビタミンB1	0.6 mg
ビタミンB2	0.2 mg
ビタミンC	13 mg
食物繊維	3.4 g

1日の栄養所要量に占める割合

エネルギー	18 %
たんぱく質	30 %
脂肪	49 %
カルシウム	4 %
鉄	18 %
ビタミンA	7 %
ビタミンB1	74 %
ビタミンB2	20 %
ビタミンC	13 %
食物繊維	14 %

作り方

1　下準備をする

①干ししいたけは、ぬるま湯に漬け、戻しておく。

②中華味噌を作る。赤とうがらしを種ごと粗みじんに切り、他の材料を全部、小鍋に入れてペースト状になるまで練る。

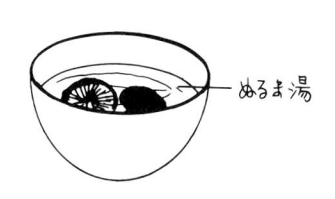

2　材料を合わせて炒める

③豚もも肉を1.2cmのさいの目に切り、塩、こしょう、酒で下味を付け、片栗粉をまぶしておく。

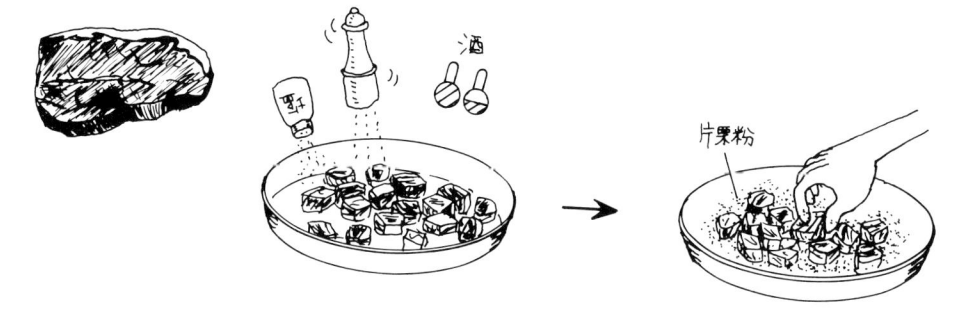

④ピーマンと戻したしいたけ、茹でたけのこを1cmの角切りにする。

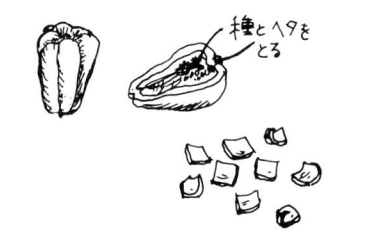

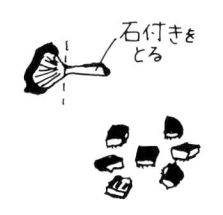

⑤生のカシューナッツは、カップ1/4のぬるめの揚げ油（130℃）でゆっくりかき混ぜながら、薄いきつね色になったら炸鏈（チャアリェン、網杓子）ですくって油を切り、冷ましておく。

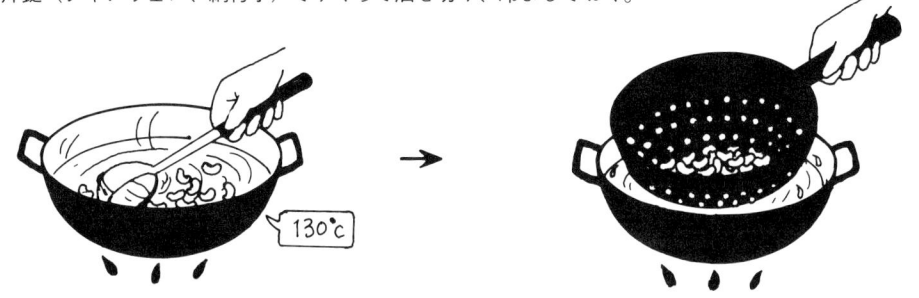

⑥赤とうがらしの種を除き、輪切りにする。ピーマンは油通しすると色よく仕上がる。

⑦⑤の中華鍋中の油を熱し、輪切りの赤とうがらしを焦がさぬように炒める。豚肉、ピーマン、たけのこ、しいたけも加えて炒め、中華味噌で調味し、揚げたカシューナッツを加え混ぜる。火を止める直前にごま油を加える。

3 盛り付ける

⑧サラダ菜を敷いて中央に⑦を盛り付ける。

MEMO
＊丁（ディン）：材料の切り方、大きさ、形状を示している。丁は1cm角のさいの目切りのこと。中国料理の切り方として、以下のものがある。

「みじん切り」＝末（モー）、鬆（ソン）、屑（シェ）　　乱切り＝兎耳（トウアル）
「細切り」＝絲（スウ）、条（ティヤオ）　　「そぎ切り」＝片（ピェヌ）、斜片（シャンピェヌ）
「ぶつ切り」＝段（ドワヌ）、塊（コワイ）　　「だんごにする」＝丸（ワン）

（猪俣）

叉焼肉
(チャア シャオ ロウ)
焼き豚

材料（4人分）

豚もも肉、または肩ロース肉（固まり）	400g
醤油（肉の重量の40％）	160ml（カップ4/5）
酒　（肉の重量の20％）	80ml（大5・小1）
砂糖（肉の重量の10％）	40g（大4）
ねぎ	30g
しょうが	30g
八角ういきょう	1個
たこ糸	
溶きがらし	

叉焼肉　栄養価（1人分）	
エネルギー	183 kcal
たんぱく質	23.9 g
脂肪	3.7 g
カルシウム	21 mg
鉄	1.5 mg
ビタミンA	33 μgRE
ビタミンB1	1.0 mg
ビタミンB2	0.3 mg
ビタミンC	5 mg
食物繊維	0.5 g

1日の栄養所要量に占める割合	
エネルギー	9 %
たんぱく質	43 %
脂肪	6 %
カルシウム	4 %
鉄	12 %
ビタミンA	6 %
ビタミンB1	125 %
ビタミンB2	30 %
ビタミンC	5 %
食物繊維	2 %

作り方

1　下準備をする

①豚肉に、フォークで穴をあけて、たこ糸で形を整えながら太さが7～8cmになるようにしっかりと巻いてしばる。

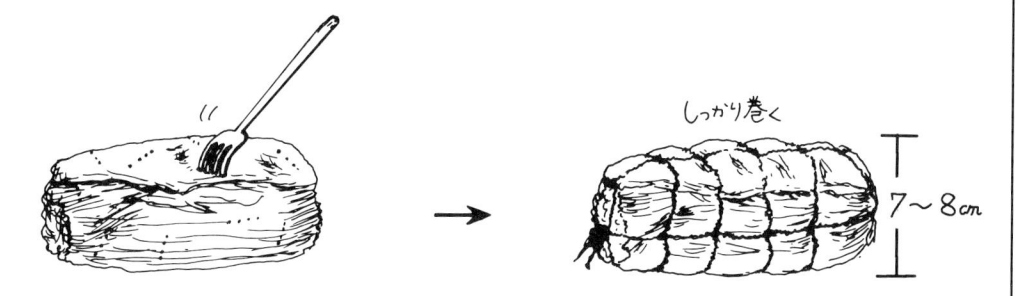

②ボールに醤油、酒、砂糖を入れる。
③ねぎは縦横2つ切りにし、たたきつぶしたものと、薄切りにしたしょうが、八角ういきょうを②に入れて混ぜ合わせ、この中に豚肉を入れて時々回転させながら2～3時間漬け込む。

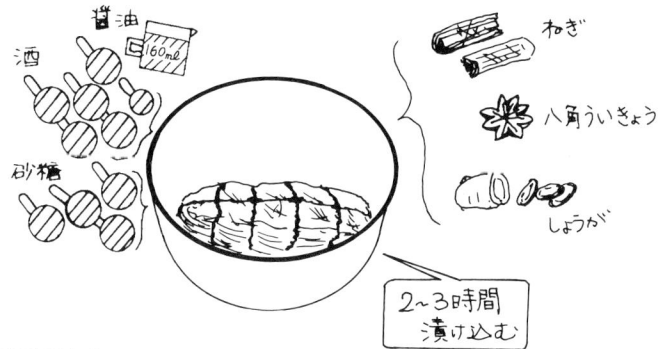

2　焼く

④オーブンを170℃に温めておく。
⑤天板の上に網を敷き、その上にねぎと肉をのせ、40～50分焼く。途中で数回、回転させながら漬け汁を豚肉にかける。

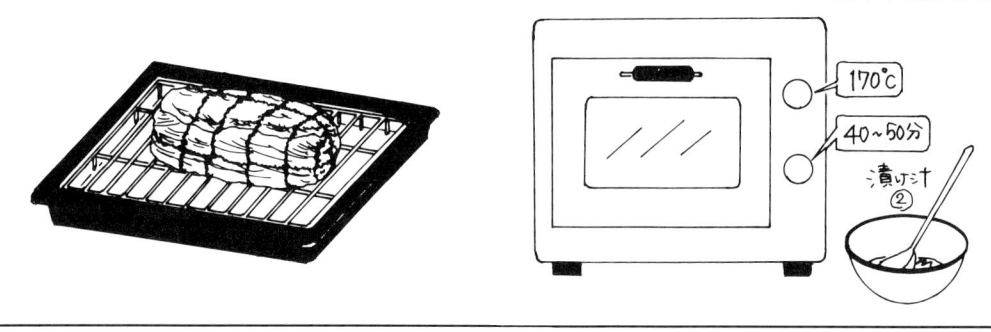

⑥金串を刺して肉汁が出てこないようになり、表面に焼き色が付いていれば、オーブンから出す。
天板の焼き汁は、盛り付けの時に使う。

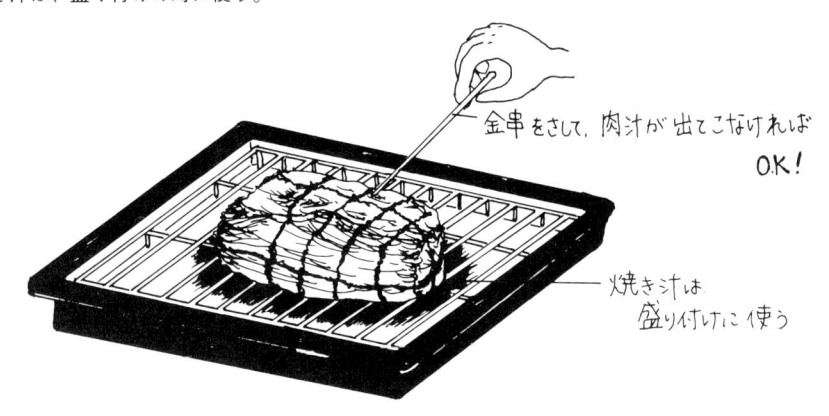

3 盛り付ける

⑦冷めたらたこ糸を取り、肉の繊維に沿って薄切りにし、器に盛り、焼き汁少量をかける。溶きがらしを添える。

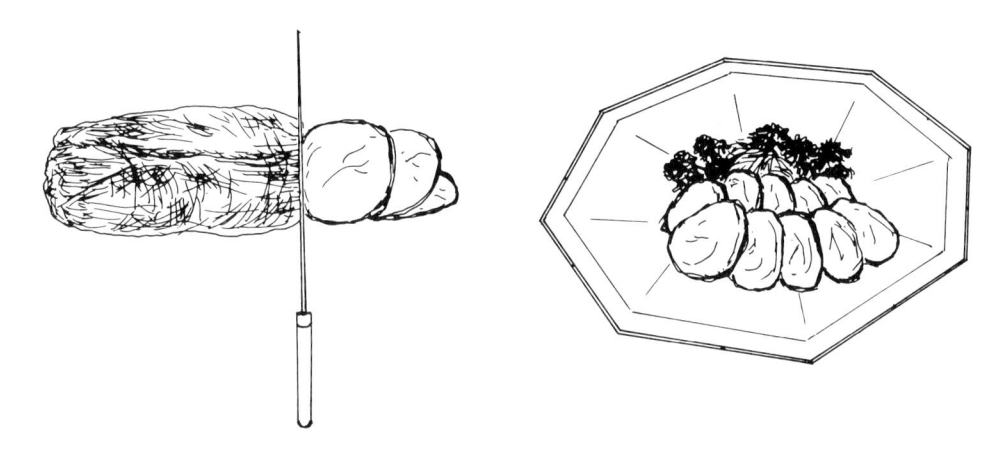

＊オーブンを使用しない場合

①下準備は同様にする。

②肉の表面を180℃の油で揚げるか、油で炒め焼きをする。

③厚手の鍋で漬け汁と、同量の水を合わせた中で、豚肉を約1時間弱火で蒸し煮する。
時々肉の方向を変えて味を均一にしみ込ませ、焦がさないようにする。

④冷ましてから、たこ糸をはずし、薄切りにして、器に盛る。

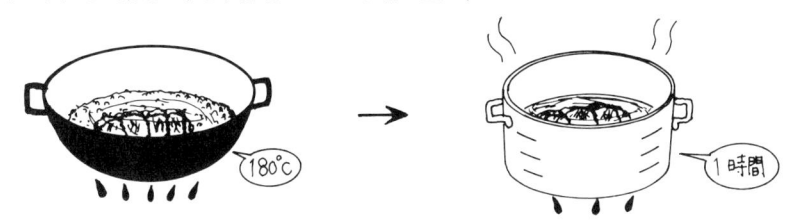

MEMO
＊保存するときは塊のままラップやホイルで包んで冷蔵庫に入れておき、必要な分だけ切って使う。
＊叉焼肉は広東人が好んで食べる料理。焼（シャオ）は「煮る」の意味だが、広東料理では「焼く」意味で使われている。

(太田)

乾炸鶏塊
(ガン チャア ジイ コワイ)
鶏肉の空揚げ

材料（4人分）

鶏もも骨付き肉	400g	
しょうが	10g	(1かけ)
にんにく	5g	(1かけ)
酒	10ml	(大2/3)
醤油	20ml	(大1・1/3)
片栗粉	30g	(大3強)
揚げ油	適量	
サラダ菜	8枚	
花椒塩（ホアヂヤオイエン）	少量	

乾炸鶏塊 栄養価（1人分）

エネルギー	382 kcal
たんぱく質	12.4 g
脂肪	33.4 g
カルシウム	7 mg
鉄	0.7 mg
ビタミンA	34 μgRE
ビタミンB1	0.1 mg
ビタミンB2	0.2 mg
ビタミンC	1 mg
食物繊維	0 g

1日の栄養所要量に占める割合

エネルギー	19 %
たんぱく質	23 %
脂肪	59 %
カルシウム	1 %
鉄	6 %
ビタミンA	6 %
ビタミンB1	6 %
ビタミンB2	17 %
ビタミンC	1 %
食物繊維	0 %

作り方

1 下準備をする
①鶏肉は3～4cmに切る。
②鶏肉に、すりおろしたしょうが、にんにく、酒、醤油を手でよく混ぜ込み、下味を付ける。
③鶏肉の汁気を拭き取り、片栗粉をまぶす。

2 油で揚げる
④鍋に油を入れ、140～150℃でゆっくり煮るような感じで、途中肉を返しながら5～8分くらい揚げ、取り出す。

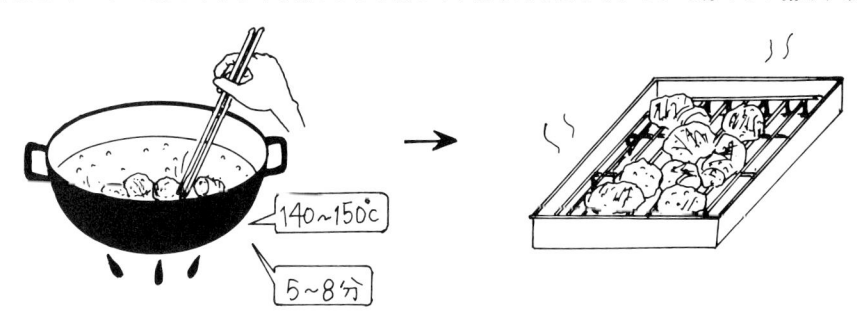

⑤油の温度を180℃にし、④を入れ、再び揚げる（二度揚げ）。1～2分で揚げ、こんがりときつね色を付ける。

3 盛り付ける

⑥サラダ菜を敷いた上に⑤を盛り、花椒塩を添える。

MEMO
* 鶏肉は骨つきの方が、うま味が出ておいしいが、骨なしでもよい。骨の分量を差し引いて用意する。
* 揚げ方は、一度目に肉に火を通し、二度目に揚げ色を付ける二度揚げにするとよい。
* 衣は片栗粉だけでもよいが、卵をまぶしてかたくり粉を用いると、外側は堅く内側の肉では柔らかく仕上がる。
* レモンソースや甘酢あんを揚げた肉にかけてもよい。その場合、下味は塩で付ける。
* 花椒塩は山椒の香りを移した塩をいい、食卓用調味料として揚げ物に利用する。

レモンソース

3 材料
レモン汁	60ml
砂糖	35g
湯（タン）	100ml
食塩	2g
水溶き片栗粉	大1

甘酢あん

材料
湯（タン）	100ml
食酢	15ml（大1）
砂糖	18g（大2）
醤油	15ml（大1）
片栗粉	小2

＊鶏肉 Chicken

鶏はキジ科の鳥で、卵用種と肉用種および兼用種に区分される。

肉用種や兼用種の品種のほとんどが、雑種（例　白色ユーニッシュ種白色ロック種を交配）で、その数も多い。

ブロイラーとは、生体重2kg（8～10週齢）ぐらいまでのひな鶏および若鶏を呼び、肉質が柔らかく、味が淡白である。

鶏肉は自己消化が速く、死後硬直は10時間以内で完了し、熟成に要する時間も短い。そのため色が変わりやすく、臭いが出やすいので、早めに調理をしたほうがよい。

消化率は魚に劣るが、牛肉、豚肉よりも高い。また、ささ身は脂肪をほとんど含まず柔らかいため、病人や老人にも向く食材である。

＊鶏肉の部位

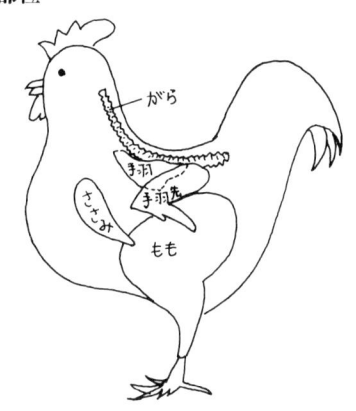

鶏肉の部位名	肉の特徴	適した料理
手羽（Wing）	淡色の肉で、脂肪は少なく柔らかい。火の通りがよいので、比較的短時間で火が通る。	焼き物、炒め物、煮物、蒸し物、サラダ
手羽先	肉は少なく、脂肪が多い。骨が付いているため、長時間、煮込むとゼラチンが出る。	煮込み物、空揚げ、だし
もも（Thigh）	色の濃い肉で、脂肪を含み、味にこくがある。骨を付けたままで調理する時は、十分に加熱する。	焼き物、ソテー、煮物、空揚げ、カツレツ、カレー、蒸し物
ささみ	手羽より色が淡く、脂肪が少なく淡泊で、柔らかい肉質。短時間で調理し、肉を硬くしないように注意する。また、肉の中央に筋があるので、取り除く。	和え物、刺身、サラダ、すり身、椀種
むね（Breast）	淡色の肉で、脂肪は少なく、淡白で消化がよい。	焼き物、煮物、揚げ物、炒め物、蒸し物
もつ（内臓）(Edible viscera)	砂ぎも・心臓・レバー・卵巣を含み、血抜きや臭みを除いてから調理する。	串焼き、ソテー、揚げ物、レバーペースト（すり身）
がら（鶏骨）(Bone)	首づるやももの骨はアクが少なく、ゼラチン質に富み、うま味成分を持ち、煮だし汁によい。	だし
丸とり	1羽ごと内臓を除いて姿のまま用いる。	ローストチキン、空揚げ、丸蒸し

（名倉）

ローストチキン
（仏）Poulet rôti
プーレ ローティ

ローストチキン 栄養価（1人分）	
エネルギー	440 kcal
たんぱく質	30.5 g
脂肪	29.8 g
カルシウム	45 mg
鉄	1.5 mg
ビタミンA	114 μgRE
ビタミンB_1	0.2 mg
ビタミンB_2	0.4 mg
ビタミンC	15 mg
食物繊維	2.8 g

1日の栄養所要量に占める割合	
エネルギー	22 %
たんぱく質	55 %
脂肪	52 %
カルシウム	7 %
鉄	12 %
ビタミンA	206 %
ビタミンB_1	24 %
ビタミンB_2	44 %
ビタミンC	15 %
食物繊維	11 %

材料（4人分）

若鶏	1羽（1〜1.3kg）
食塩	5 g（小1）
こしょう	少量
バター	15 g
玉ねぎ	200 g
にんじん	150 g
鶏のフォン	400ml
グレーヴィソース	
焼き汁	適宜
食塩、こしょう	適宜

付け合わせ
- にんじんのグラッセ
  - にんじん　120 g
  - バター　8 g
  - 砂糖　3 g（小1）
  - 食塩　少量
- 芽キャベツのソテー
  - 芽キャベツ　16個
  - バター　8 g
  - 食塩　少量
  - こしょう　少量
- クレソン　適宜

足飾り
- 紅白リボン
- 紙　1枚

作り方

1　下準備をする（ブリデする）

①内臓や羽をきれいに取り、水で洗う。首の皮だけを残して、首ずるを切り落とす。
②玉ねぎ、にんじんを薄切りにし、お尻から中に詰め、残った野菜は鉄板の上に広げておく。

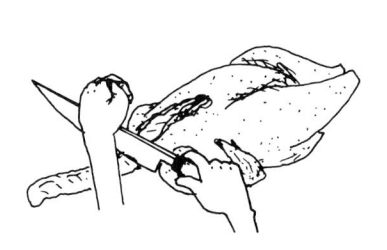

③首の皮を背中に回し、手羽を後ろ（背中）にねじって押さえる。
④両足が開かないように鶏の形を整え、たこ糸で縫って止める。
⑤形を整えた鶏の表面に塩、こしょうをしてバターをすり込むように塗る。

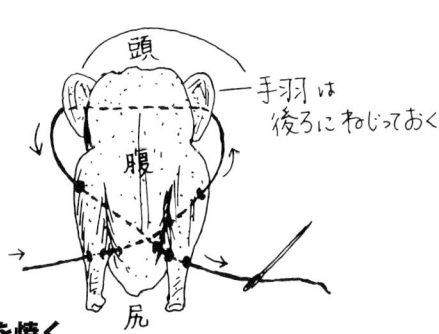

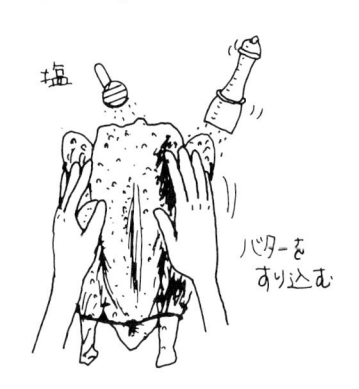

2　鶏を焼く

⑥鶏を横にして天板に敷いた野菜の上に置き、220℃で15分蒸し焼きにして表面に焼き色を付ける。
⑦片面に焼き色が付いたら引っくり返して、逆の面と背中も焼き色を付ける。

⑧鶏のフォンを鶏にかけながら鉄板に注ぎ、180℃で40～50分蒸し焼きにする。
⑨表面が乾燥しないように時々フォンをかけ、焼き色を付ける。

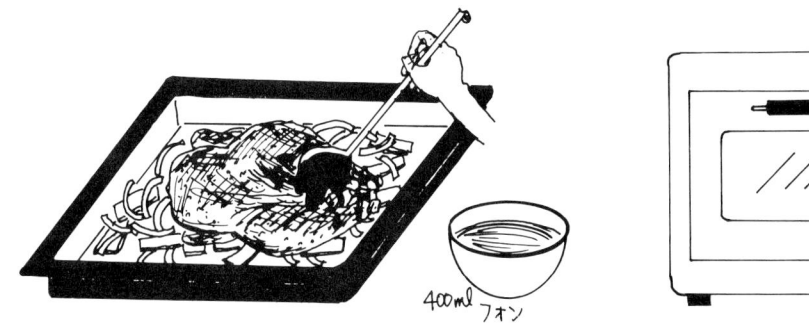

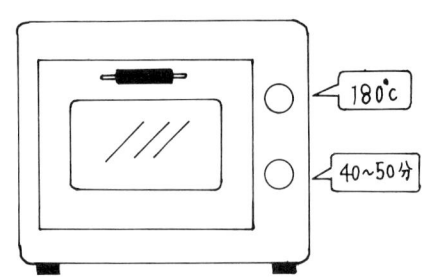

3　盛り付ける

⑩紙で作った飾りを足先にかぶせ、飾りの元をリボンで結んで装飾する。
⑪ローストチキンのまわりに、付け合わせを彩りよく盛り付ける。
⑫天板にたまった焼き汁を漉す。
⑬塩、こしょうで味を整え、ソースポットに入れテーブルにセットする。

4　サービスの仕方

⑭各部位ごとに切り分けて付け合わせのにんじんのグラッセ（p201参照）、芽キャベツのソテー（p135）とともに、各人の皿に取り分け、ソースをかけて供する。

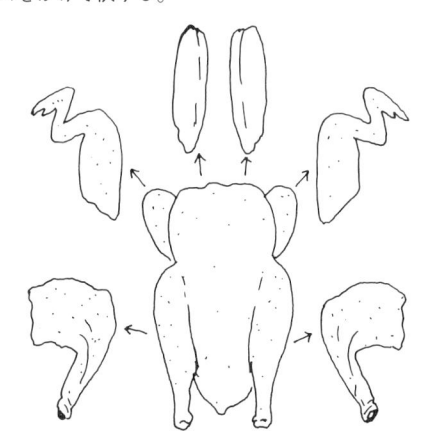

＊足飾りの作り方

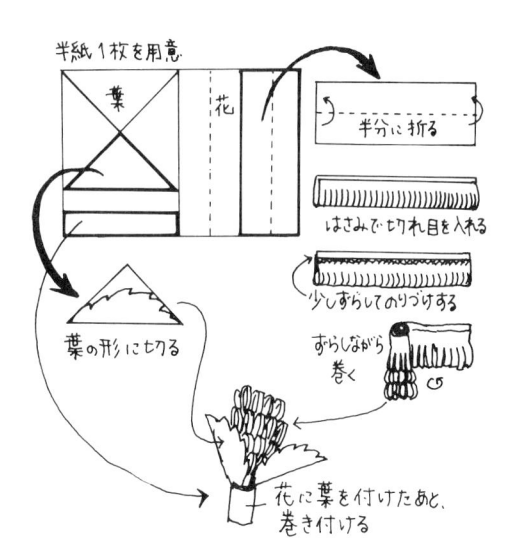

MEMO
＊鶏は脂肪が少ないので表面が乾かないように、数回かけ汁をかける。
＊いろいろな詰め物をした物など数種ある。
＊ブリデ(仏：brider)：家禽の形を整えるために細紐でぬって手羽や脚をしばること。
＊グレーヴィソース(Gravy sauce)：肉をローストした後、鉄板にたまった焼き汁を漉して味を整えた、褐色系ソースの1つ。

(阿久澤)

若鶏のソテー・シャスール
(仏) Poulet sauté chasseur
プーレ ソテー シャスール

若鶏のソテー・シャスール 栄養価(1人分)	
エネルギー	1,153 kcal
たんぱく質	56.4 g
脂肪	84.3 g
カルシウム	55 mg
鉄	2.3 mg
ビタミンA	379 μgRE
ビタミンB1	0.3 mg
ビタミンB2	0.7 mg
ビタミンC	29 mg
食物繊維	3.3 g

1日の栄養所要量に占める割合	
エネルギー	56 %
たんぱく質	103 %
脂肪	148 %
カルシウム	9 %
鉄	19 %
ビタミンA	70 %
ビタミンB1	42 %
ビタミンB2	69 %
ビタミンC	29 %
食物繊維	13 %

材料(4人分)

鶏もも肉	4枚	ソース・エスパニョール	200ml	
食塩	鶏の重量の1%	マッシュルーム	80g	
こしょう	適宜	パセリ	少量	
小麦粉	鶏の重量の5%	**付け合わせ**		
サラダ油	鶏の重量の8%	きゅうりのグラッセ		
バター	鶏の重量の8%	きゅうり	3本	
ブランデー	30ml	バター	25g	
白ワイン	200ml	砂糖	3g	(小1)
トマト	150g	食塩	少量	
エシャロット	3粒	水	適量	

作り方

1 鶏肉をソテーする

①鶏もも肉を1/2に切り、縮まないよう切り目を入れ、塩、こしょうをして丸める。

②皮目に浅く切り込みを入れ、小麦粉をまぶす。

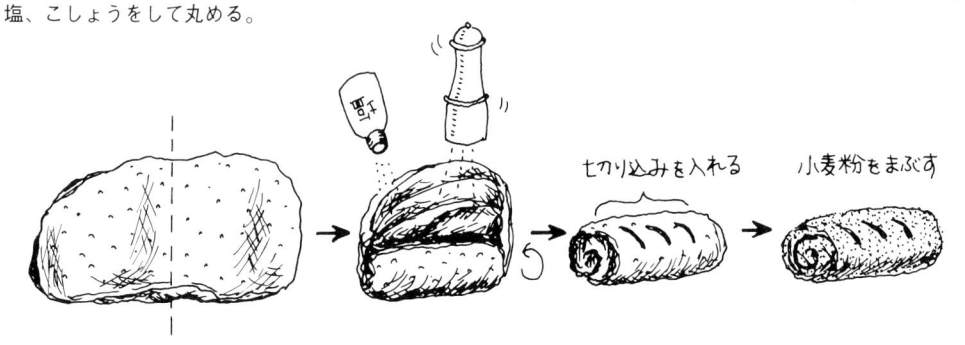

③ソテー鍋にサラダ油とバターを入れ、火にかけて肉に焦げ目を付ける。

④余分な油を捨て、よく熱してからブランデーを振りかけフランベする(フランベはp129参照)。

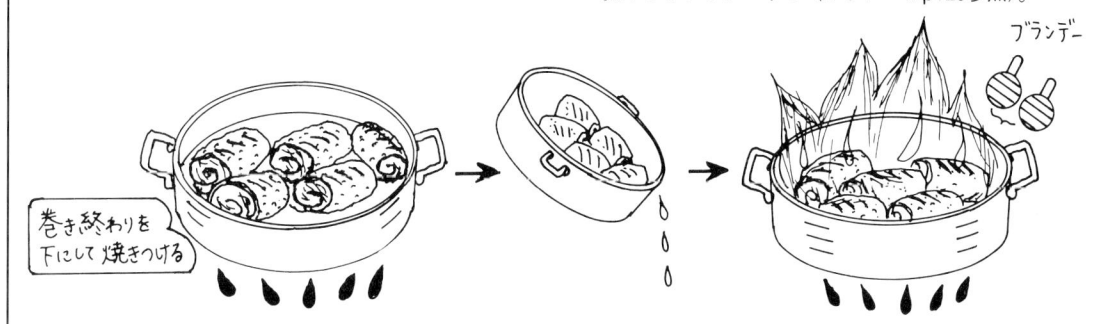

2 鶏肉を蒸し煮する

⑤弱火にして白ワインを入れ、鍋の焦げ付きをよく溶かす。

⑥湯むきしてみじん切りのトマトと、みじん切りの　　⑦ソース・エスパニョールを入れ、弱火で10分煮込む。
　エシャロットを入れ、蓋をして弱火で20分蒸し煮する。

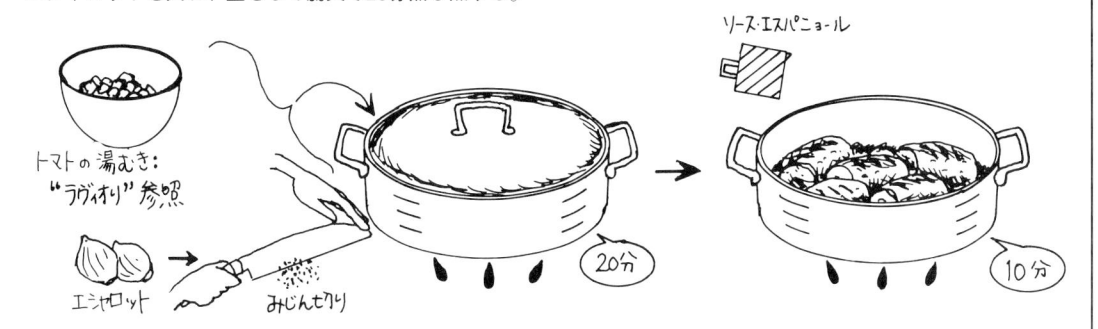

⑧鶏肉を取り出し、スライスしたマッシュルームを加え、　⑨塩、こしょうで味を整える。
　煮込んで濃度を調整する。

3　付け合わせを作り、盛り付ける

⑩ホーロー鍋にシャトー切りにしたきゅうりを入れ、調味料と水を入れる。
⑪落とし蓋をして、柔らかくなるまで煮る。
⑫バターを入れ水分を蒸発させる（きゅうりのグラッセはp203参照）。

⑬鶏を皿の中心に置き、まわりにきゅうりのグラッセを飾り、ソースをかけてパセリのみじん切りを散らし、テーブルにセットする。

MEMO
＊鶏肉は、巻いた端を下にして焼き付けると形が崩れにくい。
＊蒸し煮の時に、紙にバターを塗って落とし蓋をするとよい。
＊料理した後の天板や鍋底に煮詰まった焼き汁や煮汁を、だし汁やワインなどで煮溶かすことをデグラセ（仏：deglacer）という。
＊ブラウンソース（香ばしく茶色に炒めたルーを茶色のフォンでのばしたもの）に野菜類を加え、1～2日煮込んだものをソース・エスパニョール、4～5日かけたものをソース・ドミ・グラス（仏：Sauce demi-glace）という。
＊パセリは茹でて、絞ってから刻むと細かく刻める。

（阿久澤）

Chapter 10 鶏卵

茹で卵
(半熟卵／温泉卵／瓢亭卵／落とし卵)

半熟卵
(英) Soft-boiled-egg
(仏) Œufs à la coque
　　ウー　ア　ラ　コック

材料

卵　　50g（1個）

半熟卵（1個）栄養価（1人分）		1日の栄養所要量に占める割合	
エネルギー	76 kcal	エネルギー	3 %
たんぱく質	6.5 g	たんぱく質	12 %
脂肪	5.2 g	脂肪	9 %
カルシウム	26 mg	カルシウム	4 %
鉄	0.9 mg	鉄	8 %
ビタミンA	75 μgRE	ビタミンA	12 %
ビタミンB1	φ mg	ビタミンB1	4 %
ビタミンB2	0.2 mg	ビタミンB2	20 %
ビタミンC	0 mg	ビタミンC	0 %
食物繊維	0 g	食物繊維	0 %

作り方

①鍋に卵と卵がかぶるくらいの水を入れて火にかけ、80℃になるまで卵を転がす。
②沸騰したら火を弱め、2～3分または4～5分、好みの硬さに茹でる。
③茹だったらすぐ冷水に取り、1分ぐらいおいて取り出す。
④エッグスタンドまたはクルートンにのせて供する。

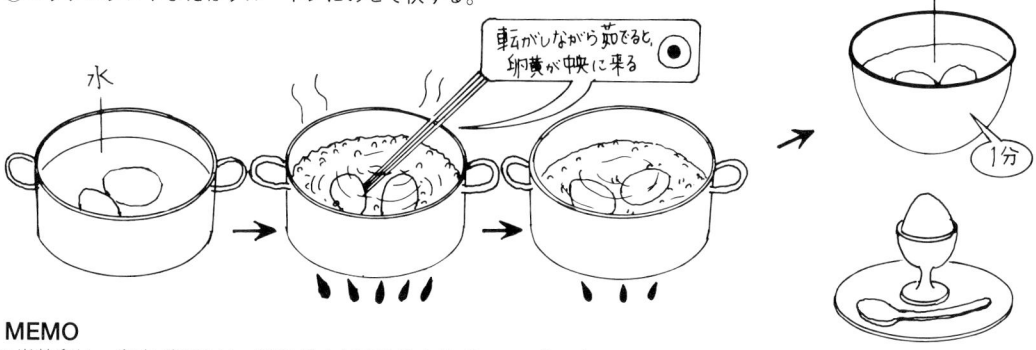

MEMO
＊半熟卵は、卵白が固まり、卵黄がまだ流動性を帯びている茹で卵。
＊卵白は卵黄より凝固温度が高いので、高温の湯に短時間漬けると、卵黄が固まる前に卵白が先に固まり、半熟になる。

温泉卵

材料

卵　　50g（1個）

温泉卵（1個）栄養価（1人分）		1日の栄養所要量に占める割合	
エネルギー	76 kcal	エネルギー	3 %
たんぱく質	6.5 g	たんぱく質	12 %
脂肪	5.2 g	脂肪	9 %
カルシウム	0.9 mg	カルシウム	4 %
鉄	26 mg	鉄	8 %
ビタミンA	75 μgRE	ビタミンA	12 %
ビタミンB1	φ mg	ビタミンB1	4 %
ビタミンB2	0.2 mg	ビタミンB2	20 %
ビタミンC	0 mg	ビタミンC	0 %
食物繊維	0 g	食物繊維	0 %

作り方

①卵を65～70℃の湯に、20～25分間入れて茹でる。
②エッグスタンドまたはクルートンにのせて供する。

MEMO
＊温泉卵とは、卵黄が固まり、卵白がまだ流動性を帯びている茹で卵。
＊卵黄は卵白より凝固温度が低いので、低温で長時間茹でると、卵白の凝固点に達する前に、卵黄だけが固まる。

瓢亭卵
（ひょうてい）

材料
卵　50g（1個）

瓢亭卵（1個）栄養価（1人分）		1日の栄養所要量に占める割合	
エネルギー	76 kcal	エネルギー	3 %
たんぱく質	6.5 g	たんぱく質	12 %
脂肪	5.2 g	脂肪	9 %
カルシウム	0.9 mg	カルシウム	4 %
鉄	26 mg	鉄	8 %
ビタミンA	75 μgRE	ビタミンA	12 %
ビタミンB1	φ mg	ビタミンB1	4 %
ビタミンB2	0.2 mg	ビタミンB2	20 %
ビタミンC	0 mg	ビタミンC	0 %
食物繊維	0 g	食物繊維	0 %

作り方
① 生まれて3日ほどの卵を、水から入れて半熟卵と同様に茹でる。
② 殻をむいて糸または包丁で2等分し、切り口を見せて盛り付ける。

MEMO
＊瓢亭卵とは、朝粥で有名な京都南禅寺の料亭『瓢亭』の家伝とされる半熟卵のこと。

落とし卵
(英) Poached egg
(仏) Oeufs pochés
　　　ウー　ポシェ

材料
卵	50g（1個）
水	400ml
食塩　（水の0.8%）	3.2g
食酢　（水の3%）	12ml

落とし卵（1個）栄養価（1人分）		1日の栄養所要量に占める割合	
エネルギー	82 kcal	エネルギー	4 %
たんぱく質	6.2 g	たんぱく質	11 %
脂肪	6.0 g	脂肪	11 %
カルシウム	28 mg	カルシウム	5 %
鉄	1.1 mg	鉄	9 %
ビタミンA	80 μgRE	ビタミンA	13 %
ビタミンB1	φ mg	ビタミンB1	2 %
ビタミンB2	0.2 mg	ビタミンB2	20 %
ビタミンC	0 mg	ビタミンC	0 %
食物繊維	0 g	食物繊維	0 %

作り方
① 卵は小さい器に割っておく。
② 小鍋に水を入れて火にかけ、沸騰したら塩、酢を入れ、火を弱める。
③ 小鍋に卵を静かに入れる（湯温90〜95℃）
④ 卵白が固まったら火を止め、蓋をして2〜3分おき、卵黄を半熟に茹でる。
⑤ 茹で上がったら穴杓子で取り出し、水気を切り、形を整える。

MEMO
＊新鮮卵が適する。
＊沸騰水中に食塩、食酢を添加することで、半熟状態の卵黄を卵白がきれいにおおい、ちょうど白身が黄身を包み込んだようになる。

（大迫）

卵焼き
（厚焼き卵／薄焼き卵）

厚焼き卵 栄養価（1人分）	
エネルギー	120 kcal
たんぱく質	6.0 g
脂肪	6.0 g
カルシウム	38 mg
鉄	1.0 mg
ビタミンA	75 μgRE
ビタミンB1	0 mg
ビタミンB2	0.2 mg
ビタミンC	6 mg
食物繊維	1 g

1日の栄養所要量に占める割合	
エネルギー	6 %
たんぱく質	12 %
脂肪	11 %
カルシウム	6 %
鉄	8 %
ビタミンA	14 %
ビタミンB1	0 %
ビタミンB2	22 %
ビタミンC	6 %
食物繊維	3 %

厚焼き卵（だし巻卵）

材料（4人分）

卵	200g	（4個）	サラダ油	適量
だし汁（卵の30%）	60ml	（大4）	木の芽	4枚
砂糖（卵＋だし汁の10%）	25g		だいこん	200g
醤油（卵＋だし汁の0.4%）	1ml	（小1/5）	醤油	少量
食塩（卵＋だし汁の0.8%）	2g	（小2/5）		

作り方

1　卵液を作る

①ボールに卵を割り入れ、だし汁、砂糖、醤油、塩を加えて混ぜ合わせる。

②卵焼き器を火にかけ十分に熱し、サラダ油を入れ熱くなったら、余分な油をあける。ティッシュペーパーで、油を卵焼き器の側面までよく塗る。

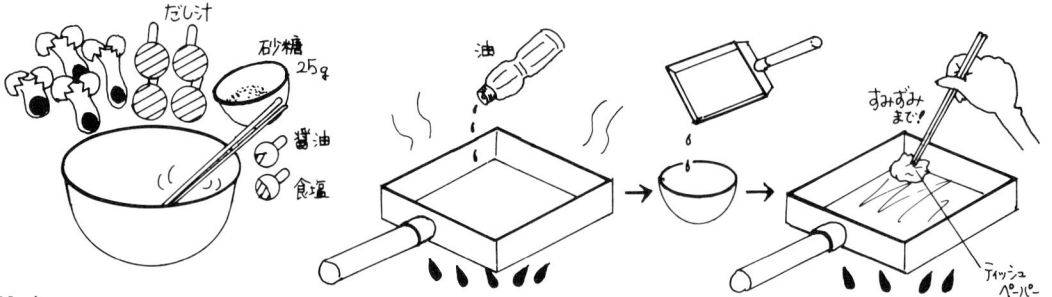

2　焼く

③再び卵焼き器を火にかけ、卵液を流した時ジュッと音がするほどに熱したら、卵液の約1/3を流し入れる。

④八分通り火が通ったら、向こう側から菜箸の先を入れて手前に折って巻く。

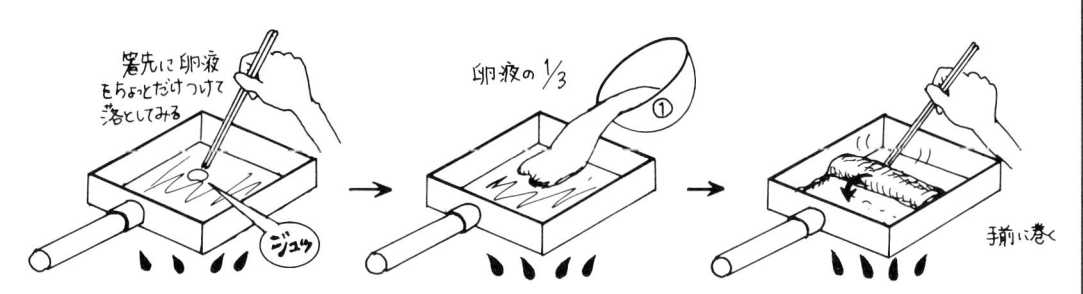

④あいた部分に油を薄く塗り、巻いた卵を向こう側に寄せ、今度は手前側に油を塗る。

⑤残りの半分の卵液を流し入れ、巻いた卵を持ち上げて、その下にも流す。この卵液が固まりかけたら、先に巻いた卵を芯にして、手前に巻く。

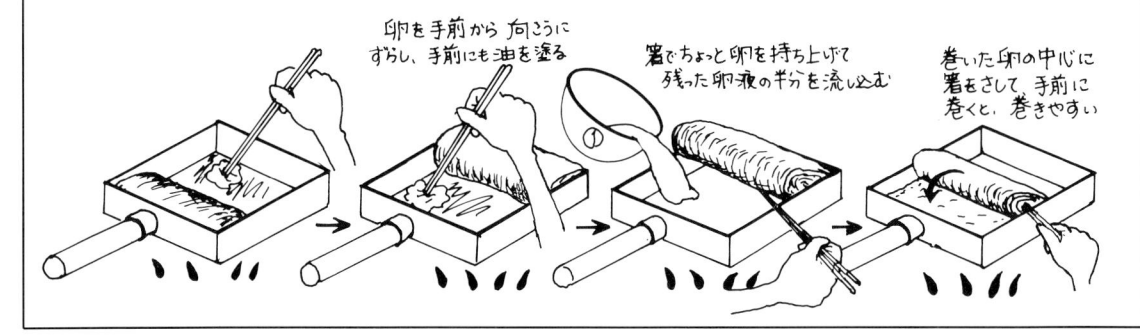

⑥前と同様に油を塗って残りの卵液を流し、手前に巻いて焼き上げ、巻き簀で巻いて形を整える。

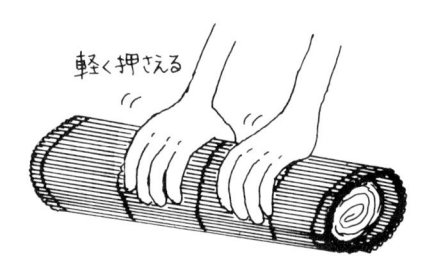

3 盛り付ける
⑦冷めて形付いたら切り、おろし大根をあしらい、卵に木の芽をのせる。

薄焼き卵（錦糸卵）

材料
卵		2個
食塩	（卵の0.8％）	1g（小1/5）
砂糖	（卵の0.5〜10％）	10g（大1）
澱粉	（卵の1.5％）	2g（小2/5）

作り方
1 卵液を作る
①ボールに卵を溶き、裏漉しして均質にする。塩、砂糖、同量の水で溶いた澱粉を加えてよく混ぜる。

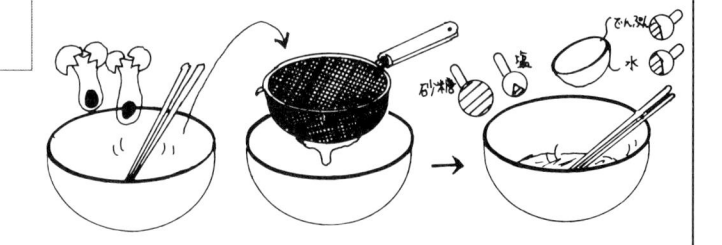

2 焼く
②卵焼き器に油を引いて、余分な油を拭き取る。卵液を落とし、ジュッと音がする温度になったら火を弱める。
③卵液を卵焼き器の中心部に流し入れ、全体に広がるように卵焼き器を回し、余分な卵液はボールに戻し、すぐ弱火にかける。 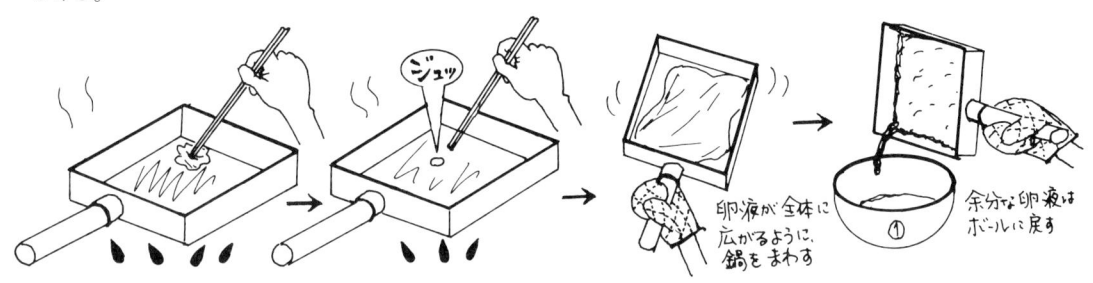
④表面が固まったら裏返し、卵焼き器にあて、乾いた器に取る。

3 細切りにする
⑤細く切って錦糸卵にし、寿司や酢の物に飾る。

MEMO
＊熱した卵焼き器に卵液を流す温度が高いほど（100℃以上）、卵焼きのきめは細かくなり、100℃以下では粗くなる。
＊薄焼き卵を広げたまま使って、茶巾寿司にすることもある。

（津田）

伊達巻（だてまき）

伊達巻 栄養価（1人分）	
エネルギー	110 kcal
たんぱく質	6.6 g
脂肪	4.1 g
カルシウム	23 mg
鉄	0.8 mg
ビタミンA	56 μgRE
ビタミンB1	0 mg
ビタミンB2	0.2 mg
ビタミンC	0 mg
食物繊維	0 g

1日の栄養所要量に占める割合	
エネルギー	5 %
たんぱく質	12 %
脂肪	7 %
カルシウム	4 %
鉄	7 %
ビタミンA	10 %
ビタミンB1	0 %
ビタミンB2	20 %
ビタミンC	0 %
食物繊維	0 %

材料（4人分）

卵		3個	（150 g）
白身魚のすり身	（卵の50%）	75 g	
煮切りみりん	（卵とすり身の10%）	22 g	（大1・1/4）
砂糖	（卵とすり身の10%）	22 g	（大2・1/2）
薄口醤油	（卵とすり身の2.5%）	5ml	（小1）
だし汁	（卵とすり身の10%）	23ml	（大1・1/2）

作り方

1　下準備をする

①白身魚の身はすり鉢ですり、なめらかにする。

②卵を溶き、少量ずつ混ぜながら、①に徐々に入れる。卵だけでは混ぜにくいので、だし汁を同時に約1/2量入れる。

③調味料（煮切りみりん、砂糖、薄口醤油）を入れる。残りのだし汁で硬さを調節しながらすり混ぜ、裏漉す。

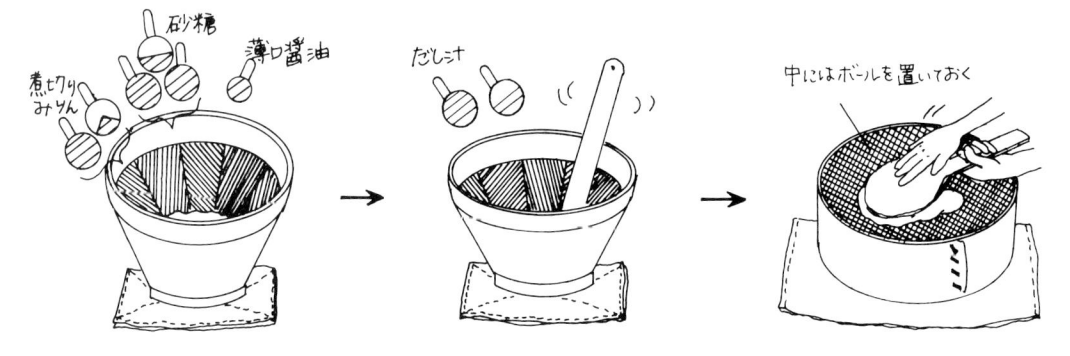

2　加熱をする

④卵焼き鍋を熱して薄く油を塗り、すり身の入った卵を一度に流し入れて弱火で焼く。

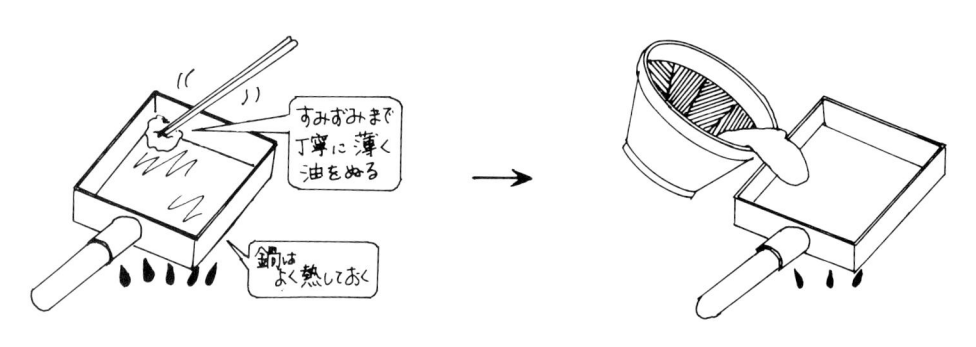

⑤卵焼き鍋の周りの方に火が通り、表面が白く固まったら裏返して焼く（木蓋などを利用すると、裏返しやすい）。

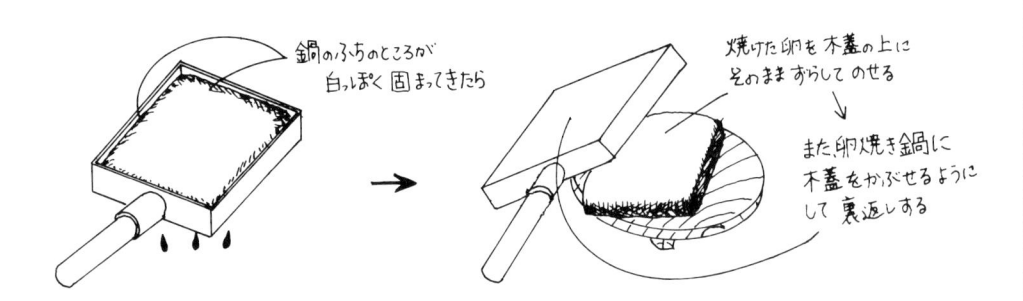

⑥初めに焼いた方を下側に置き、表面に3本くらい浅く包丁目を入れて軽く巻き、巻き簀で形を整える
（巻き簀は、鬼すだれを利用する）。

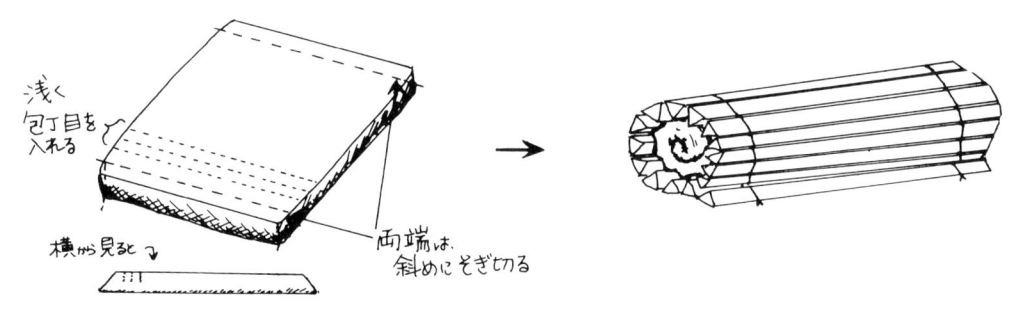

⑦冷えてから巻き簀をはずし、1.5cm幅に切る。

3 盛り付けをする

⑧器に盛り付ける。

MEMO
＊魚のすり身の代わりに、はんぺんを裏漉して用いてもよい。
＊煮切り（煮切りみりん、煮切り酒）：アルコール分があると味を損ねたり蛋白質を硬くしめたりするので、アルコール分を減らす方法。鍋にみりんや酒を入れて沸騰させ、蒸発するアルコール分に火を付けて燃やす。ただし酒やみりんを入れて長時間加熱する場合は、煮切る必要はない。
＊オーブンを用いる場合は、180℃で20分くらい焼くと手軽にできる。
＊卵焼き鍋を火から下ろし、30秒おくと卵がはずれやすくなる。両端を斜めにそいで巻き込む。
＊鬼すだれ：厚焼きや伊達巻きなど、厚みがあり大きい卵焼きを、巻く時や模様（線）を付けたい時、竹の一本ずつが三角形になっている巻き簀。

（太田）

プレーンオムレツ
(英) Plain omelet (仏) Omelette
オムレット

材料（1人分）

卵	100g	（2個）
牛乳	15ml	（大1）
食塩	0.4g	
白こしょう	少量	
バター	13g	（大1）

（4人分）

卵	400g	（8個）
牛乳	60ml	（大4）
食塩	2g	（小2/5）
白こしょう	少量	
バター	52g	（大4）

プレーンオムレツ 栄養価（1人分）

エネルギー	258 kcal
たんぱく質	12.9 g
脂肪	21.4 g
カルシウム	70 mg
鉄	1.8 mg
ビタミンA	223 μgRE
ビタミンB1	0.1 mg
ビタミンB2	0.5 mg
ビタミンC	0 mg
食物繊維	0 g

1日の栄養所要量に占める割合

エネルギー	13 %
たんぱく質	23 %
脂肪	38 %
カルシウム	12 %
鉄	15 %
ビタミンA	41 %
ビタミンB1	8 %
ビタミンB2	46 %
ビタミンC	0 %
食物繊維	0 %

作り方

1 卵を焼く

①ボールに一人分の卵（2個）を割りほぐし、牛乳、塩、こしょうを加えてざっとかき混ぜる。
（ほぐしすぎると泡が立ち、白身のこしがなくなりふっくら焼き上がらない）

②フライパンにバターを入れ熱し、①の材料を流し入れる。
③卵を大きく円を描くようにかき回しながら、均一に火を通す。半熟になったら、フライパンの向こう側に卵を寄せる。

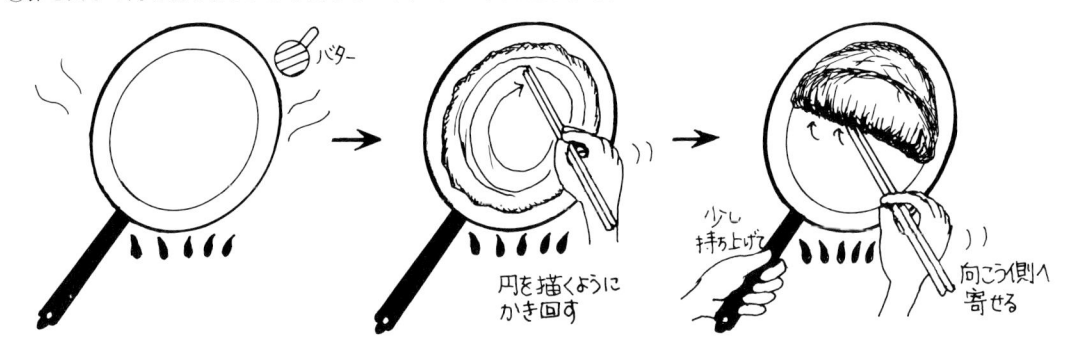

④フライパンの手前を持ち上げ、軽く上下に動かしながら卵を返し、柄の受け根を片方の手に軽く当てて形を整える。

2 盛り付ける

⑤温めた皿に、焼き上がった卵を盛り付ける。

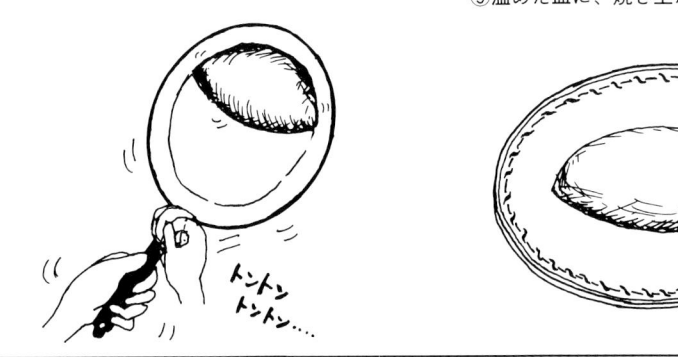

イタリア風トマトソース

材料（2カップ分）

完熟トマト	400g
玉ねぎ	50g
にんにく	1かけ分
パセリ	1茎分
バジル	適量
ローリエ	1枚
オリーブ油	カップ1/4
白ワイン	50ml
食塩	小1
砂糖	少量

作り方

① トマトを沸騰した湯に入れ皮をむき（湯むき）、4つ割りにしてへたを除き、1cm角に刻む。

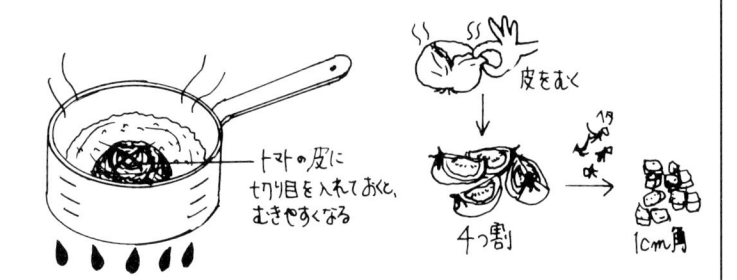

② 玉ねぎ、にんにく、パセリをみじん切りにする。

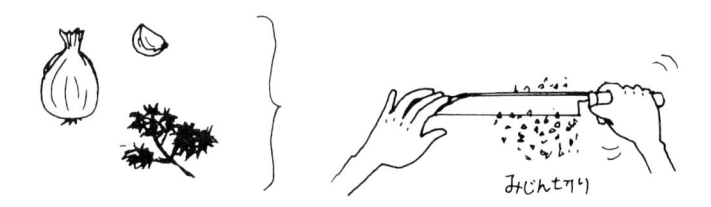

③ 鍋に油を入れ、玉ねぎを加えて透き通るまで炒める。
パセリ、バジル、ローリエを炒め、白ワインを加え、アルコール分が飛んだらトマトを加える。

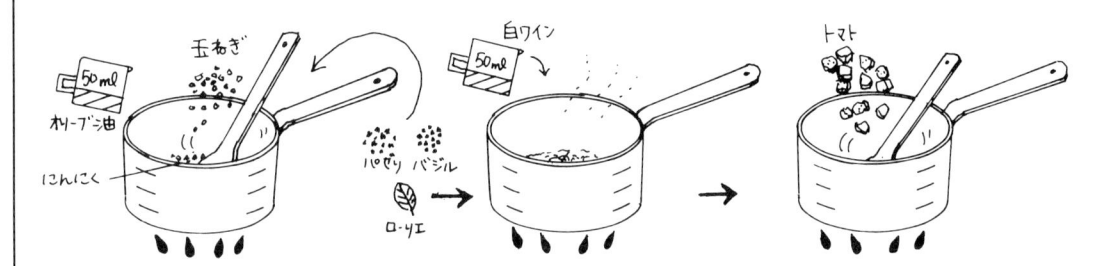

④ 塩、砂糖を加えて30分煮て、仕上げる。

MEMO
* フライパンはよく慣れた（鏡のように表面がなめらかな）ものがよい。そのために、フライパンに油を入れて熱したら、余分な油をあけて拭き取っておくとよい。
* オムレツは表面が焼け、内部は柔らかな半熟状態になっているのが理想的である。
* 朝食用に作られることが多いが、その時はケチャプなどかけないプレーンなものを用いる。昼食や夕食の場合はソース（トマトソースなど）を加えたり、卵に具（えび、かにを野菜と一緒に炒めたものなど）を入れるとよい。具の重量は卵の1/3の量にする。じゃがいもや野菜を炒め、オムレツの付け合わせにすることもある。
* ジャムの入ったオムレツ・ア・ラ・コンフィチュー（仏：Omelette a la confiture）など、菓子用オムレツには、こしょうを入れない。

（名倉）

スクランブルドエッグ／煎り卵
(英)Scrambled egg (仏)Oeufs brouillés
ウー ブルイエ

スクランブルエッグ 栄養価（1人分）	
エネルギー	361 kcal
たんぱく質	15.2 g
脂肪	26.6 g
カルシウム	78 mg
鉄	2.0 mg
ビタミンA	249 μgRE
ビタミンB1	0.1 mg
ビタミンB2	0.5 mg
ビタミンC	1 mg
食物繊維	0.6 g

1日の栄養所要量に占める割合	
エネルギー	18 %
たんぱく質	28 %
脂肪	47 %
カルシウム	13 %
鉄	16 %
ビタミンA	46 %
ビタミンB1	11 %
ビタミンB2	47 %
ビタミンC	φ %
食物繊維	2 %

スクランブルドエッグ

材料（4人分）

卵	8個	食パン	2枚
牛乳	60ml	バター	20g
食塩	4g	セルフィユ	適宜
こしょう	少量		
バター	52g（大4）		

作り方

1 卵を焼く

①ボールに卵を割り入れ、ほぐし、牛乳、塩、こしょうを加えて合わせる。

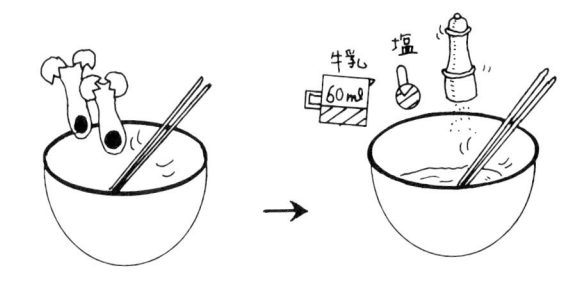

②底の厚い鍋を温め、バターを溶かし卵を入れる。弱火で木べらを用い、卵をかき回しながら混ぜ、半熟状態になるまでかき混ぜる。湯煎で調理してもよい。

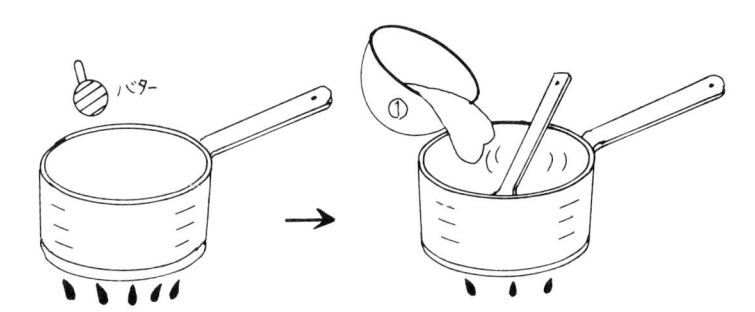

2 盛り付ける

③食パンを半分に切り、パンをトーストしバターを塗る。　　④セルフィユを細かく切る。

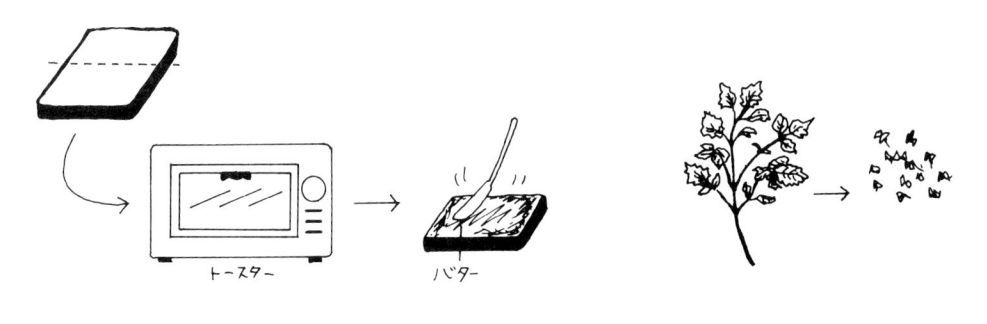

⑤トーストの上に卵をのせ、セルフィユをおく。

MEMO
＊スクランブルドエッグはとろりとしたクリーム状に仕上げる。日本の煎り卵のようにぼろぼろの状態まで火を通し過ぎないようにする。そのため、火力を弱め、よく撹拌しながら調理する。

煎り卵

材料（4人分）

卵	200g（4個）
食塩	1g
醤油	5ml（小1）
砂糖	12g
だし汁	30ml

作り方

①ボールに卵を割りほぐし、砂糖、塩、醤油、だし汁を加えてよく混ぜる。泡を立てないように注意する。

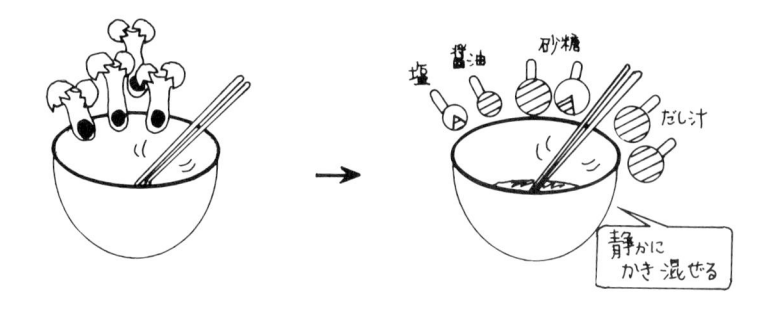

②鍋に卵を入れ、弱火にかけ、箸4～5本でかき混ぜる。

③そぼろ飯の場合、ご飯の上にかけて盛り付ける。

MEMO
＊煎り卵は煎り煮の調理操作による料理で、材料を調味料とともに鍋に入れ加熱し、油を使わずに煎り付ける。煎り煮には、でんぶやおからなどの料理がある。

（名倉）

芙蓉蟹 (フゥロンシェ)
かに玉

材料（4人分）

卵	4個			
かに缶	100g			
干ししいたけ	2枚			
長ねぎ	1/2本			
酒	3ml	(小1/2)		
食塩	2g	(小1/3)		
こしょう	少量			
油	大4			

あん		
湯（タン）	200ml	(カップ1)
A（調味料）		
薄口醤油	5ml	(小1)
食塩	1g	(小1/5)
酒	5ml	(小1)
砂糖	2g	(小1/3)
水溶き片栗粉	片栗粉小1	
	（これを2倍量の水で溶く）	
グリーンピース	20g	

芙蓉蟹 栄養価（1人分）

エネルギー	200 kcal
たんぱく質	10.8 g
脂肪	15.3 g
カルシウム	46 mg
鉄	1.2 mg
ビタミンA	79 µgRE
ビタミンB1	0.1 mg
ビタミンB2	0.2 mg
ビタミンC	3 mg
食物繊維	1.1 g

1日の栄養所要量に占める割合

エネルギー	10 %
たんぱく質	20 %
脂肪	27 %
カルシウム	8 %
鉄	10 %
ビタミンA	15 %
ビタミンB1	6 %
ビタミンB2	24 %
ビタミンC	1 %
食物繊維	3 %

作り方

1　下準備をする

①かにを缶から出し、軟骨を取り除きほぐしておく。干ししいたけは水に漬けて戻し、絲（千切り）に切る。長ねぎは2〜3cmに絲に切る。

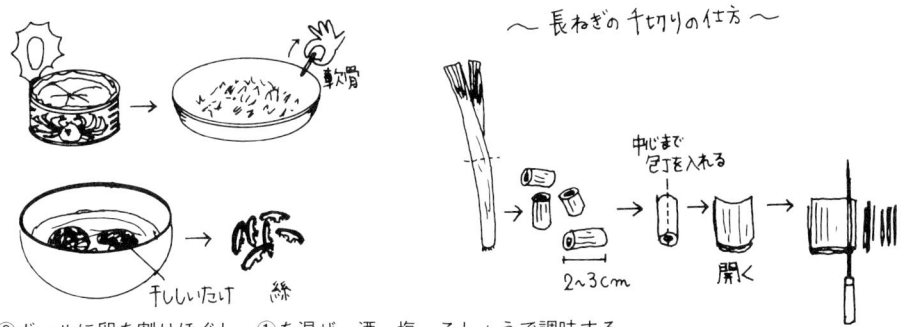

②ボールに卵を割りほぐし、①を混ぜ、酒、塩、こしょうで調味する。

③グリーンピースは塩茹でする（缶詰、冷凍の場合は熱湯をかけておく）。

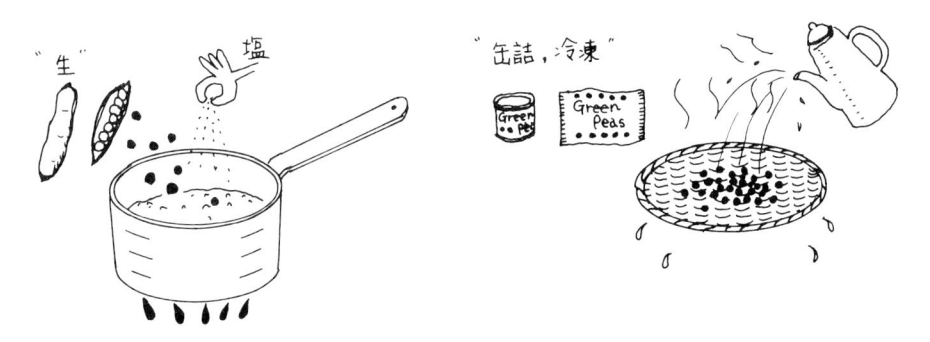

2 卵を焼く

④中華鍋を熱くし、油を入れ、煙の出る直前に②を入れ、卵が固まりかけたら鉄鏟(ティエチャン)でふんわりと卵を返し、半熟状態で丸くまとめる。

3 あんを作る

⑤中華鍋に湯(タン)を入れて火にかけ、A(あんの調味料)を加え煮立たせる。

⑥水で溶いた片栗粉を入れ鉄勺(ティエシャオ:玉杓子)で撹拌しながらとろりとさせ、グリーンピースを加える。

4 盛り付ける

⑦温めた中華皿の中央に、④の卵を盛り、その上から⑥のあんをかける。
1人分ずつ焼いて盛る場合と、数人分をまとめて焼いて盛り付け、食卓で切り分け取り回す場合がある。

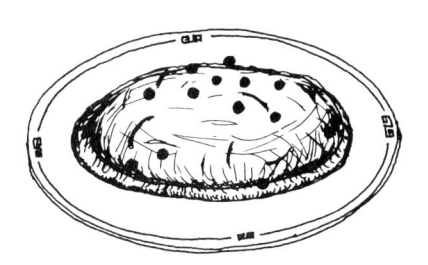

MEMO
* 中華鍋を十分熱しておき、卵が固まりかけた時に手早く撹拌すると、半熟状態の卵になりやすい。卵の料理は他の中国料理の炒め物に比べ、火加減をやや弱くするとよい。
* フゥロンシェは北京名、フーヨーハイは広東名である。
* 鉄鏟:鉄製の柄の長いヘラで、金刀(チャヌダオ)ともいう。中国料理の炒め物の材料を撹拌したり、裏返したりする時に用いる。
* 鉄勺:鉄製の柄の長い玉杓子のことで、鉄瓢(ティエピャオ)ともいう。液状のものをすくったり、材料を混ぜたり、仕上がった料理を鍋から皿に盛り付けたりする時に用いる。

(名倉)

卵豆腐
(たまごどうふ)

卵豆腐　栄養価（1人分）	
エネルギー	73 kcal
たんぱく質	4.7 g
脂肪	3.9 g
カルシウム	20 mg
鉄	0.7 mg
ビタミンA	56 μgRE
ビタミンB_1	φ mg
ビタミンB_2	0.2 mg
ビタミンC	0 mg
食物繊維	0 g

1日の栄養所要量に占める割合	
エネルギー	4 %
たんぱく質	9 %
脂肪	7 %
カルシウム	3 %
鉄	6 %
ビタミンA	10 %
ビタミンB_1	3 %
ビタミンB_2	16 %
ビタミンC	0 %
食物繊維	0 %

材料（7.5×12×4.5cmの型）

卵	150g（3個）	くずあん	
だし汁（卵の1.4倍）	200ml	だし汁	400ml（カップ2）
A（調味料）		醤油	5ml（小1）
食塩	少量	みりん	10ml（小2）
薄口醤油	少量	食塩	少量
酒	10ml（大2/3）	水溶き片栗粉	片栗粉9g（大1） （これを2倍量の水で溶く）
		わさび	少量

作り方

1　卵豆腐を作る
①だし汁を取り、さましておく（p223混合だしの①参照）。
②卵を溶きほぐし、だし汁とA(調味料)を合わせ、固く絞った布巾で漉す。
③水通しした流し缶に入れて、表面の泡を除き、蒸気の上がった蒸し器に入れ、弱火で15～20分蒸す。 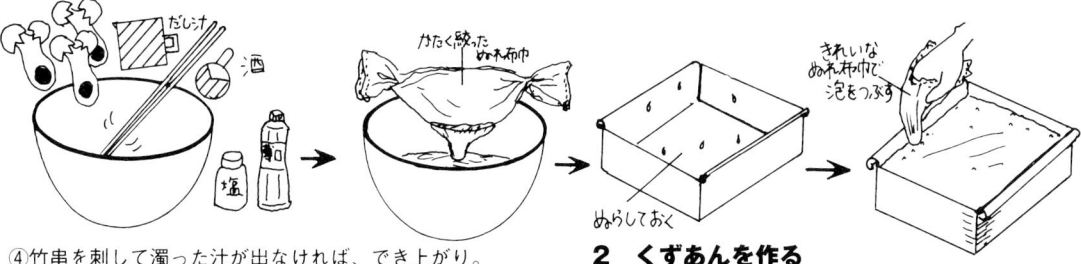
④竹串を刺して濁った汁が出なければ、でき上がり。容器から取り出して、4等分に切る。

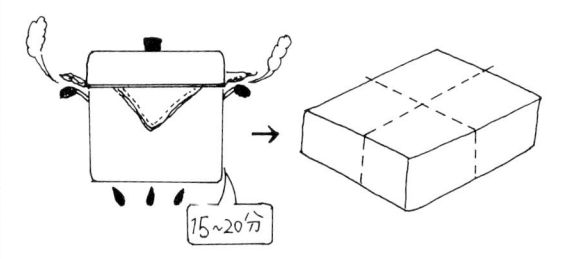

2　くずあんを作る
⑤だし汁を鍋に入れて火にかけ、調味料を加えて煮立ったら水溶きした片栗粉を加えてくずあんを作り、さましておく。

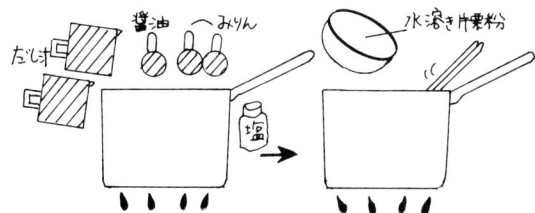

3　盛り付ける
⑥器に卵豆腐を盛り、くずあんを張り、わさびを添えて供す。

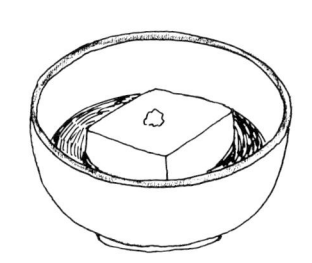

* 茶碗蒸しと卵豆腐の、卵1個（50g）に対するだし汁と調味料の割合

（A＝卵＋だし汁）

	だし汁	食塩	醤油
茶碗蒸し	150～200ml （卵の3～4倍）	1.2～1.6g （Aの0.6～0.8%）	2ml （Aの1%）
卵豆腐	70ml （卵の1.4倍）	0.7～1.0g （Aの0.6～0.8%）	1.2ml （Aの1%）

（A＝卵＋だし汁）

MEMO
* だし汁は必ずさましてから、卵液と混ぜる。
* 蒸す時は、蒸し器内の温度が85～90℃以上にならないようにする。

（高橋）

茶碗蒸し

茶碗蒸し 栄養価（1人分）	
エネルギー	105 kcal
たんぱく質	12.1 g
脂肪	4.2 g
カルシウム	29 mg
鉄	1 mg
ビタミンA	74 μgRE
ビタミンB1	0.1 mg
ビタミンB2	0.2 mg
ビタミンC	2 mg
食物繊維	0.5 g

1日の栄養所要量に占める割合	
エネルギー	5 %
たんぱく質	22 %
脂肪	7 %
カルシウム	5 %
鉄	8 %
ビタミンA	14 %
ビタミンB1	9 %
ビタミンB2	22 %
ビタミンC	2 %
食物繊維	2 %

材料（4人分）

鶏ささみ	80g (2枚)	卵	150g (3個)
しばえび	40g (4尾)	だし汁（卵の3倍の量）	600ml (カップ3)
生しいたけ	40g (4枚)	A(調味料)	
みつば	10g	食塩（卵とだし汁の0.6%）	5g (小1)
ぎんなん	16g (8粒)	醤油	10ml (小2)
柚の皮	少量	みりん	10ml (小2)

作り方

1 下準備をする

①鶏ささみはそぎ切り、しばえびは殻をむき背わたを取って、両方とも酒、塩を振りかける。
②生しいたけは石づきを取り、2～4つに切る。みつばは2～3cm長さに切る。
③ぎんなんの殻を割り、熱湯の中で2～3分茹でて薄皮をむく。
④卵を静かに溶きほぐし、だし汁とA(調味料)を加えて混ぜ合わせ、布巾で漉す（p223混合だしの①参照）。

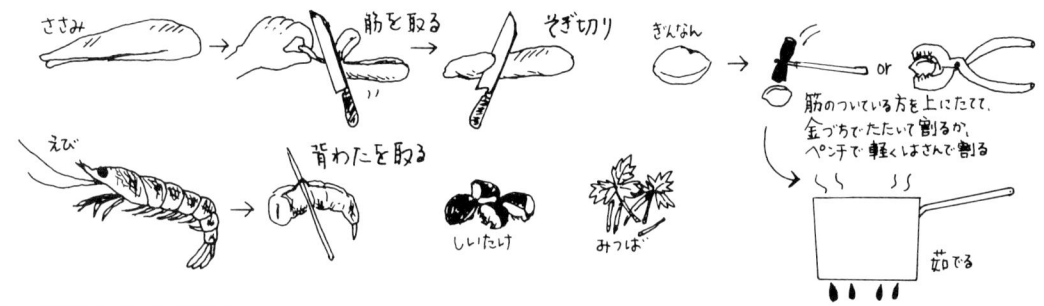

2 材料を合せて蒸す

⑤蒸し茶碗に、ささみ、しばえび、ぎんなん、生しいたけを入れて④の卵汁を注ぎ、浮き上がった泡を取る。

⑥蒸気の上がった蒸し器に、⑤の蒸し茶碗を入れ、強火で2～3分後、弱火で15～20分蒸す。

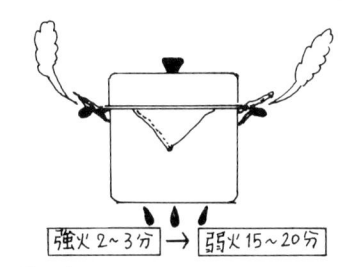

⑦竹串でまん中を刺し、濁った汁が出なければ出来上がり。みつばを入れて火を消す。吸い口として柚の皮を添える。

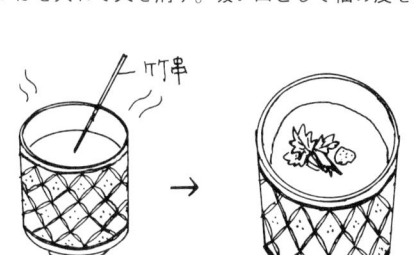

3 盛り付ける

⑧茶卓、または受け皿に懐紙を敷き、蓋をした蒸し茶碗を置く。スプーンを添える。

MEMO

* 強火で蒸すと卵液は100℃まで上がり、蒸気が逃げるので「す」が立ってしまい失敗する。卵液の温度が85～90℃になるよう、弱火にするか、蒸し器の蓋をずらして調節する。
* ささみは塩、酒の代りに薄口醤油を振りかけてもよい（醤油洗い）。
* 茶碗蒸しの具は、白身魚、かまぼこ、ほうれんそうなどでもよい。

（高橋）

カスタードプディング
(英) Custard pudding

カスタードプディング 栄養価(1人分)	
エネルギー	151 kcal
たんぱく質	5.2 g
脂肪	5.4 g
カルシウム	82 mg
鉄	0.5 mg
ビタミンA	65 μgRE
ビタミンB_1	φ mg
ビタミンB_2	0.2 mg
ビタミンC	1 mg
食物繊維	0 g

1日の栄養所要量に占める割合	
エネルギー	7 %
たんぱく質	9 %
脂肪	9 %
カルシウム	14 %
鉄	4 %
ビタミンA	12 %
ビタミンB_1	5 %
ビタミンB_2	20 %
ビタミンC	1 %
食物繊維	0 %

材料(80ml容量のプリン型4個分)

卵	100g (2個)	カラメルソース		
牛乳	250ml	砂糖	35g	(大3強)
砂糖	35g (大3強)	水	20ml	(大1・1/2)
バニラエッセンス	適量	湯	20ml	(大1・1/2)
バター(型塗り用)	少量			

作り方

1 カラメルソースを作る

① プリン型にバターを薄く塗る。
② 小鍋に砂糖と水を入れて溶かし、火にかける。ヘラなどで混ぜないで煮詰める。褐色に色付いたら火を止め、湯を加えて鍋を回し、全体を溶かす。

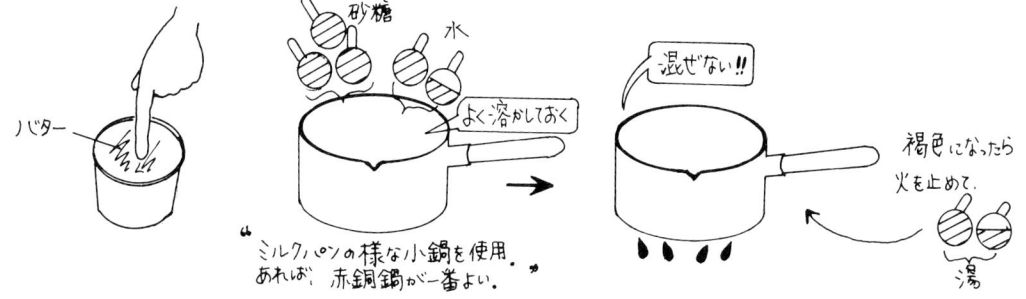

ミルクパンの様な小鍋を使用。あれば、赤銅鍋が一番よい。

③ プリン型の中に注ぎ入れる。

カラメルソースがプリン型の底に広がらないうちに固まっても、焼くと広がるので問題はない

余分なソースは、ビンに入れて保存し、使うとよい

2 カスタードソースを作る

④ 牛乳に砂糖を入れ、溶ける程度に温める。

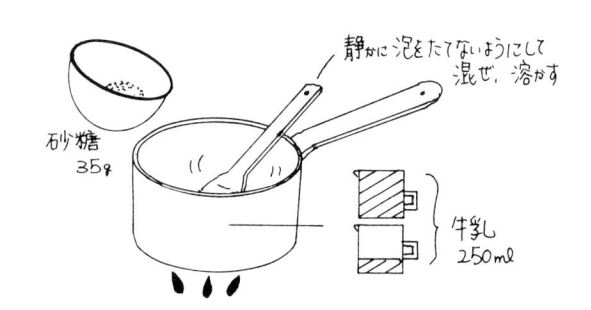

静かに泡をたてないようにして混ぜ、溶かす

砂糖 35g
牛乳 250ml

⑤卵を割りほぐして④と合わせ、香り付けにバニラエッセンスを加えて漉し、①のプリン型に注ぎ分ける。

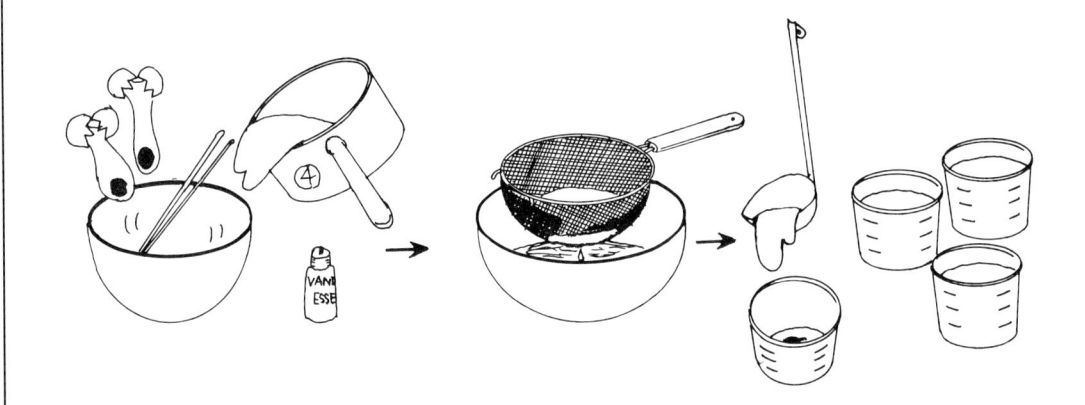

3 プディングを焼く

⑥バットに⑤を並べ、70℃くらいの湯を、プリン型の1/3くらいまで張る。天火の中段で170℃で35～40分程焼く（表面に少し焼き焦げが出来る程度）。蒸し器で蒸す場合は、湯が沸騰してからプリン型を入れ、弱火（85～90℃）にして約12分蒸す。火力が強いと「す」が立って失敗する。

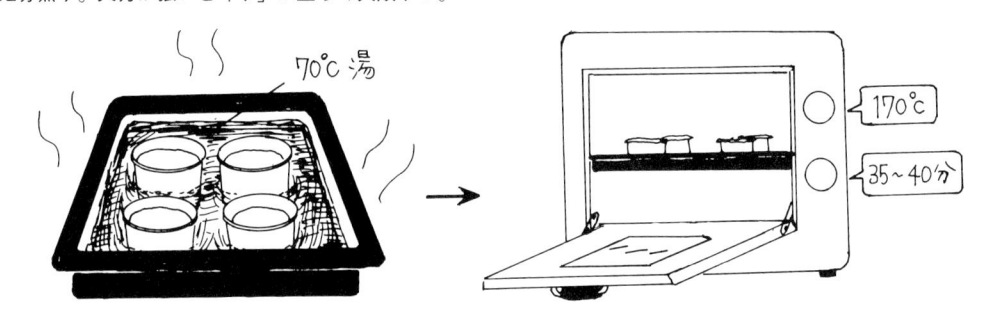

⑦プリン型から器にあけて供す。焼いた直前か、冷やしたものがおいしい。

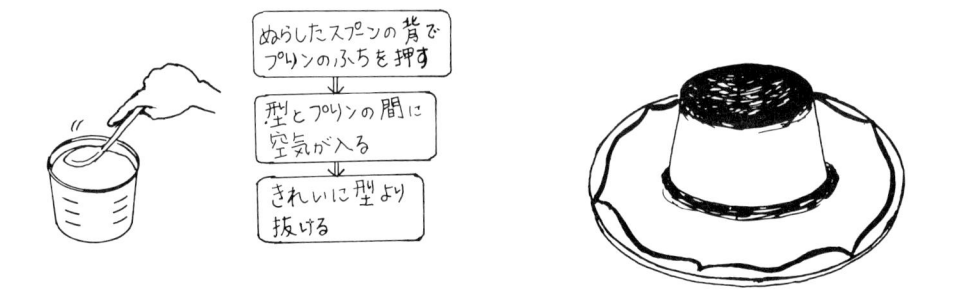

MEMO

*カラメルソースとはアントルメ（仏：entremets sucré 甘いお菓子の総称、sweetsのこと）のソース。茶褐色で香ばしい独特の香りがある。冷製にも温製にも合うソースで、着色料としても利用される。
*カスタードは卵、牛乳、砂糖の混合物。薄くしてカスタードソースや濃くしてカスタードクリームとして使う。カスタードソースに粉（コーンスターチ、片栗粉など）を多めに入れて作ると、カスタードクリームになる(p85参照)。
*プディングとは種々の材料を混ぜ合わせて固めた物で、冷製でも温製でも供される。ローストビーフの付け合わせに欠かせない焼き肉の汁で作ったヨークシャープディングや、血や脂を腸詰めにしたブラックプディングがある。菓子にはカスタードプディングの他に、ライスやパンプディングがある。また果物やナッツを香辛料や酒に長期間漬け込み、それで作るプラムプディングは、別名クリスマスプディングと呼ばれ、英国のクリスマスには欠かせない菓子として親しまれている。

(阿部)

Chapter11 牛乳・乳製品

コーンクリームスープ
(英) Corn cream soup

材料（4人分）

とうもろこし	200g	
（クリームスタイル缶詰1/3缶）		
玉ねぎ	40g	
バター	30g	（大2強）
小麦粉（薄力粉）	10g	（大1・1/4）
ブイヨン	300ml	
牛乳	400ml	
食塩	3〜4g	（小3/5〜4/5）
白こしょう	少量	

クルトン
- 食パン　5g
- バター　10g

生クリーム　40g

コーンクリームスープ 栄養価（1人分）
- エネルギー　240 kcal
- たんぱく質　4.7 g
- 脂肪　16.7 g
- カルシウム　121 mg
- 鉄　0.3 mg
- ビタミンA　134 μgRE
- ビタミンB1　0.1 mg
- ビタミンB2　0.2 mg
- ビタミンC　3 mg
- 食物繊維　1.1 g

1日の栄養所要量に占める割合
- エネルギー　12 %
- たんぱく質　9 %
- 脂肪　29 %
- カルシウム　20 %
- 鉄　2 %
- ビタミンA　25 %
- ビタミンB1　8 %
- ビタミンB2　19 %
- ビタミンC　3 %
- 食物繊維　5 %

作り方

1　ポタージュを作る

①玉ねぎを薄切りにする。

②鍋にバターを入れ溶かし（焦げないように）玉ねぎを木べらで炒める。玉ねぎが透き通ったら、薄力粉を振り入れ炒める（弱火で2〜3分）。

③鍋の小麦粉をのばすようにブイヨンを加え、とうもろこしをあわせて中火で15分煮る。

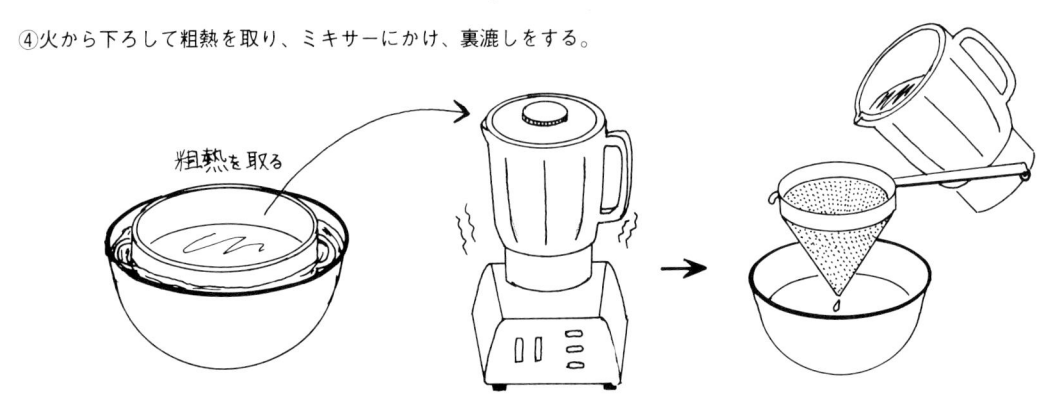

④火から下ろして粗熱を取り、ミキサーにかけ、裏漉しをする。

⑤鍋に戻し、牛乳を混ぜ、撹拌しながら煮る。煮立つ直前に塩、こしょうを加える。生クリームを加えて仕上げる。

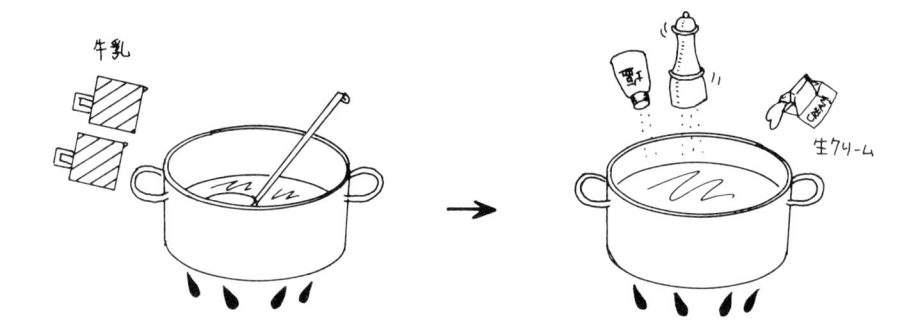

2 クルトンを作る

⑥食パンは0.5～0.7cm正方に切り、バターで炒め（弱火）、均等に褐色になるようにしておく。

3 盛り付ける

⑦スープ皿を温め のスープを盛り、中央に⑥のクルトンを5～6個静かに浮かせる。

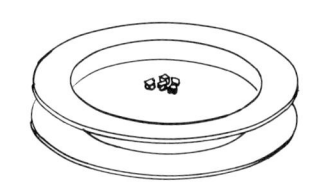

MEMO
* スープやソースに濃度を付ける場合は、小麦粉を油（バター）で炒めたルーを用いる。
* スープのほどよい濃度は、レードルからスープを落とした時、切れ目なく落ちるような状態。長時間加熱すると、ブイヨンが蒸発してスープが煮詰まり、そうではなくなってしまう。煮すぎないように火加減に注意する。
* 牛乳は加熱時間が長いと、加熱臭が出るので時間に注意する。
* クルトンはふやけるので、供する直前に浮かす。

*小麦粉（薄力粉）の濃度と料理の関係

料理名 調理操作	スープ	ソース	和える	クリーム	コロッケ
小麦粉濃度（％）	2～5	3～6	8～9	8～10	12～15

（仕上がり全体量に対する濃度）

*ポタージュ（仏）potages （英）soup

(1) 澄んだポタージュ（コンソメ）：ブイヨンを土台として作られたスープ
(2) とろみのついたポタージュ：
　①ポタージュ・ブルテ(potages velouté)：ホワイトルーをブイヨンでのばし（ソース・ブルテ）、裏漉し材料を加え、生クリームと卵黄で仕上げたポタージュ。
　②ポタージュ・クレーム(potages créme)：ホワイトルーを牛乳でのばし（ソース・ベシャメル）、さらにブイヨンで濃度を調整し、生クリームと卵黄を用いたキメのなめらかなポタージュ。裏漉しの材料を加える事もある。
　③ポタージュ・ピュレ(potages purée)：野菜を茹でて裏漉しし、ブイヨンでのばし、生クリームや牛乳を加えて仕上げたポタージュ。野菜はにんじん、じゃがいも、アスパラガス、グリンピース、かぼちゃ、カリフラワー、かぶなどを用いる。
　*ソース・ブルテ、ソース・ベシャメルについてはp177参照

（名倉）

肉団子のクリーム煮

肉団子のクリーム煮 栄養価（1人分）	
エネルギー	526 kcal
たんぱく質	24.6 g
脂肪	27.5 g
カルシウム	157 mg
鉄	1.9 mg
ビタミンA	494 μgRE
ビタミンB1	0.3 mg
ビタミンB2	0.4 mg
ビタミンC	44 mg
食物繊維	3.8 g

1日の栄養所要量に占める割合	
エネルギー	26 %
たんぱく質	45 %
脂肪	48 %
カルシウム	26 %
鉄	16 %
ビタミンA	91 %
ビタミンB1	35 %
ビタミンB2	43 %
ビタミンC	44 %
食物繊維	15 %

材料（4人分）

鶏挽き肉	300g
卵	小1個
食塩	小1/2
白こしょう	少量
小麦粉	大1・1/2
玉ねぎ	300g（中2個）
にんじん	100g（小1本）
じゃがいも	400g（大2個）
グリーンピース（冷凍）	約20g（大3）
サラダ油	30ml（約大2）
ブイヨン	600ml
（または水カップ3に固形スープの素1個を溶かす。水は肉団子の茹で水があれば使う）	
ローリエ	1枚
食塩	少量
白こしょう	少量

ベシャメルソース（ホワイトソース）

バター	40g（約大4）
小麦粉	40g（約大4）
牛乳	400ml（カップ2）

作り方

1　鶏肉の団子を作る

①鶏挽き肉に卵、塩、白こしょう、小麦粉を加えよく混ぜ、ひと口大に丸める。

②団子を熱湯で茹でるか、中温（170℃くらい）の油で空揚げする。

2　野菜を炒めて煮込む

③玉ねぎはくし形、にんじんは乱切り、じゃがいもは4～6つ切りにする。グリーンピースは熱湯にさっと通して戻しておく（生の時は茹でる）。

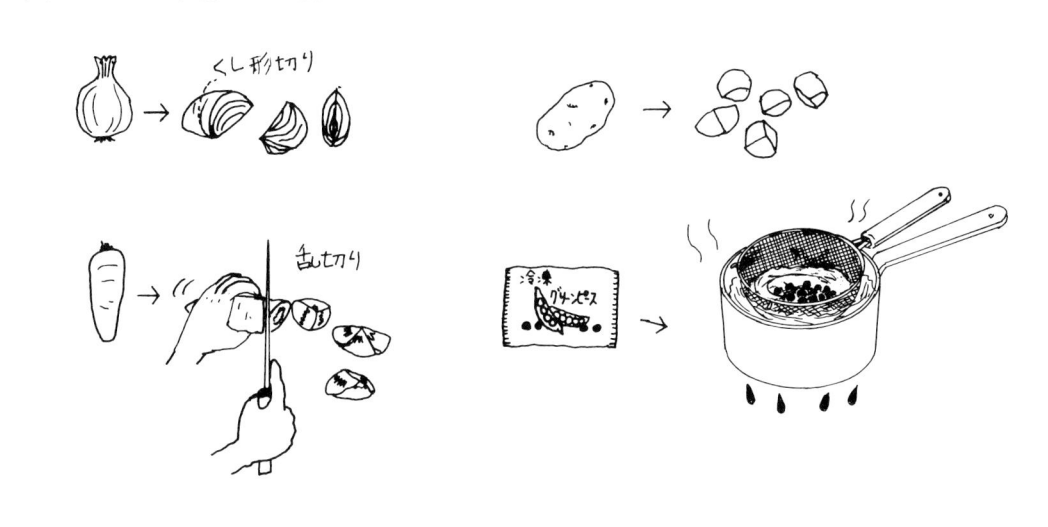

④煮込み鍋にサラダ油を熱し、玉ねぎ、にんじん、じゃがいもを焦がさないように炒める。
　じゃがいもの表面が透き通ってきたら、ブイヨン、ローリエを加えて柔らかくなるまで煮込む。途中で浮いてくるアクを、たんねんに取る。

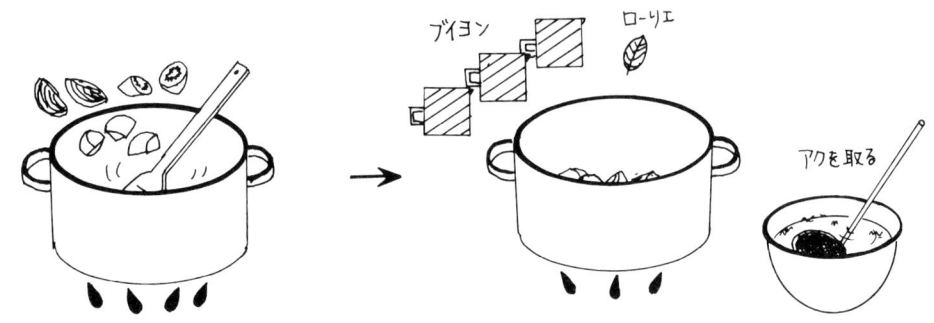

3　ベシャメルソースを作る

⑤フライパンを弱火にかけ、バターを溶かす、小麦粉を振り入れて、焦がさないように注意しながら、さらりとなるまで炒める（ホワイトルー）。

⑥火から下ろし、温めた牛乳を少しずつ加え混ぜ、再び弱火にかけ、とろみが付くまで木ベラで混ぜながら煮る。

3　煮込む

⑦④に①と⑥を加え、とろ火で10〜15分煮込み、塩、こしょうで味を調える。
　グリーンピースは盛り付けの時、彩りに散らす。

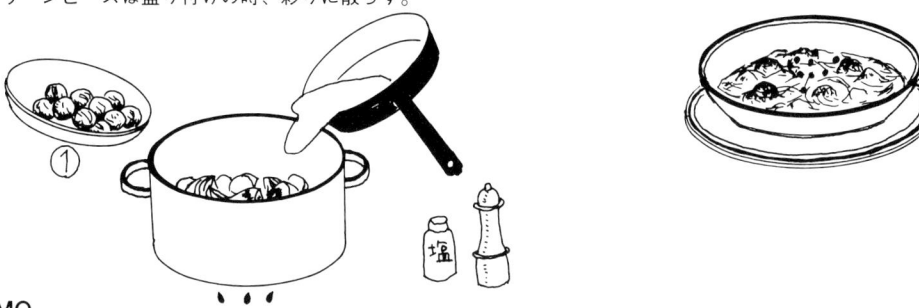

MEMO
＊日本では一口にホワイトソースと呼んでいるが、厳密には、ホワイトルーを牛乳でのばしたものをソース・ベシャメル（仏：sauce Béchamel）、ブイヨンでのばしたものをソース・ブルテ(仏：sauce velouté)という。どちらも白いソースに含まれる。

（阿部）

マカロニグラタン

(仏) Macarinu au gratin
マカロニ オー グラタン

材料（4人分）

マカロニ	200g		ベシャメルソース	
玉ねぎ	80g（中1/2弱）		小麦粉（薄力粉）	25g
バター	20g		バター	25g（大2）
白ワイン	120ml		牛乳	600ml（カップ3）
マッシュルーム	200g（20個）		食塩	少量
バター	10g		こしょう	少量
おろしチーズ	24g（大4）		生クリーム	200ml（カップ1）
パン粉	16g（大4）		塗りバター	少量

マカロニグラタン 栄養価（1人分）

エネルギー	710 kcal
たんぱく質	17.9 g
脂肪	42.8 g
カルシウム	295 mg
鉄	1.2 mg
ビタミンA	341 μgRE
ビタミンB$_1$	0.2 mg
ビタミンB$_2$	0.5 mg
ビタミンC	4 mg
食物繊維	3.0 g

1日の栄養所要量に占める割合

エネルギー	35 %
たんぱく質	33 %
脂肪	75 %
カルシウム	295 %
鉄	1.2 %
ビタミンA	63 %
ビタミンB$_1$	28 %
ビタミンB$_2$	50 %
ビタミンC	4 %
食物繊維	12 %

作り方

1　下準備をする

①マカロニは塩を加えた熱湯の中で茹でる。玉ねぎは薄切りにする。
②鍋にバター20gを入れて中火にかけ、玉ねぎをしなやかになるまで炒める。

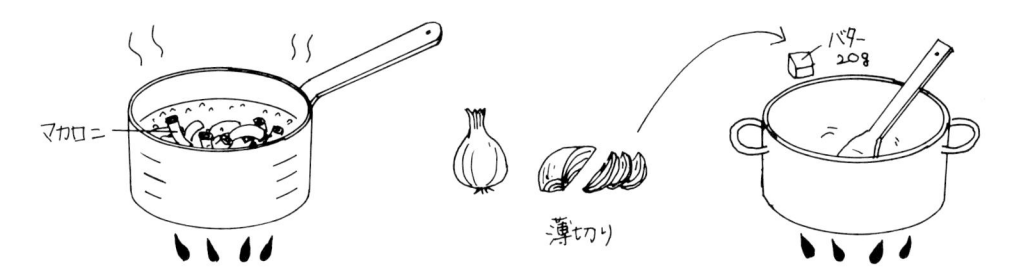

③鍋にバター10gを入れて中火にかけ、薄切りにしたマッシュルームを炒める。

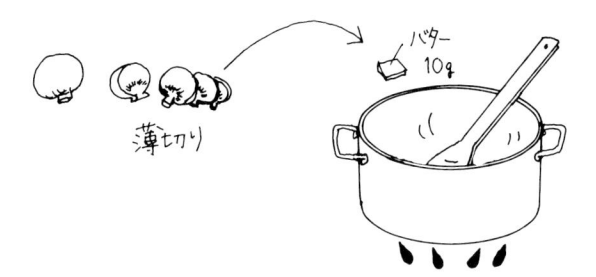

2　ベシャメルソースを作る

④鍋にバターを入れ弱火にかけ、小麦粉を色付かないように炒める。
⑤そこに牛乳を少しずつ入れてのばし、塩、こしょうし、とろみが付くまで煮る。

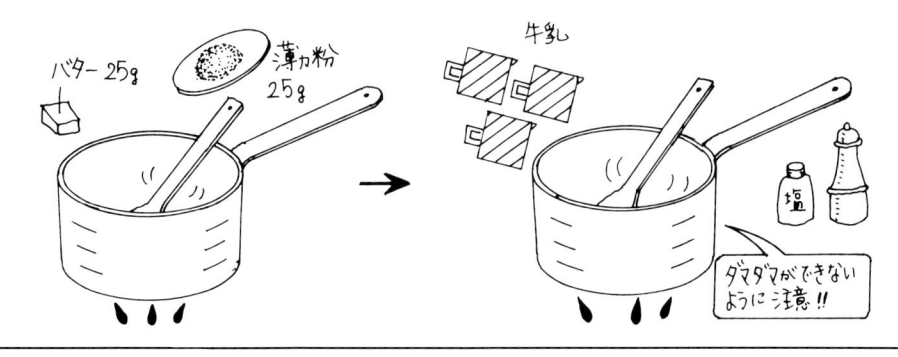

ダマダマができないように注意!!

3 材料を混ぜる

⑥炒めた玉ねぎが入っている鍋の中にワインと茹でたマカロニを加え1〜2分煮立てる。
⑦ベシャメルソースを加え、さらに生クリームも加えてよく混ぜる。

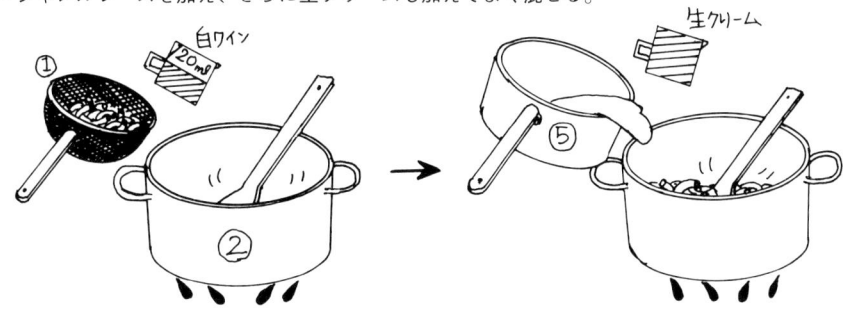

さらにバターで炒めたマッシュルームを混ぜ、塩、こしょうで味を整え、1〜2分煮立てる。

4 オーブンで焼く

4個のグラタン皿にバターを塗り、**3**の材料を等分に入れる。
上にパン粉、おろしチーズを振りかけて200℃のオーブンで焦げ目を付ける。

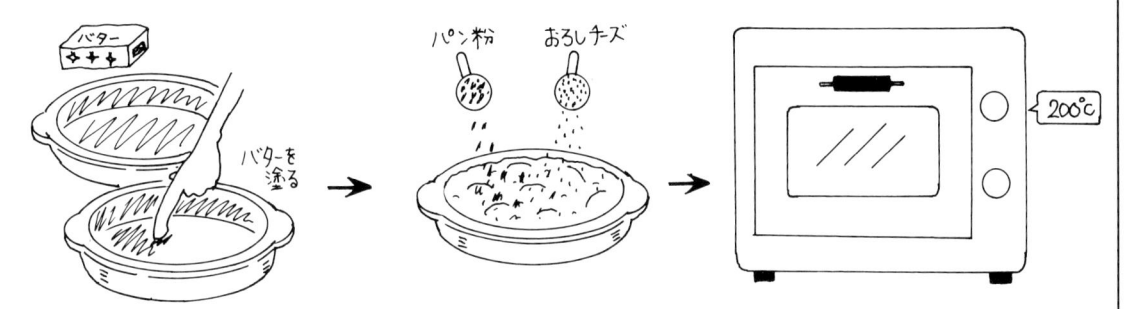

5 盛り付ける

受け皿の上にグラタン皿をのせ、熱いうちにスプーンを添えて供する。

MEMO
*ベシャメルソースを作る時、牛乳は数回に分けて入れる。一回入れるたびに沸騰させると、なめらかにできる。
*グラタンの材料には鶏肉、えび、貝、野菜、穀類などが用いられる。
*グラタンのソースはベシャメルソースの他に、トマトソース、カレーソースなどがある。
*グラタンの名の由来は、仏語で鍋の底が焦げた状態を意味するgratinerといわれる。

(高橋)

かにクリームコロッケ
(仏) Crab creme croquette
クラブ クレーム クロケット

材料（4人分）

かに缶	100g
卵	1個
玉ねぎ	100g
マッシュルーム	50g
サラダ油	10ml（大2/3）

ベシャメルソース（高濃度）
バター	25g（大3）
小麦粉	30g
牛乳	200ml
食塩	小1/3
白こしょう	少量

小麦粉（コロッケの重量の約5%）	
溶き卵（コロッケの重量の約8%）	1/2個＋水大1
パン粉（コロッケの重量の約8%）	
揚げ油（コロッケの重量の10〜15%）	

付け合わせ
にんじん	80g
砂糖	5g
バター	5g
水	100ml
サラダ菜	4枚
さやいんげん	80g
食塩、こしょう	少量
レモン（1人くし形1片）	1/2個

かにクリームコロッケ 栄養価（1人分）

エネルギー	267 kcal
たんぱく質	11.4 g
脂肪	13.4 g
カルシウム	118 mg
鉄	1.1 mg
ビタミンA	405 μgRE
ビタミンB1	0.1 mg
ビタミンB2	0.3 mg
ビタミンC	16 mg
食物繊維	2.8 g

1日の栄養所要量に占める割合

エネルギー	13 %
たんぱく質	21 %
脂肪	23 %
カルシウム	20 %
鉄	9 %
ビタミンA	75 %
ビタミンB1	13 %
ビタミンB2	26 %
ビタミンC	16 %
食物繊維	11 %

作り方

1 下準備をする

①かに肉を細かくほぐす。卵は固茹でにし、黄身はほぐし、白身は粗みじんにする。

②玉ねぎはみじんに切り、薄切りしたマッシュルームとサラダ油で炒める。塩、こしょうして、粗熱を取っておく。

2 高濃度のベシャメルソースを作る

③バターで小麦粉を焦がさないように炒める。人肌に温めた牛乳でのばし、とろみが付くまで弱火で煮る。塩、こしょうで味を整える。（簡易法として、鍋に牛乳、粉を入れて混ぜた後に、バターを加えて火にかけ、とろみが付くまで木ベラで撹拌、加熱する方法もある。焦げたり、だまになる失敗が避けられる。）

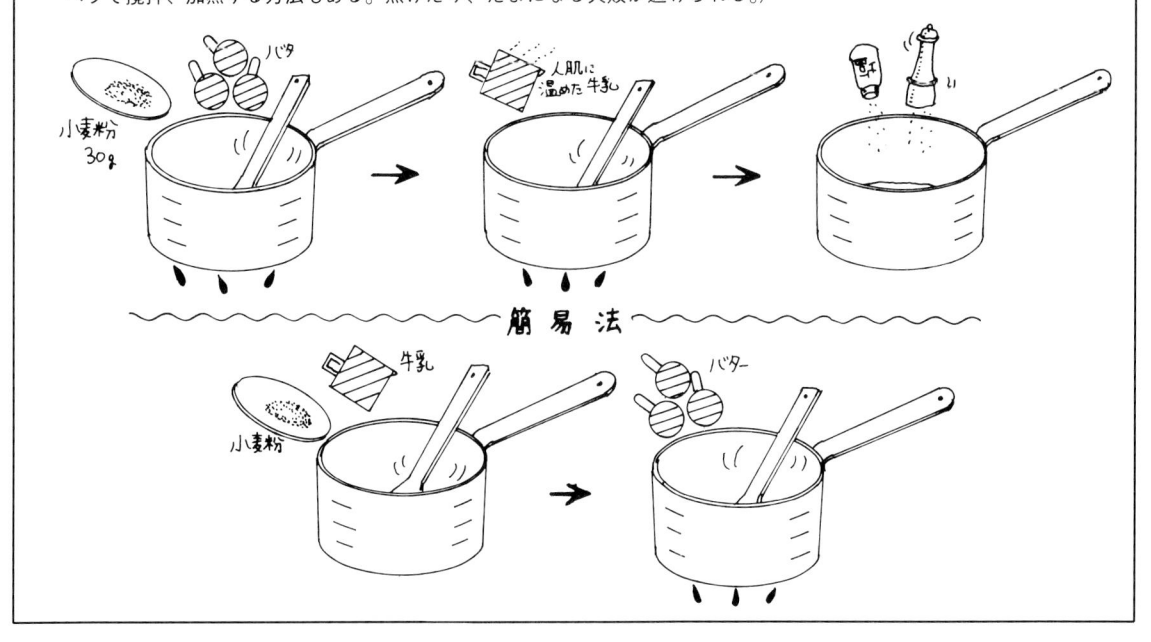

簡 易 法

3 コロッケを成型し、揚げる

④①と②と③を合わせ、冷蔵庫内で少し冷やし、八等分してたわら形に成型する。

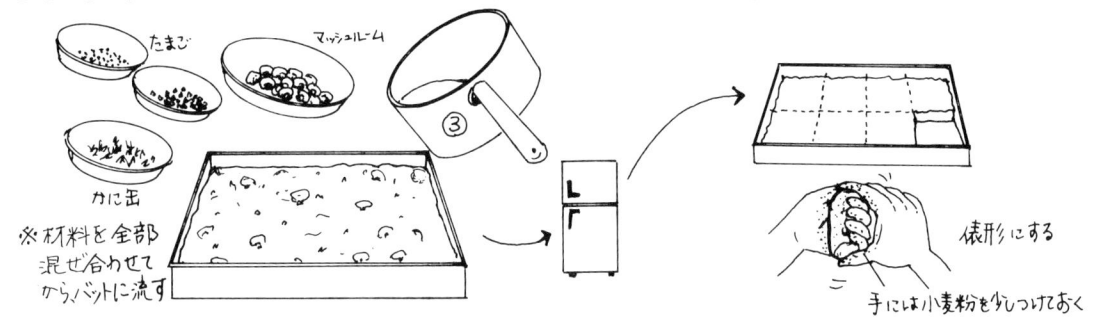

⑤小麦粉、溶き卵、パン粉を付けて、油で揚げる。高温(180〜190℃)で色付く程度に短時間で揚げる。

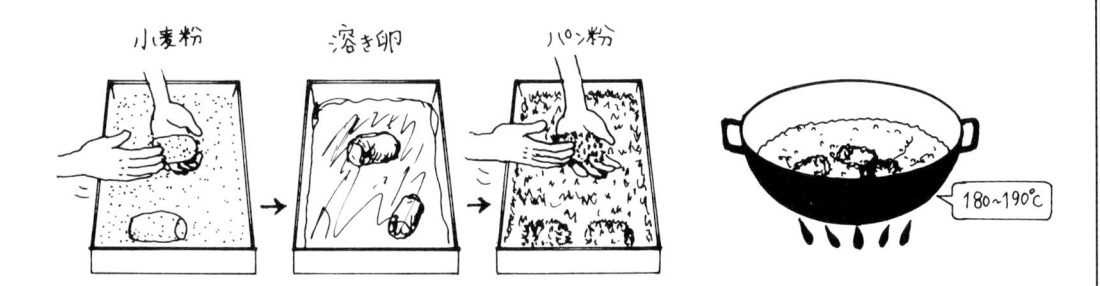

4 付け合わせと共に盛る

⑥付け合わせのにんじんは乱切りにして、水、砂糖、バターでつや煮にする。
　さやいんげんは青茹でし、塩、こしょうする。バターで炒めてもよい。

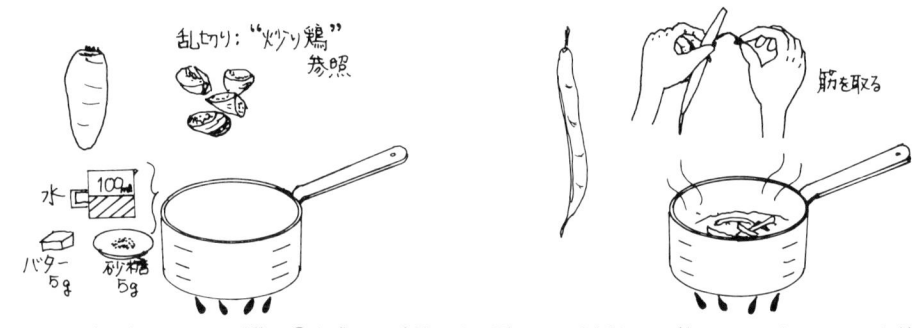

⑦コロッケの向う側に、サラダ菜と⑥を盛り、手前にくし形レモンを添える。熱いコロッケにレモンを絞って頂く。

MEMO
* 揚げる時の温度が低いと中身が飛び出しやすいので、必ず高温で揚げる。また、コロッケ生地の品温が高いのも、破裂の原因となる。
* レモン汁の代わりにトマトソースやタルタルソースを添えてもおいしい（参照p211）。簡単な作り方は以下の通り。
　　トマトソース：ホワイトルーをトマトジュースでのばして作る。
　　タルタルソース：マヨネーズの中に茹で卵、ピクルス、さらし玉ねぎのみじん切りなどを混ぜて作る。

（阿部）

クラムチャウダー
(英) Clam chowder

材料（4人分）

はまぐり（殻付き）	150g	牛乳	200ml（カップ1）
（むき身廃棄率70%）		生クリーム	40ml
白ワイン	100ml	食塩	適量
水	400ml	こしょう	少量
ベーコン	30g		
玉ねぎ	120g	クラッカー	8枚
じゃがいも	120g	刻みパセリ	少量
バター	12g		
小麦粉	12g		
ブイヨン＋はまぐりの煮汁	カップ2		

クラムチャウダー 栄養価（1人分）

エネルギー	186 kcal
たんぱく質	6.4 g
脂肪	8.7 g
カルシウム	118 mg
鉄	1.1 mg
ビタミンA	44 μgRE
ビタミンB1	0.1 mg
ビタミンB2	0.2 mg
ビタミンC	16 mg
食物繊維	1.0 g

1日の栄養所要量に占める割合

エネルギー	9 %
たんぱく質	12 %
脂肪	15 %
カルシウム	20 %
鉄	9 %
ビタミンA	8 %
ビタミンB1	16 %
ビタミンB2	16 %
ビタミンC	16 %
食物繊維	4 %

作り方

1　下準備をする

①はまぐりは殻付きのまま鍋に入れ、白ワイン、水を加え、2～3分蒸し煮して、身をはずす(むき身の場合は、2%の塩水で振り洗いをしておく)。

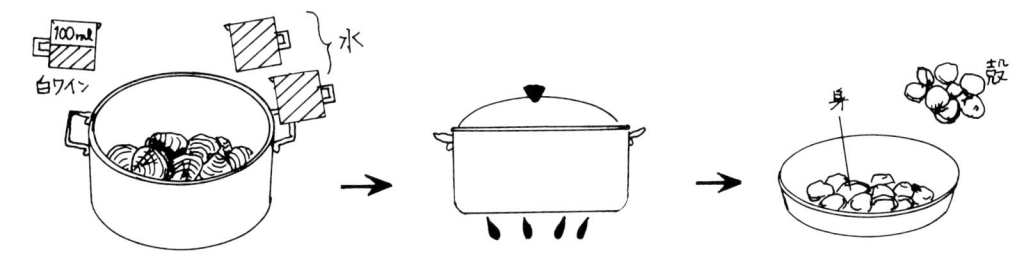

②煮汁を布巾で漉す。

2　スープを作る

③バターを溶かし、薄切りのベーコン、みじん切りにした玉ねぎを炒める。

④小麦粉を振りかけ、色が付かないようによく炒める。

⑤ブイヨンを少しずつ加えてのばし、1cmのさいの目切りにしたじゃがいもを加え 柔らかくなるまで（じゃがいもに竹串がすっと通る程度に）煮る。

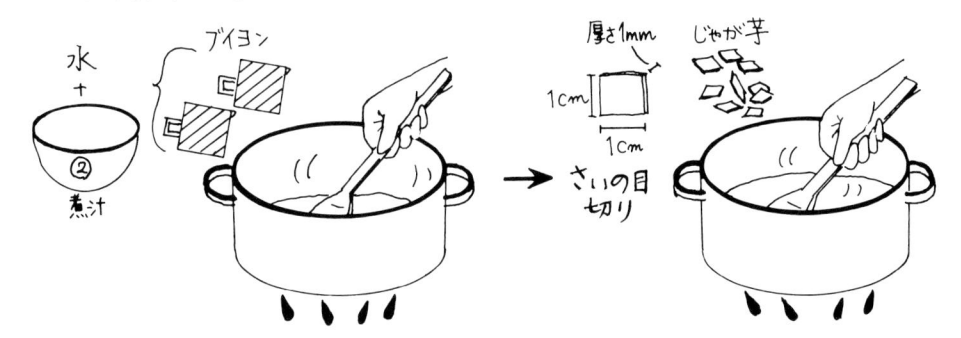

⑥牛乳、はまぐりを加え、味を確かめてから、塩、こしょうを加えて味を整える。

⑦最後に生クリームを加える。

3 盛り付ける
スープ皿に盛り付け、砕いたクラッカーと、刻みパセリを浮き実として仕上げる。

MEMO
* はまぐりは強火で一気に殻をあけ、すぐに身と殻に分ける。
* チャウダーとは、魚介類に野菜、ベーコンなどを加えて煮込んだアメリカの代表的なスープ。スープに入れる主材料名を頭に付けて、料理名とする。（例）フィッシュチャウダー、ロブスターチャウダーなど。

（大迫）

レアチーズケーキ

(英) Rare cheese cake

材料（15cm底抜けケーキ型）

クリームチーズ	150g	レモン汁	20ml
卵黄	1個分	生クリーム	150ml
砂糖	25g	スミレ（砂糖漬け）	少量
		仕上げ用生クリーム	少量
粉ゼラチン	5g	砂糖	少量
水	30ml（大2）		

レアチーズケーキ 栄養価（1人分）

エネルギー	346 kcal
たんぱく質	6.0 g
脂肪	31.0 g
カルシウム	59 mg
鉄	0.5 mg
ビタミンA	278 μgRE
ビタミンB1	0 mg
ビタミンB2	0.2 mg
ビタミンC	3 mg
食物繊維	0 g

1日の栄養所要量に占める割合

エネルギー	17 %
たんぱく質	11 %
脂肪	55 %
カルシウム	10 %
鉄	4 %
ビタミンA	51 %
ビタミンB1	0 %
ビタミンB2	15 %
ビタミンC	3 %
食物繊維	0 %

作り方

①粉ゼラチンを水大さじ2に振り入れておく。

②クリームチーズは毛ぶるいで裏漉しし、泡立て器でよく練る。柔らかくなったら、卵黄1個分と砂糖を加えてさらによく練る。

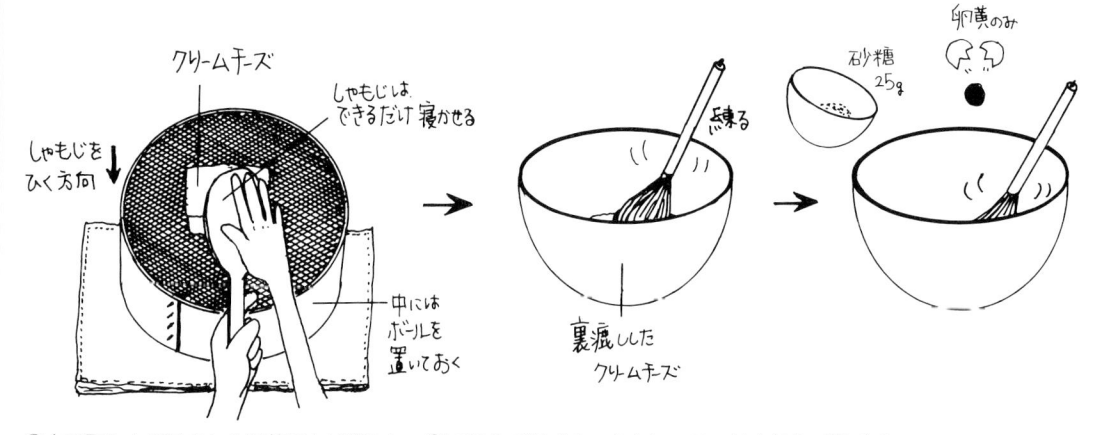

③水で戻したゼラチンを湯煎にかけ溶かし、②に加えて混ぜる。さらにレモン汁を加えて混ぜる。

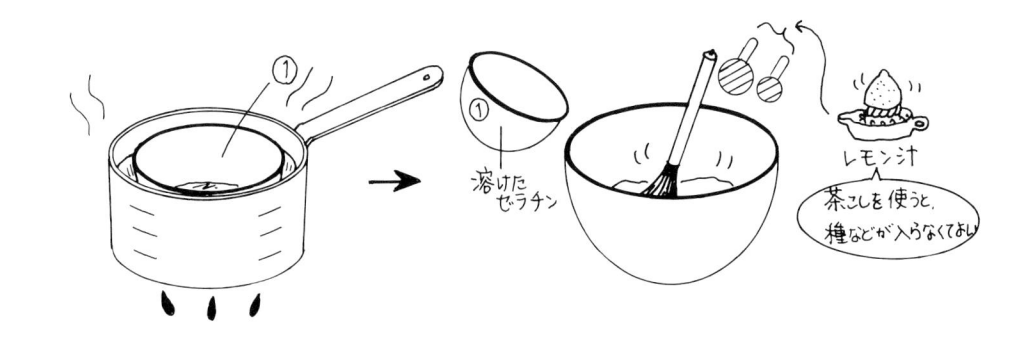

④生クリームを五分立てして、③に加えてよく混ぜる。

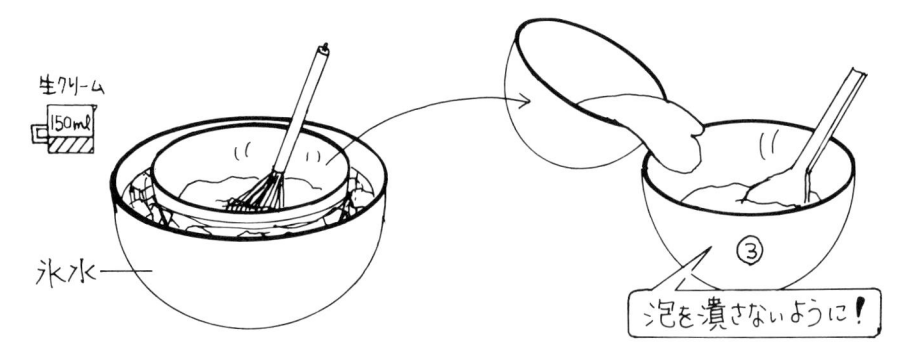

⑤ ④がもったり固まりかけてきたら、手早く型に流し込み、ラップをして冷蔵庫で冷やし固める。

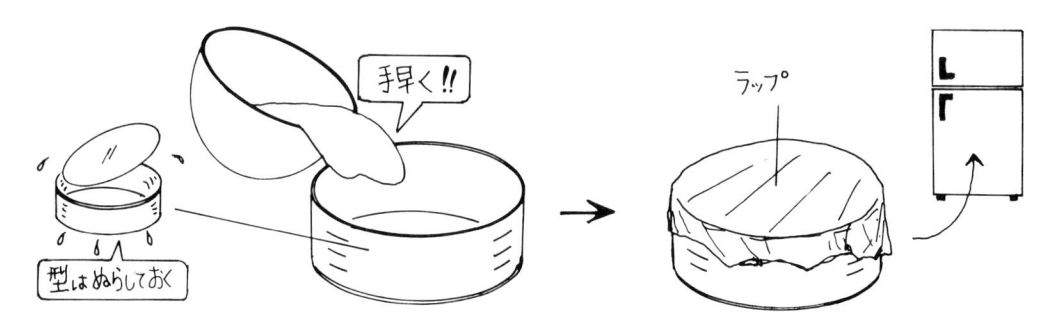

⑥固まったら、ケーキを出しやすくするために、型ごとそっと、一瞬ぬるま湯に付けてから皿に出し、仕上げ用生クリームに砂糖を加えて泡立て、絞り出して、スミレを飾る。

ローカロリー　レアチーズケーキ

材料（4人分）	
クリームチーズ	75g
カッテージチーズ	75g
卵黄	1個分
砂糖	25g
粉ゼラチン	10g
水	40ml
レモン汁	20ml
生クリーム	90ml
無脂肪乳	60ml
スミレ（砂糖漬け）	少量

①レアチーズケーキと同様。

②クリームチーズ、カッテージチーズは毛ぶるいで裏漉しし、泡立て器でよく練る。柔らかくなったら卵黄と砂糖を加えてさらによく練る。

③レアチーズケーキと同様。

④生クリームを五分立てにして③に加え、無脂肪乳も加えてよく混ぜる。

⑤、⑥レアチーズケーキと同様。

MEMO
＊チーズケーキの台に、厚さ1cmのスポンジケーキを使ってもよい。スポンジケーキは丸型に焼き、型より一回り小さくしたものを底に置き、とろみの付いた種を流す。

（津田）

プレーンババロア

(仏) Bavarois à la crème
ババロア ア ラ クレーム

材料(4人分)

粉ゼラチン	6g	チョコレートソース	
水	30ml	卵黄	2個
卵黄	2個	砂糖	70g
砂糖	60g	(片栗粉	小1)
牛乳	200ml	牛乳	300ml
バニラエッセンス	少量	チョコレート	50g
生クリーム(純生)	100ml	バニラエッセンス	少量
		ブランデーまたはラム酒	少量

プレーンババロア 栄養価(1人分)
- エネルギー 461 kcal
- たんぱく質 9.8 g
- 脂肪 26.3 g
- カルシウム 210 mg
- 鉄 1.4 mg
- ビタミンA 241 µgRE
- ビタミンB1 0.1 mg
- ビタミンB2 0.4 mg
- ビタミンC 0 mg
- 食物繊維 0.5 g

1日の栄養所要量に占める割合
- エネルギー 22 %
- たんぱく質 18 %
- 脂肪 46 %
- カルシウム 35 %
- 鉄 12 %
- ビタミンA 45 %
- ビタミンB1 15 %
- ビタミンB2 35 %
- ビタミンC 0 %
- 食物繊維 2 %

作り方

1 下準備をする
①粉ゼラチンを、水30mlで膨潤させ、湯煎にして溶かす。 
②流し型を水でぬらす。

2 生地を作る
③ボールに卵黄、砂糖を入れ、泡立て器で泡立てる。 
④牛乳を温めて、膨潤させた①のゼラチンを加える。
⑤③に④を漉しながら加える。
⑥エッセンスを加え、かき混ぜながら、氷水でとろっとするまで冷やす。

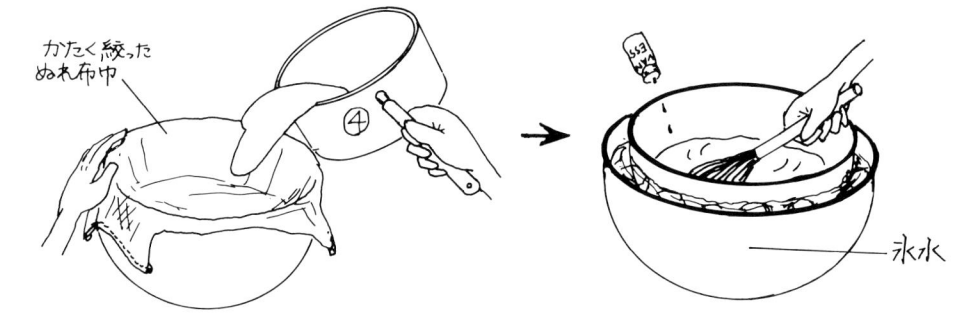

⑦別のボールで生クリームを半立てにし、⑥を入れよく混ぜ合わせ、型に入れて冷やし固める。

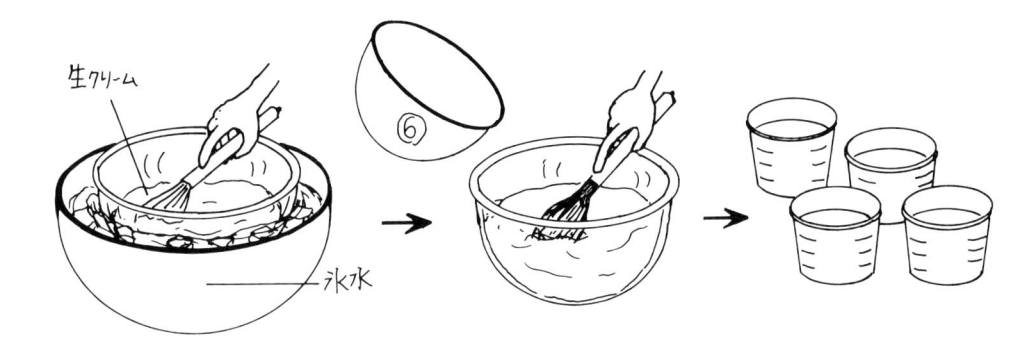

3　チョコレートソースを作る

小鍋に砂糖、牛乳（この時、片栗粉を加えてもよい）を少しずつ加え、弱火にかける。沸騰させないようにかき混ぜながら、とろみが付いたら火からおろし、卵黄を溶きほぐして入れる。手早く混ぜ、火を止めてよく混ぜる。バニラエッセンスとブランデー（またはラム酒）を加える（カスタードソース）。ここにチョコレートの削ったものを、湯煎で溶かし入れ混ぜる。チョコレートは50℃くらいの湯煎でゆっくり溶かす。

4　盛り付ける

型から出したババロアに、冷やしたソースを添える

MEMO
* ゼラチンを溶かす時、高温で加熱すると凝固力を失うので、湯煎にして溶かす。
* ゼラチンと比重が異なるもの（生クリーム、卵白など）を混ぜる場合、分離しないように凝固温度近くまでかき混ぜること。
* 生クリームは温度が高いと分離するので10℃以下に冷やしながら手早くかき混ぜる。ボールの底を氷水に当てるとよい。
* たんぱく質分解酵素を含む果物（パイナップル、パパイヤ、キウイフルーツ、いちじく）を用いて作る時は、加熱して用いるか、缶詰、びん詰めを用いるとよい。
* ゼラチン、寒天は酸に弱い構造なので、果汁を加える時は、煮溶かした後、ある程度粗熱を取って加えるとよい。
* ソースは糖水（砂糖、水に少量の澱粉を加えて加熱したもの）を用いてもよい。
* アプリコットソース（p79参照）を添えてもよい。

（猪俣）

奶豆腐 (ナイドウフウ)
牛乳かん

材料（4人分、出来上がり量400g）

角寒天 （出来上がり量の0.5〜0.8%）	2〜3.2g
砂糖 （出来上がり量の5〜6%）	20g
水	250ml
牛乳	200ml
アーモンドエッセンス	少量
シロップ	
砂糖	50g
水	100ml
レモン汁	30ml
飾り用果物	
キウイフルーツ	80g
黄桃缶詰め	50g
くこの実	少量

奶豆腐 栄養価（1人分）

エネルギー	156 kcal
たんぱく質	2.4 g
脂肪	2.0 g
カルシウム	81 mg
鉄	0.3 mg
ビタミンA	31 μgRE
ビタミンB1	φ mg
ビタミンB2	0.1 mg
ビタミンC	49 mg
食物繊維	2.1 g

1日の栄養所要量に占める割合

エネルギー	8 %
たんぱく質	4 %
脂肪	3 %
カルシウム	14 %
鉄	3 %
ビタミンA	6 %
ビタミンB1	4 %
ビタミンB2	10 %
ビタミンC	49 %
食物繊維	8 %

作り方

1　下準備をする

①寒天は洗って分量外のたっぷりの水に30分ぐらい漬け、十分膨潤させる。

2　シロップを作って冷ます

②砂糖と水を合わせ、火にかけて溶かし、全体量を約1/3に濃縮する。冷やしてからレモン汁を加える。

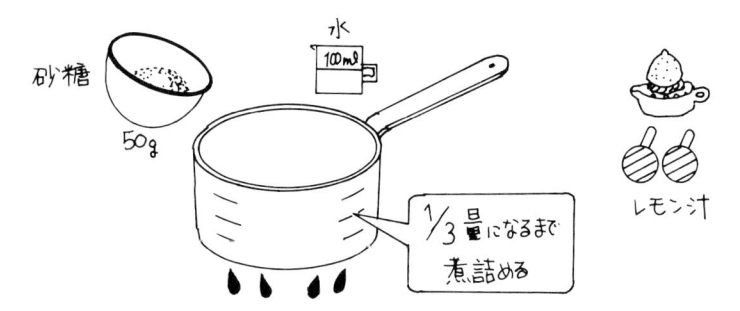

2　固める

③十分に膨潤させた寒天を硬く絞り、細かくちぎって定量の水を加え、煮溶かす。

④寒天が完全に溶けたら砂糖を加え、温めた牛乳を加える。

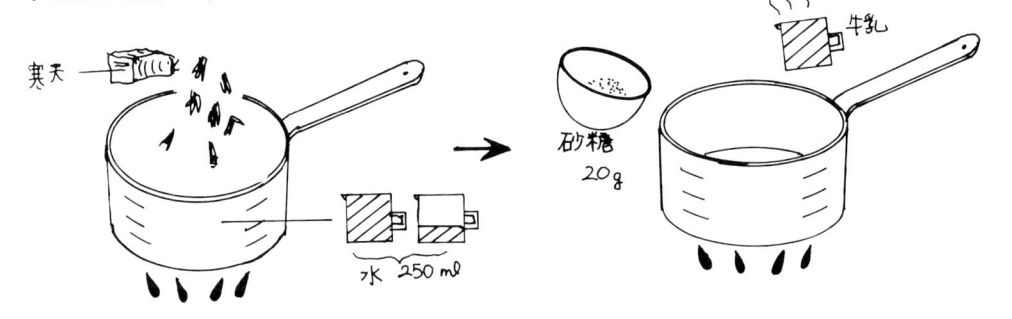

⑤ ④を裏漉しして器に流し入れ、エッセンスを加える。

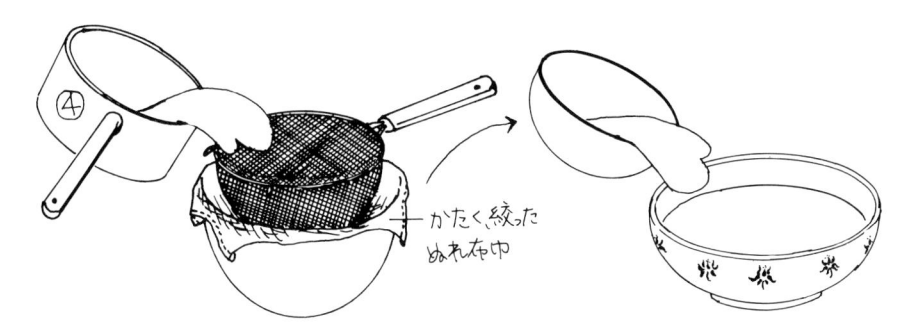

⑥ ⑤が固まったら、包丁でひし形になるように切り目を入れる。

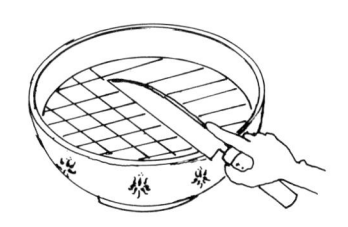

3 飾る

⑦ 器のふちから静かにシロップを注ぎ、果物を飾る。

*MEMO
* 寒天は十分に膨潤させて、加熱して完全に煮溶かしてから、砂糖を加えること。
* 奶豆腐が浮き上がり、切り目にすきまがあくのは、豆腐とシロップの比重の差による。
* 牛乳の代わりに杏仁霜(シンレンシャン)だけを使う場合は、杏仁霜50gを水200mlで溶く。杏仁霜とコンデンスミルクを使う場合は、杏仁霜10g(大1)とコンデンスミルク50ml(カップ1/4)に、水400mlを加える。
* 杏仁とは、杏の種の核を割った中にある仁(ジン)で、粉末状をしており、中国ではせき止めとして古くから用いられている。一般に「杏仁霜」という名で知られているが、アーモンドエッセンスを用いてもよい。

(猪俣)

Chapter 12　野菜・果物

野菜の炊き合わせ

材料（4人分）

高野豆腐の含め煮
高野豆腐	2 個	
混合だし汁	200ml	
酒	5ml	（小1）
砂糖	20g	（大2・1/5）
食塩	2g	（小2/5）
薄口醤油	6ml	（小1）

亀甲しいたけ
干ししいたけ（中）	4 枚	
しいたけの戻し汁	100ml	
砂糖	5g	（小1・3/5）
醤油	10ml	（小1・3/4）
みりん	5ml	（小1/4）

梅花にんじん
ねじり梅に切ったにんじん 4 個		
混合だし汁	150ml	
砂糖	7.5g	（大3/4）
食塩	3g	（小3/5）

さやいんげんの青煮
さやいんげん	40g	
混合だし汁	100ml	
砂糖	5g	（小1・2/3）
食塩	1g	（小1/5）
薄口醤油	少量	
みりん	2ml	（小1/3）

れんこんの白煮
れんこん	100g	
酢水	れんこんがかぶるくらい	
砂糖（れんこんの15%）	15g	（大1・2/5）
食塩（れんこんの2%）	2g	（小2/3）
食酢（れんこんの10%）	10ml	

野菜の炊き合わせ 栄養価（1人分）
エネルギー	141 kcal
たんぱく質	6.4 g
脂肪	3.3 g
カルシウム	80 mg
鉄	1.0 mg
ビタミンA	385 μgRE
ビタミンB1	0.1 mg
ビタミンB2	0.1 mg
ビタミンC	14 mg
食物繊維	2.2 g

1日の栄養所要量に占める割合
エネルギー	7 %
たんぱく質	12 %
脂肪	6 %
カルシウム	13 %
鉄	8 %
ビタミンA	71 %
ビタミンB1	8 %
ビタミンB2	6 %
ビタミンC	14 %
食物繊維	9 %

作り方

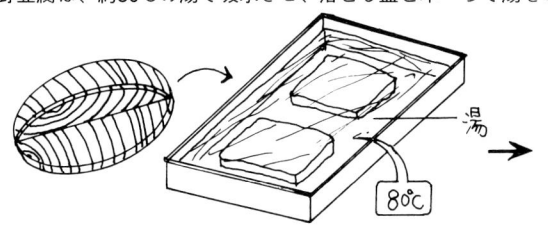

1 高野豆腐の含め煮を作る（p98参照）
①高野豆腐は、約80℃の湯で吸水させ、落とし蓋と木べらで湯を切る。
②鍋にだし汁と調味料を入れ、煮立ったら高野豆腐を平らに入れる。
③落とし蓋をして中火で5～6分煮たら、火を消してそのまま放置し、味をしみ込ませる。

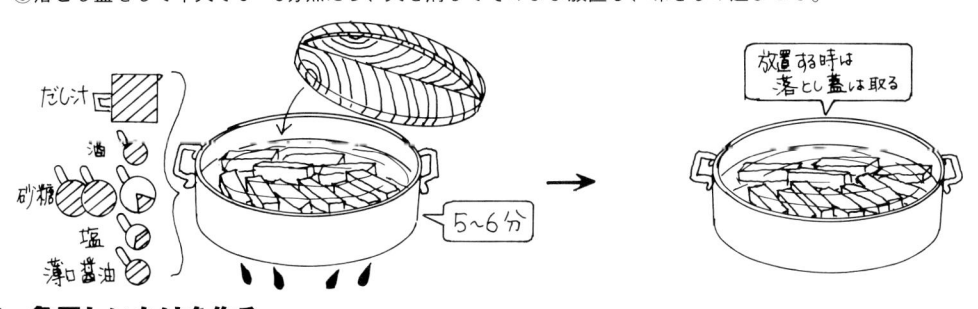

2 亀甲しいたけを作る
④干ししいたけは水で柔らかく戻して石づきを取り、亀甲形に切る。　戻す方法：〝散らし寿司〟参照 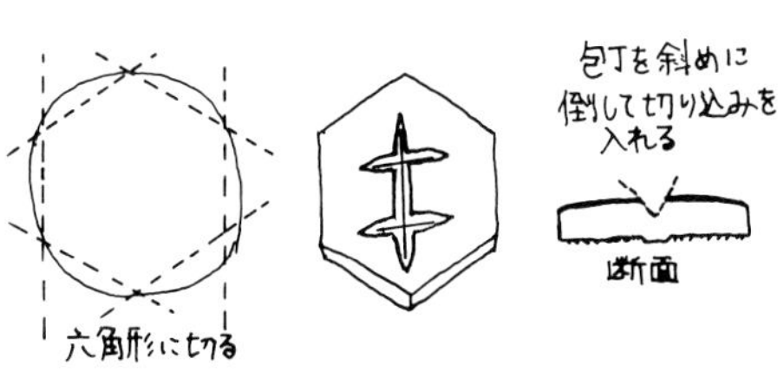
⑤鍋に戻し汁を入れ、しいたけを加え、4～5分煮る。砂糖、醤油、みりんの順に加え、2～3分煮る。

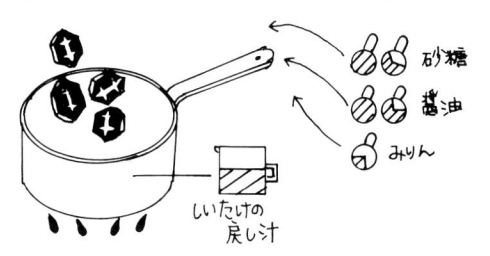

Chapter 12 野菜・果物*191

3 梅花にんじんを作る
⑥にんじんを梅花の形に切る。
⑦鍋にだし汁と砂糖、塩を入れ、煮立ったらねじり梅を入れ7～8分煮る。茹でてから煮てもよい。

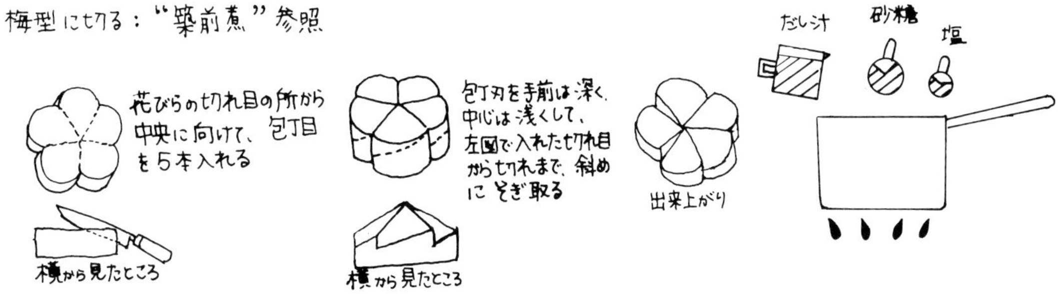

梅型に切る："筑前煮"参照

4 さやいんげんの青煮を作る
⑧さやいんげんは、塩水で茹でて切る。
⑨鍋にだし汁と調味料を入れ、煮立ったところに⑩のさやいんげんを入れ、ひと煮立ちさせる。
⑩さやいんげんと煮汁を分け、放置して冷却する。
⑪冷めたら煮汁とさやいんげんを合わせ、味をしみ込ませる。

⑬中火で、約5分茹でる。

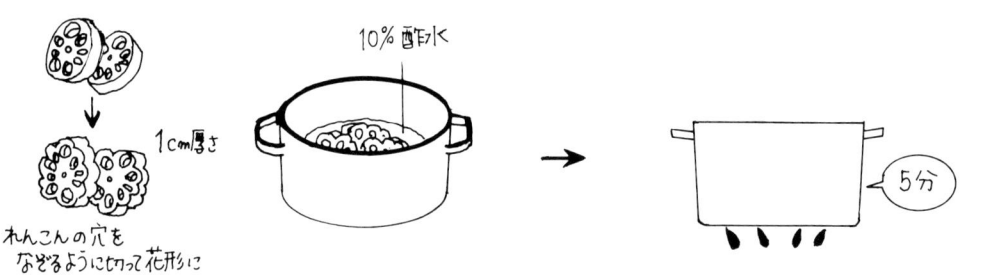

5 れんこんの白煮を作る
⑫ホーロー鍋に10%酢水を入れ、皮をむき、厚さ1cmに切ったれんこんを入れる。

⑭茹で水を捨て、⑮のれんこんと砂糖、塩、酢を入れ、中火で2～3分煮る。

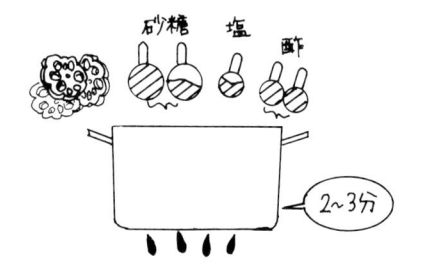

6 盛り合わせる
⑮炊き合わせとは、異なった材料を別々に煮て、一つの器に盛り合わせたものを指す。

MEMO
* さやいんげんは、煮汁に付けたまま冷ますとクロロフィルが変化し、色が悪くなる。
* アクが強いれんこん、うどなどの野菜は、ポリフェノールの作用を防ぐため、切った後は水や酢水に漬けアクを出す。
* 煮物に調味料を加える順番は、さ（酒、砂糖）、し（食塩）、す（酢）、せ（醤油）、そ（味噌）の順で入れる。
* 青煮、白煮はp193参照。

（阿久澤）

かぼちゃのそぼろ煮
さやいんげんの青煮・うどの白煮

かぼちゃのそぼろ煮 栄養価（1人分）	
エネルギー	116 kcal
たんぱく質	6.1 g
脂肪	1.8 g
カルシウム	24 mg
鉄	0.8 mg
ビタミンA	128 μgRE
ビタミンB1	0.1 mg
ビタミンB2	0.1 mg
ビタミンC	16 mg
食物繊維	2.8 g

1日の栄養所要量に占める割合	
エネルギー	6 %
たんぱく質	11 %
脂肪	3 %
カルシウム	4 %
鉄	7 %
ビタミンA	24 %
ビタミンB1	11 %
ビタミンB2	11 %
ビタミンC	16 %
食物繊維	11 %

かぼちゃのそぼろ煮

材料（4人分）

かぼちゃ	400g（小1/2個）
だし汁	240ml（カップ1・1/5）
A（調味料）	
砂糖	24g（大2・2/3）
醤油	15ml（大1）
酒	12ml
鶏挽き肉	80g
水溶き片栗粉	片栗粉6g（小2）
	（これを2倍量の水に溶く）
しょうが	少量

作り方

1　下準備をする
① かぼちゃは洗って4cmぐらいの角切りにして面取りし、皮のところどころをむく。

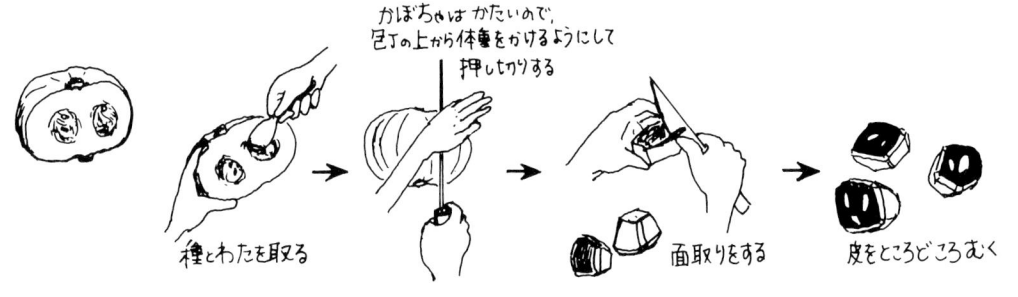

かぼちゃはかたいので、包丁の上から体重をかけるようにして押して切りする

種とわたを取る → 面取りをする → 皮をところどころむく

2　材料を合わせて煮る
② 鍋にだし汁とA（調味料）とかぼちゃを入れて火にかけ、沸騰後、落とし蓋をし、弱火で柔らかくなるまで15～20分間煮る。

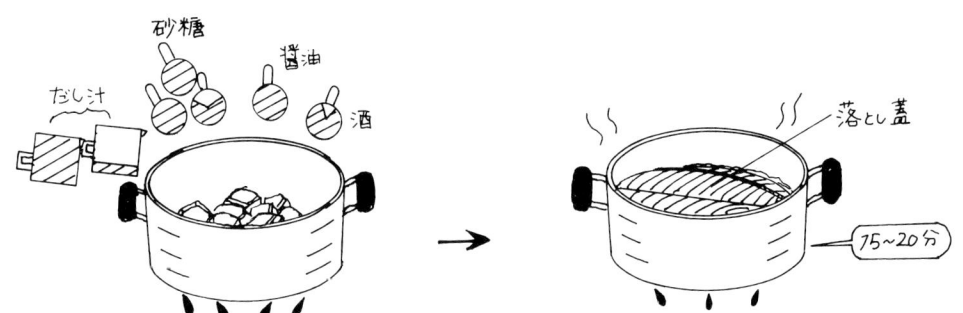

だし汁　砂糖　醤油　酒　→　落とし蓋　15～20分

③ かぼちゃを取り出し、鶏挽き肉を入れ火を通し、水溶き片栗粉でとろみを付け、そぼろあんを作る。

取り出す　かぼちゃ　鶏ひき肉　水溶き片栗粉

3　盛り付ける
④ 煮物鉢にかぼちゃを形よく盛り、そぼろあんをかけ、針しょうがを天盛りにする。

MEMO
＊かぼちゃは皮を少し残してむき、面取りすると味がしみやすく、煮くずれしない。

Chapter 12 野菜・果物

さやいんげんの青煮

材料（4人分）
さやいんげん	40g （小16本）
茹で水（材料の5倍）	200ml （カップ1）
食塩 （材料の1%）	2g
だし汁	100ml （カップ1/2）
A（調味料）	
砂糖	5g
食塩	1g
みりん	2ml
薄口醤油	少量

1　下茹でする
①さやいんげんは筋を取り、塩を振って板ずりする。
②200mlの熱湯の中に塩2gを入れ、沸騰した中にさやいんげんを入れて色よく茹でる。

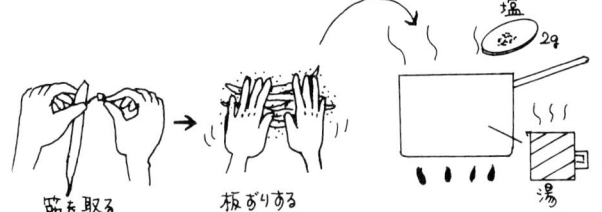

2　煮る
③だし汁とA（調味料）を鍋に入れ、沸騰させる。
④下茹でしたさやいんげんを入れて、ひと煮立ちする。
⑤さやいんげんを取り出し、だし汁と別々に冷ます。
⑥冷めたらさやいんげんを煮汁と合せて味を含ませる。

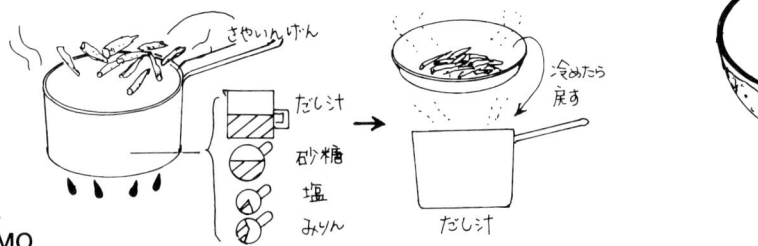

3　盛り付ける
⑦煮物鉢にさやいんげんを形よく盛る。

MEMO
＊さやいんげんの色を美しく仕上げるには、煮たあとにすばやく煮汁を切り、さやいんげんと煮汁を別々に冷ます。

うどの白煮

材料（4人分）
うど	220g	だし汁	400ml （カップ2）
酢水		A（調味料）	
水	200ml （カップ1）	食塩	2g （小2/3）
食酢	10ml （小2）	薄口醤油	5ml （小1）
茹で水	酢水と同じ分量	砂糖	1.5g （小1/2）
		酒	15ml （大1）
		みりん	45ml （大3）

1　下茹でする
①うどは4～5cm長さに切り、皮を厚くむいて酢水にさらし、十分にアク抜きをする。
②沸騰した湯に酢を入れ、うどを入れて2～3分茹で、水にさらす。

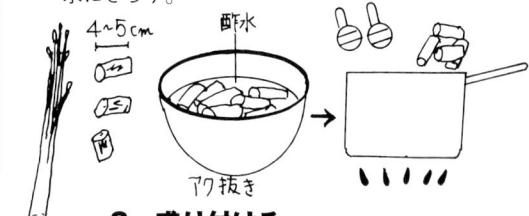

2　煮る
③下茹でしたうどとだし汁、A（調味料）を鍋に入れて煮立てる。
④煮立ったら弱火で5～6分煮て、火を止めそのまま煮含ませる。

3　盛り付ける
⑤煮物鉢に、うどを形よく盛る。

MEMO
＊アクが強いうど、れんこんなどの野菜は、茹でる前に酢水に漬けてアク出しをする（p137、191参照）。
＊野菜の青煮、白煮は、材料そのものの色を保つための煮方。青煮はいんげん、ふきなどに、白煮はうど、長いもなどに用いられる。

（高橋）

かぶら蒸し

かぶら蒸し 栄養価（1人分）	
エネルギー	92 kcal
たんぱく質	11.2 g
脂肪	1.9 g
カルシウム	48 mg
鉄	0.5 mg
ビタミンA	15 μgRE
ビタミンB1	0.1 mg
ビタミンB2	0.1 mg
ビタミンC	9 mg
食物繊維	0.9 g

1日の栄養所要量に占める割合	
エネルギー	4 %
たんぱく質	20 %
脂肪	3 %
カルシウム	8 %
鉄	4 %
ビタミンA	2 %
ビタミンB1	8 %
ビタミンB2	9 %
ビタミンC	9 %
食物繊維	4 %

材料（4人分）

かぶ	すりおろして200g
卵白	1個
食塩	小1/4
あまだい	200g
食塩（魚の重量の1%）	2g
酒	8ml
ぎんなん	8粒
食塩	少量
ゆり根	8枚
食塩	少量
きくらげ	2枚

くずあん	
だし汁	300ml
薄口醤油	大1
水溶き片栗粉	片栗粉大1
	（これを2倍量の水で溶く）
わさび	適宜

作り方

1　下準備をする

①あまだいを4切れにそぎ切りにし、塩と酒を振りかける。

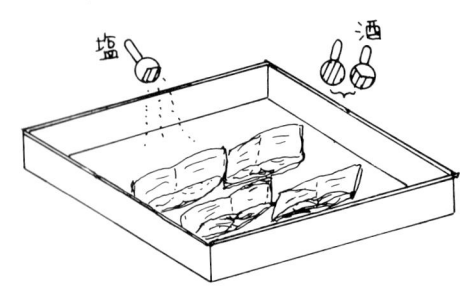

②ぎんなんは殻を割って身を取り出し、塩湯で茹でて穴杓子の底でこすって薄皮を除く。

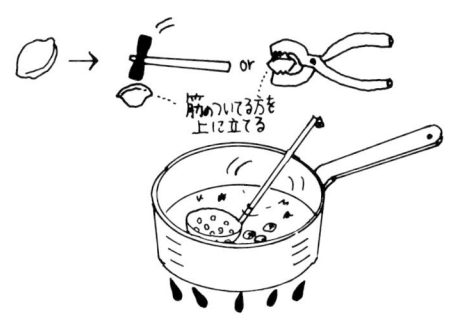

③ゆり根は1枚ずつはがして硬めに茹で、水に取る。

④きくらげは水で戻し、石づきを取って千切りにする。

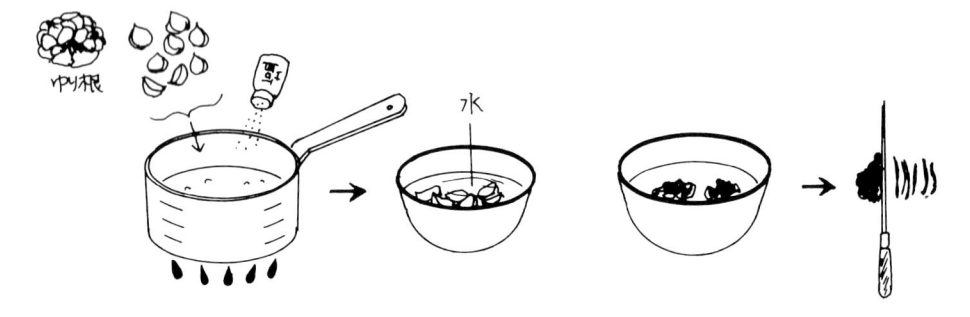

⑤かぶは皮を厚くむいてすりおろし、裏漉し器またはざるにのせて軽く水を切る。

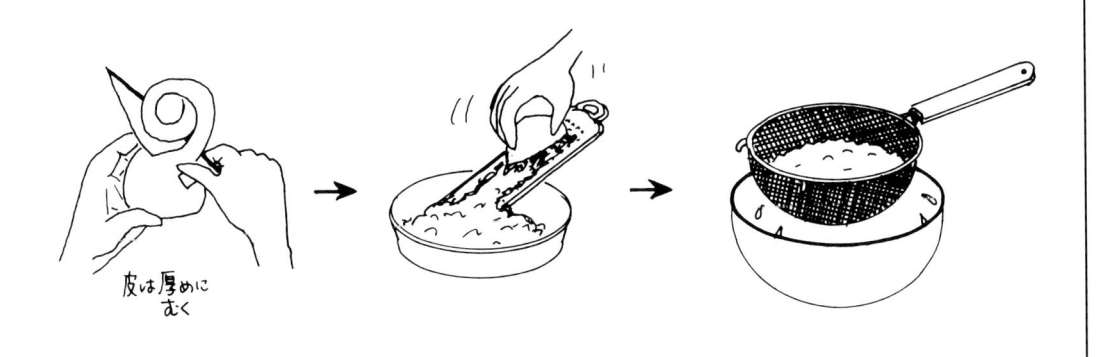

2 蒸す

⑥水切りしたかぶに、軽く泡立てた卵白と塩を混ぜる。

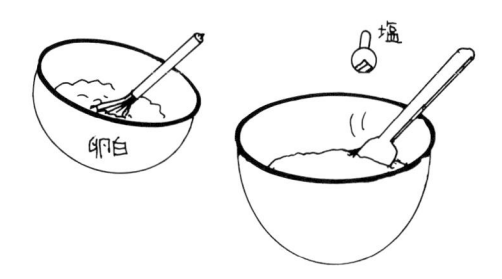

⑦器にあまだいとゆり根、きくらげを入れ、⑥をふんわりとのせ、ぎんなんを散らして中火で10～15分蒸す（手で触ってかぶが手に付かなかったら蒸し上がり）。

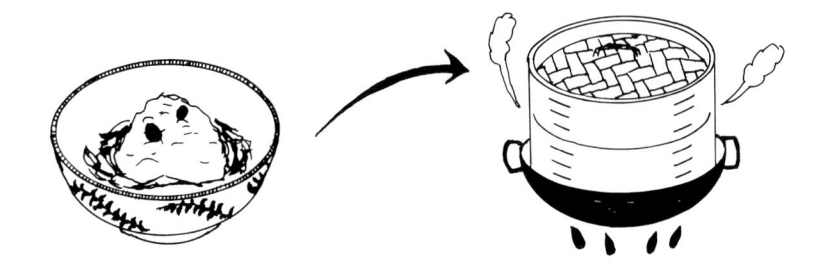

3 あんを作る

⑧だし汁、醤油をひと煮立ちさせ、水溶き片栗粉を少しずつ加えて沸騰させ、火を止める。

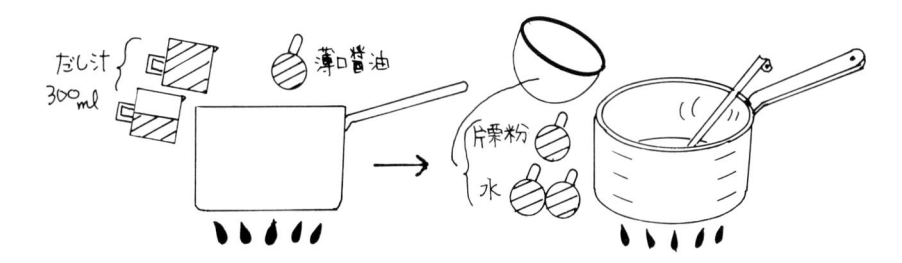

4 盛り付ける

⑨蒸し上がった器に、くずあんをかける。

MEMO
* かぶら蒸しとは、あまだいなどの白身魚の切り身の上に、おろしたかぶをのせて蒸した料理。寒くなるにつれて甘みを増す冬のかぶのうまさを味わう代表的な京料理の一つである。
* かぶが淡白なので　背青の魚には適さない。
* すりおろしたかぶの水を切りすぎると、蒸し上がった時にパサパサになる。
* 泡立て卵白とかぶを混ぜることで、蒸し上がりがふっくらとする。

（大迫）

ロールキャベツ

（英）Roll cabbage　　（仏）Choux farcis braisés
　　　　　　　　　　　　　シュー ファルシ ブレーゼ

材料（4人分）

キャベツの葉	4枚	玉ねぎ	100g
鶏挽き肉	200g	にんじん	50g
玉ねぎ	40g	ベーコン	80g
バター	4g	鶏のブイヨン	1000ml
パン粉	20g	トマトピュレ	60ml
ブイヨン	30ml	食塩、こしょう	少量
米	40g		
バター	8g		
食塩	2g		
こしょう、ナツメグ	少量		

ロールキャベツ 栄養価（1人分）	
エネルギー	281 kcal
たんぱく質	18.0 g
脂肪	15.1 g
カルシウム	39 mg
鉄	2.5 mg
ビタミンA	242 μgRE
ビタミンB1	0.3 mg
ビタミンB2	0.4 mg
ビタミンC	22 mg
食物繊維	1.8 g

1日の栄養所要量に占める割合	
エネルギー	14 %
たんぱく質	33 %
脂肪	27 %
カルシウム	6 %
鉄	20 %
ビタミンA	45 %
ビタミンB1	32 %
ビタミンB2	39 %
ビタミンC	22 %
食物繊維	7 %

作り方

1　下準備をする

①キャベツの葉を破らないようにはがし、芯をそぎ切りにし、葉がしんなりするくらいまで茹でる。

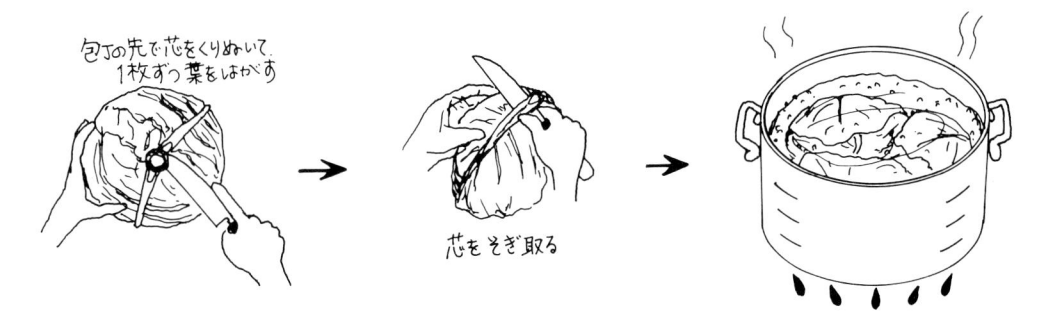

②玉ねぎをみじん切りにしてバターで炒め、パン粉はブイヨンに浸しておく。米は洗ってざるに上げ、30分放置後バターで炒める。

③ボールに鶏の挽き肉と②を入れ、塩、こしょう、ナツメグを加え、よく混ぜる。

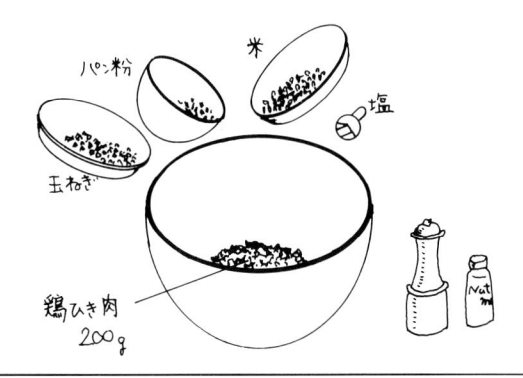

2 ロールキャベツを煮る

④下準備をした具を、キャベツの葉の上に、たわら型に置き、包む。

⑤玉ねぎとにんじんを薄切りにして、ベーコンと一緒に鍋の底に敷き、ロールキャベツを重ならないように並べる。

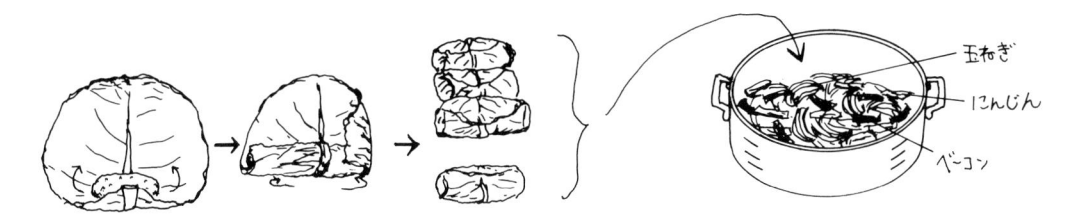

⑥ブイヨンとトマトピュレを入れ、塩、こしょうを加える。紙の落とし蓋をして、40分ほど煮込む。

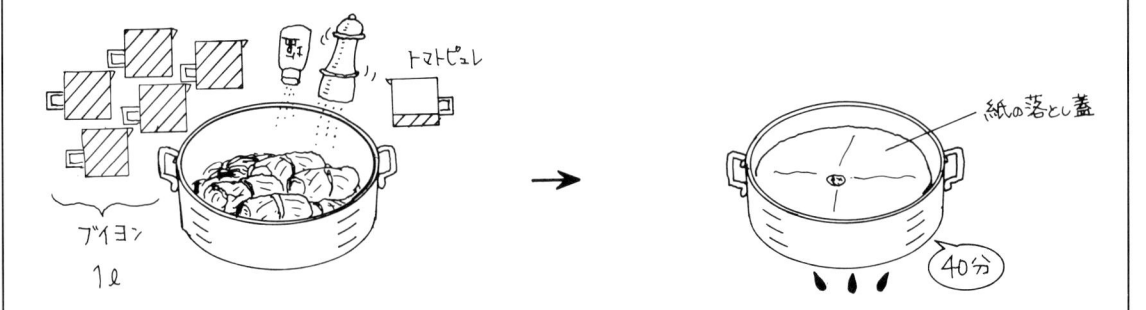

⑦火が通ったらロールキャベツを取り出し、煮汁を漉して、塩とこしょうで調味し、煮詰めてソースにする。

3 盛り付ける

⑧ミート皿にロールキャベツを盛り、ソースをかけて供する。

MEMO
＊⑥では、スープが蒸発しないように紙の落とし蓋をした上で、鍋の蓋をする。

（阿久澤）

炒鮮鮑 (チャオ シェン バオ)

あわびと青菜の炒め物

炒鮮鮑 栄養価（1人分）	
エネルギー	69 kcal
たんぱく質	6.6 g
脂肪	3.5 g
カルシウム	73 mg
鉄	1.2 mg
ビタミンA	125 μgRE
ビタミンB1	φ mg
ビタミンB2	0.1 mg
ビタミンC	15 mg
食物繊維	0.7 g

1日の栄養所要量に占める割合	
エネルギー	3 %
たんぱく質	12 %
脂肪	6 %
カルシウム	12 %
鉄	10 %
ビタミンA	23 %
ビタミンB1	5 %
ビタミンB2	8 %
ビタミンC	15 %
食物繊維	3 %

材料（4人分）

水煮あわび（缶詰）	100g（1個）
青梗菜（チンゲンツァイ）	200g（2株）
油	13g（大1）
食塩	3g（小1/2）
酒	15g（大1）
湯（タン）	カップ1・1/2
水溶き片栗粉	片栗粉9g（これを3倍量の水で溶く）

作り方

①あわびは、まな板に平らにおき、手で押さえて横にスライスする。

②青梗菜は水洗いをして、根元から葉を分け、大きい葉は2～3片に切る。よく水を切る。

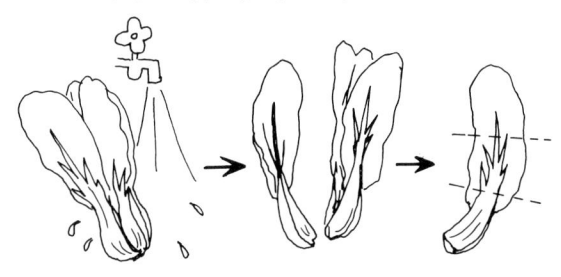

③中華鍋を熱し、油を回し入れる。塩を入れて、青梗菜を手早く炒め、酒、湯(タン)を加えて火を通す。

④薄切りあわびを加え、味を整えて、水溶き片栗粉でとろみを付ける。

MEMO
＊あわびのひもは取り除いておく。
＊青梗菜の代わりに、高菜、アスパラガスなどでもよい。

（茂木）

奶油白菜
はくさいのミルク入り煮込み

(ナイ イウ バイ ツアイ)

材料（4人分）

はくさい	500g
干しえび	30g（大2）
（カップ1/2のぬるま湯で戻す。戻し汁も利用する）	
干ししいたけ	40g（3枚）
ラード	40g（大3）
しょうが	1片
奶湯（ナイタン）または中華用スープストック	カップ2
酒	10g（小2）
食塩	3g（小1/2）
牛乳	200g（カップ1）
ハム	15g（一枚）
水溶き片栗粉	片栗粉9〜18g（これを3倍量の水で溶き、大1〜2用いる）

奶油白菜 栄養価（1人分）

エネルギー	184 kcal
たんぱく質	11.4 g
脂肪	12.5 g
カルシウム	270 mg
鉄	18 mg
ビタミンA	16 μgRE
ビタミンB_1	0.2 mg
ビタミンB_2	0.4 mg
ビタミンC	30 mg
食物繊維	5.4 g

1日の栄養所要量に占める割合

エネルギー	9 %
たんぱく質	19 %
脂肪	23 %
カルシウム	45 %
鉄	15 %
ビタミンA	3 %
ビタミンB_1	25 %
ビタミンB_2	37 %
ビタミンC	60 %
食物繊維	25 %

作り方

① はくさいを、葉先4〜5cm、芯はたて2〜3つに割り、葉先とほぼ同じ大きさ切る。干ししいたけはぬるま湯で戻し、2〜3片のそぎ切りにする。ハムは飾り用に、みじん切りにしておく。

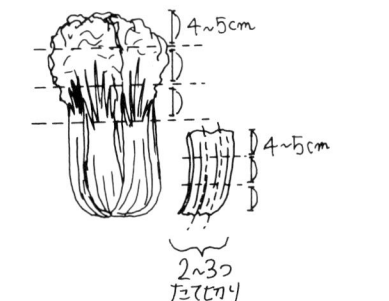

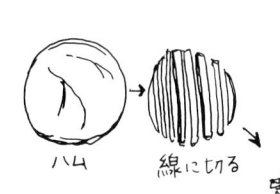

② 鍋を熱し、ラードを入れ、しょうがで香り付けをする。干ししいたけ、戻したえび、はくさい（芯を先に）を入れ炒める。

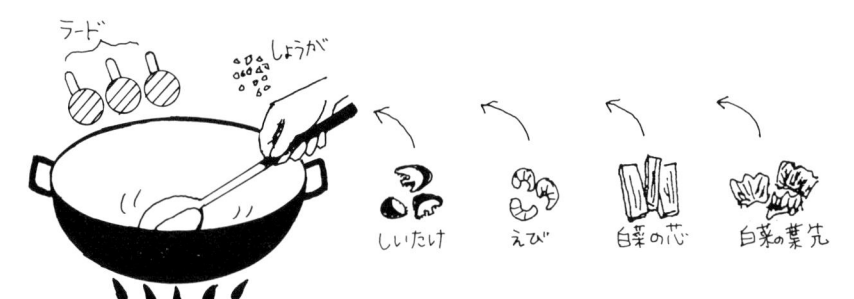

③ 奶湯とえびの戻し汁全部を加えて煮込み、途中、塩で味を整え、牛乳を加え、水溶き片栗粉で様子を見ながらとろみを付ける。ハムのみじん切りを飾る。

MEMO

*飾り用のハムのみじん切りは、衛生上の問題が生じやすいので、すぐに使い切る量のみ切ること。
*はくさいから出る少量の有機酸が、牛乳を凝固させることがあり、白いモロモロとしたものが生じることもあるが、気にしないでよい。
*奶湯：白濁させたスープストックのこと（p240参照）。

（茂木）

カリフラワーポロネーズ（カリフラワーポーランド風）
（英）Cauliflower polonaise　（仏）Chou-fleur à la polonaise
シューフルール ア ラ ポロネーズ

材料（4人分）

カリフラワー	300g (小1個)	バター	20g
小麦粉	大2	生パン粉	15g
食塩	大1	茹で卵	25g (1/2個)
食酢	大2	パセリ	小1
サラダ油	10g (小2)		
バター	30g		
食塩	少量		
こしょう	少量		
レモン汁	1/4個分		

カリフラワーポロネーズ 栄養価（1人分）

エネルギー	177 kcal
たんぱく質	4.0 g
脂肪	13.7 g
カルシウム	28 mg
鉄	0.6 mg
ビタミンA	86 μgRE
ビタミンB1	0.1 mg
ビタミンB2	0.1 mg
ビタミンC	51 mg
食物繊維	1.9 g

1日の栄養所要量に占める割合

エネルギー	9 %
たんぱく質	7 %
脂肪	25 %
カルシウム	5 %
鉄	5 %
ビタミンA	16 %
ビタミンB1	11 %
ビタミンB2	10 %
ビタミンC	102 %
食物繊維	8 %

作り方

①カリフラワーは茹でて小房に分ける（茹で水に、小麦粉、塩、酢またはレモンのスライスを入れるときれいに仕上がる）。
②フライパンにサラダ油とバターを溶かす。カリフラワーを入れて表面をきつね色に炒め、塩、こしょうをし、レモン汁をかける。

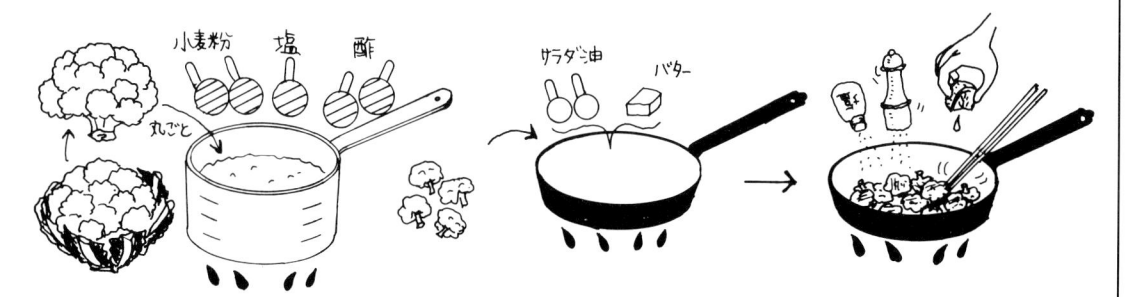

③小さなボールの内側に、カリフラワーの花を押し付けるように入れ、形を整えて皿に移し変える。

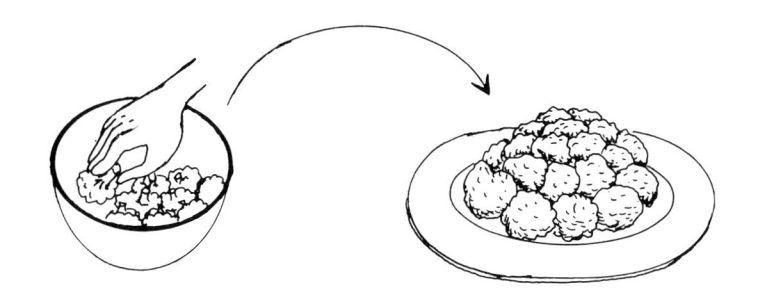

④バターで狐色に炒めたパン粉、刻んだ茹で卵、パセリのみじん切りを彩りよく飾って供する。

MEMO
＊カリフラワーは葉や茎の余分なところを落として、大きいまま茹でるほうが味がよい。水はカリフラワーがかぶる程入れるが、鍋の都合で頭の出るような時には、水面の上に出ている部分に布をかぶせるとよい。

（茂木）

野菜のグラッセ
（にんじん／小玉ねぎ／かぶ／きゅうり）

にんじんのグラッセ
(仏) Carottes glacés
カロット・グラッセ

材料（4人分）

にんじん	200g
水	200ml
バター（にんじんの8%）	16g
砂糖　（にんじんの4%）	8g
食塩　（にんじんの0.8%）	1.6g

にんじんのグラッセ 栄養価（1人分）

エネルギー	56 kcal
たんぱく質	0.3 g
脂肪	3.4 g
カルシウム	15 mg
鉄	0.1 mg
ビタミンA	771 μgRE
ビタミンB1	φ mg
ビタミンB2	φ mg
ビタミンC	3 mg
食物繊維	1.4 g

1日の栄養所要量に占める割合

エネルギー	3 %
たんぱく質	1 %
脂肪	6 %
カルシウム	3 %
鉄	1 %
ビタミンA	120 %
ビタミンB1	4 %
ビタミンB2	2 %
ビタミンC	3 %
食物繊維	6 %

作り方

①にんじんをシャトー切り、または0.7cmの輪切りにする。

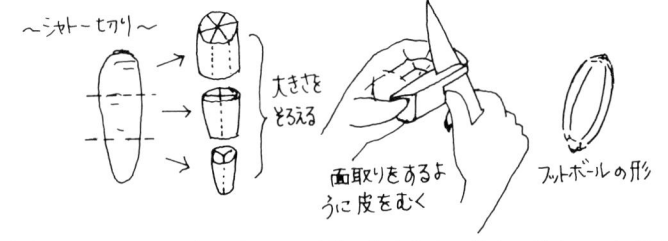

②小鍋ににんじん、水、バター、砂糖、塩を加え、落とし蓋をして加熱する。

③煮立ったら火を弱め、加熱を続ける(20〜30分)。

④柔らかくなったら蓋を取り、火を強め、煮汁をからませる。

MEMO
＊にんじんはすっと竹串が通るまで、柔らかく煮る。

（大迫）

小玉ねぎのグラッセ
(仏) Petits oignons glacés
プティ オニオン グラッセ

材料（4人分）

小玉ねぎ	200g
水	小粒玉ねぎがかぶるくらい
バター	大2
砂糖	小1
食塩	1.5g
こしょう	少量

小玉ねぎのグラッセ 栄養価（1人分）

エネルギー	56 kcal
たんぱく質	0.5 g
脂肪	3.3 g
カルシウム	12 mg
鉄	0.1 mg
ビタミンA	21 μgRE
ビタミンB1	φ mg
ビタミンB2	φ mg
ビタミンC	4 mg
食物繊維	0.8 g

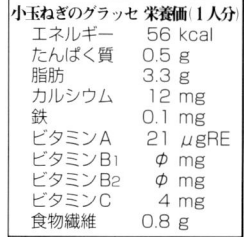

1日の栄養所要量に占める割合

エネルギー	3 %
たんぱく質	1 %
脂肪	6 %
カルシウム	2 %
鉄	1 %
ビタミンA	4 %
ビタミンB1	3 %
ビタミンB2	1 %
ビタミンC	4 %
食物繊維	3 %

作り方

①小玉ねぎの皮をむき、根元に十文字の切り込みを入れる。

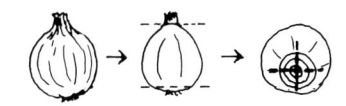

②鍋に玉ねぎと、かぶるくらいの水を入れ、バター、砂糖、塩、こしょうを加えて加熱する。

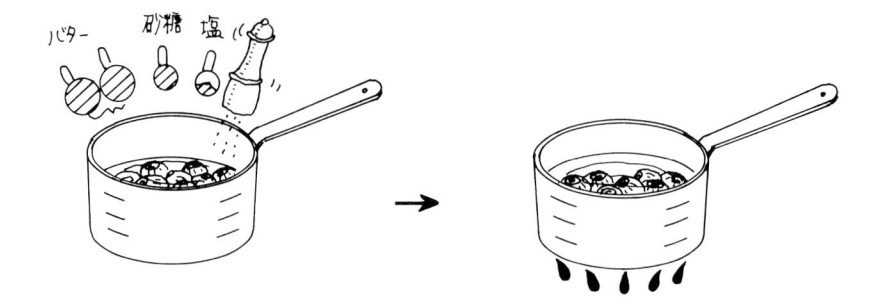

③にんじんのグラッセと同様に仕上げる。

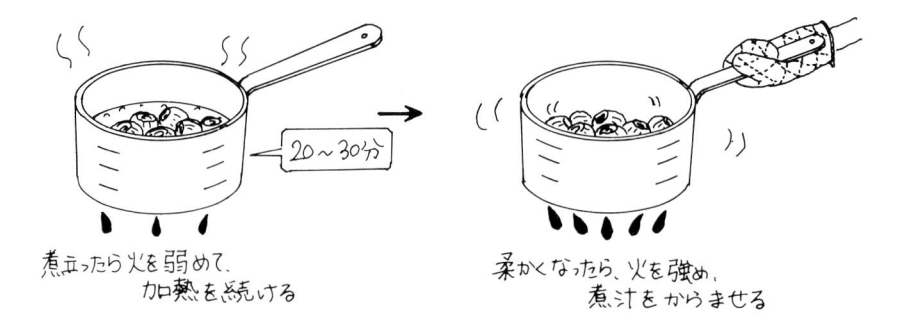

20～30分

煮立ったら火を弱めて、加熱を続ける

柔かくなったら、火を強め、煮汁をからませる

MEMO
＊根元に十文字の切り込みを入れておくと、平均に火が通る。

Chapter 12 野菜・果物 ＊ 203

かぶのグラッセ
(仏) Navets glacés
ナベ グラッセ

材料（4人分）
かぶ	200g
水	かぶの高さの1/2くらいの量
バター	大2
砂糖	小1

かぶのグラッセ 栄養価（1人分）		1日の栄養所要量に占める割合	
エネルギー	43 kcal	エネルギー	2 %
たんぱく質	0.3 g	たんぱく質	1 %
脂肪	3.3 g	脂肪	6 %
カルシウム	13 mg	カルシウム	2 %
鉄	0.1 mg	鉄	1 %
ビタミンA	21 μgRE	ビタミンA	4 %
ビタミンB₁	φ mg	ビタミンB₁	3 %
ビタミンB₂	φ mg	ビタミンB₂	2 %
ビタミンC	8 mg	ビタミンC	8 %
食物繊維	0.6 g	食物繊維	2 %

作り方
① 小さいかぶは形のまま、大きいものは6～8等分のくし形切りにして、面取りをする。
② 鍋にかぶ、水、バター、砂糖、塩を加え、落とし蓋をして火にかける。
③ にんじんのグラッセと同様に仕上げる。

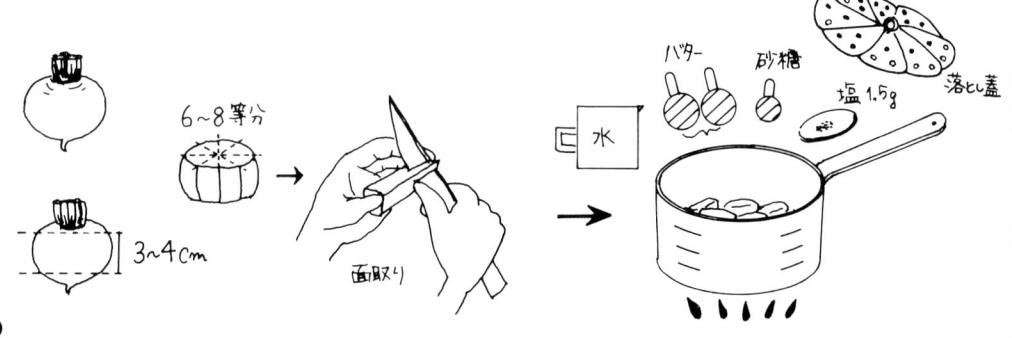

MEMO
＊かぶは水分を吸いやすく、早く柔らかくなるので水は少なくする。

きゅうりのグラッセ
(仏) Concombres glacés
コンコンブル・グラッセ

材料（4人分）
きゅうり	200g
水	きゅうりがかぶるくらいの量
バター	大2
砂糖	小1/2

きゅうりのグラッセ 栄養価（1人分）		1日の栄養所要量に占める割合	
エネルギー	38 kcal	エネルギー	2 %
たんぱく質	0.5 g	たんぱく質	1 %
脂肪	3.3 g	脂肪	6 %
カルシウム	14 mg	カルシウム	2 %
鉄	0.2 mg	鉄	2 %
ビタミンA	49 μgRE	ビタミンA	8 %
ビタミンB₁	φ mg	ビタミンB₁	3 %
ビタミンB₂	φ mg	ビタミンB₂	2 %
ビタミンC	7 mg	ビタミンC	7 %
食物繊維	0.6 g	食物繊維	2 %

作り方
① きゅうりは3～4cmのぶつ切りとし、面取りをする。
② 色を鮮やかにするためにさっと下茹でし、氷水に取る。
③ 鍋に材料を合わせ、落とし蓋をしてさっと煮る。

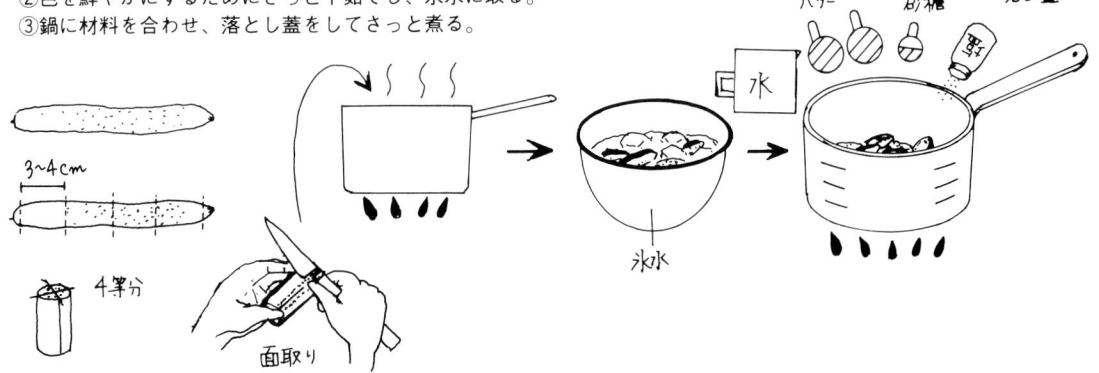

MEMO
＊きゅうりは下茹でしているので、水の量は少なめにする。

（大迫）

マセドアンサラダ
(仏) Salade macédoine
サラド・マセドアーヌ

材料（4人分）

じゃがいも	300g（中2個）	ソース・マヨネーズ		
にんじん	100g（中1/2個）	卵黄	20g	（1個）
レモン	15g（1/4個）	サラダ油	100ml	（カップ1/2）
セロリ	40g（1/2本）	食酢	15ml	（大1）
きゅうり	150g 1本）	食塩	2.5g	（小1/2）
サラダ菜	40g（1/2株）	こしょう	少量	
		マスタード	1g	（小1/2）

マセドアンサラダ 栄養価（1人分）	
エネルギー	326 kcal
たんぱく質	2.7 g
脂肪	26.8 g
カルシウム	33 mg
鉄	0.8 mg
ビタミンA	399 μgRE
ビタミンB1	0.1 mg
ビタミンB2	0.1 mg
ビタミンC	36 mg
食物繊維	2.3 g

1日の栄養所要量に占める割合	
エネルギー	16 %
たんぱく質	5 %
脂肪	47 %
カルシウム	6 %
鉄	7 %
ビタミンA	74 %
ビタミンB1	14 %
ビタミンB2	8 %
ビタミンC	36 %
食物繊維	9 %

作り方

1 下準備をする

①じゃがいも、にんじんは皮を付けたまま、塩、酢を加えた茹で湯の中（塩0.5%、酢1%)で茹で、水気を切る。

②茹でたじゃがいもとにんじんは、皮をむき、1cm角くらいのさいの目に切り、レモン汁をかけておく。

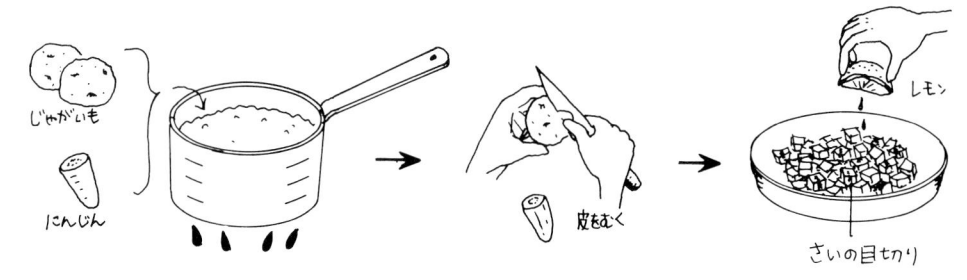

③セロリは筋を取り、きゅうりは板ずりをして、どちらも1cmぐらいのさいの目に切る。

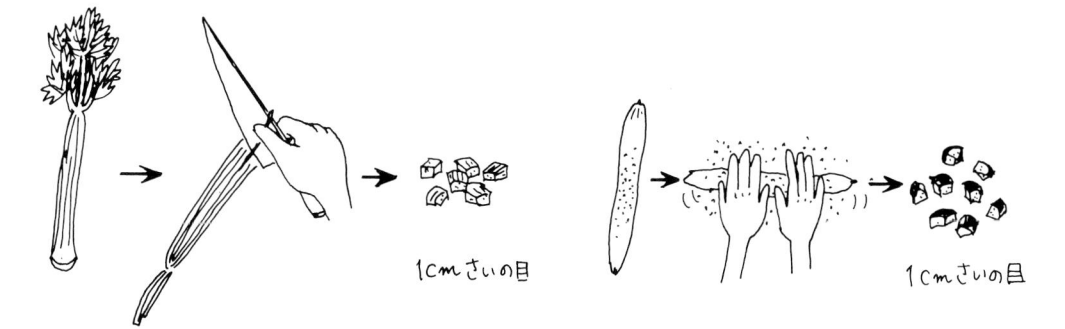

2 ソース・マヨネーズを作る（p211参照）

④乾いたボールに、分量の半分の酢、塩、こしょう、マスタードを入れ、泡立て器で混ぜ、さらに卵黄を加えて、練り混ぜる。

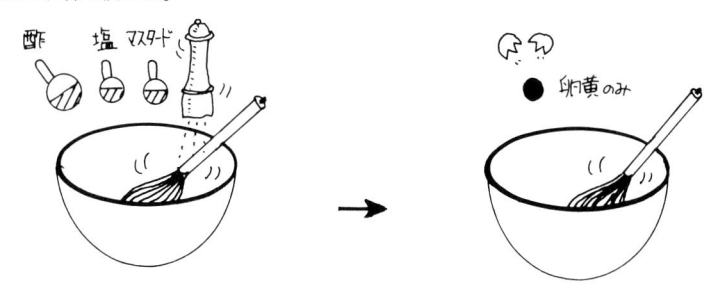

⑤泡立て器で絶えず混ぜながら、
　サラダ油を一滴ずつ少量加える。

⑥硬くなったら酢を少し加え、さらにサラダ油を加えていく。
　加えるサラダ油の量は増やしてよい。

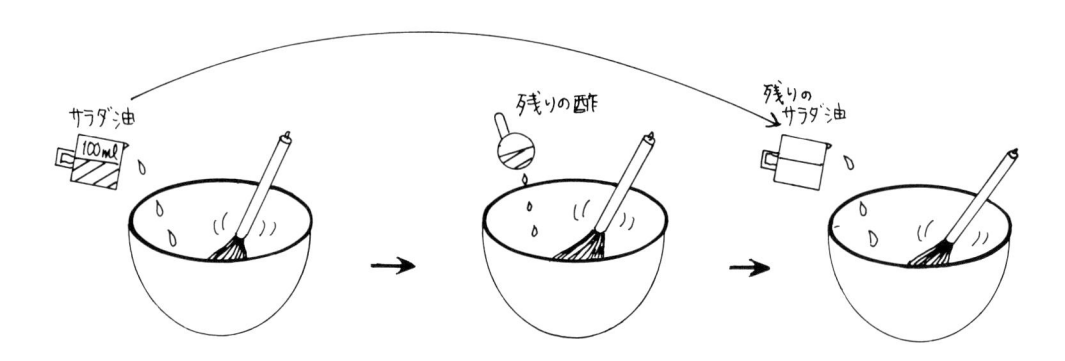

3　材料を混ぜる
⑦さいの目切りにした野菜を全てボールに入れ、
　ソース・マヨネーズと和える。

4　盛り付ける
⑧サラダボールにサラダ菜を敷き、
　その上にサラダを形よく盛り付ける。

マヨネーズ・シャンティイー （ソース・マヨネーズの応用）
（仏）Mayonnaise chantilly

材料（4人分）

マヨネーズ	200ml	(カップ1)
生クリーム	50ml	(カップ1/4)
レモン汁	5ml	(小1)

①生クリームは乾いたボールに入れ、マヨネーズと同じくらいの硬さまで泡立て器で泡立てる。

②マヨネーズソースと混ぜ合わせる。好みでレモン汁を加える。

MEMO
＊マセドアンとは野菜または果物を、1cm角ぐらいのさいの目切りにし、混ぜ合わせたものをいい、サラダやデザートとして用いられる。
＊材料は茹でてから切る。
＊マヨネーズ・シャンティイーは鶏肉、魚料理、サラダに適する。

（高橋）

トマトサラダ（生）
（スタッフドトマト／アコーディオンサラダ）
（英）Stuffed tomato ／ Accordion salad

スタッフドトマト 栄養価（1人分）	
エネルギー	118 kcal
たんぱく質	3.6 g
脂肪	7.1 g
カルシウム	30 mg
鉄	1.0 mg
ビタミンA	234 µgRE
ビタミンB$_1$	0.1 mg
ビタミンB$_2$	0.1 mg
ビタミンC	31 mg
食物繊維	2.2 g

1日の栄養所要量に占める割合	
エネルギー	6 %
たんぱく質	6 %
脂肪	13 %
カルシウム	5 %
鉄	8 %
ビタミンA	43 %
ビタミンB$_1$	14 %
ビタミンB$_2$	11 %
ビタミンC	31 %
食物繊維	9 %

スタッフドトマト

材料（4人分）

トマト	中4個
食塩	少量
こしょう	少量
じゃがいも	80g
にんじん	20g
きゅうり	40g
卵	1個
ホワイトアスパラガス（缶）細いもの8本	
サラダ菜	4枚
パセリ	4本
ソース・マヨネーズ	大2〜3

作り方

1　トマトでカップ（器）を作り、詰める具を下調理する

①トマトは熱湯にへたの方から6秒ほど浸し、冷水に取り、皮をむく（湯むきをする）。

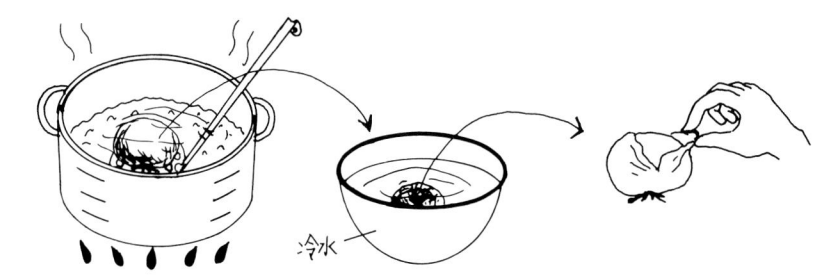

②トマトのへたを（へたの部分を底にした時、座りがよくなるようにして）取る。底から2/3くらい上のところを横に切って、上は蓋とする。下の部分の中身をくり抜き（底に穴を開けないように注意）、塩、こしょうして、冷やしておく。くり抜いた中身は、種を除き、さいの目に切る。

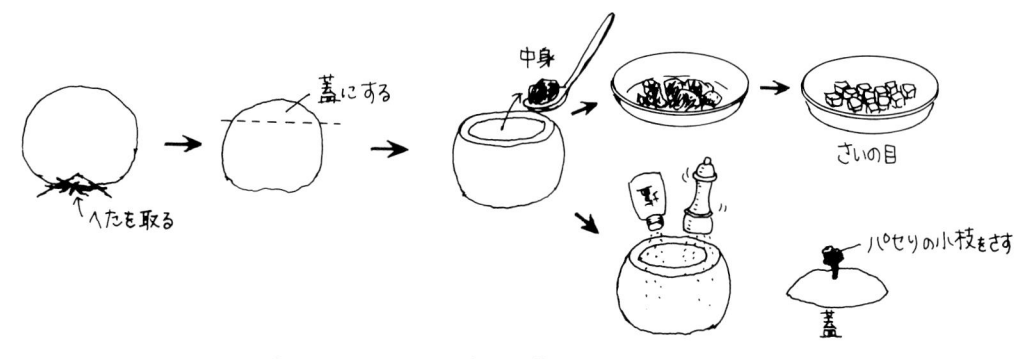

③じゃがいも、にんじんは7mm角くらいのさいの目に切り、茹でる。
④きゅうりは塩で板ずりしてさいの目に切る。

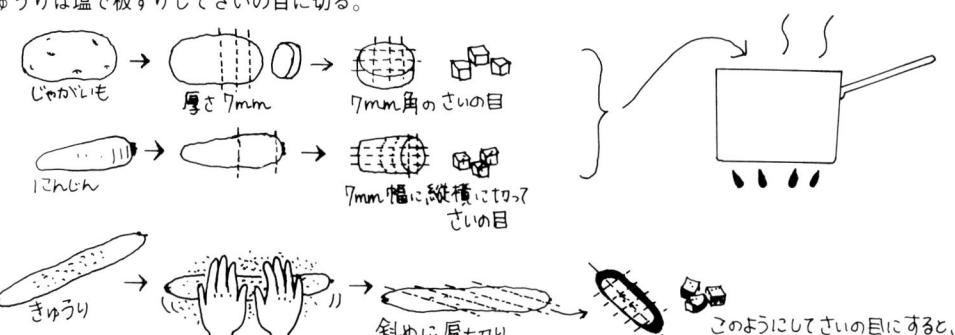

⑤卵は固茹でにし、黄身と白身に分ける。白身は粗みじんにし、黄身は裏漉しする。
⑥パセリの一部は軸を除いてみじん切りにし、布巾に包み、水中でもみ洗いして固く絞る。

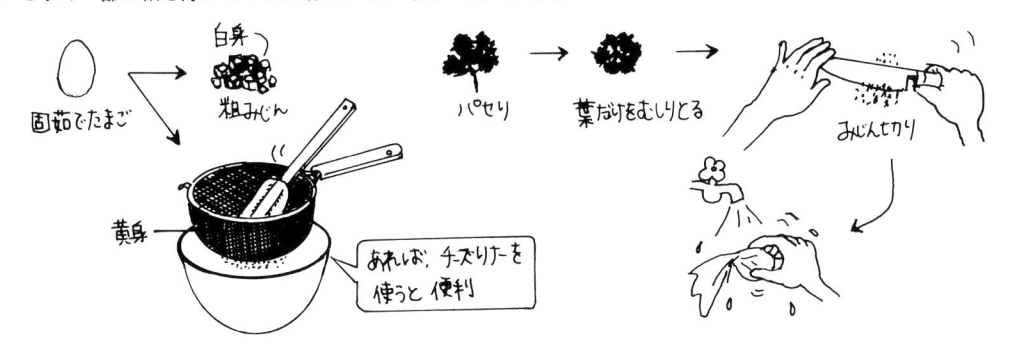

2 具を和える

⑦小ボールに③、④、⑤の白身および、くり抜いたトマトを入れ、ソース・マヨネーズを加えて和える。食べる直前に和えないと水が出る(p211参照)。

3 盛り付ける

⑧サラダ菜を敷いた皿にトマトのカップを置き⑦を詰める。蓋のトマトの中央に飾りのパセリの枝を差し、トマトに立てかける。アスパラガスを添え、⑤の黄身の裏漉しと⑥を全体に振りかけて飾る。よく冷やして供する。

アコーディオンサラダ

材料（4人分）

トマト	直径5～6cmのもの 4個
卵	4個
サラダ菜	4枚
フレンチドレッシング	
サラダ油	70ml
果実酢	35ml
食塩	小1
こしょう	少量
玉ねぎ	適宜（約10g）
パセリ	適宜（約3g）

①トマトは湯むきする。
②トマトのへたを取り、下1cmくらいを残し、5～6mm幅で切り込みを入れる。底に隠し包丁を入れて食べやすくする。

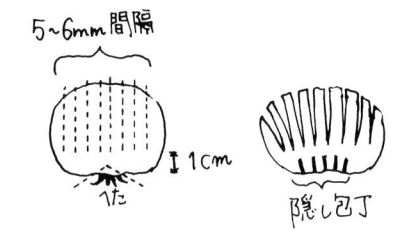

③卵は固茹でにし、5～6mmの輪切りにする（卵切り器を使うと便利）。
④②のトマトの切れ目に③を一枚ずつはさみ、冷やしておく。
⑤ボールにサラダ油、果実酢、塩、こしょうを入れよく混ぜる。好みで玉ねぎ、パセリのみじん切りを加え混ぜる（フレンチドレッシングを作る）。⑥皿にサラダ菜を敷き、トマトを置く。⑤をかけて供す。

MEMO
＊フレンチドレッシングはソース・ヴィネグレット（仏）ともいう。酢油のサラダソースのこと。酢と油の割合は1対1～3で合わせる（参照P210）。玉ねぎ、パセリはみじん切りの後、水にさらし、水気を絞って使うとよい。
＊トマトは皮をむかずに使ってもよい。
＊サラダはよく冷やして供することが大事である。

（阿部）

トマトサラダ（加熱）
（トマトファルシー）
（英）Stuffed tomato （仏）Tomato farcie

材料（4人分）

トマト	中4個
豚挽き肉	70g
玉ねぎ	50g
干ししいたけ	小2枚
たけのこ	30g
片栗粉	15g
粉チーズ	適宜（約6g）
バター（耐熱容器に塗る）	少量
食塩	少量
こしょう	少量

トマトファルシー 栄養価（1人分）

エネルギー	95 kcal
たんぱく質	5.5 g
脂肪	3.7 g
カルシウム	34 mg
鉄	0.6 mg
ビタミンA	117 μgRE
ビタミンB1	0.2 mg
ビタミンB2	0.1 mg
ビタミンC	19 mg
食物繊維	2.4 g

1日の栄養所要量に占める割合

エネルギー	5 %
たんぱく質	10 %
脂肪	7 %
カルシウム	6 %
鉄	5 %
ビタミンA	22 %
ビタミンB1	23 %
ビタミンB2	11 %
ビタミンC	19 %
食物繊維	10 %

作り方

1 トマトでカップ（器）を作り、詰める具を下調理する

①トマトのへたの部分を切り取り、中身をくり抜きカップにする。
②くり抜いたトマトの中身は、種を除き粗いみじんに切り、軽く絞って水気を取る。

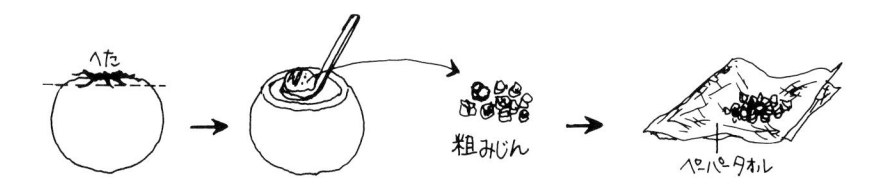

③玉ねぎ、戻したしいたけ、たけのこはみじんに切り、絞って水気を取る。
④ボール中で合い挽き肉、②、③と片栗粉、塩、こしょうをよく混ぜ合わせる。
⑤①のトマトに、④を4等分して詰める。

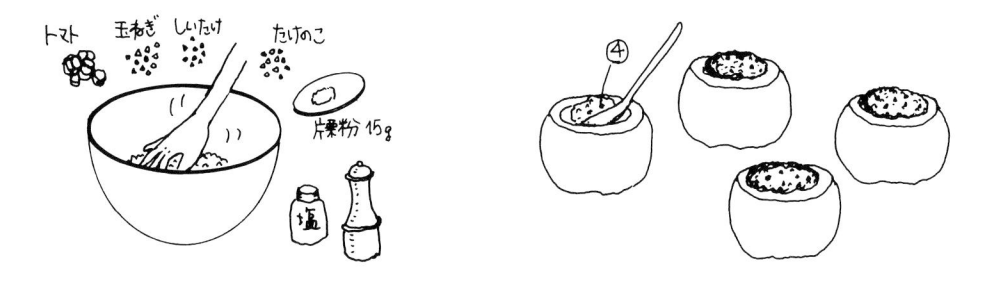

2 トマトカップをオーブンで焼く

⑥耐熱容器に薄くバターを塗って⑤を並べ、190℃のオーブンで12～15分くらいこんがりと焼き上げる。粉チーズを振りかけて供す。

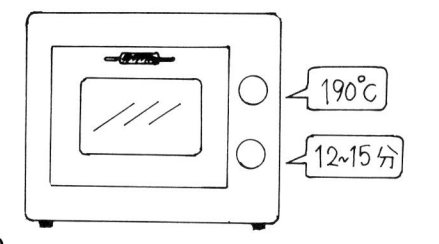

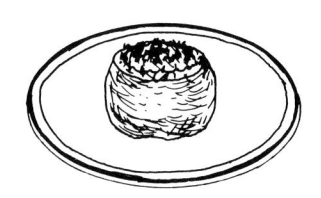

MEMO

＊日本のトマトは、皮の薄いファーストトマトや、甘みの強い桃太郎、サラダにぴったりのミニトマトなど生食するのに十分なトマトばかりだが、もともとトマトは酸っぱくて青臭かったので、今でもヨーロッパでは煮たり焼いたりして料理し、肉類の付け合わせの温野菜などに用いることが多い。ファルシーは詰め物料理の意味。

（阿部）

コールスロー

（英）Coleslaw　（仏）Salade de chou cru
サラダ　ド　シュー　クリ

コールスロー	栄養価（1人分）
エネルギー	73 kcal
たんぱく質	2.0 g
脂肪	4.0 g
カルシウム	54 mg
鉄	0.4 mg
ビタミンA	36 μgRE
ビタミンB_1	0.1 mg
ビタミンB_2	0.1 mg
ビタミンC	48 mg
食物繊維	2 g

1日の栄養所要量に占める割合	
エネルギー	4 %
たんぱく質	4 %
脂肪	7 %
カルシウム	9 %
鉄	3 %
ビタミンA	7 %
ビタミンB_1	7 %
ビタミンB_2	5 %
ビタミンC	48 %
食物繊維	9 %

材料（4人分）

キャベツ	400g
ピーマン	1個
玉ねぎ	1/2個
レモン汁	小1
食塩	小1/2

サワークリームドレッシング

生クリーム	15ml	（大1）
サワークリーム	15ml	（大1）
マヨネーズ	5ml	（小1）
食塩	少々	
砂糖	1.5g	（小1/2）
レモン汁	5ml	（小1）
こしょう	少々	

作り方

1　野菜を切る

①キャベツ、ピーマンは幅2〜3mmの細切りにする。
②玉ねぎは縦に薄切りにしてボールに入れ、塩小さじ1/2をまぶし、しんなりするまでもんでからキャベツ、ピーマンを加えて混ぜ、レモン汁を振りかけておく。

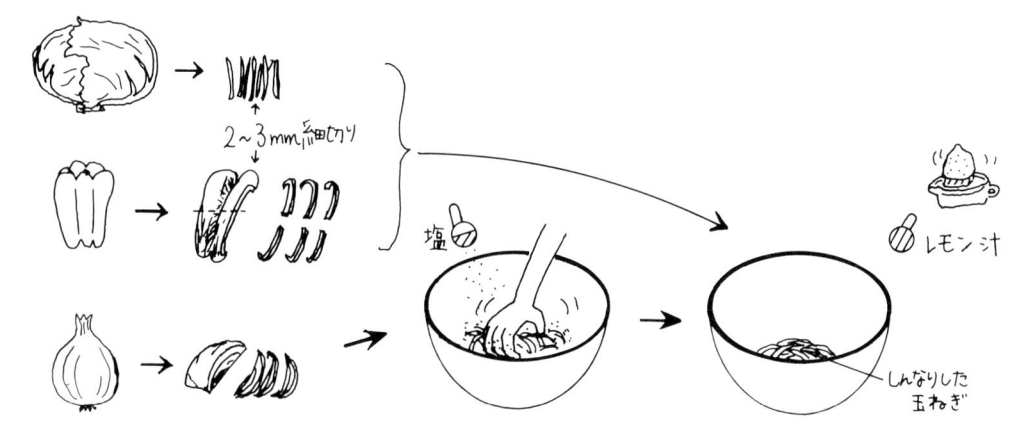

2　ドレッシングを作る

③別のボールに生クリームを入れ、軽く泡立てる。ここにサワークリーム、マヨネーズ、塩、砂糖、レモン汁、こしょうを加え、混ぜ合わせてドレッシングを作る。

3　和える

④③のドレッシングの中に②の野菜を入れ、よく混ぜ合わせる。

MEMO

＊好みでハムやりんごなどを加えてもよい。

（津田）

ドレッシングのいろいろ

ドレッシングは大別するとヴィネグレッド系とマヨネーズ系に分けられる。材料に調和したドレッシングを選ぶことが大切である。

ソース・ヴィネグレット（フレンチドレッシング）
（仏）Sauce vinaigrette　　（英）French dressing

材料（4人分）

サラダ油	150ml	（カップ3/4）
食酢	50ml	（カップ1/4）
（あればワインヴィネガー 　またはフルーツヴィネガー）		
食塩	5g	（小1）
こしょう	少量	
マスタード	15g	（大1）

作り方

①ボールに酢、塩、こしょう、マスタードを入れ、泡立て器でよく混ぜる。

②十分に混ざれば、サラダ油150mlを少しずつ加えて混ぜ合わせ、塩、こしょうで調味する（ただし酢と油の割合は、好みで増減してよい）。

＊ソース・ヴィネグレット（フレンチドレッシング）の応用

ソース・ヴィネグレットに他の材料を加えると、種々風味の異なったものができる。

ソースの種類	材料と分量／ソース・ヴィネグレット100gに対する割合（％）	適する調理
ソース・ヴィネグレット （仏）Sauce vinaigrette	サラダ油150ml、食酢50ml、マスタード大1、食塩小1、こしょう少量	
ラヴィゴットソース （仏）Sauce ravigote	ソース・ヴィネグレットに、ケイパーやきゅうりのピクルス、玉ねぎ、パセリ、セルフィユ、エストラゴンなどのみじん切りを適量加える。	サラダ、肉、魚の冷料理
ホースラディッシュ フレンチドレッシング （英）Horse-radish French dressing	西洋わさびをおろしたものを10％混ぜる。（わさびを代用してもよい）	きゅうり、うど、セロリなどのサラダ
トマト　フレンチドレッシング （英）Tomato French dressing	トマトを湯むきし、0.5cmぐらいのさいの目に切るか、裏漉ししたものを、30％混ぜる。	茹で卵、じゃが芋、蒸し魚
ジンジャー　フレンチドレッシング （英）Ginger French dressing	おろししょうがを10％混ぜる。	鰯、鯵、鯖などの料理
コンビネーション フレンチドレッシング （英）Combination French dressing	マヨネーズ大2を混ぜる。	野菜サラダ、マカロニサラダ
ヨーグルト　フレンチドレッシング （英）Yoghurt French dressing	ヨーグルト大3を混ぜる。	フルーツサラダ

ソース・マヨネーズ（マヨネーズソース）
（仏）Sauce Mayonnaise

材料（4人分）

卵黄	1個	
サラダ油	180ml	
食酢	10ml	（大2/3）
（ワインヴィネガー		
またはフルーツヴィネガー）		
マスタード	15g	（大1）
食塩	5g	（小1）
こしょう	少量	

作り方

① ボールに卵黄、酢、マスタード、塩、こしょうを入れて、泡立て器で混ぜ合わせる。

② サラダ油を少しずつ加えながら混ぜ合わせ、塩、こしょうで調味して仕上げる。

＊ソース・マヨネーズの応用

ソース・マヨネーズを土台として、他の材料を加えると、変化のあるソースを作ることができる。

ソースの種類	材料と分量／ソース・マヨネーズ100gに対する割合（％）	適する調理
ソース・マヨネーズ （仏）Sauce Mayonnaise	卵黄1個、サラダ油180ml、食酢大1、マスタード大1、食塩小1、こしょう少量	
レムラードソース （仏）Sauce rémoulade	アンチョビのエッセンス、きゅうりのピクルス、ケイパー、セルフィユ、タラゴンのみじん切りを適量混ぜ合わせる。	サラダ、肉、魚の冷料理
タルタルソース （仏）Sauce tartare	きゅうりのピクルス10％、玉ねぎ10％、茹で卵20％、パセリ、エストラゴン、ケイパー、セルフィユのみじん切りを加え混ぜ合わせる。	サラダ、肉、魚の網焼きバター焼き、揚げ物料理
ベルトソース （仏）Sauce verte	ほうれんそう、クレソン、パセリ、グリーンピース、そら豆などの緑野菜を熱湯で茹で、裏漉ししたものを10～15％混ぜた緑色のソース。 マヨネーズ大2を混ぜる。	前菜、サラダ、サンドウイッチ 前菜、サラダ、野菜料理
トマトマヨネーズ （英）Tomato Mayonnaise	トマトソースを煮つめたもの、またはトマトケチャップを10～20％混ぜた薄紅色のソース。	冷製肉料理
クリームマヨネーズ （英）Cream Mayonnaise	泡立てた生クリーム40～50％ぐらいと、レモン汁少量を加えて混ぜる。	うど、アスパラガス、カリフラワーのような、淡色野菜料理

（津田）

青菜（ほうれんそう）のお浸し

青菜のお浸し 栄養価（1人分）	
エネルギー	20 kcal
たんぱく質	2.3 g
脂肪	0.3 g
カルシウム	39 mg
鉄	1.6 mg
ビタミンA	525 μgRE
ビタミンB_1	0.1 mg
ビタミンB_2	0.2 mg
ビタミンC	26 mg
食物繊維	2.1 g

1日の栄養所要量に占める割合	
エネルギー	1 %
たんぱく質	4 %
脂肪	1 %
カルシウム	7 %
鉄	13 %
ビタミンA	82 %
ビタミンB_1	10 %
ビタミンB_2	16 %
ビタミンC	26 %
食物繊維	8 %

材料（4人分）

ほうれんそう	300g
茹で水	ほうれんそうの4〜5倍
食塩	茹で水の0.5〜1%
割下地（わりしたじ）	
醤油　（ほうれんそうの10%）	30ml
だし汁（醤油の30%）	9ml
花かつお	少量

作り方

1 ほうれんそうを茹でる

①ほうれんそうは、根元が太いものに十字の切り込みを入れる(隠し包丁をする)。根元やひだまでよく洗い、水気を切る。

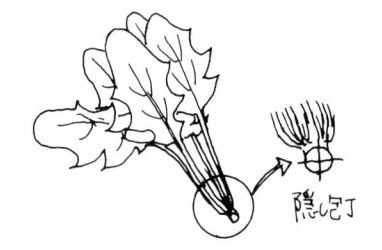

②鍋の水が沸騰したら、1%の塩を加え、根元から入れ茹でる。途中でほうれん草の上下を返しながら、2〜3分ぐらい茹でる。

③茹で上ったらすぐに冷水にさらし、根元をまとめて軽く絞る。

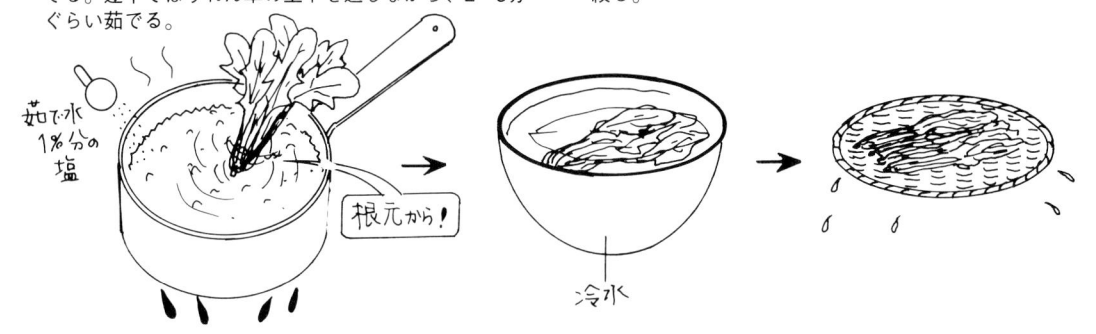

2 割下地に漬ける

④割下地(半量)に③を浸した後、軽く汁を絞り、3〜4cmの長さに切り揃える。

2 盛り付ける

⑥器に盛り、割下地の残り半量をかけ、天盛りに花かつおを添える。

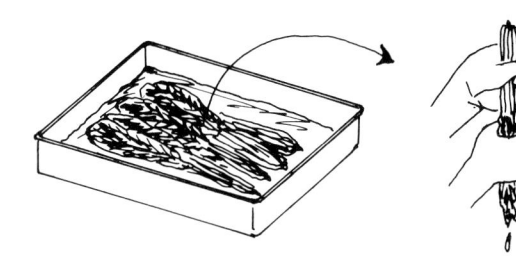

MEMO

＊青菜はほうれんそうのほか、小松菜、春菊などでもよい。
＊茎のあるものは茎から先に、葉は後から入れると、均一に茹で上がる。
＊青菜を茹でる時、沸騰した湯に食塩を加えると色よく仕上がる（色出し）。
＊茹で上がったら大量の水に取って冷却する（緑色色素クロロフィルが安定する）。

（大迫）

Chapter 12 野菜・果物 ＊213

青菜（ほうれんそう）のごま和え

材料（4人分）

ほうれんそう		300g
ごま醤油		
黒ごままたは白ごま	（ほうれんそうの10%）	30g
砂糖	（ほうれんそうの3%）	3g
醤油	（ほうれんそうの6%）	18ml
だし汁		大1
食塩		少量

青菜のごま和え 栄養価（1人分）

エネルギー	65 kcal
たんぱく質	3.5 g
脂肪	4.2 g
カルシウム	127 mg
鉄	2.3 mg
ビタミンA	525 μgRE
ビタミンB1	0.2 mg
ビタミンB2	0.2 mg
ビタミンC	26 mg
食物繊維	2.9 g

1日の栄養所要量に占める割合

エネルギー	3 %
たんぱく質	6 %
脂肪	7 %
カルシウム	21 %
鉄	19 %
ビタミンA	82 %
ビタミンB1	19 %
ビタミンB2	18 %
ビタミンC	26 %
食物繊維	12 %

作り方

1 ほうれんそうを茹でる
①ほうれんそうをお浸しと同じように茹でて水気を切り、3〜4cmに切る。

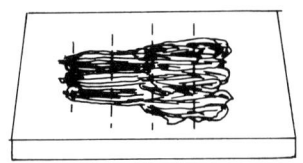

切りそろえる

③すり鉢の中でほうれんそうを入れ、和える。

2 和え衣を作る
②ごまを煎り、すり鉢で油が出るようになるまでよくすり、調味料を加える。

砂糖　醤油　だし汁　塩

3 盛り付ける
④小鉢に盛り付ける。

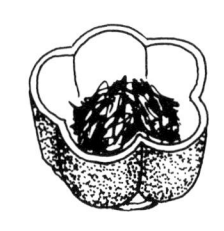

＊和え物の種類と和え衣の材料および配合（和えられる材料の重量に対する%）

種類	主な材料		食塩	醤油	砂糖	その他		備考
ごま和え	白ごま	10	1.5		5〜8			材料によって白く仕上げたい場合は白ごまを、青菜などは黒ゴマをよく用いる。
	黒ごま	10		8	5〜8			
ごま酢和え	ごま	10	1.5		10	食酢	10	
落花生和え	落花生または		1.5		10	煮だし汁5		
	ピーナッツバター	15		8				
くるみ和え	くるみ	15	1.5		10	煮だし汁5		
白和え	豆腐	50	1.5 白味噌20		10	白ごま	5〜10	白味噌の塩分は7〜8%、マヨネーズ少量を加える場合もある。
卵の花和え	卵の花（おから）	20	1.5		5〜10	食酢	10	
	卵黄	10						
酢味噌和え	味噌	20			5〜10	食酢	10	砂糖は味噌の種類により加減する。辛子を加える場合もある。
木の芽和え	白味噌	20			0〜5			砂糖は味噌の種類により加減する。
	木の芽	2						
おろし和え	だいこんおろし	30〜50	1.5		5	食酢	10	材料によって食酢を用いない場合もある。
からし和え	からし	1		8	2			

山崎清子著「調理と理論」p26（同文書院）

（大迫）

赤貝(あかがい)とわけぎのぬた

材料（4人分）

むき赤貝または青柳	100g
わけぎまたは長ねぎ	200g
からし酢味噌	
白味噌(辛)	大3
みりん	大1
砂糖（酢味噌の5%糖分）	大1
食酢（全材料の10%）	大2
練りからし	適宜
しょうが	10g

赤貝とわけぎのぬた 栄養価（1人分）

エネルギー	79 kcal
たんぱく質	5.2 g
脂肪	0.9 g
カルシウム	53 mg
鉄	1.0 mg
ビタミンA	226 μgRE
ビタミンB1	0.1 mg
ビタミンB2	0.1 mg
ビタミンC	19 mg
食物繊維	2.1 g

1日の栄養所要量に占める割合

エネルギー	4 %
たんぱく質	9 %
脂肪	2 %
カルシウム	9 %
鉄	8 %
ビタミンA	42 %
ビタミンB1	9 %
ビタミンB2	8 %
ビタミンC	19 %
食物繊維	8 %

作り方

1　わけぎを茹で、貝を湯ぶりする

①わけぎを鍋の直径の長さに切り、熱湯で1分程度茹で、全体に熱を通して柔らかくする。盆ざるに広げて水を切り、まな板に移して包丁のみねで中央のぬめりを外にしごき出し、3cmの長さに切る。水っぽくなるのを防ぐために、酢を振ってもよい。

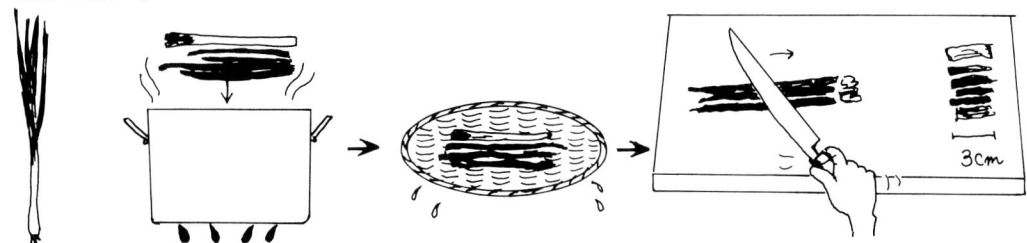

②貝のむき身は塩でもみ、水洗いして熱湯にさっとくぐらせる（湯ぶりをする）。湯ぶりの代わりに酒を振り、空炒りしてもよいし、生酢で酢洗いしてもよい。

2　からし酢味噌を作り、和える

③白味噌に調味料と練りからしを加えて混ぜ合わせ、からし酢味噌を作る。これをボールに入れ、①、②を加えて混ぜ和える。

3　盛り付ける

④しょうがは皮をむき、長さ約2cmの細い千切りにして水に放し、針しょうがにする。器に③を中高に盛り、針しょうがを天盛りにして供す。

針しょうが；"さといものそぼろあんかけ"参照

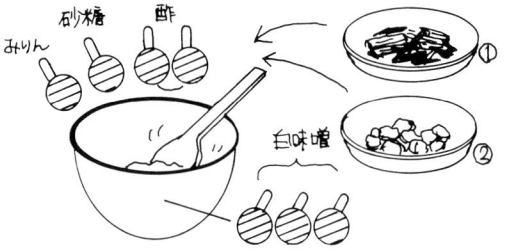

MEMO

＊ぬたは水っぽくならないように気を付ける。
＊ぬたは魚介類や野菜類を酢味噌で和えたもので、沼田とも書く。からし酢味噌にすることも多い。他の魚介類としては、まぐろやいかや酢じめの青背の魚が合う。青背の魚には、赤味噌を使うとよい。また他の野菜類として、うど、わかめ、あさつきなどが合う。

(阿部)

いかの木の芽和え

いかの木の芽和え 栄養価（1人分）	
エネルギー	82 kcal
たんぱく質	7.3 g
脂肪	1.2 g
カルシウム	25 mg
鉄	0.8 mg
ビタミンA	39 μgRE
ビタミンB1	φ mg
ビタミンB2	0.1 mg
ビタミンC	5 mg
食物繊維	1.9 g

1日の栄養所要量に占める割合	
エネルギー	4 %
たんぱく質	13 %
脂肪	2 %
カルシウム	4 %
鉄	6 %
ビタミンA	7 %
ビタミンB1	5 %
ビタミンB2	6 %
ビタミンC	5 %
食物繊維	7 %

材料（4人分）

いか（胴）	100g
茹でたけのこ	100g
煮汁	
だし汁（たけのこの重量の100%）	100ml
酒	10ml
薄口醤油	5ml
うど	80g

木の芽味噌
木の芽（山椒の若芽）	12枚
白味噌（材料の20%）	50g
みりん（煮切りみりん）	大1
砂糖	大1
（みりんと砂糖で材料の5〜10%糖分）	
ほうれんそうの葉先（青味用）	20g
木の芽（天盛り用）	一人1枚

作り方

1 下準備をする

①いかの胴の皮をむき、松葉に包丁目を入れ、一口大に切る。煮汁を煮立て、いかをさっと煮て取り出す。
②茹でたけのこを、一口大の乱切りにして、①の煮汁の残りで下煮して汁気を切る。
③うどは皮を厚くむき、小さめの乱切りにして、酢水に放してからさっと塩茹でして水を切る。

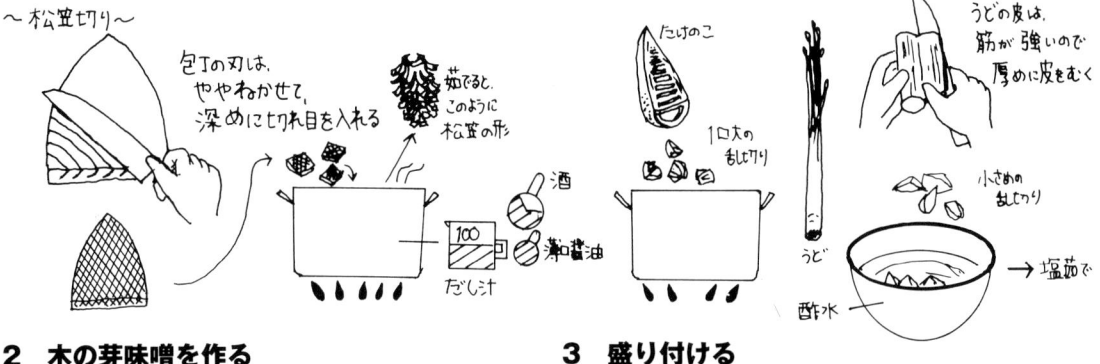

2 木の芽味噌を作る

④ほうれんそうを青茹でし、水に取り絞り、みじん切りにしてすり鉢ですり（青み）。
⑤木の芽をすり鉢ですり、白味噌、みりん、砂糖、④の青みを加え、よくすり混ぜる。
⑥ボールに⑤の木の芽味噌、①、②、③を入れて混ぜ和える。

3 盛り付ける

⑦器に⑥を中高に盛り、木の芽を軽く叩き、香りを出して天盛りにする。

*たけのこの茹で方

①たけのこは皮ごとよく洗い、固い根元は輪切りに、穂先は斜めに切り落とす。中央部の皮目に縦一本、切り目を入れ、底に十字に隠し包丁を入れる。

②たっぷりの米のとぎ汁か、ぬかの茹で汁（ぬか分約15%）で皮ごと、水から茹でる。赤とうがらしを1〜2本入れてもよい。

③沸騰したら弱火にし、落とし蓋をして50〜60分茹でる。底が竹串で通ればよい。

④茹で上がっても茹で汁に漬けておき、冷めたら取り出して皮をむき、水洗いする。

(阿部)

Chapter 13 寒天・ゼラチン

白身魚の寄せ物（よせもの）

材料（4人分）

白身魚	120 g	A（調味料）		
さやいんげん	10 g	かつおのだし汁	300ml	
にんじん	20 g	酒	24ml	（大1・2/3）
きくらげ	3枚	砂糖	6 g	（小2）
粉寒天	3.5 g	食塩	3 g	（小3/5）
水	100ml	醤油	12ml	（小2）
		青じその葉	4枚	
		針しょうが	少量	

白身魚の寄せ物 栄養価（1人分）

エネルギー	45 kcal
たんぱく質	6.1 g
脂肪	0.2 g
カルシウム	25 mg
鉄	0.5 mg
ビタミンA	98 μgRE
ビタミンB1	0.1 mg
ビタミンB2	0.1 mg
ビタミンC	1 mg
食物繊維	1.3 g

1日の栄養所要量に占める割合

エネルギー	3 %
たんぱく質	11 %
脂肪	φ %
カルシウム	4 %
鉄	4 %
ビタミンA	18 %
ビタミンB1	6 %
ビタミンB2	6 %
ビタミンC	1 %
食物繊維	5 %

作り方

1 下準備をする
①白身魚を薄くそぎ切りにする。さやいんげんは茹でた後斜め切り、にんじんも千切りにして下茹でしておく。
②きくらげも石づきを取り、細切りにする。
③小鍋に水と粉寒天を入れ、5分以上膨潤させておく。

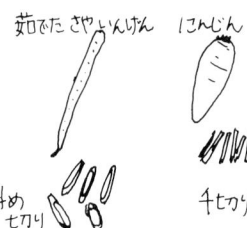

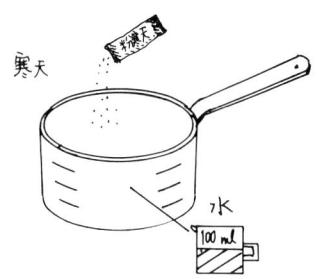

2 寄せる
④③の寒天を加熱沸騰し、完全に溶解させた後、A(調味料)を加え、白身魚を入れて火を通す。
⑤アクを取り、火を止める。⑥流し箱の内側を水でぬらし、⑤を流し入れてさやいんげん、にんじん、きくらげをバランスよく散らし入れる。⑦冷却し凝固させる。

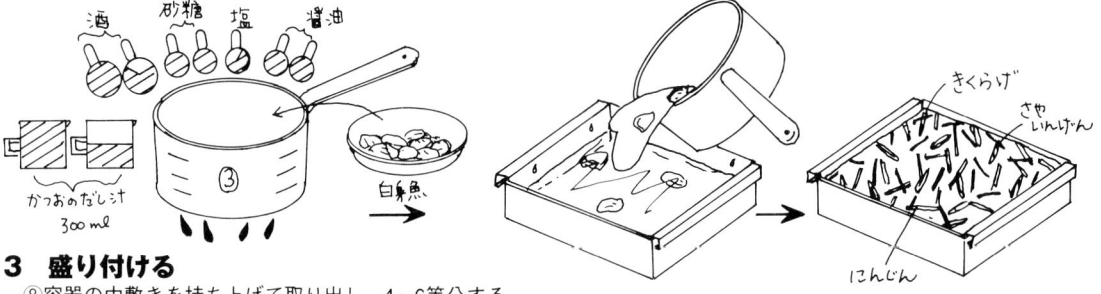

3 盛り付ける
⑧容器の中敷きを持ち上げて取り出し、4～6等分する。
⑨青じそを千切りにして皿に敷き、寄せ物をのせ、針しょうがを天盛りにする。

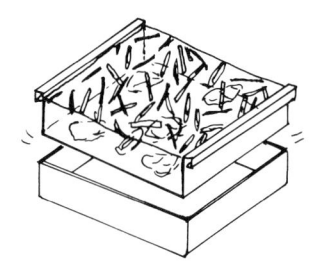

MEMO
＊寒天を煮溶かす時、撹拌しすぎると凝固強度が弱まる。
＊調味料を早く混ぜても凝固強度が弱まる。

（阿久澤）

二色かん

材料（約4個）

A.（下層：出来上がり300g）
- 粉寒天　　　　　　　　2.4g
- 水　　　　　　　　　225ml
- 砂糖　　　　　　　　　60g
- パイナップルジュース　75ml
- エッセンス　　　　　　少量

B.（上層：出来上がり150g）
- 粉寒天　　　　　　　　1.5g
- 水　　　　　　　　　113ml
- 砂糖　　　　　　　　　34g
- 卵白　　　　　　　　9〜12g
- バニラエッセンス　　　少量

二色かん 栄養価（1人分）	
エネルギー	101 kcal
たんぱく質	0.4 g
脂肪	φ g
カルシウム	11 mg
鉄	0.1 mg
ビタミンA	φ μgRE
ビタミンB1	φ mg
ビタミンB2	φ mg
ビタミンC	1 mg
食物繊維	0.7 g

1日の栄養所要量に占める割合	
エネルギー	5 %
たんぱく質	1 %
脂肪	φ %
カルシウム	2 %
鉄	1 %
ビタミンA	φ %
ビタミンB1	1 %
ビタミンB2	2 %
ビタミンC	1 %
食物繊維	3 %

作り方

1　下準備をする
①A、Bともに材料を計量し、寒天は別の鍋に入れ、膨潤させておく。

2　下層を流す
②Aの寒天を加熱溶解し、砂糖を加え、225gになるまで煮詰める。
③火から下ろして約60℃まで冷めてから、パイナップルジュースとエッセンスを入れ、流し箱に流す。

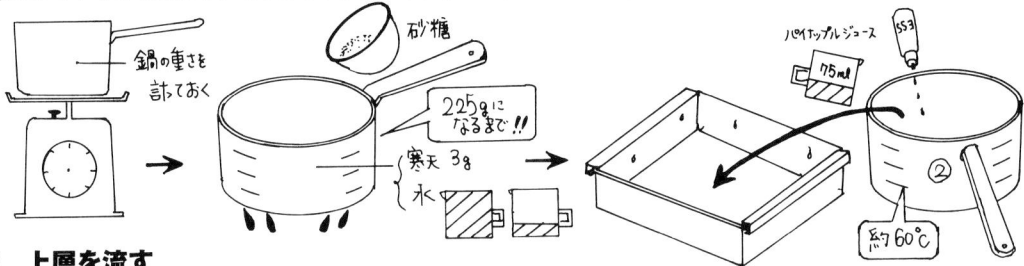

3　上層を流す
④Bの寒天を加熱溶解し、砂糖を加えて、113gまで煮詰める。
⑤並行して卵白を泡立てておき、④が40℃くらいまで冷えたら、泡立てた卵白に少量ずつ加えて混合する。
⑥バニラエッセンスを加え、Aの寒天ゼリーの上に流し入れる。

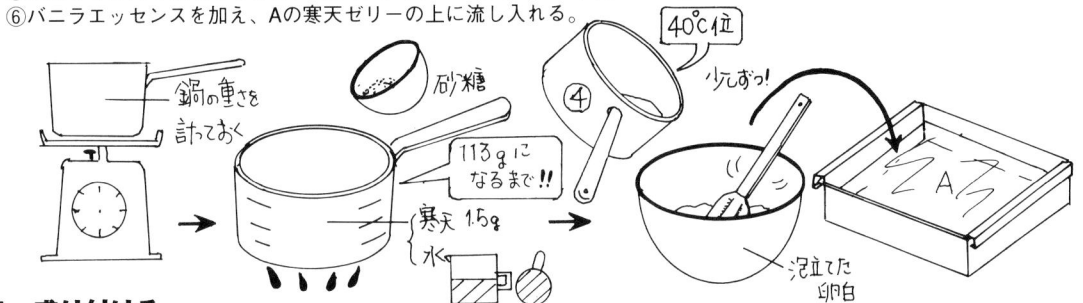

4　盛り付ける
⑦凝固したら流し箱から出し、適当に切って、淡雪かんが上になるように皿に盛る。

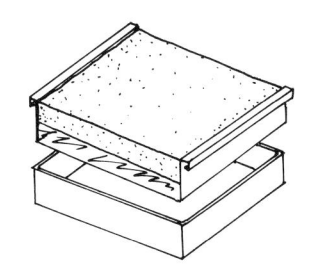

MEMO
* 二色かんは、二種の比重の違いを利用したものである。
* Aが半流動状態の時にBを流し込むと、接着がよい。
* Aの寒天濃度は約0.8%で、Bは1%だが、寒天の精製度合いによって濃度は調整する。

（阿久澤）

涼拌三絲
リャンバンサンスウ

三種冷製中国風和え物

材料（4人分）

糸寒天	20g		かけ汁	
きゅうり	100g (中1本)		食酢	30ml (大2)
ボンレスハム	60g		醤油	32ml (大2)
卵	100g (小2個)		砂糖	14g (大1・1/2)
食塩	1g		ごま油	4g (小1)
砂糖	2g		溶きがらし	3g (小1)

涼拌三絲 栄養価（1人分）

エネルギー	94 kcal
たんぱく質	7.3 g
脂肪	4.5 g
カルシウム	53 mg
鉄	1.5 mg
ビタミンA	57 μgRE
ビタミンB1	0.2 mg
ビタミンB2	0.2 mg
ビタミンC	10 mg
食物繊維	4.2 g

1日の栄養所要量に占める割合

エネルギー	5 %
たんぱく質	13 %
脂肪	8 %
カルシウム	9 %
鉄	13 %
ビタミンA	11 %
ビタミンB1	23 %
ビタミンB2	20 %
ビタミンC	10 %
食物繊維	17 %

作り方

① 糸寒天は5〜6cmの長さにはさみで切り、振り洗いした後、ぬるま湯に5〜6分浸しておく。

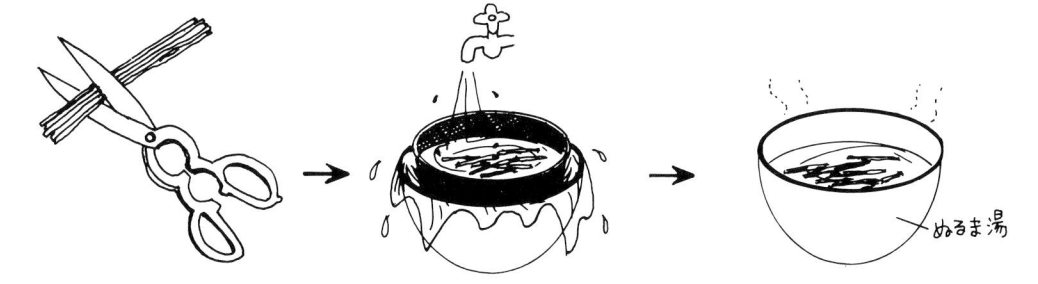

② きゅうりは板ずりし、さっと熱湯をくぐらせて色出しした後に千切りし、ハムも千切りにする。

③ 錦糸卵を作る（p161参照）。

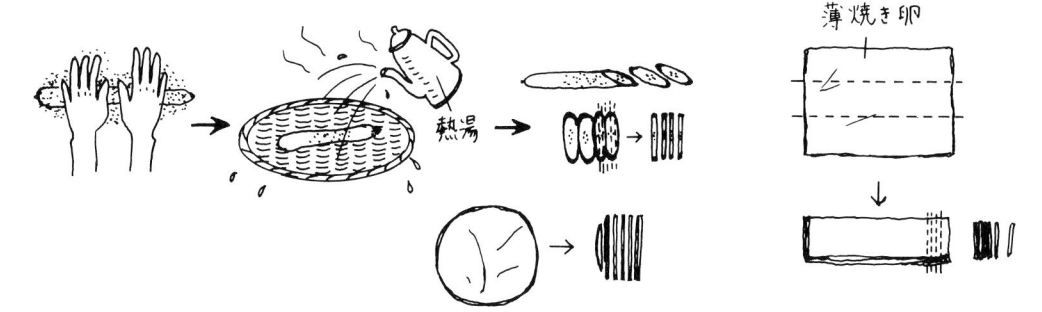

④ 皿に色彩りよく盛り付け、かけ汁をかけて供する。

MEMO

＊和え物のかけ汁や中華の合わせ調味料は、各家庭やコックにより特徴が見られる。また、ご飯のおかずにするか、前菜として酒と一緒に食するかによって、味付けの質も量も変化する。

（茂木）

水ようかん

材料（出来上がり量500g）

角寒天（濃度は出来上がり量の0.8%）	4g	（約1/2本）
水	400ml	
砂糖	80g	
生あん	125g	
砂糖	50g	
水	50ml	
食塩	少量	
桜の葉	4～6枚	

水ようかん 栄養価（1人分）

エネルギー	140 kcal
たんぱく質	2.5 g
脂肪	0.2 g
カルシウム	12 mg
鉄	0.7 mg
ビタミンA	0 μgRE
ビタミンB1	φ mg
ビタミンB2	φ mg
ビタミンC	0 mg
食物繊維	2.3 g

1日の栄養所要量に占める割合

エネルギー	7 %
たんぱく質	5 %
脂肪	0 %
カルシウム	2 %
鉄	6 %
ビタミンA	0 %
ビタミンB1	1 %
ビタミンB2	1 %
ビタミンC	0 %
食物繊維	9 %

作り方

1 下準備をする

①用いる鍋（寒天用、あん用）の重さを計っておく。
②寒天は洗って分量外のたっぷりの水に漬け、十分膨潤させる（30分以上）。

2 液を作る

③十分に膨潤した寒天の水を絞り、細かくさいて定量の水を加え火にかける。寒天が溶けたら砂糖80gを加え、煮つめる（約300gになるまで）。

④生あんに、水と砂糖50gを加え加熱する。
⑤③をあんの中に少量ずつ加え混ぜ、さらに加熱して500gになるまで煮つめて火から下ろす。
かき混ぜながら、45℃くらいまで冷まし、水で湿らせた流し缶に入れ冷やす。

3 盛り付ける

⑥固まったら流し缶から出して切り分け、桜の葉を中表に敷いて、その上にのせる。

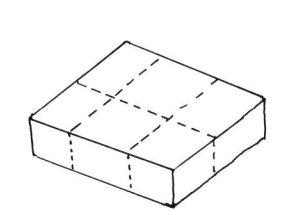

MEMO

＊角寒天は浸漬時間が長いほど、膨潤度が大きくなり溶けやすくなるので、あらかじめ水に漬けておくこと。
＊寒天の溶解温度は寒天濃度によって異なるが、90℃以上で充分に加熱溶解すること。
＊寒天液にあんを混ぜる場合、あんの比重が重いので、凝固温度（45～50℃）近くまで、かき混ぜながら冷まして型に流すこと。
＊用いる砂糖とあんの量は、出来上がり重量に対して25～30%ずつ使用する。

（猪俣）

ゼリー二種
（ペパーミントゼリー／レモンスノー）
（英）Peppermint jelly／Lemon snow

ペパーミントゼリー 栄養価（1人分）	
エネルギー	124 kcal
たんぱく質	4.0 g
脂肪	1.6 g
カルシウム	46 mg
鉄	0.2 mg
ビタミンA	16 μgRE
ビタミンB1	φ mg
ビタミンB2	0.1 mg
ビタミンC	3 mg
食物繊維	0 g

1日の栄養所要量に占める割合	
エネルギー	6 %
たんぱく質	7 %
脂肪	3 %
カルシウム	8 %
鉄	2 %
ビタミンA	3 %
ビタミンB1	3 %
ビタミンB2	6 %
ビタミンC	3 %
食物繊維	0 %

ペパーミントゼリー

材料（5人分）

粉ゼラチン	12g	（大1.5）
水	50ml	
リンゴジュース	200ml	（透明）
レモン汁	15ml	（大1）
水	200ml	
砂糖	60g	
ペパーミント酒	15ml	

ソース
牛乳	200ml
砂糖	25g
コーンスターチ	5g

作り方
①ゼラチンを水50mlで膨潤させる。 
②ゼリー型を水でぬらしておく。
③小鍋に砂糖と水を入れ、沸騰させたところへ戻したゼラチンを加え、火を止める。
④③を布巾で漉し、冷ましてからパイナップルジュース40mlに水を加えて200mlとし、レモン汁を加える。
⑤ペパーミント酒を加えて冷まし、とろみが付いたら型に注ぎ入れて冷蔵庫で冷やし固める。 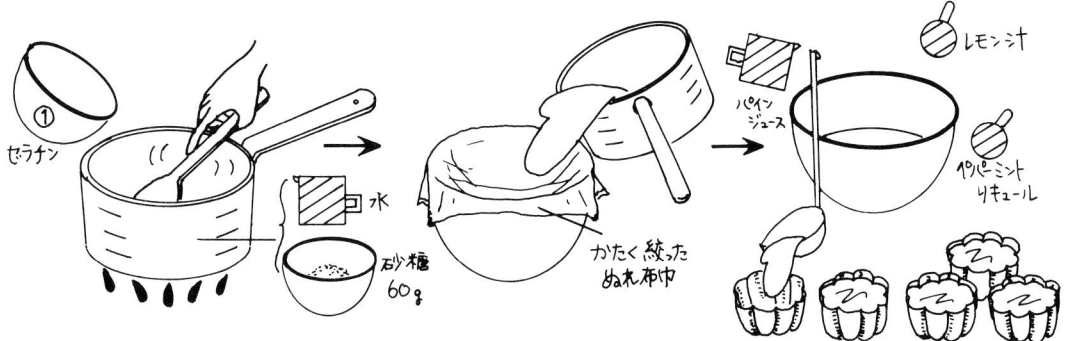
⑥ソースの材料を小鍋に入れかき混ぜながら火にかけ、沸騰したら弱火で2～3分加熱し、火からおろし、冷ましてかける。

MEMO
＊ゼラチンを加熱溶解する時は、直火法と湯煎法がある。直火法では煮立たせてはいけない。湯煎法の方が過熱、蒸発が避けられ、操作しやすい。
＊ゼラチンゼリーは濃度2～4％で、寒天ゼリーの濃度より高いが、凝固温度は低い。13℃以上の水温では凝固しにくいので氷を用いるか、冷蔵庫で冷却する。

レモンスノー（レモン淡雪）

材料（直径16cmの蛇の目型）

粉ゼラチン	12g	カスタードソース	
水	50ml	卵黄	2個
砂糖	70g	砂糖	70g
水	275ml	コーンスターチ	小1
レモン汁	70ml	牛乳	300ml
白ワイン	大1	バニラエッセンス	少量
卵白	2個	ブランデー	少量
レモンの皮	適量		

作り方

① ゼラチンを50mlの水で膨潤させ、湯煎にして溶かす。
② レモンを絞り、皮をすりおろす。
③ 水、砂糖35gとレモン汁50mlを火にかける。砂糖が溶けたら火を止め、残りのレモン汁を加える。
④ ③に白ワイン、ゼラチン溶液を加える。
⑤ 卵白を冷やしたボールに取り、すりおろしたレモンの皮を加え、六分通り泡立て、残りの砂糖35gを加え、さらに泡立て、メレンゲを作る。
⑥ ⑤に④を加えながら混ぜ入れ、ボールの底をとろみが付くまで氷水で冷やす。 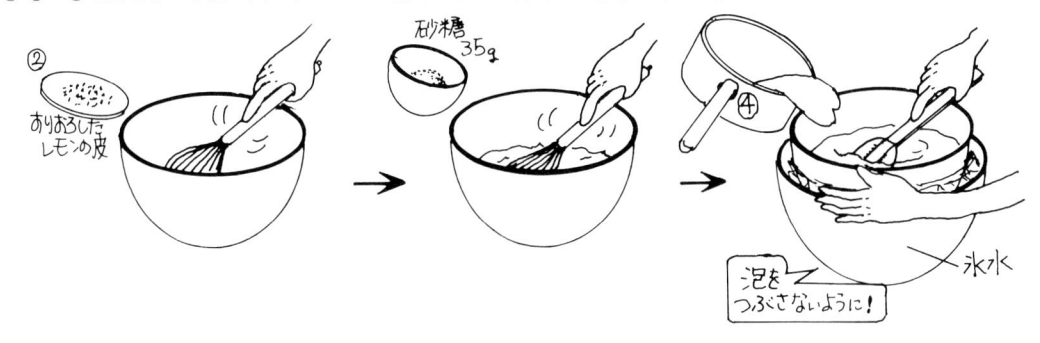
⑦ 水でぬらした蛇の目型に流し入れ、冷蔵庫で冷やし固める。 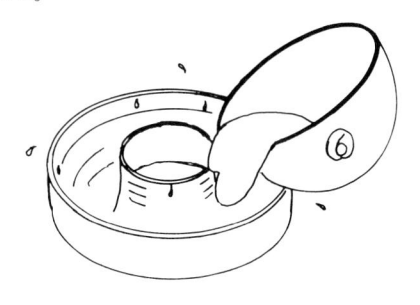
⑧ 器に盛り、冷やしたカスタードソースをかける（カスタードソースの作り方はp187参照）。

MEMO

* 卵は十分に冷えたものを用い、卵白は泡立てすぎないこと。
* ゼラチン液とメレンゲを合わせるときは、必ずゴムべらで混ぜ、泡立て器を用いない。泡立ちすぎて、キメの粗い淡雪になる。
* メレンゲとは、卵白を泡立てて砂糖を加えたもの。
* 粉（コーンスターチ、片栗粉）を多めに入れて作ると、カスタードクリームになる。

（猪俣）

Chapter 14　汁物

和風の汁物とだし

1)　汁物の要素

(1)　汁（だし汁）
　①動物性食品のだし汁：かつお節、煮干し、鶏がらなど、魚貝・獣鳥肉を用いる。
　②植物性食品のだし汁：昆布、干ししいたけ、根菜類などの野菜を用いる。精進だしともいう。
　③化学調味料のだし汁：複合調味料、風味調味料など、即席のだし類。

(2)　具（汁の中身）
　①椀種（わんだね）　　　　：主材料。魚介類、卵、大豆製品などのたんぱく質素材を一人30～40g用いることが多い。
　②椀妻（わんづま）（あしらい）：野菜類やきのこ、海草類などを青みとして数品添える。
　③吸い口（すいくち）　　　：香り付けに少量添えて、季節感と風味を出す。

2)　汁物の分類

(1)　澄まし汁
　①吸物（すいもの）：だし汁はかつお節や昆布で取り、うま味と香りを賞味する。味は薄い塩味。酒の膳に供する。
　②清汁（すましじる）：だし汁はかつお節や昆布で取り、味は薄い塩味（塩分濃度0.8～0.9％）。一般には一汁一菜の汁を指す。
　　　　　葛汁（くず）や実だくさんのけんちん汁なども含まれる。
　③潮汁（うしおじる）：だし汁は魚介類や骨を水から煮出して取る。味は薄い塩味。はまぐりやたいの潮汁、船場汁など。

(2)　濁り汁
　①味噌汁　　　：だし汁はかつお節や煮干しで取り、味は赤味噌、白味噌、八丁味噌などで調える。
　②変り味噌汁（かわり）：すり流し汁や粕汁（かす）、ほうとうやさつま汁などの煮込み汁など。

＊味噌の種類と一般的な使い方
　＜種類＞

米麹味噌	
白味噌（西京味噌）	塩分6～9％の甘味噌
淡色辛味噌	塩分10～14％の辛味噌
赤色辛味噌	塩分12～14％の辛味噌
豆麹味噌（三州味噌）	塩分10～12％の辛味噌
麦麹味噌	塩分10～12％の辛味噌

合わせ味噌：白味噌と赤味噌を混ぜたもの。茶道の袱紗（ふくさ）にちなんで袱紗味噌（ふくさ）ともいう。

　＜使い方＞

冬向きの味噌汁	白味噌仕立て。甘くてコクがある。
夏向き	赤味噌仕立て。辛くさっぱり味。
春向き	白味噌。赤味噌が3：7の合わせ味噌
秋向き	白味噌。赤味噌が7：3の合わせ味噌

魚介類やアクの強い材料の時には三州味噌や赤味噌が合う。

3) 和風だしの取り方　〔ブイヨンの取り方はp234、湯(タン)の取り方はp240参照〕

(1) かつおだし

◎一番だし：沸騰した湯の中に2〜4％の削りかつおを一度に入れ、ひと煮立ちさせ、すぐ布で漉す。濃いかつおだしを取る場合は沸騰後、アクを取りながら2〜3分煮出してから漉す。【吸い物、煮物、鍋物用】

◎二番だし：一番だしのだしがらに、先の半量の水を入れ、2〜3分煮出して漉す。沸騰した時に削りかつおを足すこともある（追いがつお）。【煮物用】

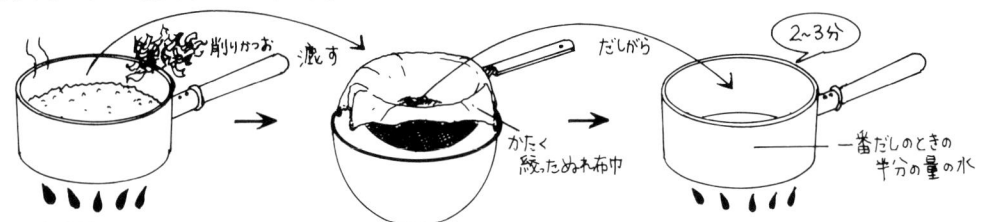

(2) 昆布だし

◎だし昆布（真昆布、利尻昆布）を水に浸し（最低15分）、うま味成分を水出しする。火にかけたら昆布臭とぬめりを防ぐため、沸騰直前に昆布を取り出す。昆布はだし汁の2〜3％使う。昆布の表面の白い粉は、うま味成分のマンニットなので水で洗い落としたりしない。【吸い物、鍋物用】

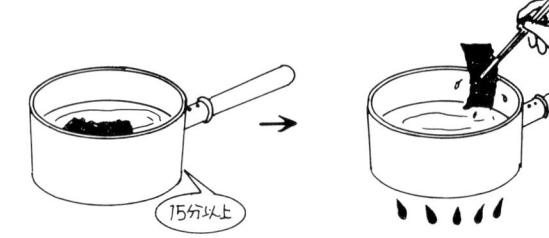

(3) 混合だし（上だし）

◎一番だし：削りかつお2〜4％とだし昆布1〜2％を用いて取る。水に昆布を15分ほど浸し、火にかけて沸騰直前に取り出し、汁が沸騰したら削りかつおを入れ、ひと煮立ちさせて漉す。【吸い物用】

◎二番だし：かつおだしの二番だし同様に取る。【煮物用】

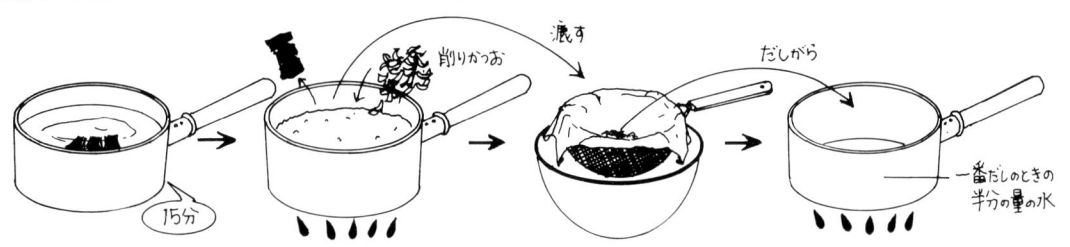

(4) 煮干しだし

◎煮干しの頭と内臓部分を取って縦にさき、水に浸す(10〜30分)。火にかけて、沸騰後1〜2分くらい煮出して漉す。煮干しの水出しは冷蔵庫中で一晩してもよい。煮干しは赤く油焼けしているものは避け、だし汁の3〜4％量使う。【味噌汁用】

(5) しいたけだし

◎干ししいたけは水に浸し柔かく戻す。戻し汁に昆布を加え、沸騰直前に昆布を取り出し、汁が煮立ったら漉す。干ししいたけは3〜4％、昆布は1〜2％使う。【煮物用】

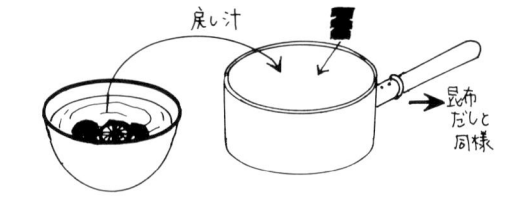

(6) 鶏がらだし

◎鶏がらを微温湯で洗って脂肪や血液を落とし、水から煮出す。アクをたんねんに取り、香味野菜を加えて弱火で1〜2時間は煮込んでから漉す。【煮物、鍋物用】

(7) 魚のアラだし

◎魚のアラは熱湯中で湯霜して、水から煮出す。沸騰後は弱火でしばらく煮て、漉す。だし昆布を加えると一層おいしくなる。昆布は沸騰直前に取り出す。【吸い物、煮物、鍋物用】

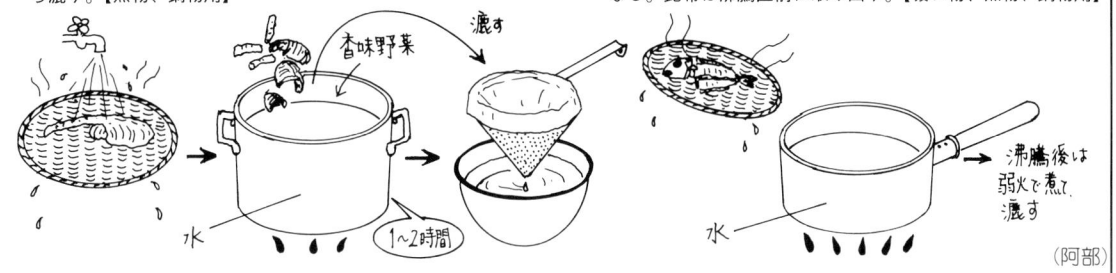

(阿部)

しめ卵の清汁(すましじる)

材料(4人分 一椀分150ml)

椀種:しめ卵
- 卵　　　　　　　　　　2個
  - 食塩(卵の0.8%)　　　少量
- 水　　　　　　　　　カップ4〜5
  - 食塩(水の1%)

椀妻:生しいたけ、かいわれだいこん
- 生しいたけ　　　　　1人小1枚
  - 砂糖　　　　　　　小1
  - 醤油　　　　　　　小1
  - 酒　　　　　　　　小1
- かいわれだいこん　　1人10g

吸い口:木の芽
- 木の芽　　　　　　　1人1葉

混合だし
- 水(蒸発分も含める)　　　　　　　700ml
- かつお節(出来上がり量の2%)　　12g
- 昆布(出来上がり量の2%)　　　　12g
- 食塩　　　　　　　　　　　　　　5g
- 醤油(香り・色付け)　　　　　　　5ml
  (食塩、醤油合わせて塩分は汁量の0.8〜1%)

しめ卵の清汁　栄養価(1人分)	
エネルギー	48 kcal
たんぱく質	3.8 g
脂肪	2.7 g
カルシウム	20 mg
鉄	0.6 mg
ビタミンA	69 μgRE
ビタミンB1	φ mg
ビタミンB2	0.1 mg
ビタミンC	6 mg
食物繊維	0.6 g

1日の栄養所要量に占める割合	
エネルギー	2 %
たんぱく質	7 %
脂肪	5 %
カルシウム	3 %
鉄	5 %
ビタミンA	13 %
ビタミンB1	4 %
ビタミンB2	15 %
ビタミンC	6 %
食物繊維	2 %

作り方

1 吸い地を作る
①削りかつお、だし昆布で混合だしを取り、塩と醤油で調味する(吸い地)。

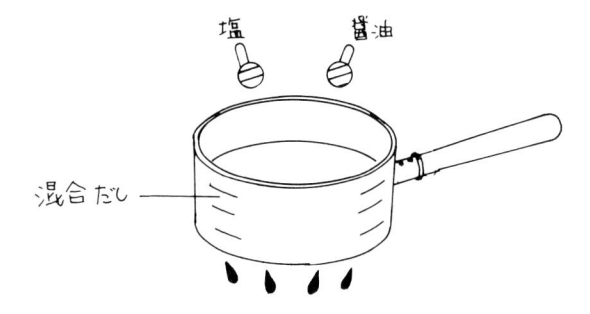

2 椀種のしめ卵を作る
②卵を割りほぐして塩味を付ける。湯に塩を入れ沸騰させ、弧を描くように卵を入れる。

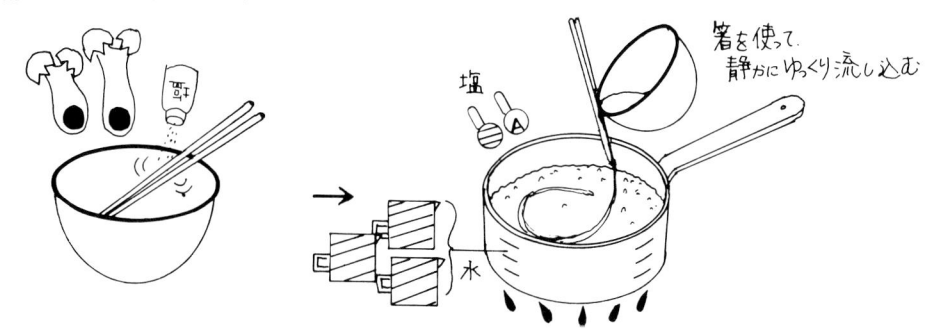

箸を使って、静かにゆっくり流し込む

③卵が浮き上がり、半熟状態になったら、盆ざる上の布巾にあける。布巾で卵を寄せ、熱いうちに3cm径くらいの棒状にし、巻き簾で形を整える。冷めたら1人分2〜3個に切り分ける。

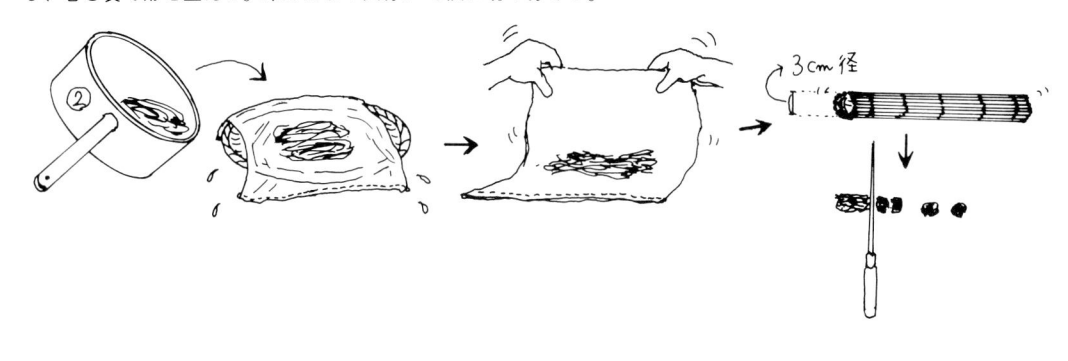

3　椀妻を作る

④生しいたけは石づきを取り、笠に飾り包丁を入れ、砂糖、醤油、酒で加熱調味する。かいわれだいこんは根を取り、長い束のままさっと湯に通す。

4　盛り付ける

⑤椀にしめ卵、しいたけ、かいわれだいこんを盛り付け、吸い地を熱くして注ぎ入れる。木の芽を叩き、香りを出して浮かす（吸い口）。

MEMO
＊椀種、椀妻、吸い口を適当に組み合せるとよい。

椀　種		椀　妻		吸い口	
はんぺん	鶏肉	菜の花	しいたけ	木の芽	柚
つみれ	葛たたき	しゅんぎく	しめじ	しょうが	へぎ柚
白身魚	鶏だんご	かいわれだいこん	わかめ	おろししょうが	松葉柚
結びきす	湯葉	小松菜	じゅんさい	針しょうが	海苔
はまぐり	麩	みつば	うど	露しょうが	もみ海苔
えび	生麩	結びみつば	寄りうど	みょうが	松葉海苔
卵	焼き麩	刻みみつば	花うど	しそ	ねぎ
落とし卵	そうめん		だいこん	粉さんしょう	白髪ねぎ
温泉卵	豆腐		白髪だいこん	七味とうがらし	青ねぎ
しめ卵	菊花豆腐			からし	
卵豆腐				練りからし	
				水がらし	

（例）

例1：結びきす・じゅんさい・寄りうど・青柚
例2：菊花豆腐・春菊・おろししょうが
例3（若竹汁）：たけのこ・わかめ・木の芽
例4（吉野椀）：鶏肉の葛たたき・生しいたけ・かいわれだいこん・へぎ柚
例5（かきたま汁・むらくも汁）：卵・みつば・水溶き片栗粉・松葉海苔
例6（船場汁）：さば（骨付きまたは塩さば）・だいこん・あさつき
例7（潮汁）：たいの頭、あら・はまぐりなどの魚介類・菜の花・針しょうが
例8（土瓶蒸し）：まつたけ・白身魚・えび・ぎんなん・みつば・柚
例9（沢煮椀）：豚の脂身・にんじん・セロリ・しいたけ・さやえんどう・こしょう（吸い口）

（阿部）

味噌汁／すり流し汁

豆腐となめこの味噌汁

材料（4人分　一椀150ml）

椀種
- 絹ごし豆腐　　　　　　　150g
  （庄内麩でもよい）

椀妻
- なめこ　　　　　　　　　100g
  （長ねぎ、じゅんさい、わかめでもよい）
- みつば　　　　　　　　　20g

吸い口
- 水からし　　　　　　　　少量

味噌
- 八丁味噌（三州味噌）　　50g
  （塩分は汁の1%）

だし汁
- 水　　　　　　　　　　　600ml
- かつお節（出来上がり汁量の2%）　12g

なめこと豆腐の味噌汁 栄養価（1人分）

エネルギー	53 kcal
たんぱく質	4.5 g
脂肪	2.5 g
カルシウム	37 mg
鉄	1.4 mg
ビタミンA	6 μgRE
ビタミンB1	0.1 mg
ビタミンB2	0.1 mg
ビタミンC	1 mg
食物繊維	1.9 g

1日の栄養所要量に占める割合

エネルギー	3 %
たんぱく質	8 %
脂肪	4 %
カルシウム	6 %
鉄	11 %
ビタミンA	1 %
ビタミンB1	8 %
ビタミンB2	7 %
ビタミンC	1 %
食物繊維	8 %

作り方

① 削りかつおでだし汁を取る。

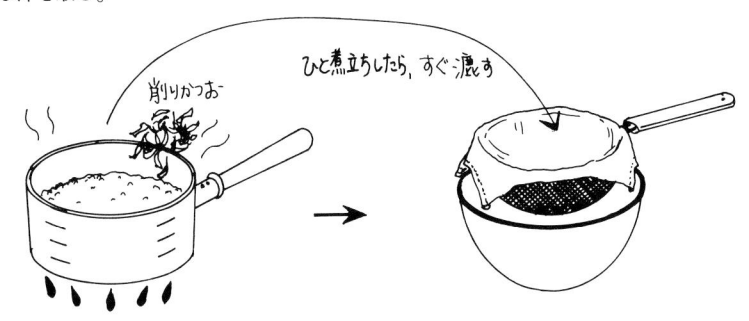

② みつばは1.5cmくらいの小口切りにする。なめこはざるの中で軽く水洗いして水気を切る（ぬめりが好きなら洗わなくてもよい）。

③ 吸い地を煮立て、なめこを加えひと煮立ちさせる。

④ 吸い地で味噌を溶かしながら③に加え、豆腐も1cm角のさいの目に切って加える。

⑤ ④の味を整え、みつばを入れてひと煮立ちさせる。椀に盛り、水からしを落として供する。

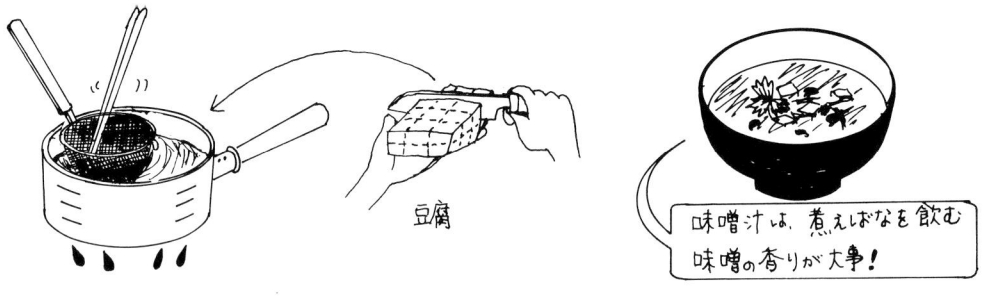

> 味噌汁は、煮えばなを飲む
> 味噌の香りが大事！

MEMO

＊八丁味噌（三州味噌、尾張味噌）は豆麹で作る赤味噌の一種で、色は黒赤色。独特の強い香りと風味を持っている。香りを大切にするため加熱しすぎや煮返しは避ける。

＊だしを取った昆布やかつお節は細かく切り、砂糖、醤油で味を付け、煎りつけてごまなどを入れると振りかけになる。また昆布は適当な大きさに切って醤油に漬けておき、後日、煮てつくだ煮にしてもおいしい。

かつおのすり流し汁

材料（4人分、一椀150ml）

椀種
- かつおのかき身（手くず肉） 100g
- 赤味噌または八丁味噌
  （塩分は汁の1%） 50g
- しょうが汁 10g
- 片栗粉（濃度は汁の1%） 6g
  （これを2倍量の水で溶く）

椀妻
- 長ねぎ 40g

吸い口
- 粉さんしょうまたは露しょうが 少量

だし汁
- 水 600ml
  （かつおからうま味が出るので水でよい）

かつおのすり流し汁	栄養価（1人分）	1日の栄養所要量に占める割合
エネルギー	60 kcal	3 %
たんぱく質	8.2 g	15 %
脂肪	0.8 g	1 %
カルシウム	23 mg	4 %
鉄	1.1 mg	9 %
ビタミンA	1.5 μgRE	φ %
ビタミンB1	φ mg	5 %
ビタミンB2	0.1 mg	6 %
ビタミンC	0.3 mg	4 %
食物繊維	0.8 g	3 %

作り方

① かつおは骨、皮を除き、包丁で細かくたたき、すり鉢でする。

② ①に赤味噌、しょうがのおろし汁を加えてすり、だし汁（水）を加えてのばす。

③ 長ねぎは小口切りにする。

④ ②を裏漉して鍋に移し、中火で加熱する。汁に火が通ったらアクをすくい、長ねぎを加えて好みの硬さに煮る。2倍量の水で溶いた片栗粉を加え、ひと煮立ちさせ、火を止める。

⑤ 椀に盛り、粉さんしょうを振り、供する。

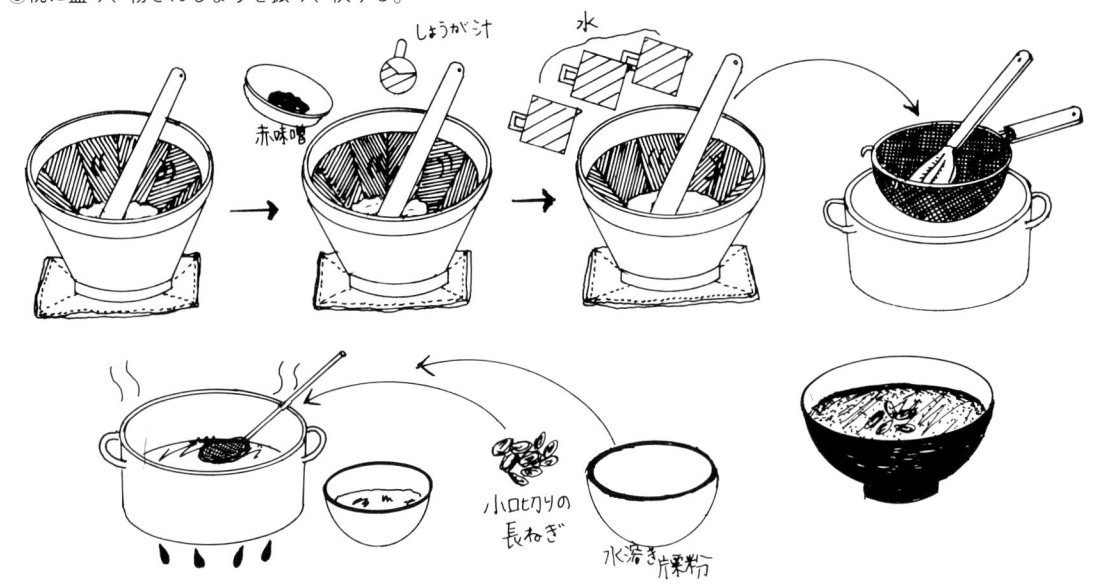

MEMO
* 汁の実として、さいの目の豆腐を加えてもよい。
* 赤身の魚としていわしやあじを使ってもよい。きす、かます、はもなどの白身魚の場合は、白味噌仕立てのすり流し汁にする。
* すり流し汁はかつお、いわし、えび、はも、鶏肉、そら豆、ぎんなん、栗などをすり、裏漉ししてだし汁でのばして作るもの。浮き実には豆腐、なめこ、ねぎなどを使う。味噌仕立てとすまし仕立てがあり、吸い口は、魚介が主の時には粉さんしょう、こしょう、ごまを、野菜が主の時には七味とうがらしや水溶きからしを使う。

*すまし仕立てのすり流し汁（5例）
- 例1．豆腐のすり流し汁：豆腐・くずきり・なると・わさび
- 例2．やまいものすり流し汁：とろろいも・卵・もみ海苔
- 例3．かにのすり流し汁：かにのすり身・しゅんぎく・柚
- 例4．わかめのすり流し汁：生わかめの裏漉し・えび・あられうど
- 例5．ぎんなんとゆり根のすり流し汁：ぎんなん・ゆり根の裏漉し・ごま豆腐・岩海苔・露しょうが

（阿部）

関西風（京都風）雑煮

材料（4人分）

さといも	2個	丸もち	4個
金時にんじん	2cm	だし汁	カップ4
だいこん	2cm	白味噌（塩分は雑煮の1％）	100g
京菜（みずな）	30g		
焼き豆腐	1/3丁		

雑煮（関西風）栄養価（1人分）

エネルギー	125 kcal
たんぱく質	5.4 g
脂肪	1.8 g
カルシウム	72 mg
鉄	1.4 mg
ビタミンA	129 μgRE
ビタミンB_1	0.1 mg
ビタミンB_2	0.1 mg
ビタミンC	7 mg
食物繊維	2.6 g

1日の栄養所要量に占める割合

エネルギー	6 %
たんぱく質	10 %
脂肪	3 %
カルシウム	12 %
鉄	12 %
ビタミンA	24 %
ビタミンB_1	13 %
ビタミンB_2	10 %
ビタミンC	7 %
食物繊維	10 %

作り方

1 下準備をする

① さといもは皮をむき2～4つ切りにし、茹でる。

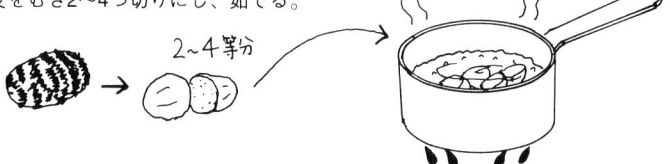

② にんじんは5mm厚さの輪切り、だいこんは8mm厚さの半月切り（太い場合は半月切りか、いちょう切り）にし、茹でおく。

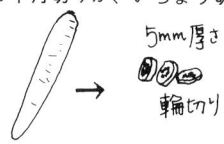

③ 京菜は塩茹でにして長さ3cmに切り、焼き豆腐はさいの目に切る。

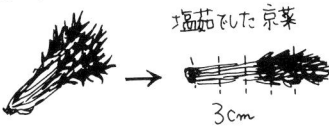

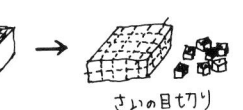

④ 白味噌はだし汁カップ1でのばしておく。

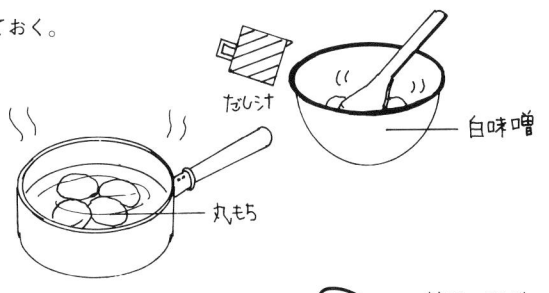

⑤ 丸もちは湯に漬ける。

2 加熱する

⑥ 鍋にカップ3のだし汁を煮立てて、白味噌を溶く。

⑦ だいこん、にんじん、さといも、焼き豆腐を加えてひと煮立ちさせ、丸もちを加える。

3 盛り付ける

⑧ 椀にだいこんを敷き、丸もちをのせ、にんじんを日の出に見立てて、京菜をその前に盛り、他の材料を盛り付けて熱い汁を入れる。

長崎風雑煮

材料（4人分）

塩ぶり（1切れ30g）	4切れ	だし汁	カップ4
えび	4尾	食塩	小1
だいこん	50g	薄口醤油	小2
生しいたけ	8枚	（塩分は汁の0.9%）	
青菜	少量	酒	小1
角切もち	4切れ	かまぼこ	8切れ

雑煮（長崎風）栄養価（1人分）

エネルギー	231 kcal
たんぱく質	13.7 g
脂肪	5.9 g
カルシウム	41 mg
鉄	0.9 mg
ビタミンA	32 μgRE
ビタミンB1	0.1 mg
ビタミンB2	0.2 mg
ビタミンC	8 mg
食物繊維	1.4 g

1日の栄養所要量に占める割合

エネルギー	11 %
たんぱく質	25 %
脂肪	10 %
カルシウム	7 %
鉄	8 %
ビタミンA	6 %
ビタミンB1	13 %
ビタミンB2	20 %
ビタミンC	8 %
食物繊維	6 %

作り方

1 下準備をする

① ぶりは霜降りにする。

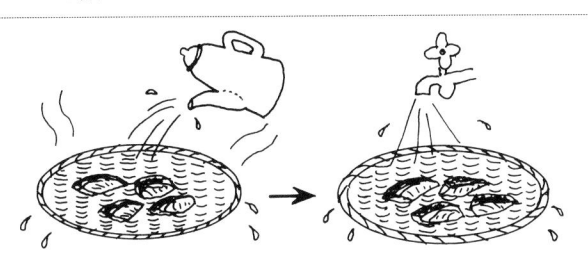

② えびは背わたを取り、殻をむく（p126参照）。

③ だいこんは皮をむき、いちょう切りにして下茹でをする。

④ しいたけの石づきを取り、固く絞ったぬれ布巾で汚れを取る。

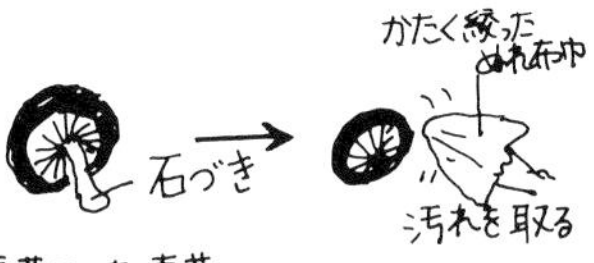

⑤ 青菜は塩茹でにし、3cmの長さに切る。

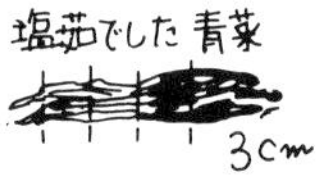

⑥ 角切もちは湯通しをする。

2 加熱する

⑦ 鍋にだし汁を入れて煮立て、ぶりを加えて中火で煮る。アクを取る。

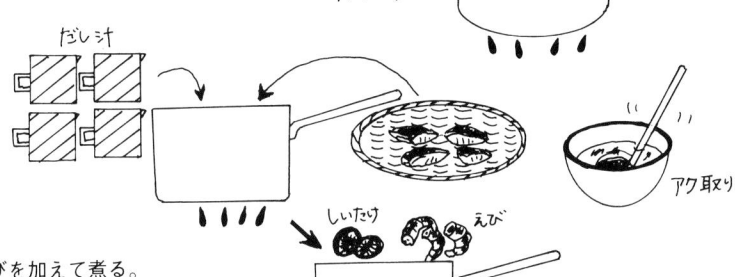

⑧ しいたけを加え、さらにえびを加えて煮る。

⑨ 調味料を加えて味を整え、かまぼこを入れさっと温める。

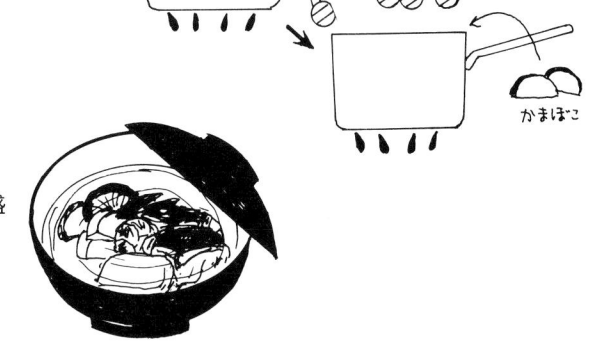

3 盛り付ける

⑩ お椀にもちを入れ、ぶり、えび、かまぼこを盛り、えびの上に青菜をのせ、熱い汁をかける。

（太田）

コンソメジュリエンヌ
(仏) Consommé julienne

材料（4人分）

牛赤身肉	200g
ミルポワ（香味野菜）	
にんじん	50g
たまねぎ	80g
卵白	1個分
タイム	少量
白こしょう	少量
*ブイヨン	1.2リットル（右項）
浮き実	
にんじん	30g
セロリ	30g
絹さやえんどう	30g

*ブイヨン（スープストック）

牛すね肉	600g
鶏がら	1羽分
A	
にんじん	150g(1本)
玉ねぎ	150g
セロリ	50g
パセリの茎	3本
ローリエ	1枚
タイム	少量
黒こしょう	少量
クローブ	少量
食塩	3g（小3/5）
水	2.4リットル

コンソメジュリエンヌ 栄養価（1人分）

エネルギー	13 kcal
たんぱく質	2.1 g
脂肪	0 g
カルシウム	13 mg
鉄	1 mg
ビタミンA	80 μgRE
ビタミンB1	0.1 mg
ビタミンB2	0.1 mg
ビタミンC	4 mg
食物繊維	0.4 g

1日の栄養所要量に占める割合

エネルギー	1 %
たんぱく質	4 %
脂肪	0 %
カルシウム	2 %
鉄	2 %
ビタミンA	15 %
ビタミンB1	5 %
ビタミンB2	8 %
ビタミンC	4 %
食物繊維	2 %

作り方

1 ブイヨン（スープストック）を取る

①牛すね肉の汚れや脂肪を取り除き、3cmくらいに切る。
　鶏がらは流水でよく洗って、汚れや脂肪を除き、ぶつ切りにして沸騰湯をかけ、血液や脂肪を除く。

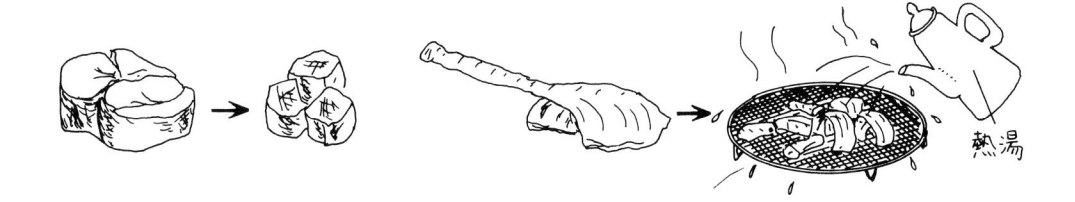

②深鍋に①と水2.4リットルを入れる。強火にかけ、煮立ってアクが浮いてきたら火を弱める。レードル（玉杓子）で丁寧にアクを取り除く。（レードルを水平に入れ、鍋の縁に近付けてアクだけをすくい取る）水を張ったボールにレードルを入れ、洗ってアクを除く。

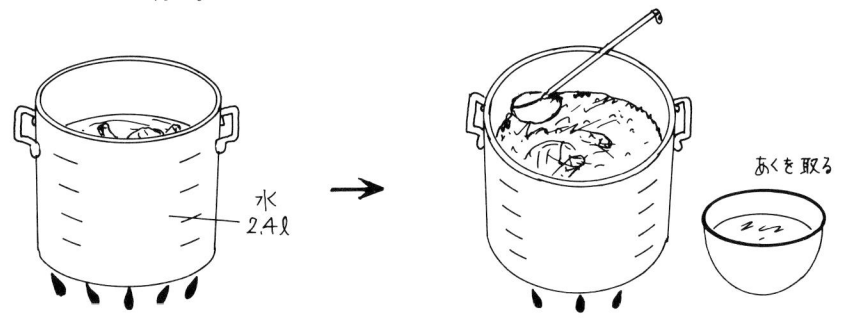

③アクがなくなったら、Aの野菜、香辛料、塩を加え、さらに弱火で3時間くらい煮出す。途中でアクや脂肪が出たら、取り除く。

④十分うま味が出たら、鍋を火から下ろし、シノワにネル布をかけ、漉す。

2 コンソメを作る

⑤牛肉は細かく刻み、ミルポワはそれぞれ薄切りにする。

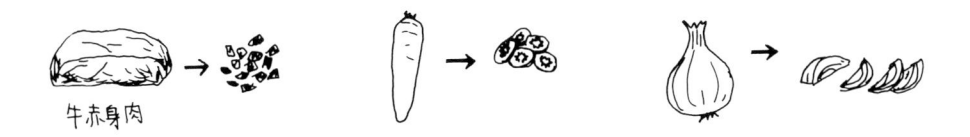

⑥鍋に入れ、卵白を加えて、手で粘りが出るまで混ぜ合わせる。温めた④のブイヨンと香辛料を加え、強火にかけ、木杓子でよくかき混ぜる。

⑦沸騰直前に火を弱め、そのまま40〜60分コトコトと煮続ける。途中、鍋の表面に浮き上がった材料の一部をレードルですくい、穴をあけ、蒸気を逃がす。

⑧液体だけをすくい取り、シノワで静かに漉す。漉し取ったスープの表面に和紙を静かに付け、浮いている脂肪を吸わせて取り除く。塩、こしょうで味を整える。

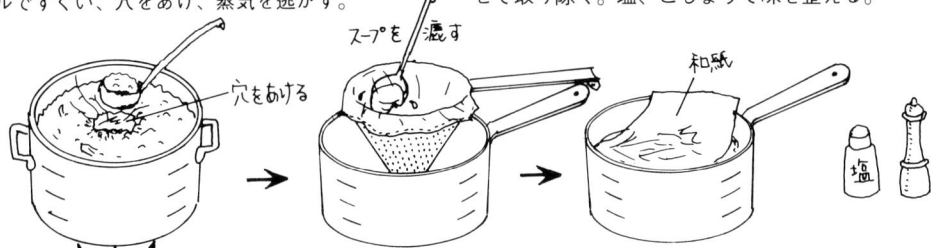

⑨浮き実の野菜は3〜4cmの長さに切り、千切り（ジュリエンヌ）にする。小鍋にスープ50mlを入れ、浮き実の野菜をさっと加熱しておく。

3 盛り付ける

⑩スープ皿を湯で温めておき、その皿に浮き実を入れてスープを注ぐ。

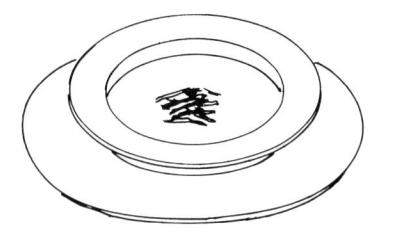

MEMO
＊ブイヨンは固型のキューブを利用してもよい。その場合は、チキンブイヨンとビーフブイヨンがあるので、スープの仕上がりの味を考えて選ぶ。

＊**浮き実によりスープの料理名が決まる。**

料理名	浮き実	内容
コンソメ・ブリュノワーズ (Consommé brunoise)	ブリュノワーズ	さいの目切りの野菜。
コンソメ・ア・ラ・ロワイヤル (Consommé à la royale)	ロワイヤル	卵とブイヨンを合わせた卵豆腐。
コンソメ・セレステーヌ (Consommé càlestine)	セレステーヌ	卵・小麦粉・牛乳の生地をバターで焼いたクレープ。
コンソメ・タピオカ (Consommé au tapioca)	タピオカ	タピオカパールを茹でたもの。

(名倉)

じゃがいもの冷スープ

(仏) Purée parmentier vichyssoise
ピューレ パーメンター ヴィッシーソワーズ

材料（4人分　出来上がり量600〜650g）

じゃがいも	150g
玉ねぎ	80g
リークまたは長ねぎ	40g
バター（じゃがいも、玉ねぎ、リークの7％）	19g
ブイヨン	400ml
ローリエ	1枚
牛乳	300ml
生クリーム	40ml
食塩（出来上がり重量の0.7％）4g（小1弱）	
こしょう	少量
シブレットまたはあさつき	適量

じゃがいもの冷スープ 栄養価（1人分）

エネルギー	175 kcal
たんぱく質	4.9 g
脂肪	11.3 g
カルシウム	105 mg
鉄	0.4 mg
ビタミンA	97 μgRE
ビタミンB1	0.1 mg
ビタミンB2	0.2 mg
ビタミンC	17 mg
食物繊維	1.1 g

1日の栄養所要量に占める割合

エネルギー	9 %
たんぱく質	9 %
脂肪	20 %
カルシウム	18 %
鉄	3 %
ビタミンA	18 %
ビタミンB1	13 %
ビタミンB2	20 %
ビタミンC	17 %
食物繊維	4 %

作り方

1　下調理をする

① じゃがいもは皮をむき、1cmのさいの目に切り、水に漬け、アク抜きをする。
② 玉ねぎは薄切り、リークは小口切りにする。

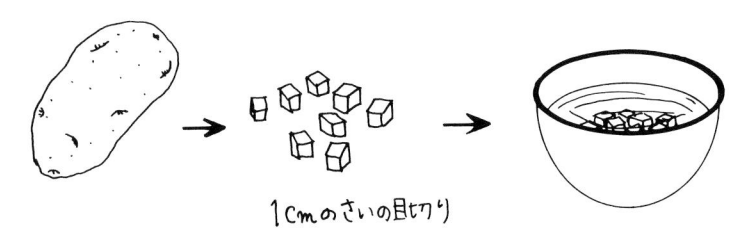

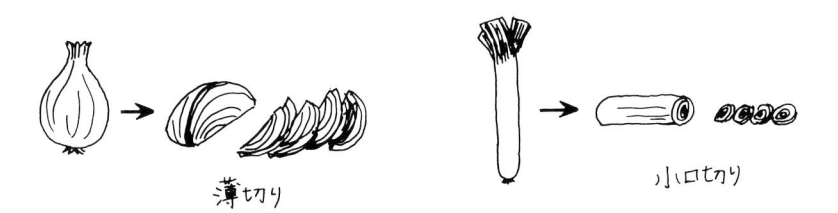

2　加熱する

③ 鍋にバターを溶かし、玉ねぎ、リークを弱火でしんなりするまで炒め、じゃがいもを加えて透明感がでるくらいに炒める。

④ブイヨン、ローリエを加え、じゃがいもが柔らかく、250～300gになるまで煮て（約25分）、途中でアクを取る。

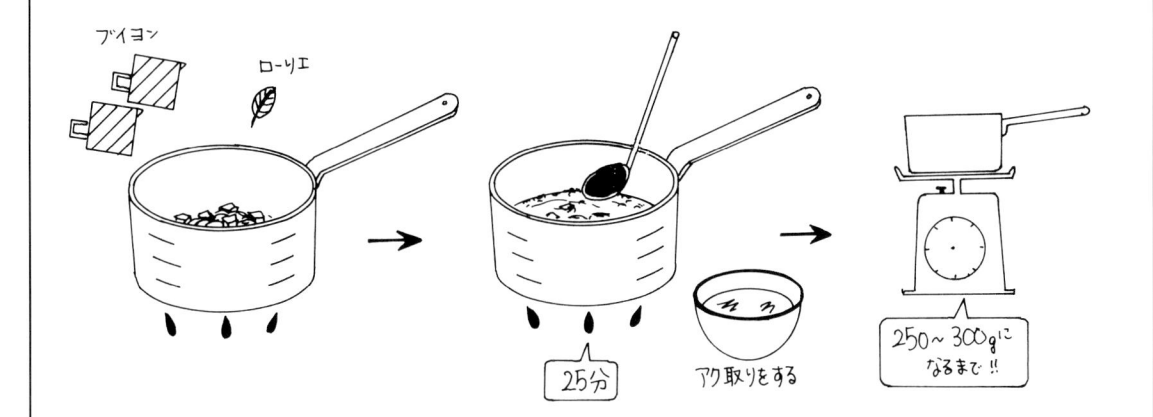

⑤ローリエを取り除き、冷ましてミキサーにかけ、牛乳を加えて裏漉しにかける。

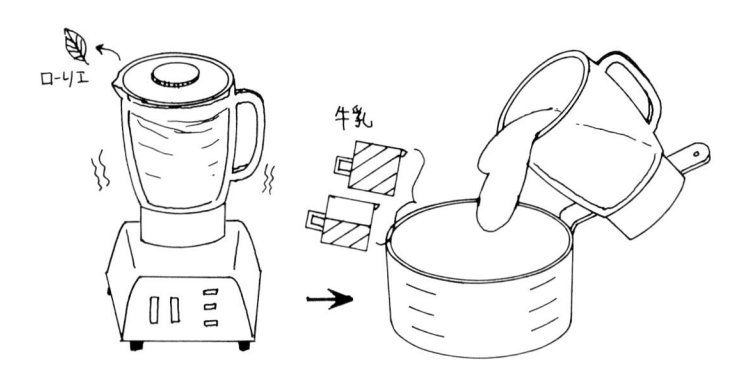

⑥生クリーム、食塩、こしょうを加え、冷蔵庫で冷やす。

3　盛り付ける

⑦冷やした器に冷スープを盛り、シブレットの小口切りを散らして出来上がり。

MEMO
＊ヴィッシーソワーズは夏向きの冷たいポタージュスープ。アメリカのリッツ・カートンホテルのフランス人コック長が作ったもので、生まれ故郷に近い保養地名であるヴィッシーの名を付けたといわれる。
＊玉ねぎ、じゃがいもを炒める時、色を付けると薄茶色のスープになるので、弱火でゆっくりと焦がさずに炒める。
＊味付けは薄味にする。
＊器もスープも冷やしてすすめる。

(太田)

オニオングラタンスープ
(仏) Soupe à l'oignon gratinée
スープ ア ロニョン グラティネ

オニオングラタンスープ 栄養価(1人分)	
エネルギー	205 kcal
たんぱく質	8.1 g
脂肪	14.2 g
カルシウム	323 mg
鉄	0.3 mg
ビタミンA	94 μgRE
ビタミンB1	φ mg
ビタミンB2	0.1 mg
ビタミンC	4 mg
食物繊維	0.4 g

1日の栄養所要量に占める割合	
エネルギー	10 %
たんぱく質	15 %
脂肪	25 %
カルシウム	54 %
鉄	3 %
ビタミンA	17 %
ビタミンB1	5 %
ビタミンB2	13 %
ビタミンC	4 %
食物繊維	2 %

材料（4人分）

玉ねぎ	400g
バター	30g
ブイヨン	1リットル（カップ5）
食塩	3.5g（小2/3）
こしょう	少量
フランスパン	15g（6cm）
にんにく	1片
グリュイエールチーズ	100g

作り方

1　オニオンスープを作る

①鍋にバターを入れ、薄切りにした玉ねぎを木べらで炒める。強火で炒めた後、弱火であめ色（ねっとりした状態）になるまで約30〜40分、ゆっくりかき混ぜながら炒める。

②鍋にブイヨンを加え、塩、こしょうで味を付ける。さらに15〜20分弱火で煮る。途中、レードルでアクを取り除く。

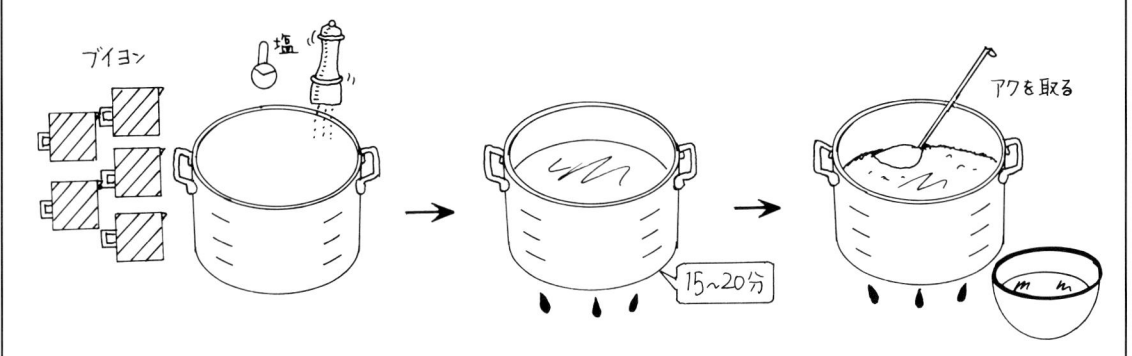

2　ガーリックトーストを作る

③フランスパンを5〜7mmの厚さに切り、200℃のオーブンで、カリッとほどよい焦げ色に焼く。横半分に切ったにんにくの切り口を、焼いたフランスパンの両面にこすりつける。

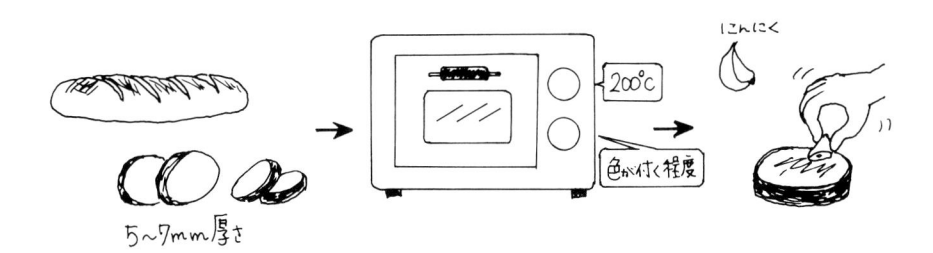

3 オーブンで焼く

④耐熱性の容器(キャセロール)に②のオニオンスープを入れる。③のガーリックトーストを浮かべ、その上におろしたチーズをのせる。

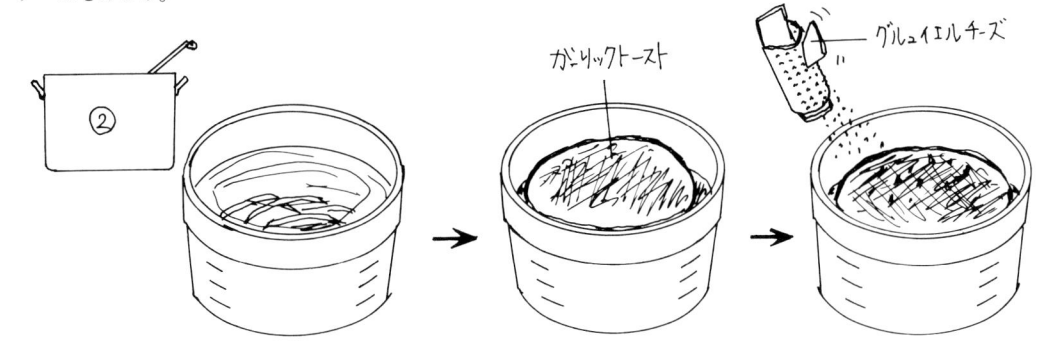

⑤器を天板にのせ、220℃のオーブンでチーズに焼き色が付くまで焼く。

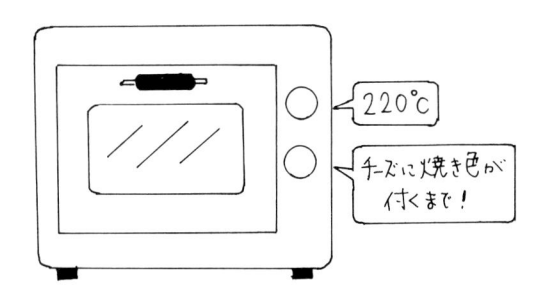

4 盛り付ける

⑥キャセロールは熱いので、ソーサー(受け皿)にのせ、供卓する。

MEMO
* フランスパンのかわりに食パンや細麺を入れてもよい。
* チーズはグリュエール(スイス産)が最も適するが、エメンタール(スイス産)やゴーダ(オランダ産)など加熱して溶けるものなら代用できる。
* 玉ねぎは独特の刺激臭と辛味があり、この成分は硫化アリル類といわれている。加熱により、刺激臭と辛味は無くなり、甘味が生じる。弱火では苦みが出るため始めは強火で炒め、その後弱火で長い時間炒めると甘味が出る。

*玉ねぎの炒め時間と色の関係

炒め時間	10分	15分	20分	30分
色	透き通る	色が変わる	薄く色付く	あめ色になる

(名倉)

清湯（チンタン）
中国風澄んだスープストック

材料（4人分）
鶏がら	1羽分
水	カップ8
ねぎ（白いところ）	1本
しょうが	10g（1かけ）

作り方

① 鶏がらを、中華包丁か出刃包丁で3〜5cmのぶつ切りにし、ざるの上にのせて熱湯をかけ、血抜きと臭み取りをして、水で洗う。

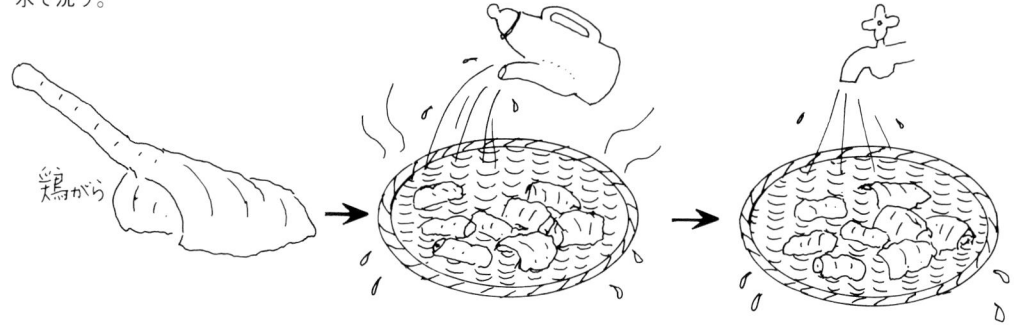

② 寸銅鍋のような深い鍋に、つぶしたしょうが、5cmくらいの大切りねぎと鶏、水を入れ、強火にかける。煮立ってきたら、静かにさざ波の立つ程度に火を弱め、時々アクを引きながら、半量になるまで煮る。

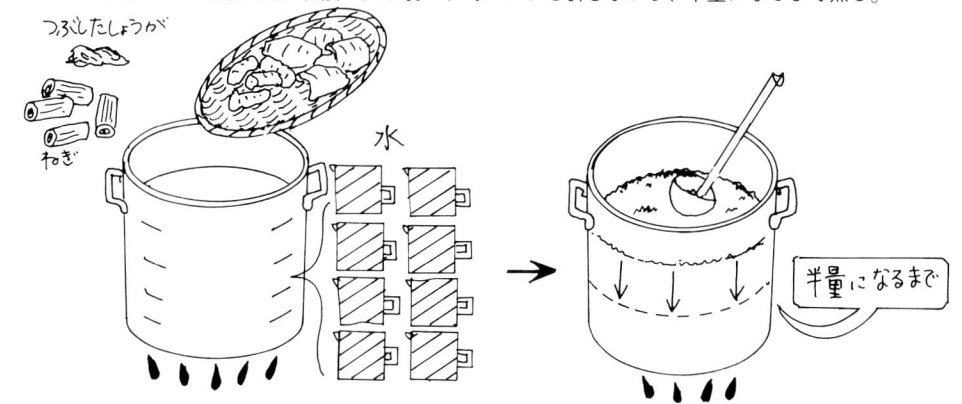

③ シノワにぬらしたネル布かキッチンペーパーをかけて、②を漉す。

MEMO
* ②で、鍋には蓋をしないこと。蓋をするとスープストックは白濁し、奶湯（ナイタン）と呼ばれる。
* この湯は家庭的なもので、客膳や専門料理用には他にいろいろな種類がある。

（茂木）

酸辣湯
ソワン ラア タン
四川風酸味入り五目スープ

材料（4人分）

湯（タン）	カップ4	A（調味料）	
豚もも肉	40g	食塩	3g（小2/3）
貝柱（缶詰）	30g（1個）	こしょう	少量
干ししいたけ	15g（1枚）	化学調味料	少量
茹でたけのこ	20g	水溶き片栗粉	5g（大1/2）
搾菜（ザーツアイ）	20g	（これを3倍量の水で溶く）	
豆腐	50g（1/4丁）	食酢	13g（大1）
酒	10g（大2/3）	卵	50g（1個）
醤油	6g（大1/3）	鶏油	6g（大1/2）

酸辣湯 栄養価（1人分）
エネルギー	72 kcal
たんぱく質	7.0 g
脂肪	4.0 g
カルシウム	56 mg
鉄	0.9 mg
ビタミンA	18.9 μgRE
ビタミンB1	0.1 mg
ビタミンB2	0.1 mg
ビタミンC	0 mg
食物繊維	1.7 g

1日の栄養所要量に占める割合
エネルギー	4 %
たんぱく質	13 %
脂肪	7 %
カルシウム	9 %
鉄	7 %
ビタミンA	4 %
ビタミンB1	6 %
ビタミンB2	14 %
ビタミンC	0 %
食物繊維	7 %

作り方

①材料は全て千切りにする。貝柱をほぐし、卵も割りほぐしておく。

②鍋に湯（タン）を入れ、熱くしたところへ豚肉、貝柱、戻したしいたけ、たけのこ、搾菜、豆腐、酒、醤油を入れる。

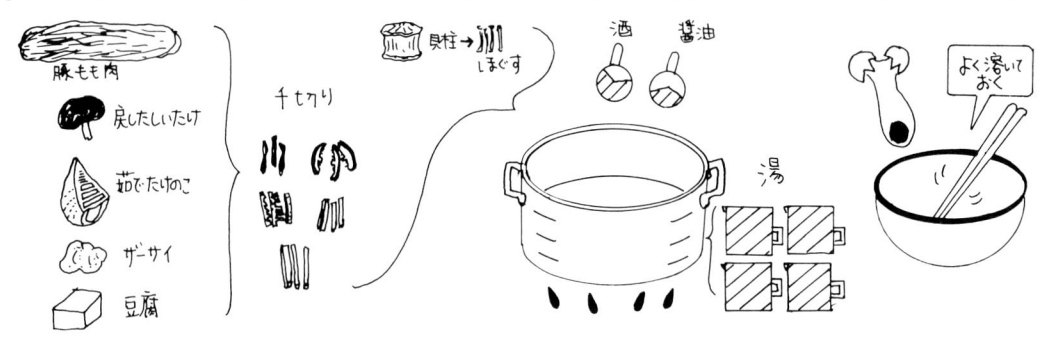

③煮立ってきたら、アクを取り、A(調味料)を順に入れながら味をみる。水溶き片栗粉でとろみを付ける。

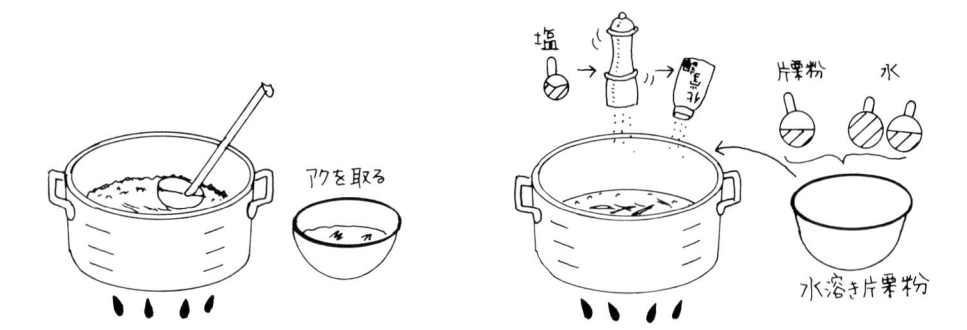

④酢を入れ、卵を流し込み、鶏油で仕上げる。

MEMO
＊タイのトムヤムクン（スープ）の例もあるように、酸味と辛味はスープのうまさを引き立てる役割を果たす。　　（茂木）

蘿葡酥肉湯 (ルオボスウロウタン)

だいこんと豚肉の中国風スープ

材料（4人分）

豚ばら肉	80g	油	大1
食塩、こしょう	少量	ねぎ（白いところ）	3cm
片栗粉	適量	しょうが	1片
A(糊)		清湯	カップ6
卵白	1/2個分	砂糖	小1
（または卵1/3）		酒	大1/2
片栗粉	大2	食塩	小2/3
水	小2	こしょう	少量
だいこん	250g	化学調味料	少量
揚げ油			

羅葡酥肉湯 栄養価（1人分）

エネルギー	334 kcal
たんぱく質	8.4 g
脂肪	30.2 g
カルシウム	31 mg
鉄	1.9 mg
ビタミンA	3 μgRE
ビタミンB1	0.2 mg
ビタミンB2	0.4 mg
ビタミンC	10 mg
食物繊維	1.6 g

1日の栄養所要量に占める割合

エネルギー	16 %
たんぱく質	15 %
脂肪	53 %
カルシウム	5 %
鉄	16 %
ビタミンA	1 %
ビタミンB1	28 %
ビタミンB2	39 %
ビタミンC	10 %
食物繊維	6 %

作り方

1　下準備をする

①肉を2cm角に切り、塩、こしょうで下味を付け、片栗粉をまぶす。A(糊)を指でかき混ぜて作り、肉にからませる。これを140℃くらいのぬるい温度の油の中で、色が付かないように泡油（パオユー）する。

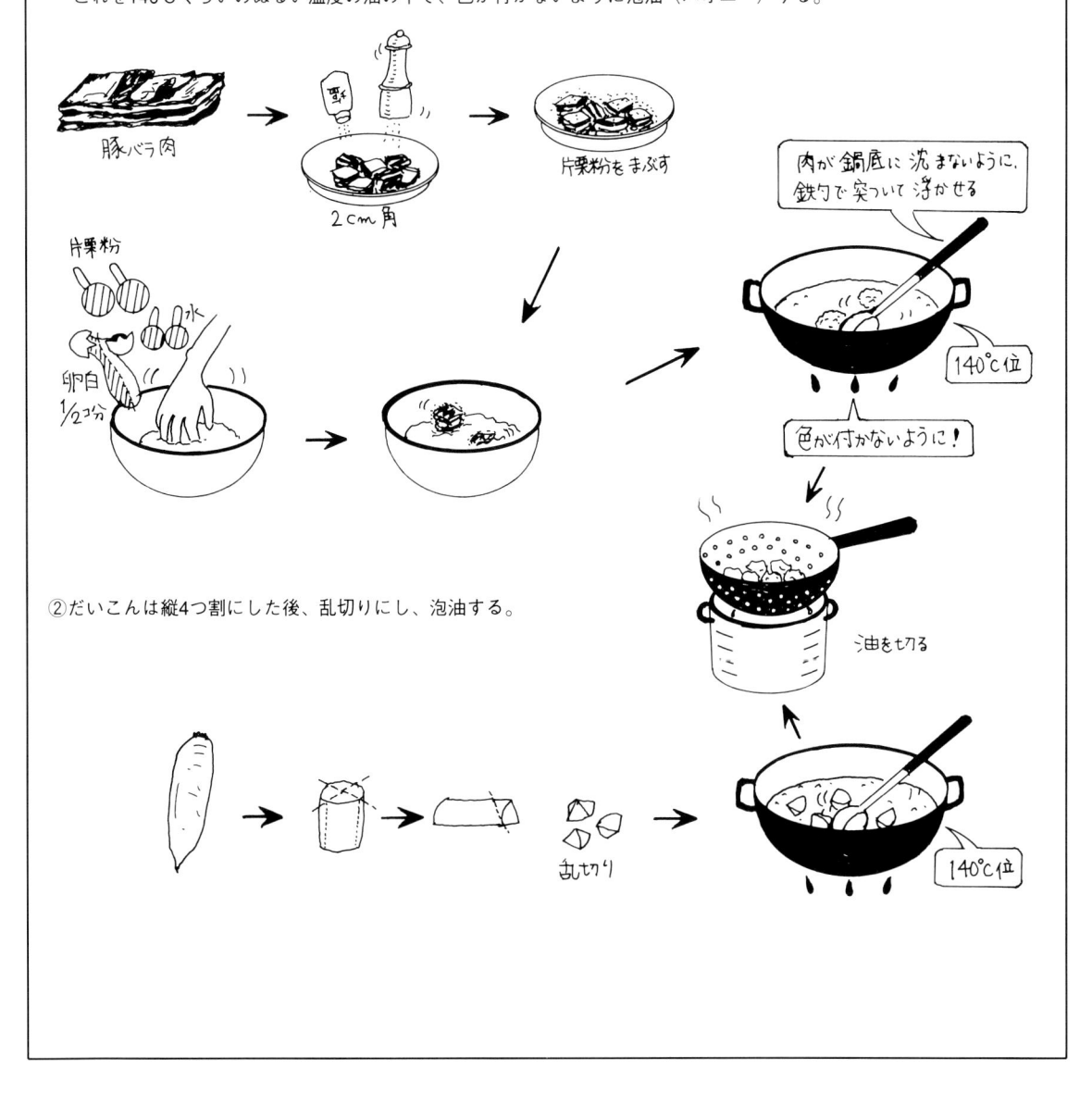

②だいこんは縦4つ割にした後、乱切りにし、泡油する。

2 スープを作る

③中華鍋が熱くなったら油を入れて熱し、手早く大切りのままのねぎとしょうがを入れて香りを移す。肉、だいこんを入れて軽く混ぜ、清湯、砂糖を加えてだいこんが柔らかくなるまで、アクを引きながら、中火〜弱火で煮込む。

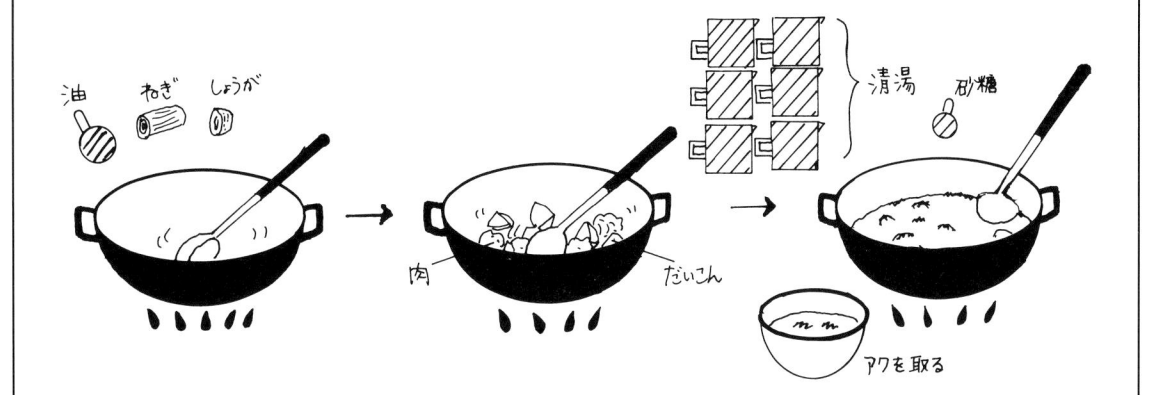

④スープの量が半分くらいになったところで、ねぎ、しょうがを取り除き、残りの調味料（酒、塩、こしょう、化学調味料）で味を整える。

3 盛り付ける

⑤湯碗（タンワン）に盛り付け、レードルを付ける。一人前用には、小湯碗と湯匙（タンチ、ちりれんげ）を添える。

MEMO
＊豚肉とだいこんは、取り合わせのよい材料である。
＊豚肉の下準備に中国料理の基本的な考えが結晶されており、偉大な料理体系がうかがわれる。

（茂木）

Chapter 15　飲物

1．茶

　茶の種類は多岐に渡っているが、日常的に親しまれている緑茶、紅茶、ウーロン茶の原料はどれも同じで、ツバキ科の茶の木の葉から製造される。ただ、各々の製造方法が異なるため、同じ茶の木の嗜好品ながら、茶の浸出液の色や香り、味などに大きな違いがある。

1)　茶の分類

1. 不発酵茶（緑茶）
    1) 蒸し茶（日本式緑茶）
        - (1) 碾茶（抹茶）　てんちゃ
        - (2) 玉露　ぎょくろ
        - (3) かぶせ茶
        - (4) 煎茶
        - (5) 玉緑茶（グリ茶）　たまりょく
        - (6) 深蒸し茶
        - (7) 番茶
        - (8) 芽茶　め
        - (9) 茎茶　くき
        - (10) 粉茶　こな
    2) 釜炒り茶（中国式緑茶）
        - 玉緑茶……嬉野茶（うれしの）、青柳茶（あおやぎ）
        - 中国緑茶
        - 番茶
2. 半発酵茶（中国茶）
    - (1) 白茶　パウチャア
    - (2) 青茶（烏龍茶）　チンチャア　ウーロンチャア
3. 発酵茶（紅茶）
    - (1) イギリス紅茶
    - (2) 中国紅茶
4. 後発酵茶
    - 黒茶（普洱茶）　(北)プアルチャア、(広)ポウレイチャア
5. 加工茶
    - (1) 焙じ茶
    - (2) 玄米茶
    - (3) ジャスミン茶
    - (4) ティーバッグ
    - (5) 缶飲料・粉末インスタントティー
6. その他

2)　茶の特徴

1. **不発酵茶（緑茶）**：生葉を加熱して酵素活性を失わせた茶。成分の酸化が防止されるので、緑色が保たれる。
    1) 蒸し茶（日本式緑茶）：生葉を蒸して緑色を保ったまま、乾燥させた緑茶。
        - (1) 碾茶（抹茶）：被覆栽培の茶を原料とし、蒸し葉をもまないで乾燥し、石うすで粉にした茶。湯に溶いて葉ごと飲む。
        - (2) 玉露：完全被覆で栽培し、一芯二葉摘みした茶。茶葉の色は鮮緑色で独特の香りをもつ。アミノ酸を多く含有し、うま味や甘味が強い。緑茶の最高級品。
        - (3) かぶせ茶：簡易被覆で栽培製造した玉露。
        - (4) 煎茶：生葉を蒸して乾燥させた茶。日本の生産緑茶の80%を占める。摘み取る時期で、①～③に大別される。
            - ①一番茶（新茶）…………五月初旬（八十八夜前後）に摘み取る。
            - ②二番茶（普通煎茶）………六月から摘み取る。
            - ③三番（主に番茶の原料）…八月以降に摘み取る。
        - (5) 玉緑茶（グリ茶）：煎茶と同様に製造後、中国茶のような形状に成型し仕上げた茶。
        - (6) 深蒸し茶：摘み取り直後の茶葉を、煎茶より1～2分長く蒸した茶。浸出液の色が濃い。

(7) 番茶：やや強火で乾燥させて製造した茶。味は甘味より渋味が勝る。
(8) 芽茶：一番茶と二番茶で除外された芽と若葉を集めた茶。
(9) 茎茶：一番茶と二番茶で除外された茎を集めたもの。
(10) 粉茶：茶葉を振るってより分けられた粉末状の茶。

2) 釜炒り茶（中国式緑茶）：生葉を蒸す代わりに、強熱した釜の中で炒り上げた茶。
(1) 玉緑茶：嬉野茶や青柳茶など。 (2) 中国緑茶：珠茶、眉茶（メイチャア）など。 (3) 番茶：下級の釜煎り茶。

2. **半発酵茶（中国茶）**：生葉を発酵させ、途中で発酵を止めて乾燥させた茶。後発酵茶に対して前発酵茶と区別する場合もある。
(1) 白茶：若葉だけで調製した軽発酵茶の高級品。葉に白い毛があり茶全体が白く見える。日本の玉露の味に近い。
(2) 青茶：中国の一般的な半発酵茶のことで、烏龍茶の名で普及している。　建省の武夷岩茶、安渓の鉄観音茶（ティックンヤアチャア）、台湾の包種茶（パオチョンチャア）など。
　＊中国茶は①緑茶（ロクチャア）－不発酵茶　②白茶（ハクチャア）－軽微発酵茶　③黄茶（ウォンチャア）－軽発酵茶　④青茶（烏龍）－半発酵茶　⑤紅茶（ホンチャア）－全発酵茶　⑥黒茶（普洱茶）－後発酵茶の６種に分類されている。

3. **発酵茶（紅茶）**：茶の若葉を発酵させて乾燥させた茶。乾燥で茶葉は酸化して黒褐色になる。
(1) イギリス紅茶：ダージリン、アッサム、ウバ（セイロン紅茶の代表）。
(2) 中国紅茶：祁門（英：キーモン、広：ケイモン）（中国紅茶の代表）、煙茶（インチァア）（アールグレイ系のスモークティー）など。

4. **後発酵茶**：一般に普洱茶として普及している。カビを寄生させ後発酵させた茶で、四角や円盤状に圧縮成形された固形茶が多く、保存性がある。散茶の形態もある。便宜的に黒茶といわれる。

5. **加工茶**：茶葉を焙煎したり乾燥花を加えたり、ティーバッグや缶詰飲料に加工したもの。
(1) 焙じ茶：番茶を強火で焙じた茶
(2) 玄米茶：三番茶の煎茶に炒った玄米などを添加したもの。
(3) ジャスミン茶：茶に花の香りを着香させたのち、乾燥花を添加したもの。
(4) ティーバッグ：茶を入れた小袋で、茶碗に入れて定量の湯を注ぐだけで一人前の茶が容易に得られる。
(5) 缶飲料・粉末インスタントティー

6. **その他**
微生物発酵茶：バクテリア発酵茶。日本の高知県の碁石茶（ごいし）、徳島県の阿波番茶が知られる。タイ北部のミエン、ミャンマーのラペソは、日本の漬物のようにして、日常よく食べられている。

MEMO　＊中国茶は広東語の読み方。ただし祁門（キーモン）は英語読み、普洱（プアル）は北京読みである。

3) 茶葉の種類による入れ方の比較（1人分）

種類	湯の温度	浸出時間	茶の量	湯の量
玉露	55〜60℃	2.5〜3分	4g（小2）	30〜40ml
煎茶上	70〜80℃	2分	2g（小1）	60ml
煎茶中	75〜85℃	1分	2g（小1）	80ml
煎茶下	85〜90℃	35〜60秒	2g（小1）	90ml
釜炒り中国緑茶	70〜80℃	3分	2.5g（小1強）	200ml
番茶	97〜100℃	30秒	3g（大1）	150ml
抹茶（濃茶 こいちゃ）	65℃	茶筅（せん）で	1.5〜3g（小1・1/2）	30〜40ml
抹茶（薄茶 うすちゃ）	100℃	混ぜる	1.2g（小1強）	70ml
焙じ茶	100℃	2分	4g（小2強）	120ml
ウーロン茶	100℃	3分	4g（小2）	120ml
プアール茶	100℃	5分	2g（小1）	100ml
ジャスミン茶	100℃	2〜3分	2g（小1）	150ml

4) 緑茶の入れ方

材料（4人分）

煎茶	8g（大1・1/3）
湯	400ml

①急須と茶碗の八分目に熱湯を注ぎ温める。

②急須の湯を捨て、茶葉を入れる。茶碗の湯を入れる（湯の温度は90℃くらいが適温）。

③急須の蓋をして1分間浸出させる。

④茶の色が均一になるよう初めに半量ずつ注ぎ、折り返して半量ずつ注ぎ戻ってきて、最後の一滴まで残さずに注ぐ。（一煎）

⑤急須の残り茶葉に、一煎より高い温度の湯を入れ、少し長めに浸出させ、二煎も戴く。

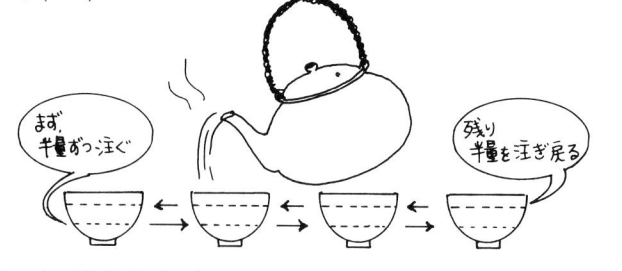

5) 紅茶の入れ方

材料

	（4人分）	（1人分）
紅茶	12g	（3g）
熱湯	720ml	（180ml）
砂糖	適量	好みで入れる
レモンの輪切り	4枚	（1枚）
または牛乳	40ml	（10ml）
（生クリームやコンデンスミルクでもよい）		

①紅茶ポットと紅茶茶碗に熱湯を注ぎ、温める。

②紅茶ポットの湯を捨て、茶葉を入れる。沸騰した定量の熱湯を一気に注ぐ。

③ポットに蓋をして、2～3分間浸出させる。ポットをティーコジーで覆うと、保温になりよい。

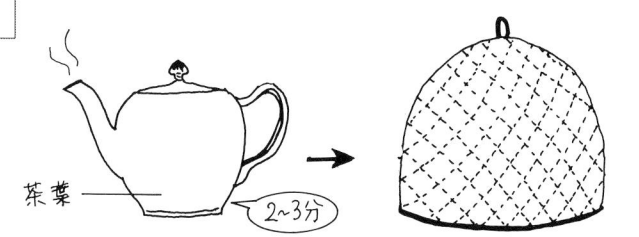

④茶漉しで受けながら、茶の色が均等になるように初めはカップに半量ずつ注ぎ、折り返して半量ずつ注ぎ戻り、最後の一滴まで残さずに注ぎ入れる。レモンか牛乳を添えて供する。

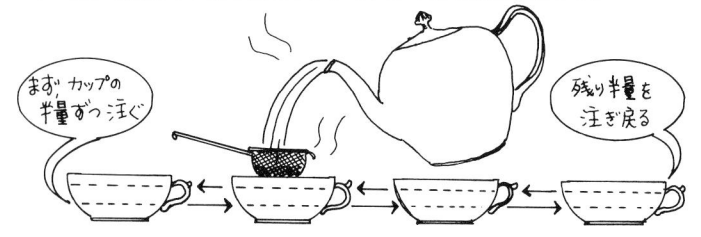

MEMO
＊レモンティーの時は薄めの、ミルクティーの時は濃いめの紅茶にするとよい。
＊アイスティーの時は普通の紅茶の二倍の濃さにいれた熱い紅茶を砕いた氷の中に漉し入れて、急冷させると香りのよい澄んだ色の紅茶が得られて、そのまま長くおける。熱いままゆっくり冷ますと、タンニン酸が析出して濁る（cream down）。レモン汁は冷めてから加える。甘みにはシュガーシロップを添える。

6) ティーパンチの作り方

材料（4人分）

紅茶（茶葉）	12 g	
熱湯	450ml	（普通の紅茶の二倍の濃さ）
砂糖	80 g	（好みで増量してもよい）
レモン汁	20ml	
ワイン	80ml	（好みで増量してもよい）
炭酸水	200ml	
レモンの輪切り	4枚	（一人一枚）
氷	適量	

① ポットに茶葉を入れ、熱湯を注いで3分間蒸らし、濃い紅茶液を作る。

② ボールの中に砂糖を入れ、その中へ①の熱い紅茶を注ぎ入れ、砂糖がよく溶けたら、液を氷で急冷させる。

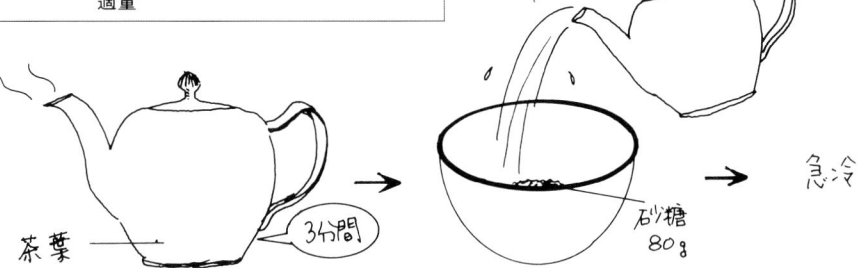

③ 供する直前に、よく冷えたワイン、炭酸水、レモン汁を加えて混ぜる。

④ グラスに③を注ぎ、氷片を入れ、レモンの輪切りを浮かす。

MEMO
* 生フルーツを刻み入れたり、缶詰めのフルーツを入れるとフルーツパンチ（ポンチ）になる。
* パンチ (Punch)：サンスクリット語のパチャ（5のこと）が語源で、酒、水、レモン汁、砂糖、香料の5材料を入れた飲み物。今は5種に限らない。一般的には冷たくして供する。

7) 紅茶の種類による入れ方の比較（1人分）

種類	湯の温度	浸出時間	茶の量	湯の量
紅茶（一般）	100℃	3分	3g（小2）	150ml
紅茶リーフ型	100℃	4〜5分	4g（小2強〜大1）	150ml
ブロークン型	100℃	2〜3分	3g（小2）	150ml
CTC型	100℃	1分	2g（小1強）	150ml
ティーバッグ	100℃	40秒〜1分	1 bag	150ml

CTCとは、CRUSH TEAR CURLの略で、リーフティーを顆粒状にした紅茶のこと。

2. コーヒー

　コーヒーはコーヒーの木（アフリカ原産のアカネ科コーヒー属）の実の種子（コーヒー豆）を、焙煎してから粉末にし、熱湯で抽出させた嗜好飲料である。おいしいコーヒーを味わうには焙煎工程が大事で、適度な焙煎でコーヒー豆は褐色に変わり、独特の芳香と風味が加味される。

1) コーヒーの入れ方（ドリップ式）

材料（4人分、デミタスカップ8杯分）

コーヒー（中挽き）	40g	（一人分10g：大さじ山盛り1）
熱湯	600ml	（抽出量500ml）
砂糖	適量	（好みで入れる）
生クリーム	適量	（好みで入れる）

① コーヒーポットに熱湯を入れ温める。湯を捨てて、上にコーヒードリッパーを置き、中にフィルターを敷く。分量のコーヒーの粉を入れ、表面を平らにならす。

② 定量の熱湯を少しずつ全体にまんべんなく注ぎ、
　しばらくおいて、粉を蒸らす。
　フィルターの中心部から静かに
　少しずつ全体に注ぐ。（よい豆は全体に泡立ち膨らむ）

③ 抽出液が下のポットに落ちだしたら、
　同程度の速度で定量の熱湯を、上から注ぎ入れる。

④ ポットの500mlの線に抽出液が達したら、
　ドリッパーをはずす。全部落としきると苦くなる。

⑤ 温めておいたコーヒーカップに抽出液を注ぎ、
　好みで砂糖、生クリームを加える。
　ポットのコーヒーを温める時は湯煎するとよい。

MEMO
＊デミタスは半分の意味でカフェ・デミタスは正餐料理の最後に飲む半量カップのコーヒー。
＊フィルターはペーパーフィルターでもよい。ネルの漉し袋なら、よく洗い固く絞って使う。

2) コーヒーの入れ方の種類

①ドリップ：ろ過器や漉し袋を使って抽出する方法。
②ボイルド：ホーローポットなどに粉と熱湯を入れ、直火がけする。簡便だが、香りが飛び、苦い。
③サイホン：ガラス器が上下に別れていて抽出が早い。抽出過程が外から眺められ楽しい。
　　　　　　器具の扱いを慎重にしないと壊れやすい。撹拌時間が長いとコーヒーが濁る。
④パーコレーター：アメリカの伝統的な抽出方法。加熱するのでコーヒーの味が落ちる。

3) コーヒー豆の代表的な焙煎の種類

①浅煎り：アメリカンロースト。抽出液は薄い色をしているが、カフェイン量は多い。
②中煎り：ヨーロッパ、日本で好まれる一般的な煎り方。
③深煎り：イタリアンロースト。豆を黒く煎るため抽出液は黒い。ほろ苦さとコクがある。

4) コーヒー豆の代表的な種類

①モカ：上品な酸味を持つ。
②コロンビア：風味が好まれる。
③ブラジル：適度な苦みがある。
　＊数種の豆をブレンドして使うことが多い（例　モカ：コロンビア：ブラジル＝５：３：２）。

5) アレンジコーヒーの種類

①アイスコーヒー：
　通常の二倍の濃さに入れたコーヒーを、砕いた氷の中に入れ急冷させる。氷が溶けて、適度な濃さになる。甘みにはシュガーシロップを添える。好みでミルク、生クリーム、アイスクリームなどを浮かす。
②アメリカンコーヒー：
　アメリカンロースト（浅煎り）豆のコーヒーを多めの湯であっさり抽出させ、砂糖、クリームなしで飲む。アメリカの一般的なコーヒー。大型のカップでたっぷり飲む。
③カフェ・ノアール：
　ミルクを入れないブラックコーヒーのこと。ノアールは黒の意。
④カフェ・オ・レ：
　大型のカップにコーヒーと温めた牛乳を半量ずつ注ぐ。ヨーロッパのモーニングコーヒーとして一般的。
⑤カフェ・ロワイヤル：
　ロワイヤル専用のスプーンに、ブランデーを浸み込ませた角砂糖をのせ、火をつけてコーヒーの中に入れて飲む。パーティー用。
⑥カフェ・ロマーノ：
　エスプレッソ・コーヒーをカップに入れ、角砂糖とレモンを添える。
⑦エスプレッソ・コーヒー：
　ベゼラ社（伊）の開発した、蒸気圧利用のコーヒー抽出器、エスプレッソ・コーヒーマシーンに由来する名称。イタリアの一般的なコーヒーの一つ。深炒りの豆を使い、色は濃く、味もほろ苦く、コクがある。デミタスカップでストレートで飲むディナーコーヒー。
⑧カフェ・カプチーノ：
　イタリアン・ロースト（深煎り）の濃厚なコーヒーに、砂糖、ホイップクリーム、レモンまたはオレンジの皮をすりおろして加える。シナモンパウダーを振りかけるか、スプーン替わりにシナモンスティックを添えて供する。

（阿部）

索　引

あ

アーモンドエッセンス　188
アーモンド粒　97
アイシング　87
アイスコーヒー　249
アイスティー　247
和え衣　102、213
和え物　102、215、218
青菜　198、212、213
青菜のお浸し　212
青菜のごま和え　213
青煮　190、193
青柳　214
赤えんどう豆　55
赤貝　113、214
赤貝とわけぎのぬた　214
赤貝の菊花づくり　113
赤味噌→味噌
アク（を出す、抜く）
　　　　15、136、191、193
アクを引く　240
揚げ出し豆腐　99
揚げ煮　23
揚げる　28
アコーディオンサラダ　207
あじ　106
足飾りの作り方　149
味付けご飯　36、37、38、39
あじの塩焼き　106
あしらい　222
小豆　48
厚衣　71
圧搾　19
アップルソース　138
厚焼き卵（だし巻卵）　40、160
あなごの照り煮　42
穴杓子　194
アプリコット　79
アプリコットソース　79
甘塩さけ　231
甘酢　136
甘酢あん　124、147
あまだい　118、194
網杓子　143
アメリカンコーヒー　249
あゆ　107
あゆの塩焼き　107
洗う　14
合わせ酢　40、42、108
合わせ味噌→味噌
あわび　198
あわびと青菜の炒め物　198
淡雪かん　217
　　（レモン淡雪　221）
あん（餡）　54、219

い

イースト（イースト発酵）
　ドライイースト　60、64、76
　生イースト　61、64
いか　52、215
いかの木の芽和え　215
炒める　27
イタリア風トマトソース　165
いちご　96
いちごソース　96
一次発酵　60、76
一番だし　223
糸寒天→寒天
稲荷寿司　41
いも　88、90、92、94
いも飯　37
いりこ→煮干し
煎り卵　167
いりどり　154
煎り煮　23、167
インディカ米→米

う

ヴィッシーソワーズ　236
浮き実　234
潮汁　222、225、228
薄衣　70
薄刃包丁　16
薄焼き卵（錦糸卵）42、56、161
打ち粉　69
うど　193
うどの白煮　193
うどん（手打ちうどん）　68
うどん生地　68
うねり串　106
卵の花和え　213
うま煮　23
うまみ成分の浸出　15
裏漉し　94
うるち米→米

え

えび　44、75、233
　しばえび　52、71、171
　大正えび　126
　干しえび　199
エスカベーシュ　121
エスカロープ　141
エスプレッソ・コーヒー　249
えんどう豆→さやえんどう

お

オーブン　82、84、86、179、239
オープンサンドイッチ　63
押す　19
おせち料理　230
落とし卵　159
落とし蓋　114、192、196、201、203
オニオングラタンスープ　238
鬼すだれ　163
お浸し　212
おぼろ→そぼろ
オムレツ　164
オリーブ油　52、64、165
オレンジ　79
オレンジソース　79
おろし和え　213
おろす　18
温泉卵　158
温度測定用機器　12

か

ガーリックトースト　238
懐紙　71
貝柱　241
かいわれだいこん　224
かき揚げ　71
かきたま汁　225
牡蠣飯　37
角寒天→寒天
角切りもち→もち
加工茶　244
隠し包丁　212
撹拌　17
かけうどん　69
かけ汁　69
カシューナッツ　142
カスタード　173
カスタードクリーム　84
カスタードソース　172、187、221
カスタードプディング　172
かつお　112、227
かつおだし　223
かつおのすり流し汁　227
かつおのたたき　112
カッテージチーズ　185
カツレツ→コトレット
褐変の防止　15
家庭における一汁三菜の配膳図　29
金串　107
かに缶　168、180
かにクリームコロッケ　180
かに玉　168
かにのすり流し汁　227
乾炒（ガヌチャオ）　27

かぶ 108、194、203	牛乳かん 188	鶏油 241
カフェ・オ・レ 249	ぎゅうひもち 55	鶏卵→卵
カフェ・カプチーノ 249	きゅうり 62、150、203、204、206、218	計量器一杯の重量表 12
カフェ・ノアール 249	きゅうりのグラッセ 203	けしの実の煎り方 153
カフェ・ロマーノ 249	凝固温度 219	化粧塩 107
カフェ・ロワイヤル 249	京菜（みずな） 232	
かぶのグラッセ 203	強力粉→小麦粉	**こ**
かぶら蒸し 194	ギョーザ 74	
かぼちゃ 192	魚介類 106、107、108、110、111、112、113、114、116、118、120、122、124、126	紅茶 246
かぼちゃのそぼろ煮 192		後発酵茶 244
釜炒り茶 244		高野豆腐（の含め煮） 98、190
かます 111		コーヒー 248
かますの幽庵焼き 111	切り方→中国料理の切り方	凍らせる 20
かまぼこ 229、233	切る 16	コールスロー 209
紙包み焼 118	錦糸卵（薄焼き卵） 42、56、161	コーンクリームスープ 174
かゆ→白粥	金時にんじん 232	コーンスターチ 82、96
変わり揚げ 28	ぎんなん 155、171、194	漉す 19
空揚げ 28、146	ぎんなんとゆり根のすり流し汁 227	小玉ねぎ（ペコロス） 130、202
からし和え 213		小玉ねぎのグラッセ 202
からし酢味噌 214	**く**	コトレット 141
からしバター 62		昆布 101、113、223
カラメルソース 172	具 74、76	五分粥 35
カリフラワー 200	具（汁の中身） 222	昆布じめ 113
カリフラワーポロネーズ 200	クールブイヨン 114	昆布だし 223
ガルニチュール 135	鍋貼餃子（グオティエジャオズ） 74	ごぼう 136、154、231
カレーソース 51	臭み取り 240	ごま和え 213
関西風（京都風）雑煮 232	草もち 54	ごま塩 48
乾焼大蝦（ガンシャオダアシャ） 126	くし形 176、203	ごま醤油 213
乾炸鶏塊（ガンヂャアジイコワイ） 146	くずあん 170、194	ごま酢和え 213
かん水 72	くず煮 23	ごまだれ 156
寒天	くちなし（の実） 90	小麦粉
糸寒天 218	クッキー 86	強力粉 60、64、66、72、74、76
角寒天 188、219	くらげ 157	中力粉 68
粉寒天 216、217	くらげの酢の物 157	薄力粉 64、70、71、72、76、78、80、82、84、86、87
棒寒天 55	グラタン 178、238	米
関東風（東京風）雑煮 229	グラタン皿 179	インディカ米 50、52
甘露煮 100、107	グラッセ 148、201	うるち米 34、35、36、37、38、39、40、41、42、44、48
	クラムチャウダー 182	加工品 54、55、56、58
き	栗 37、90	もち米 46、48
	クリームチーズ 184、185	五目豆 101
きす 70	クリームマヨネーズ 211	五目焼き飯 44
菊花かぶ 108	栗きんとん 90	コロッケ 180
菊花豆腐 225	栗ご飯（栗飯） 37	衣揚げ 28
亀甲しいたけ 190	グリル 129	混合 17
きくらげ 194、216	グルテン 59	混合だし 223、224
絹ごし豆腐 226	クルトン 174	コンソメ・ア・ラ・ロワイヤル 235
絹さやえんどう→さやえんどう	くるみ和え 213	コンソメ・ジュリエンヌ 234
絹さやえんどうの茹で物 42	グレーヴィ・ソース 149	コンソメ・セレステーヌ 235
木の芽 215、224、228	クレープ 78	コンソメ・タピオカ 235
木の芽和え 213、215	クレソン 148	コンソメ・ブリュノワーズ 235
キャセロール 239	クローズドサンドイッチ 62	こんにゃく 102、154
キャベツ 56、196、209	黒豆 100	コンビネーションフレンチドレッシング 210
牛刀 16	黒豆の甘露煮 100	
牛肉 66、96、97、128、130、132、134、136、234	黒みつ→みつ	**さ**
牛肉の部位 129	**け**	
牛乳 78、164、166、172、174、176、178、180、182、186、188、199、236	計測用機器（計量カップ、計量スプーン、はかり） 12	搾菜（ザーツァイ） 241

さいの目切り 205	しめ卵 224	澄まし汁 222
西京味噌→味噌	しめ卵の清汁 224	清汁 222、224
魚→魚介類	霜降り 231、233	酢味噌和え 213
魚のアラだし 223	焼売（シャオマイ） 75	すり流し汁 222、227
魚の姿蒸し 122	じゃがいも 92、94、130、176、182、204、206、231、236	する 18
桜飯 37	じゃがいもの冷スープ 236	**せ**
さけ 114、231	シャトー切り 201	
さけの冷製 114	シャンピニオン 132	せいろ→蒸籠(ヂョンロン)、蒸し器
ささげ 48	シュー・ア・ラ・クレーム 84	西洋料理の家庭向き配膳図 31
刺身包丁 16	シュー生地 84	西洋料理の食卓の演出法 31
さつまいも 90	シューマイ 75	西洋料理様式の献立 31
さといも 88、229、232	獣鳥肉→牛肉、鶏肉、豚肉	西洋料理様式の献立パターンの模式図 31
さといものそぼろあんかけ 88	十文字の切り込み 202	ゼノワーズ生地 80
さば 110、124	シュガーシロップ 246	赤飯 37
さばの甘酢あんかけ 124	しょうが 88、240、242	ゼラチン 97、114、184、185、186、220、221
さばの味噌煮 110	上新粉 54、58	ゼリー 220、221
サフラン 52	上だし 223	セルフィユ 166
冷ます 20	小湯碗 243	背わた 126
さやいんげん 190、193、216	松風焼 152	煎茶 246
さやいんげんの青煮 190、193	ショー・フロワ・ソース 115	船場汁 225
さやえんどう 154	食酢 193、210、211、241	
絹さやえんどう 36、42	食卓の演出法 29、30、31	**そ**
サラダ油 210、211	食パン 62、63、174	
サラダ菜 207	食品の洗い方 14	雑煮 229
沢煮椀 225	白和え 102、213	ソース・ヴィネグレット(フレンチドレッシング) 207、210
三種冷製中国風和え物 218	白髪だいこん 113	ソース・エスパニョール 151
さんしょう 227	白玉粉 55	ソース・ドミ・グラス 151
サンドイッチ 62	白玉みつまめ 55	ソース・マヨネーズ（マヨネーズソース） 204、206、211
	白煮 190、193	
し	汁(だし汁) 222	そぎ切り 194
	汁物 222、224、226、228、229、234、236、238、240、241、242	ソフトクッキー 87
香菜（シアンツァイ） 122	白粥 35	そぼろ 40
しいたけ 171、224、233	白身魚 122、216	そぼろあん 89、192
干ししいたけ 42、168、190、199、223、241	白身魚のすり身 162	酸辣湯（ソワンラァタン） 214
しいたけだし 223	白身魚の寄せ物 216	粽子（ゾンヅ） 46
しいたけ含め煮 42	白味噌→味噌	
什錦炒飯（シージヌチャオファヌ） 44	白みつ→みつ	**た**
鶏蛋糕（ジイダンガオ） 58	ジンジャーフレンチドレッシング 210	
塩くらげ 157	浸漬 15、34	たい 118
塩抜き（塩出し） 15、157		たいのパピヨット 118
塩ぶり 233	**す**	だいこん 232、233、242
生炒（シオンチャオ） 27		だいこんと豚肉の中国風スープ 242
直火焼き 26	素揚げ 28	大豆 101
時間測定用機器 12	吸い口 222、224、226、228	大豆ご飯 37
四川風殻付き人正えびの辛み煮込み 126	吸い地 224	耐熱性の容器 239
四川風酸味入り五目スープ 241	炊飯 34	タイマー 12
したびらめ 116	吸物 222	タイムスイッチ 12
したびらめのムニエル 116	スープ→ブイヨン	高菜 198
七分粥 35	スープストック→ブイヨン	炊きおこわ 48
信田寿司 40	スクランブルドエッグ 166	炊く 24
シノワ 240	寿司飯 40、41、42	たけのこ 38、46、122、124、142、154、215、241
しばえび→えび	スタッフドトマト 206	たけのこご飯 37、38
渋切り 48	ステーキ 128	たけのこの茹で方 215
シブレット 236	酢どりしょうが 106	だし（だしを取る） 22
渋みを抜く 15	酢どりれんこん 136	
絞る 19	砂を吐かせる（砂出し） 15、228	
しめじ 39	酢ばす 42	
しめじご飯 39		

中国風だし（の取り方）→湯(タン) 240
洋風だし（の取り方）→ブイヨン 234
和風だし（の取り方） 22、222、223
だし汁 170、171、222、224、226、227
だし巻卵（厚焼き卵） 40、160
たたき 112
手綱作り 155
立て塩 108
たで酢 107
たでの葉 107
伊達巻 162
卵 44、58、78、80、86、159、160、161、162、164、166、167、168、170、171、172、176、206、218、224
　茹で卵 62、63、114、158、180、200、206、207、211
　卵黄 82、84、184、185、186、
　卵白 82、87、217、234
卵豆腐 170
卵焼き→厚焼き卵、薄焼き卵
玉杓子 169
玉ねぎ 118、120、132、134、140、165、174、176、178、180、182、196、208、209、236、238
　小玉ねぎ 130、202
タルタルソース 181、211
湯（タン） 22、47、240
　清湯（チンタン） 240、242
　奶湯（ナイタン） 199、240
湯匙（タンチ） 30、243
糖醋青花魚（タンツウチンホワユイ） 124
湯麺（タンメン） 72
湯碗（タンワン） 30、243

ち

チーズ 64、178、184、208、238
チーズケーキ→レアチーズケーキ
芝麻醤（ヂーマージャン） 157
煎（ヂェン） 27
チキンカレー 51
血抜き 15、240
茶 244
叉焼肉（チャアシャオロウ） 44、76、144
炸鏈（チャアリェン） 143
チャウダー 183
炒（チャオ） 27
炒鮮鮑（チャオシェンバオ） 198
炒米粉（チャオミイフン） 56
茶碗蒸し 171
中華包丁 240
中華味噌 142

中華麺 72
中国風だし(湯タン) 22、240
中国風ちまき 46
中国風肉まんじゅう 76
中国風蒸しカステラ 58
中国料理の一般的な食器の配膳図 30
中国料理の切り方 143
中国料理の食卓の演出法 30
中国料理様式の献立 30
中国料理様式の献立パターンの模式図 30
中力粉→小麦粉
調味液の浸透 15
チョコレートソース 186
長呂木（ちょろぎ） 100
蒸籠（ヂョンロン)46、58、122
清蒸魚(チンジョンユイ) 122
清湯(チンタン)→湯(タン)
清炒（チンチャオ） 27
京炒（ヂンチャオ） 27
血を出す 15

つ

付け合わせ 92、94、120、129、134、148、150
付け合わせのじゃがいも料理 92
つけ汁 68
つぶす 18
露しょうが 227

て

ティーパンチ 247
鉄勺（ティエシャオ） 169
鉄鏟（ティエチャン） 47、169
甜面醤（ティエンミエンジャン） 104
手打ちうどん 68
デグラセ 151
鉄べら 169
出刃包丁 16
照り 127
でんぶ→そぼろ
てんぷら 28、70
天つゆ 70、78
天盛り 212

と

凍結 20
豆瓣醤（ドウバンジャン） 104、126、156
豆腐 99、102、104、226、241
豆腐となめこの味噌汁 226
豆腐のすり流し汁 227

とうもろこし 174
土瓶蒸し 225
トマト 62、64、66、156、165、206、207、208
トマトサラダ 206、207、208
トマトソース 66、165、181
トマトピュレ 130、196
トマトファルシー 208
トマトブラウンソース 130
トマトフレンチドレッシング 210
トマトペースト 64
トマトマヨネーズ 211
共立て法 81
ドライイースト→イースト
鶏がら（だし） 223、234、240
鶏肉 38、51、52、88、146、147、148、150、152、154、156、171、176、192、196、229
鶏肉の空揚げ 146
鶏肉の松風焼 152
鶏肉のとうがらしごま和え 156
鶏肉の部位 147
ドレッシング 207、209、210
とろみ 127、192

な

奶油白菜（ナイイウバイツァイ） 199
奶湯（ナイタン）→湯(タン)
奶豆腐（ナイドウフウ） 188
長崎風雑煮 233
長ねぎ→ねぎ
菜切り包丁 16
なす 70
生あん→あん（餡）
生イースト→イースト
生しいたけ 224、233
生パン粉→パン粉
なめこ 226
菜飯 37

に

煮切り 163
握る 19
肉→獣鳥肉
肉団子のクリーム煮 176
煮こごり 23
煮込み 23
濁り汁 222
二次発酵 61、77
二色かん 217
煮付け 23
二度揚げ 146
二番だし 223
煮浸し 23
煮干し 68、223
煮干しだし 223
日本料理の食卓の演出法 29

日本料理様式の献立 29	針しょうが 88、192	ブリデ 149
日本料理様式の献立パターンの模式図 29	パルメザンチーズ 66	ぶりの照り焼き 108
煮物の種類 23	パン→食パン、バターロール	振るう 19
にら 74	パン粉 140、178、200	ブレーゼ 129
煮る 23	半熟卵 158	プレーンオムレツ 164
にんじん 71、72、102、148、176、190、201、204、206、216、231	ハンバーグステーキ 135	プレーンババロア 186
	半発酵茶 244	フレンチドレッシング
	棒棒鶏（バンバンジイ） 156	→ソース・ヴィネグレット
にんじんのグラッセ 148、201	はんぺん 152	ブロイル 129
にんじんの色煮 42		粉砕 18
にんにく 238	**ひ**	
	ピースご飯（豆ご飯） 36	**へ**
ぬ	ビーフシチュー 130	ベーキングパウダー 76
ぬた 214	ビーフステーキ 128	ベーコン 182
	ビーフストロガノフ 132	ペコロス→小玉ねぎ
ね	ビーフン 56	ベシャメルソース 176、178、180
寝かせる 68、79	ピーマン 56、64、209	別立て法 58、81
ねぎ 44、46、74、75、76、104、110、126、168、227、231、240、242	浸す 15	ヘット 130
	ピッツァ マリナーラ 64	ペティナイフ 16
	冷やす 20	ペパーミント酒 220
ねじり梅 190	瓢亭卵 159	ペパーミントゼリー 220
熱電対温度計 12	ピラフ 50	ベルトソース 211
	ひらめ 113	ベンチタイム 61
の	ひらめの昆布じめ 113	
のす 19	ひれ塩 107	**ほ**
飲物 244～248		花椒塩（ホアヂアオイエン） 146
糊 242	**ふ**	棒温度計 12
	ファルシー 208	棒寒天→寒天
は	フィッシュストック 114	包丁 16
ハードクッキー 86	ブイヨン 22、234	ほうれんそう 212、213
梅花にんじん 190	フィリング 62	ほうれんそうのお浸し 212
パイ皮 82	フィンガーテスト 65	ほうれんそうのごま和え 213
パイナップルジュース 217、220	ブーケガルニ 66	ホースラディッシュフレンチドレッシング 210
パイナップルのソテー 134	ブール・ノワゼット 116	ポーチドエッグ 159
バイメタル温度計 12	芙蓉蟹（フウロンシェ） 168	干しえび→えび
パエリャ 52	フォン 22、148	干ししいたけ→しいたけ
泡油（パオユー） 242	袱紗味噌→味噌	干しぶどう 58
はかる 12	含め煮 23	ポタージュ 175
歯切れをよくする 15	豚肉 46、56、74、75、104、138、140、142、144、208、241、242	北海道風雑煮 231
はくさい 74、199		ポリフェノール 137、155、191
はくさいのミルク入り煮込み 199		ホワイトソース 119、176、178、180
	豚肉さいの目切りとカシューナッツの味噌炒め 142	
白飯 34	豚肉のアップルソース添え 138	ホワイトルー 119、176、178、180
薄力粉→小麦粉	豚肉のコトレット 140	
バター 50、60、84	豚肉の部位 139	**ま**
バターライス 50	プディング 173	麻婆豆腐（マアポオドウフウ） 104
バターロール 60	太巻き寿司 40	
八角ういきょう 144	不発酵茶 244	まいたけ 71
葉付きしょうが 106	フュメ 22	前盛り 107、109、111
発酵 60、64、244	フュメ・ド・ポワソン 115	マカロニ 178
発酵茶 244	フライ 28	マカロニグラタン 178
ババロア 186	フライドポテト 92	巻き簀 41、163
パピヨット 118	ブラウンソース 130、151	磨砕 18
はまぐり 52、182、228	ブラマンジェ 96、97	マセドアン 205
はまぐりの潮汁 228	ブランシール 135	マセドアンサラダ 204
ハム 62、63、56、218	フランベ 129、150	
	ぶり 108、233	
	振り塩 107	

松風焼（まつかぜやき→しょうふうやき） 152
マッシュドポテト 94、134
豆 36、100、101
豆ご飯 36
豆製品 98、99、102、104
マヨネーズコーレ 115
マヨネーズ・シャンティイー 205
マヨネーズソース→ソース・マヨネーズ
マリナード 121
マリナーラソース 64
丸もち→もち

み

ミートローフ 134
水からし 226
みずな（京菜） 232
水煮あわび 198
水ようかん 219
味噌 222
　赤味噌 110、222
　合わせ味噌（袱紗味噌） 222
　米麹味噌 222
　西京味噌 222
　三州味噌 222、226
　白味噌 222
　豆麹味噌 222
　麦麹味噌 222
　八丁味噌 226
味噌汁 222、226
味噌だれ 72
味噌煮 110
みつ 55
みつば 171
みょうばん 90
ミルポワ 234

む

ムール貝 52
無塩バター 60、82
蒸し器 170、171
　→蒸籠（チョンロン）
蒸し茶 244
蒸し煮 23
蒸す 25
結びきす 225
ムニエル 117
むらくも汁 225

め

芽キャベツ（のソテー） 134、148
メトルドテルバター 129
メレンゲ 82、221
麺線 69
麺棒 69

面取り 192、203

も

もち 229、231、232、233
もち米→米
もどす 15
もやし 72

や

腰果肉丁(ヤオグオロウディン) 142
焼き色 95
焼きギョーザ 74
焼きビーフン 56
焼き豆腐 232
焼き豚 44、144
焼き飯 44
焼く 26
薬味 68、70、99
野菜 190、192、193、194、196、198、199、200、201、202、203、204、206、207、208、209、212、213、214、215
野菜のグラッセ 201
野菜の炊き合わせ 190
やまいものすり流し汁 227
柳刃 16
八幡巻 136

ゆ

幽庵焼き 111
幽庵地 111
柚 111、229
湯煎 41、64、114、184、186、220
茹でたけのこ→たけのこ
茹で卵→卵
茹でる 21
湯止め 115
湯ぶり 214
ゆり根 194

よ

溶解温度 219
洋風だし(ブイヨン) 22、234
洋包丁 16
ヨーグルトフレンチドレッシング 210
吉野椀 225
寄せ物 216
よもぎ 54
寄りうど 225

ら

ラード 56
辣油（ラーユ） 74、156
落花生和え 213

ラヴィオリ 66
ラヴィゴットソース 210
卵黄→卵
卵白→卵

り

リーク 236
リボンサンドイッチ 63
涼拌三絲（リャンバンサンスウ） 218
緑茶 246

る

蘿葡酥肉湯(ルオボオスウロウタン) 242

れ

レアチーズケーキ 184
（ローカロリー　レアチーズケーキ 185）
冷却 20
レムラードソース 211
レモン 82、116、118、147、184、220、221
レモン淡雪 221
レモンクリーム 82
レモンスノー 221
レモンソース 147
レモンパイ 82
れんこん 136、154、190
れんこんの白煮 190

ろ

ロイヤルアイシング 87
肉包子（ロウバオズ） 76
ローカロリーレアチーズケーキ 185
ロースト 129、148
ローストチキン 148
ロールキャベツ 196
ロールサンドイッチ 63
ロールスポンジケーキ 80
ろ過 19

わ

わかさぎ 120
わかさぎのエスカベーシュ 120
若竹汁 225
若鶏のソテー・シャスール 150
わかめのすり流し汁 227
我が家風手打ちうどん 68
輪切り 201
わけぎ 214
和風だし 22、223
割下地 212
椀種 222、224、226
椀妻 222、224、226

改訂 イラストでわかる基本調理

平成 9 年 4 月15日	第一版第1刷発行
平成14年11月 1 日	改訂第一版第1刷発行
平成23年 4 月 1 日	改訂第一版第4刷発行

検印省略・不許複製
★定価はカバーに表示してあります。

著者　川端　晶子　　阿久澤さゆり　　阿部　芳子
　　　猪俣　美知子　　大迫　早苗　　太田　信子
　　　高橋　淳子　　津田　淑江　　名倉　秀子
　　　茂木　美智子

発行者　宇野　文博

印刷所　モリモト印刷株式会社

発行所　株式会社　同文書院
　　　　東京都文京区小石川5-24-3
　　　　電話代表03（3812）7777・ＦＡＸ03（3812）7792
　　　　振替00100-4-1316

©Printed in Japan
ISBN978-4-8103-1211-9 C3055
●乱丁・落丁はお取り替えします